启真馆 出品

A New Birth of Freedom

A Story of the American Civil War

自由的新生

美国内战风云录

李　军　著

ZHEJIANG UNIVERSITY PRESS
浙江大学出版社

目 录

自由的新生

书中主要人物简介

亚伯拉罕·林肯（1809—1865），肯塔基人，美国第16届总统，联邦军队最高统帅。领导联邦平定南方州叛乱，战争期间发布了《解放奴隶宣言》，1865年4月14日内战结束之际遇刺身亡。

温菲尔德·司各特（1786—1866），弗吉尼亚人，墨西哥战争英雄。内战爆发时任美国联邦军队总指挥，提出针对南方作战的"蟒蛇计划"，成为内战期间联邦军队的重要战略，1861年10月年迈退休。

欧文·麦克道尔（1818—1885），俄亥俄人，内战爆发后在司各特推荐下出任联邦军队东线战场总指挥，组织指挥了第一次公牛道战役，战役失败后被免职。

乔治·麦克莱伦（1826—1885），宾夕法尼亚人，内战爆发不久在西弗吉尼亚击败一支南方部队，一战成名，被林肯总统任命为波托马克兵团总指挥。后接替司各特兼任联邦军队总指挥，指挥了半岛战役、安提塔姆战役，因作战不力、行动迟缓被林肯总统免职。1864年11月作为民主党候选人竞选总统，败给了共和党候选人林肯。

亨利·哈莱克（1815—1872），纽约人，曾任联邦军队西线战场总指挥，1862年7月出任陆军总指挥，成为林肯总统身边的主要军事参谋，1864年3月改任联邦军队总参谋长。

尤利西斯·格兰特（1822—1885），俄亥俄人，内战爆发后历任团长、师长、田纳西兵团总指挥，在西线战场屡建战功。1863年7月率部攻克密西西比河重镇维克斯堡，升任联邦军队西线总指挥，1864年3月出任联邦军队总指挥，在东线战场发起连续进攻，1865年4月取得彼得斯堡战役胜利，占领邦联首都里士满，随后乘胜追击，在阿波马托克斯接受李将军投降。

威廉·谢尔曼（1820—1891），俄亥俄人，参加了东线战场第一次公牛道战役，后转到西线作战，成为格兰特麾下最得力的战将，并接替格兰特担任联邦军队西线总指挥，发起亚特兰大战役和南方大进军，横扫佐治亚、南卡罗来纳、北卡罗来纳。1865年4月接受邦联西线军队投降，为内战画上句号。

约翰·波普（1822—1892），肯塔基人，内战爆发后在西线战场作战，取得了重要战绩，被林肯调到东线担任弗吉尼亚兵团总指挥，1862年8月在第二次公牛道战役中被李将军击败。

安布罗斯·伯恩赛德（1824—1881），印第安纳人，历任波托马克兵团师长、军长，1862年11月接替麦克莱伦出任波托马克兵团总指挥，1862年12月在弗莱德里克斯堡战役中被李将军击败。

约瑟夫·虎克（1814—1879），马萨诸塞人，历任波托马克兵团师长、军长，作战骁勇，1863年1月接替伯恩赛德出任波托马克兵团总指挥，1863年5月在钱斯勒斯维尔战役中被李将军击败，1863年6月被免职，后转到西线战场作战。

乔治·米德（1815—1872），宾夕法尼亚人，历任波托马克兵团师长、军长，1863年6月接替虎克出任波托马克兵团总指挥，取得了葛底斯堡战役胜利，后率波托马克兵团随格兰特作战，直至李将军投降。

乔治·托马斯（1816—1870），弗吉尼亚人，在西线战场表现顽强，在切卡莫加战役中获得"切卡莫加顽石"绰号，1863年11月担任坎布伦兵团总指挥，配合谢尔曼取得西线战场最后胜利。

杰弗逊·戴维斯（1808—1889），肯塔基人，南部邦联总统、邦联军队最高统帅，内战期间领导南部叛乱州坚定对抗联邦政府，战争结束之际逃亡，于1865年5月在佐治亚州被捕，监禁两年后获得假释。

罗伯特·李（1808—1870），弗吉尼亚人，内战爆发后任戴维斯总统军事顾问，后任邦联军队东线战场北弗吉尼亚兵团总指挥。极具军事才能，深得将士爱戴，在数次重大战役中重挫联邦军队。战争后期出任邦联军队总指挥，最后在彼得斯堡战役被格兰特击败，1865年4月率军投降。

约瑟夫·约翰斯顿（1807—1891），弗吉尼亚人，内战爆发后曾任邦联军队东线战场总指挥，1861年5月在半岛战役中负伤离职，1864年出任邦联军队西线总指挥，先后在佐治亚州和北卡罗来纳州被谢尔曼击败，1865年4月率军投降。

托马斯·杰克逊（1824—1863），弗吉尼亚人，英勇善战，绰号"石墙杰克逊"，北弗吉尼亚兵团第一集团军总指挥，是李将军手下最得力的大将。擅长于迂回侧击，在多次重大战役中发动奇袭扭转战局，1863年5月在钱斯勒斯维尔战役中阵亡。

詹姆斯·朗斯崔特（1821—1904），佐治亚人，坚毅沉稳，绰号"老战马"，北弗吉尼亚兵团第二集团军总指挥，与杰克逊同为李将军左右手，参加了东线战场历次战役，战功卓著，1865年4月随李将军投降。

阿尔伯特·约翰斯顿（1803—1862），肯塔基人，内战爆发后担任邦联军队西线战场总指挥，勇猛果敢，作风硬朗，1862年4月率军突袭夏洛，将格兰特部队打得措手不及，在战斗中亲自冲锋陷阵，中弹身亡。

皮埃尔·博雷加德（1818—1893），路易斯安那人，1861年4月率军炮轰萨姆特堡，点燃内战战火，在第一次公牛道战役中指挥得当，赢得南方第一场胜利。后出任邦联西线部队"二把手"，参与了多次重大战役，1865年4月随约瑟夫·约翰斯顿投降。

A. P. 希尔（1825—1865），弗吉尼亚人，历任旅长、师长，后任北弗吉尼亚兵团第三集团军总指挥，骁勇果毅，屡建战功，1865年4月彼得斯堡阵地崩溃之际抱病突围，中弹身亡。

詹姆斯·斯图尔特（1833—1864），弗吉尼亚人，北弗吉尼亚兵团骑兵总指挥，作战勇敢，战功卓著，1864年5月在斯波兹维尼亚两军骑兵大战中被子弹击中腹部，不治身亡。

理查德·伊维尔（1817—1872），弗吉尼亚人，杰克逊部将，杰克逊死后继任北弗吉尼亚兵团第一集团军总指挥，是战争后期李将军的重要将领，彼得斯堡战役失利后逃亡被抓。

布拉克斯顿·布拉格（1817—1876），北卡罗来纳人，邦联西线战场田纳西兵团总指挥，后因作战失利被免职，担任戴维斯总统军事顾问，战争结束之际逃亡，后在佐治亚州被抓获。

约翰·虎德（1831—1879），肯塔基人，先后活跃在东部战场和西部战场，勇冠三军，被公认为一员虎将。后任田纳西兵团总指挥，在亚特兰大战役中败给谢尔曼，在田纳西州再度败北，战争结束之际在密西西比州被俘。

序言

———

不平等的自由

———

1

1861年，美国弗吉尼亚，一个金秋的日子。

丛林密布的祁特山区（Cheat Mountain），一支联邦侦察骑兵分队正穿行在林间小道上。前方不远就是邦联军队的驻地，士兵们警惕地握着伯恩赛德卡宾枪，瞪大眼睛扫视四周。

"叛军，有叛军！"一名士兵突然高声叫喊。

密林中蹿出几名邦联骑兵，双方狭路相逢，几乎同时开枪射击，子弹嗖嗖乱飞，打在树干上啪啪作响。

邦联骑兵寡不敌众，勒转马头，边打边撤。

联邦骑兵不敢追击，朝着敌人的背影一阵乱枪，落在后面的一名邦联军官身中数弹，仰身摔落马下，其余骑兵四散惊走。

树林里顿时恢复了宁静，几缕硝烟飘飘袅袅。北军骑兵跳下马来，小心翼翼地朝躺在地上的邦联军官靠过去。

受伤的军官紧握柯尔特左轮手枪，吃力地想要举枪射击，却一点儿也动弹不得。

一名士兵上前踢掉了他的手枪，兴奋地喊道："他是中校，我们打中了一个中校！"其他士兵纷纷围拢过去。

年轻中校身上有4处弹孔，鲜血透过军装，汩汩地向外流出。"水，水……"他轻声地央求道，眼神里流露出一丝哀伤。

士兵将水壶送到他的嘴边，中校还没喝几口，就咽气了。

一名联邦军官蹲下身来，仔细检查了一下遗体，转过脸去，神色严峻地说："你们打死了华盛顿总统的孙子。"

这位年轻中校名叫约翰·华盛顿（John A. Washington），正是美国首任总统乔治·华盛顿的侄孙。在内战爆发的第一年，约翰·华盛顿被自己的同胞乱枪打死在家乡附近的树林间，成为美国内战中死去的 28 万名南方"叛军"中的一个。[1] 此时，离他祖父去世正好 60 年。

2

60 年，按照中国人的说法，是一个甲子轮回。

60 年以前，乔治·华盛顿率领北美大陆军，赢得了独立战争的胜利，亲手缔造了一个独立自由的国家，并成为美国联邦的第一位总统。

1776 年，乔治·华盛顿总统与开国元勋们共同建立了世界上第一个宪政共和国，这个国家以成文宪法的形式，在人类历史上第一次赋予个人自由和权利，开启了一个美国人引以为豪的"自由"国度。

但是，开国元勋们也给这个"自由"的国家留下了一个最不自由的制度——奴隶制度。1787 年的制宪会议有意回避了奴隶制这个敏感问题，事实上等于默许了奴隶制的存在，默认了白人拥有奴役黑人的自由，而黑人却没有基本的人身自由，更不要说政治自由。

《独立宣言》一开始就宣称："人人生而平等。"然而，这里所说的"平等"，只是针对白人，并不包括黑人。在很多白人看来，黑人奴隶压根就不是人，只是白人的私人财产。这等于宣告：白人与黑人之间是不平等的，建国者们建立的是一个不平等的"自由"国度。

在随后的半个多世纪里，围绕奴隶制的存废问题，美国南方蓄奴州与北方自由州之间发生了激烈的争议、角力乃至武装冲突。到 19 世纪 60 年代，终于爆发了全面内战，酿成了一场举国的灾难。

奴隶制存留问题，无疑是美国内战的一个缘起。但是，如果以为美国白人会为了解放黑奴大打出手，那就太天真了。历史学家贝利亚·雷（Belia Ray）在《蓝、灰军装的背后：美国内战中的士兵生活》一书中说：

> 正如大多数北方人不是为了结束奴隶制而参军打仗，大多数南方人也不是为了保护奴隶制而扛枪作战。[2]

如果用一句话来说，美国内战的直接起因是，由于在奴隶制问题上意见不一，矛盾达到不可调和的地步，南方人在"忍无可忍"的情况下，决定"脱离"联邦，另立国家，而北方人要维护联邦国家的完整，反对南方独立，最后导致双方兵戎相见。所以说，美国内战并不是一场废奴战争，而是一场制止分裂的战争；林肯在战争期间宣布解放黑奴，并不是战争的目的，只是战争的副产品而已。

南方人要搞"单干"，想法十分自然。"独立"、"脱离"、"分离"，这些词语太熟悉了，可以说是北美殖民地的革命传统。无论英国人与美国人，还是美国人与美国人，只要合不到一起，随时可以分灶吃饭、分家过活。

当然，美国人是讲法律的，国家分裂也需要有法律基础，这就是所谓"州权"。南方人认为，每一个州都是一个主权实体，联邦只不过是各州部分权利让渡的结果，美国宪法并没有规定各州不能"脱离"联邦，因此各州可以随时收回它曾经让渡的权利，脱离联邦只不过是收回原属自己的权利。事情就这么简单！

大多数北方人却不这么看。他们认为，南方蓄奴州公然宣布脱离联邦，将完整的"美利坚合众国"肢解为两半，就像一座房子从中劈开，这是明目张胆的"叛乱"。为了维护国家的完整，为了捍卫宪法的尊严，在一切和平手段失败之后，只能采取武力弹压，不惜发起一场"平叛战争"。

许多政治家与民众担心，如果联邦政府允许几个蓄奴州脱离，就会产生"多米诺效应"，别的州也可以学样，稍有不顺随时抬腿走人，这样美国真的

"国将不国"。正如当时辛辛那提（Cincinnati）一家报纸所说："脱离理论就是无政府主义。如果任何小团体都以无路可走为由，宣布脱离联邦，那将是政府的终结。"

面对"叛乱"指责，南方人满肚子委屈：我们一不想推翻现行政府，二不想夺取国家政权，三不想侵占他人土地，何来"叛乱"之说？

委屈久了，就会发酵成愤慨。南方人义愤填膺，同仇敌忾，誓死保卫家园，保护妻儿，保存自己热爱的生活方式，为了南方人的"自由"，不惜血战到底。

4

战争意味着死亡。

美国内战是第一次世界大战之前规模最大的一次战争，双方直接卷入士兵超过 300 万，其中北军士兵 221 万，南军士兵 105 万。双方军队一共发生了一万多次战斗，其中比较著名的至少有二三百次。

4 年战争，双方超过 100 万人受伤，62 万名战士失去了生命，其中北军士兵 36 万，南军士兵 26 万，相当于美国从独立战争到伊拉克战争的所有战争死亡人数的总和。当时美国总人口是 3200 万，内战士兵死亡比例约为 2%，这意味着全国每 50 人中就有一人死亡。

内战是第一次工业革命之后的首场大战。战争之初，大多数士兵还装备着老式的滑膛枪。到了战争中期，近代工业生产的各种精准高效的杀人武器纷纷登场。枪械的主要革新是带有膛线的来复枪取代了滑膛枪，如斯普林菲尔德步枪、英菲尔德步枪，配备来自法国的米尼式子弹，射程超过老式滑膛枪两倍，士兵能够在 200 码距离之外精确射击，有效杀伤距离达到 500码。连发的来复枪、卡宾枪、左轮步枪也开始大量装备，大大提高了射击的速度。按照枪械史专家约瑟夫·比尔拜（Joseph Bilby）在《内战武器》一书中的说法，到 1863 年 7 月葛底斯堡战役，北军中装备老式滑膛枪的部队约为 10.5%，大多数士兵都用上了新式的来复枪。[3] 到战争结束之际，北军士兵装备的七连发的斯宾塞卡宾枪达到 85000 支，南军士兵愤愤不平地说，

"北方佬"一次子弹上膛可以打一整天。

在美国内战中，铁甲舰、潜水艇、水雷、迫击炮、手榴弹等陆、海军新式武器纷纷崭露头角，大开杀戒。此外，铁路、电报、侦察热气球等都第一次运用于战场。美国内战的战线宽广度、阵地纵深度、战事激烈度、武器精确度和后勤复杂度均前所未有，因此被称为人类第一场现代战争。

令人遗憾的是，在美国内战中，与先进战争机器配套的却是陈旧刻板的战术。其中最为人诟病的，就是双方将领们十分喜用大规模的"集群冲锋"。结果是，新式步枪成为密集型步兵进攻方阵的杀戮利器，新式大炮能够把炮弹送到 2 英里之外，让成群成群的步兵成为屈死的冤鬼。

武器技术与战略战术之间的巨大反差，要怪双方许多将军头脑的僵硬老化。大多数内战将领都参加过 1846 年的墨西哥战争，战后许多人离开了军队，回到"地方"各谋生路。等到 1861 年内战爆发，这些重返军队的将领们没有及时意识到十多年来武器装备的巨大进步。南方名将 D. H. 希尔将军坦承，当时"步兵向敌人的炮兵阵地或地面壕堑发起冲锋，被认为是一件很伟大的事情"，在 1862 年弗吉尼亚的七日之战中，南方将领们"毫不吝惜地挥霍士兵们的热血"。[4]

战争期间，北方军队的进攻多于防守，在集群式冲锋中损失尤为惨重，导致北军死伤总数多于南军。不过，南方人"也不示弱"，葛底斯堡战役连续进攻三天，被打得落花流水。

技术走在观念前面，也不算一件奇怪的事。到内战中期，少数有头脑的将领汲取了部分教训，战术变得更加灵活了。[5]

5

一个半世纪以来，美国内战有多种不同的称谓。当年联邦政府的官方称谓是"叛乱战争"，后来通行的说法是"内战"、"南北战争"。南方人自己称之为"脱离战争"、"南方独立战争"、"第二次独立战争"、"自由之战"、"邦联战争"、"州际战争"。不同的称谓反映了人们对战争性质不同的态度。

任何内战都是同室操戈、豆萁相煎的悲剧。战后许多美国人把内战称为

"兄弟之战"。

在安提塔姆河之战中，一位联邦上校在冲锋中被南军乱枪打死，率领这支南军的将领正是死者的妻弟。

一位肯塔基州的父亲有两个儿子，一个在北军中战死，一个在南军中战死，痛不欲生的父亲把两个儿子并排安葬在一起，墓碑上刻着"上帝知道，谁对谁错"。[6]

所谓"兄弟之战"，还缘于双方许多军官曾经是美国军事学院即西点军校的同学、校友，曾在墨西哥战争中并肩作战，为同一面军旗摧锋陷阵。

内战爆发之际，西点军校的在校生迅速一分为二，南方州的学生纷纷返回南方，许多临近毕业的南方学生索性连毕业文凭也不要了。北方州的学生则加入了联邦军队。

内战期间，联邦将军中有 328 名西点毕业生，邦联将军中有 164 名西点毕业生。在内战 60 次大战役中，55 次交战双方主将是西点军校毕业生。[7]到战争最后一年，双方旅长以上军官基本上都是西点毕业生。[8]

战前的美国军队本来规模不大，这些军官相互熟悉，包括个性脾气、作战风格、战术特点都知己知彼，这也使战争变得异常胶着和惨烈。[9]

6

经过 4 年血雨腥风的战争，一个重新统一的联邦呈现在世人面前。

然而，这个联邦已非过去的联邦，而是一个新的联邦，一个建立在人人平等基础之上的自由国家，用亚伯拉罕·林肯在葛底斯堡演讲中的话来说，一个获得"自由的新生"的联邦。

林肯总统的《解放宣言》与国会在 1865 年通过的《第十三修正案》，从政治制度上根除了美国奴隶制；1866 年《民权法案》、1868 年《第十四修正案》和 1870 年《第十五修正案》，以及南方战后重建计划，为黑人与白人享有平等的政治自由奠定了重要的基础。当然，美国社会消除种族隔离、实现政治平等还要等待一百年之后的民权运动。

林肯曾经说过："我们都宣称拥护自由。但是，在使用同一个词语时，我们指的却不是同一件事情。"内战之前，南方人理解的"自由"是白人维护奴隶制度的自由，是各州"脱离"联邦的自由。这场战争的结果，让南方人明白：任何一个州都无权擅自脱离联邦，奴隶制度不能继续存在于美国联邦境内。林肯纠正了南方人的两种错误观点，将美国"自由"置于平等的基础之上，将国家主权置于"州权"之上。

林肯消除了"人人平等"的一个重大政治制度障碍，并且为消除"人人平等"的社会心理障碍奠定了基础。这就是为什么，自从1948年美国人开始对总统进行排名以来，林肯赢得了每次排名的第一位。

7

内战时期，无线电报方兴未艾，大众报刊如日中天，给世人留下大量战地实况报道。

美国内战恰逢西方照相技术开始广泛应用，许多摄影师用大篷车拖着摄影器材来到战火纷飞的战场上，用镜头纪录下数以万计的战争场景，将一个个血腥场面呈现在全体公众面前，给后方百姓带来了巨大的心灵震撼。美国内战成为人类历史上第一场拥有大量影像资料的战争。

由于当时摄影照片无法直接呈现在报纸上，而图画作品却可以木刻翻版技术印刷到报纸上，《哈泼斯周刊》、《世纪杂志》等许多报刊杂志社将画家派往前线，在战火纷飞中现场作画，图画新闻成为战争报道的新宠。如今，这些图片资料都完整地保存在美国国会图书馆以及各地的战争纪念馆内。

战争期间，南北双方都建立了良好的战地邮政制度，为士兵收发信件提供便利，不但有效地提高了战场士气，也留下了大批珍贵的历史信件。[10]

战争至今150多年来，至少出版了5万种以上的书籍来描述和研究这场战争，其中包括亲历战争的高级将领与普通士兵的私人日记、团队日志、书信集、军事记录和回忆录，仅葛底斯堡战役就有数以千计的参战者在书信、日记、回忆录中记述了具体细节。[11]

每年有数十本内战历史书籍添加到国会图书馆和各地内战纪念馆的书架上。内战中叱咤风云的领袖与将军，成为人们津津乐道的传记人物，其中亚伯拉罕·林肯的传记数量最多，与拿撒勒的耶稣比肩于世界英文传记数量之首。

每年有数百万美国人到内战战场旅游。在一些特殊的内战纪念日，数以万计的人赶到昔日的战场，穿上蓝色或灰色军装，端起来复枪，再现当年的战斗情景。历史学家艾尔·米尔斯（Earl Schenck Miers）在主编的《美国故事》一书中，解释了美国人着迷于内战历史的原因，他说：

> 今天，就像家族传奇的一部分，美国内战在美国人的意识中具有一种巨大的魅力。人们带着强烈的兴趣反思和研究内战的原因和事件，仿佛它们就发生在昨日。从一定意义上说，的确如此！我们今天的所有，我们明天的希望，都来自于这场昨日的战争。[12]

内战题材电影几乎与无声电影同时诞生。第一部内战默片是拍摄于1903年的《汤姆叔叔的小屋》。到1907年，内战题材的电影已有13部。第一部基于真实历史的内战电影是拍摄于1908年的《1861年的日子》。到1909年，内战电影达到了23部；次年达到了34部。根据威廉·罗素三世（William B. Russell Ⅲ）《教师与史家内战电影手册》一书中的统计，美国至今已经拍摄了内战电影500多部，[13]包括从默片《一个国家的诞生》、《将军号》，到《飘》、《小叛逆》、《小上校》，直到近年来在中国颇具影响的大片《光荣战役》、《与狼共舞》、《葛底斯堡》、《众神与将军》、《冷山》、《林肯》等。

乔弗里·沃德（Geoffrey Ward）撰稿的电视纪录片《美国内战》基于大量真实影像资料，是上个世纪末最具影响力的内战影视资料，成为美国高校的内战史课堂中的辅助教材。

互联网为全世界的美国内战史业余爱好者提供了海量的图文信息和影像资料。威廉·托马斯等（William G. Thomas and Alice E. Carter）编撰的《网络上的美国内战：最佳网站指南》提供了内战网络资料搜索大全。[14]另外，与美国内战相关的课件与软件，包括美国名校的网络课程、App上的内战应用软件与旅游指南、内战角色扮演电子游戏等，也是触手可及的资料。如果今天有人想要了解美国内战历史，不会为找不到资料而苦恼，只会因资料太多而烦恼。

8

迄今为止，中国大陆学者撰写的美国内战专著仅见刘祚昌先生出版于1978年的《美国内战史》（人民出版社），改革开放以后未见专题著述。

中国历史上发生过无数次内战。秦汉时期内战频仍，魏晋南北朝更无以复加，唐宋以后大凡每次代际交替，都要经历南北之间的战事。以中国人的历史目光来看待美国南北战争，应当是一种比较特殊的视角。

本书以原版美国内战史料为依据，努力遵循历史叙事的基本要求——真实性，尽量从社会文化的角度来审视这场战争，不仅叙述战争的过程，而且展示战争的时代背景、社会状况和民众心理，试图给中国读者带来特殊的感悟和教训。

美国南北战争虽然是一场内战，却是来自世界不同国家、不同民族、不同种族的人们之间的激烈厮杀。本书努力从一场"人类的战争"来审视美国内战，将美国内战视为人类不同肤色、不同种族"同居共生"的一种试验，凸显其深远的历史意义。

第一章

南方与北方

一、梅森—狄克逊分界线

1

1863 年 7 月 3 日，宾夕法尼亚州与马里兰州交界的边境小镇葛底斯堡，北军与南军之间战斗已经打到第三天了。一大早，家住小镇的珍妮·瓦德（Jennie Wade）跟她的母亲一起匆匆来到姐姐家里，与昨日一样抓紧烘焙面包，预备给前线撤下来的士兵垫饥。

珍妮与母亲生火、烧水、和面，不停地忙活着。趁面团发酵之时，珍妮走到姐姐的起居室，做她的早祈祷。做完祷告，她准备回到厨房揉面。就在她走过客厅的时候，一颗流弹从前门"嗖"地飞进来，正好击中珍妮胸口，珍妮一个趔趄，当场倒下，永远闭上了眼睛。

战后，人们在葛底斯堡小镇那幢房子前面立起一座塑像，珍妮一手提着水壶，一手抱着一个面包，微笑着注视前方。[1]

也许，珍妮永远无法明白，在一个阳光明媚的日子里，为什么这么多士兵突然涌入到自己的小镇，在她家门口展开疯狂厮杀。事实上，这一切与一百年前两位科学家划定的一条边界线有关，这条被称为"梅森—狄克逊线"的南北分界线，离她中弹倒下的地方不到 6 英里。

北美殖民时期，宾夕法尼亚与马里兰之间一直存在边界纠纷，宾夕法尼亚的托马斯·佩恩（Thomas Penn）家族与马里兰的弗雷德里克·卡尔佛特（Frederick Calvert）家族为此矛盾不断。

1760 年，传出一个好消息：双方经过磋商，终于达成一项协议，决定邀请第三方划定一条分界线。

1763 年 11 月，来自英国的天文学家查尔斯·梅森（Charles Mason）、土地测量家杰莱米亚·狄克逊（Jeremiah Dixon）抵达费城，接受了边界测量的工作合同，两人率领一支庞大的助理队伍，在年底前展开了测量工作。

测量工作直到 1766 年末才完成。梅森与狄克逊主要划定了两条边界线：一条是宾夕法尼亚南部与马里兰、弗吉尼亚之间的边界，它位置是西经 39°43′26.3″，被称为"梅森—狄克逊分界线"（Mason-Dixon line）；另一条是特拉华与马里兰之间的边界线。

梅森—狄克逊分界线将北美 13 个殖民地分为南北两半，也将独立后的美国分成南北两部分：马萨诸塞州、新罕布什尔州、罗德岛州、康涅狄格州、纽约州、新泽西州、宾夕法尼亚州等 7 个州在线北，马里兰州、特拉华州、弗吉尼亚州、北卡罗来纳州、南卡罗来纳州、佐治亚州等 6 个州在线南。由此在习惯上形成了美国所谓的"北方州"与"南方州"。北方人绰号"扬基"（Yankee），南方人绰号"迪克西"（Dixie）。

梅森—狄克逊分界线本来只是一条地理分界线，但是到后来人们定睛一看，发现南方各州都是清一色的蓄奴州，北方各州则是清一色的自由州。于是，梅森—狄克逊分界线又成为美国奴隶制的分界线。

1787 年，大陆会议通过的《西北条例》，明确规定俄亥俄河以北新取得的领土上不得推行奴隶制或强迫劳役制。这样，梅森—狄克逊线便往西延伸与俄亥俄河相联结，形成美国密西西比河以东自由州与蓄奴州之间的一条政治分界线。

　　说起奴隶制，那是人类历史上普遍的现象。不过，大规模掠夺和贩卖非洲黑奴，这在人类历史上前所未有。哥伦布发现了新大陆后，从16世纪到19世纪中叶，大约有990万非洲人被强行运到拉丁美洲、加勒比海地区以及北美大陆，作为欧洲殖民地的劳动力。

　　据说，北美英属殖民地出现第一批奴隶是在1619年，一艘荷兰船把20个非洲黑人送到弗吉尼亚的詹姆斯敦，卖给北美殖民者作为廉价的农业劳动力。到1700年，整个英属殖民地大约有3万黑人，大部分是奴隶。

　　18世纪，北美殖民地黑奴数量快速增加。在南部的种植园和生产作坊里，"既便宜又能干"的黑奴高效地产生着蔗糖、烟草、靛蓝、水稻和棉花，这些产品大都出口欧洲，给奴隶主带来丰厚的回报。由于南部种植园经济更多地依赖黑奴，而北方的工业经济与个体小农场更多依赖身份自由的城市工人和农业工人，黑奴在南部各州的人口比重越来越大。

　　美国独立战争期间，不少建国先驱们在"自由"、"平等"的大旗下，对奴隶制产生了深深的质疑。在1787年费城制宪会议期间，奴隶制问题被摆上桌面，杰弗逊、亚当斯、富兰克林等人依然坚决反对奴隶制。但是，参加制宪会议的南方代表反对在联邦宪法中涉及奴隶制问题。北方代表心里明白，想要在宪法中写入反对奴隶制的条款，几乎是不可能的；如果强行坚持，制宪会议很可能谈崩；就算制宪会议勉强通过，含有限制或废除奴隶制条款的联邦宪法也绝不可能被南方州议会批准。

　　具有讽刺意味的是，南方代表虽然一向把奴隶视作私人财产而非普通人口，但在按照各州人口确定众议院议员名额时，他们却坚持要把奴隶"人口"计算在内。经过讨价还价，最后各方达成妥协：每个奴隶算作3/5个普通公民。

　　南北代表还在奴隶贸易问题上展开激烈争辩。北方代表为了控制奴隶制的蔓延，强烈要求禁止奴隶贸易，遭到南方代表的坚决反对。最后，双方达成妥协：国会在1808年之前不能制定法律禁止奴隶贸易。言下之意是，1808年以后国会可以制定法律来限制奴隶贸易。

与此相关，还有一个追捕逃奴的问题，这成为南北争议的焦点。南方蓄奴州从宪法保障公民"财产"的角度，坚持凡有奴隶逃到北方州，应允许南方奴隶主进入该州追捕，该州人士不能私自藏匿逃奴，否则应当判定触犯宪法。在这一点上，北方州作出了很大的让步，原则同意了蓄奴州的要求。

北方人让步的一个原因是相信奴隶制会随着时间的推移自然消亡——既然奴隶贸易逐渐中止了，奴隶人口自然会不断减少，奴隶制就会慢慢销声匿迹。

北方确实如此：随着工业经济的发展，北方各州先后废止了奴隶制。到18世纪末，北方奴隶基本上不复存在。1820年，美国黑奴总人口将近154万人，其中北方只有1900人。[2]

南方人虽然不肯主动放弃奴隶制，但是，平心而论，他们也没有抱着"一竿子到底"的想法。南方长期种植烟草，导致了田地肥力的迅速减弱，加上烟草种植利润的下降，到了18世纪末，棉花取代烟草成为南方种植园的最重要作物。不过，棉花去除棉籽的过程比较困难，严重影响了棉花生产的种植规模和经济效益。

4

1793年4月，27岁的马萨诸塞州人伊莱·惠特尼（Eli Whitney）发明了轧花机，将除籽流程的生产效率提高了约50倍。从此，美国南方山地短纤维棉花成为一种利润丰厚的作物，黑奴身价随之暴涨。在其后70年里，南方奴隶数量增长了4倍，棉花产量增长速度更是达到了惊人的1500%。[3]奴隶制非但没有日薄西山，反而如日中天，奴隶制自我消亡的预期变成泡影。

1790年，南方棉花产量只有4000包，合计200万磅，其中只有十分之一输出国外。到1860年，南方棉花产量飙升到500万包，南方出口的棉花占全世界棉花供应的四分之三，[4]成为欧洲特别是英国棉纺织业的重要原料产地。

棉花给南方带来了丰厚的利润。1800年，美国棉花出口额为500万美元，只占全国出口总值的 7%。1810 年棉花出口额达到了 1500 万美元，1840 年上升到 6300 万美元，1860 年更是飙升到 1.91 亿美元，占美国出口总值的 57%。[5]

在此情形下，南方人对黑奴的需求量猛增，黑人总数大幅增加。虽然 1808 年之后美国禁止海外奴隶输入，但奴隶人数不减反增。这是因为黑奴人口的自然增加率在不断提高。1790 年，奴隶人数为 70 万人，到 19 世纪初达到 90 万左右，其后一直连续翻倍增加，到南北战争爆发前夕，已经接近了 400 万，占南方人口的 40%。南卡罗来纳州和密西西比州黑奴人口超过全州人口 55%。到 19 世纪中叶，环视整个美洲，美国取代拉丁美洲成为美洲奴隶制的中心。[6]

奴隶身价水涨船高。一个 20 岁左右的黑奴价格从 1798 年的 200 美元，增加到 1860 年的 1800 美元。1860 年南方奴隶"财产"总价值已经达到了 20 亿元。[7] 奴隶交易成为赚钱的"买卖"，1859 年每个奴隶每年为主人创造财富 78 美元，除去个人开支 32 美元，[8] 净利润为 40 美元，购买奴隶成为一项回报率很高的投资。

与此同时，南方土地的价格也迅速上升，给南方土地拥有者带来巨大的财富增值。南方人清楚知道，如果黑奴被释放，他们的土地也将随之贬值，废除奴隶制意味着大量南方人的破财甚至破产。

轧花机将奴隶制与南方经济牢牢地捆绑在一起，与南方奴隶主的经济利益紧密相连。挑战奴隶制，就是挑战南方人的生活方式，就是砸南方人的饭碗，就是要了他们的命根子。

二、西进与妥协

1

制宪会议后，美国在 1790 年进行了第一次人口普查。普查结果是，北方州人口 200 万，南方州人口 190 万，总的来看势均力敌，相安无事。

1791 年，新英格兰地区的佛蒙特加入联邦，成为美国第 14 个州。佛蒙特是一个小州，北方自由州虽然在数量上比南方蓄奴州多两个，双方大致还旗鼓相当。

接下来，问题出在美国人的"西进运动"。18世纪后期，随着一批又一批"西部拓荒者"通过坎伯兰峡谷的隘口，穿越阿帕拉契亚山区，进入到西部荒原，南北双方的政治均势被逐渐打破了。

拓荒者在西部建立了许多定居点，形成一个又一个领地，当一块领地上自由居民超过6万人之后，就可以向联邦政府申请设置一个州。每一个申请加入美国联邦的准州，究竟以蓄奴州还是自由州的身份加入，一次又一次考验着美国人的神经。

好在有梅森—狄克逊分界线，双方基本上照此办理：分界线北面为自由州，分界线南面为蓄奴州。就这样，1792年，肯塔基州以蓄奴州加入联邦，成为第15个州。1796年，田纳西州以蓄奴州加入联邦，成为第16个州。1803年，俄亥俄州以自由州加入联邦，成为第17个州。至此，自由州与蓄奴州的比例是9：8。

在跨越阿帕拉契亚山之后，美国人又将目光投向了密西西比河以西的广袤土地。当时，密西西比河以西的"路易斯安那地区"属于法国人势力范围。1802年，美国杰弗逊总统派人与法国达成协议，法国同意出售整个路易斯安那地区，范围包括了后来的明尼苏达州、衣阿华州、密苏里州、阿肯色州、俄克拉荷马州、堪萨斯州、内布拉斯加州、南达科他州、北达科他州、蒙大拿州、怀俄明州、科罗拉多州、路易斯安那州，从密西西比河西岸一直向西延伸到落基山脉。拿破仑正急需资金来支撑法国军队在欧洲的战争，开价只要1500万美元。这让美国人喜出望外，双方一拍即合。这笔交易在1803年完成，美国获得路易斯安那地区82.8万平方英里的土地，美国领土扩大了一倍多。

1812年，路易斯安那州以蓄奴州加入联邦，成为第18州。此后，在阿帕拉契亚山脉到密西西比河之间，先后又建立了4个州：印第安纳州于1816年以自由州加入联邦，成为第19个州；密西西比州于1817年以蓄奴州加入联邦，成为第20个州；伊利诺伊州于1818年以自由州加入联邦，成为第21个州；阿拉巴马州于1819年以蓄奴州加入联邦，成为第22个州。

至此，在建国 30 余年后，美国一共新增了 9 个州，其中 4 个自由州，5 个蓄奴州，总数达到 22 个州，自由州与蓄奴州各为 11 个，在参议院中各有 22 名参议员，继续保持平衡。

2

　　接着，麻烦就来了。

　　1819 年，密西西比河西岸的密苏里准州申请加入联邦。北方人认为，按照俄亥俄河向西的自然延伸线，密苏里准州应该是在梅森—狄克逊线以北。南方人却认为，密苏里一直允许蓄奴，理应保持不变。南北双方各执一词，大有剑拔弩张之势。

　　这时，参议院出来一位和事佬，号称"妥协大师"，他就是肯塔基州的参议员亨利·克莱（Henry Clay）。克莱提出的方案是，原属马萨诸塞州一部分的缅因地区与密苏里州同时加入联邦，各自保持自由州与蓄奴州的身份。经过激烈争执，北方议员们作出让步，勉强同意了这一方案。

　　作为对北方的补偿，克莱在妥协案中还提出，以密苏里州南部边界线北纬 36° 30′ 为界，此线以北的领土为永久禁奴区，以南的领土则允许奴隶存在。这样就把梅森—狄克逊线延伸到密西西比河以西。

　　这就是美国历史上著名的《密苏里妥协案》，它使这个国家获得了暂时的安宁，当然也埋下了日后更大矛盾的种子。

　　1820 年，缅因州脱离马萨诸塞州加入联邦，成为美国的第 23 个州。1821 年，密苏里州以蓄奴州加入联邦，成为第 24 个州。这样南北双方各有 12 个州，在其后十几年中继续维持政治平衡。

　　1836 年，阿肯色州以蓄奴州加入联邦，成为美国第 25 个州。1837 年，密歇根州以自由州加入联邦，成为美国第 26 个州。1845 年，佛罗里达州以蓄奴州加入联邦，成为美国第 27 个州。至此，美国 27 个州中，北方有 13 个自由州，南方有 14 个蓄奴州。

　　紧接着，轮到第 28 个准州登台亮相，这下可摊上大事了。

得到路易斯安那地区之后，美国人又盯上了西南部地区与墨西哥接壤的德克萨斯、新墨西哥地区，以及太平洋沿岸的加利福尼亚、俄勒冈地区。

德克萨斯、新墨西哥地区原本属于西班牙的殖民地。1821 年 8 月，墨西哥独立后，德克萨斯成为墨西哥的一个省。多年来，美国人一直在向德克萨斯地区移民，据说在 19 世纪 30 年代，许多美国年轻人在房门上写下 GTT 三个字母——英语 Go To Texas（去德克萨斯）的缩写，便离家而去。到 1830 年，德克萨斯境内已经有将近 25000 多名美国白人移民，以及随行的 2000 多名黑奴，墨西哥本地人只有数千。

美国人本想花钱购买德克萨斯，遭到墨西哥政府的拒绝。从 1831 年开始，德克萨斯地区的美国移民与墨西哥政府军冲突不断。1835 年 3 月 2 日，德克萨斯正式宣布独立，因为国旗有一颗星，俗称"孤星共和国"。10 月，塞缪尔·休斯敦当选德克萨斯共和国总统。一个月后，公民投票以压倒性多数赞成德克萨斯并入美国。次年，德克萨斯向美国政府提出加入申请。

美国政府很快承认德克萨斯独立，但并没有接纳德克萨斯加入联邦。一方面，美国人担心接纳德克萨斯会与墨西哥爆发战争；另一方面，德克萨斯蓄奴合法，北方州担心德克萨斯作为蓄奴州加入会导致南北力量失衡。

这样一直拖到 1845 年，在泰勒总统推动下，国会于 2 月批准接纳德克萨斯以蓄奴州加入联邦，成为美国第 28 个州。这样，在美国 28 个州中，有 13 个北方自由州，15 个南方蓄奴州。

此时美国人的心理真可谓"得陇望蜀"。在"天定使命论"鼓舞下，无数男女老少继续跨越千山万水，与天斗，与地斗，与野兽斗，与印第安人斗，与各种阻挡前进的困难斗，一往无前地向西、向西、再向西。

1845 年 3 月，民主党人詹姆斯·波尔克当选美国第 11 届总统。在就职仪式中，波尔克明确表示要继续向西部进军，为此不惜与墨西哥一战。

美墨之战已经在所难免。

1846 年 4 月，两国陈兵边境的部队"擦枪走火"，墨西哥军队在边界附近伏击了一支美国骑兵队，当场打死美军 11 人。5 月 11 日，波尔克向国会提出宣战咨文，两天后国会以压倒多数同意宣战。

扎卡里·泰勒将军率领 7000 美军，长驱直入墨西哥境内，连战连捷。一批西点军校毕业的低级军官，在战场上发挥了重要作用。美军以少胜多，击败了 32000 人之众的墨西哥军队，一直打到墨西哥城下。1847 年 9 月，温菲尔德·司各特（Winfield Scott）少将率领美军 14000 多人突入墨西哥城，打了一年多时间的美墨之战尘埃落定。[9]

墨西哥政府被迫在 1848 年 2 月签下了城下之盟《瓜达卢普希尔戈条约》，以 1500 万美元出售德克萨斯及周边大片土地，包括整个犹他、加利福尼亚、内华达，以及怀俄明、新墨西哥、科罗拉多、亚利桑那的部分地区，总面积 52.5 万平方英里。1853 年，美国又花了 1000 万美元从墨西哥政府手中购买了盖兹登地区，包括亚利桑那南部和新墨西哥。墨西哥战争使美国的领土增加了 100 多万平方英里，超过了路易斯安那地区的面积。

墨西哥战争与美国内战相隔了 15 年，成为日后美国内战的一个实战练兵场，大批西点军校的年轻军官经过墨西哥战争的战火考验，成长为联邦军队的中坚力量，他们包括内战中最响当当的名字：北军将领尤利西斯·格兰特（Ulysses Grant）、乔治·麦克莱伦（George McClellan）、威廉·谢尔曼（William Sherman），以及南军将领罗伯特·李（Robert Lee）、托马斯·杰克逊（Thomas Jackson）、詹姆斯·朗斯崔特（James Longstreet）等。事实上，美国内战就是墨西哥战争中的袍泽之战。[10]

5

就在美国人举国欢腾之际，一个幽灵——奴隶制的幽灵——也在黑暗中手舞足蹈地庆贺自己胜利。西进每向前一步，奴隶制的幽灵也就跟进一步。

19 世纪 40 年代末，加利福尼亚出现了淘金热，随着人口的大量增长，加利福尼亚和新墨西哥等地区提出了加入联邦的申请。于是，老问题再次浮出水面，国会南北势力展开了新一轮较劲。

为了解决争端，人们再次请出了 72 岁的亨利·克莱。这位 "妥协大师" 临危受命，提出了一系列妥协方案，即所谓的《1850 年妥协案》。内容大致是：加利福尼亚以自由州加入联邦；当新墨西哥和犹他两个新领地加入联邦时，奴隶制问题由其自行决定；禁止在首都哥伦比亚特区进行任何奴隶贸易；对原来的逃奴追缉法进行修正，继续允许南方人到自由州缉捕逃奴。

1850 年 3 月 7 日，国会开始讨论《妥协案》，南北双方议员吵得不可开交。在参议院里，两位重量级参议员展开了一场世纪大辩论，一位是来自南卡罗来纳州的资深参议员、曾任联邦副总统的约翰·卡尔霍恩（John C. Calhun），另一位是马萨诸塞州的资深参议员、曾三度出任国务卿的丹尼尔·韦伯斯特（Daniel Webster）。他们之间一段意味深长的论辩，颇有历史谶言的意味。

韦伯斯特认为，奴隶制必将导致南北分裂，而分裂必将导致战争，他说："事实就像天上的太阳一样简单，我认为分裂会引发一场难以形容的可怕战争。"

此时，卡尔霍恩已经年近七旬，并且病入膏肓，几乎不能说话，他艰难地撑着椅子的扶手站起来，声音微弱但语气坚定地说："我不认为这个联邦不可解散。我不相信这个联邦牢不可破，就连压迫、愤怒、失望都不能使它分裂！"[11]

这就是当时南北政治家的典型心态。一方以国家分裂和南北战争作为警告，要求废止奴隶制度；另一方为了维护奴隶制度，不惜国家分裂，宁愿接受战争。这种不可调和的态度预示着未来战争的必然走向。

亨利·克莱、丹尼尔·韦伯斯特和约翰·卡尔霍恩是 19 世纪中期的最后代表。他们三人在 "3 月 7 日辩论" 之后两年内先后离世，其中卡尔霍恩一个月后就去世了。

在克莱的葬礼上，辉格党前众议员亚伯拉罕·林肯（Abraham Lincoln）被邀请朗读颂词。随着美国政坛一个时代政治人物的集体谢幕，新一代政治家正在成长，他们将着手解决前人遗留的问题，延续未来十年美国南北政治的平衡。

《1850 年妥协案》最终获得国会通过。在此之前，衣阿华州于 1846 年成为第 29 个州，威斯康星州于 1848 年成为第 30 个州，这两个州均为自由州。当加利福尼亚于 1850 年以自由州加入联邦时，它是美国的第 31 个州。自由州与蓄奴州的比例是 16∶15。

《1850 年妥协案》以暂时的妥协达到新的平衡，但这种饮鸩止渴却加剧了隐藏的矛盾，加深了彼此的隔阂，为更加激烈的冲突播下了种子。

三、白人与黑人

1

北方人反对奴隶制，有经济因素，有道德因素，还有社会心理因素。

与南方农业种植经济不同，北方各州走的是一条工商业经济的发展道路，煤炭业、纺织业、钢铁业、制造业、交通运输业等欣欣向荣，与之相匹配的是劳动雇佣制。

随着工商业的发展，"自由"、"平等"的思想在北方深入人心，国家意识不断增强，许多有正义感的人对奴隶制深恶痛绝，解决黑奴问题的呼声此起彼伏。

在 19 世纪 30 年代以前，许多人认为，把黑人送回到非洲老家是一个不错的解决办法，通过使美国黑人重返非洲，让美国成为一个纯粹的白人国家，一劳永逸地解决问题。为此，美国海外殖民协会还专门在非洲西海岸建立了一个国家利比里亚。但是，这种方法在现实中很难行得通，而且大多数自由黑人也反对这样做。

一些更加激进的白人希望直接废除奴隶制度，让黑人获得与白人一样的平等地位。19 世纪 30 年代以后，废奴运动在北方州风起云涌，一些政治组织、社会力量和报刊舆论，有的出于对奴隶制的道德厌恶，有的基于自由主义的政治理念，有的根据基督教"上帝面前人人平等"的信仰，有的源于对奴隶制带来社会矛盾的担忧，纷纷支持废除奴隶制。

1831年1月，美国著名的废奴主义者威廉·加里森（William Garrison）在波士顿出版了美国第一份废奴主义报纸《解放者报》，提出了"立即解放奴隶"的口号。加里森随后创立了美国反蓄奴协会，成为激进废奴主义的一面大旗。到1838年，全美反蓄奴协会已有1350个分会，会员人数达到25万人。[12] 为了表达对奴隶制法理根源的憎恶，加里森公开烧毁了一本美国宪法。

19世纪30年代，美国基督教"第二次大觉醒"正在进入最后的高潮，宗教奋兴运动扩大了基督教在社会中的影响力，基督教福音派把自己视作上帝清除新大陆奴隶制的工具，大张旗鼓地宣传废奴，成为废奴运动中的重要力量。[13]

与此同时，越来越多的北方自由黑人也加入到反奴行列中来，他们的人数在1850年达到了25万。弗雷德里克·道格拉斯（Frederick Douglass）就是最著名的废奴主义者。

总之，19世纪30年代之后，关于奴隶制的争议已经进入美国社会政治的中心舞台。

但是北方大多数人并不赞同废奴主义。北方辉格党人对奴隶制抱有一定程度的反感，反对奴隶制在西部各州继续扩散，但他们并不认为"立即解放奴隶"是合理的、可行的方式，主张根据局势发展，通过渐进的、稳妥的方式，逐步控制进而消除奴隶制。

2

南方人赞同奴隶制，除了经济方面的因素，也有深层的社会文化心理。

对有色人种特别是黑人的歧视，属于当时美国社会的普遍现象。事实上，在内战之前，不仅大多数南方白人是种族主义者，大多数北方白人同样认为黑人是一个低等种族，甚至连林肯这样的开明人士，也不认为黑人在智商、能力、情操、文化等方面可与白人相提并论，至于政治权利的平等更是天方夜谭。

南方白人把奴隶制看成是白人善待黑人的一种方式，并不视作对同类的奴役，至于道德上的愧疚更是无从谈起。南方人认为，当年长途贩运非洲黑奴的主要是西班牙人、法国人、英国人和北方殖民者，南方人因为缺少海运船只，基本上没有干过这种事。真要说奴隶制有什么罪恶，始作俑者并不是南方人，黑人从被奴隶贩子带离非洲那一刻起，命中注定就是当奴隶的。南方人只是收留了他们，并没有强加其奴隶的命运。

正相反，倒是南方种植园的生活给予这些无依无靠的黑人后裔衣食无虞的稳定生活，受到白人从生到死的"照顾"和"善待"，包括请医生为他们治病。

很多南方人认为，南方黑奴比美国北方的自由黑人生活得更好，那些所谓的自由黑人在白人主导的社会里根本没有生活依靠，只能挣扎在社会底层。在一些南方人眼里，那些待遇不错的黑奴们成天乐呵呵的，可能是美国人中烦恼最少、快乐最多的人。据当时有的欧洲旅行者说：南方黑奴在物质条件上的待遇超过了欧洲的许多工人和农民。南方种植园主无法接受北方阔佬资本家的"虚伪"：他们一面指责南方人奴役黑人，一面却在自己的血汗工厂里拼命剥削、压榨、欺凌黑人劳工。南方人想不通，有的北方州、县公然禁止黑人入境，违者遭到逮捕甚至格杀勿论，而在南方种植园主的家庭里，黑人奴仆可以登堂入室，为什么北方人还说自己歧视和虐待黑奴呢？

3

那么，南方人对待黑人奴隶到底残不残酷？

在南方奴隶主中，有好的主人和不好的主人，还有非常仁慈的主人和少数比较严酷的主人，真正非常残暴的奴隶主为数不多，而且他们也受到社会舆论的批评。[14] 如在小说《飘》中，郝思嘉的父亲郝嘉乐就是一位相当仁慈的奴隶主，他花了三千多块钱买下两名奴隶——女奴迪尔西和她的小女儿普里西，目的是让他的贴身黑奴波克能够与妻女团聚。[15] 在南方，像郝嘉乐这样的奴隶主也不少。

从现代公民社会的角度看，黑奴没有公民身份，没有政治权利，没有行动自由，不能主宰自己的生活，不能拥有财产，不能出庭作证，不得携带武器，不得读书写字，不得反抗白人，哪怕是出于自卫，这些当然是极大的不平等。但是，这并不意味着黑奴与白人之间不能够建立起真挚的感情乃至深厚的友谊。在小说《飘》中，郝思嘉与黑人嬷嬷之间的关系还是相当友好的。

这种情况在南方并非个别。李安拍摄于1999年的美国电影《与魔鬼共骑》中也描写了奴隶主乔治·克莱德与黑奴丹尼尔·赫特之间出生入死的深厚感情。

黑奴对于奴隶主的情感并非都是仇恨与敌视，还有依赖、亲近与忠诚。那些拥有少量奴隶的自耕农与奴隶同吃、同住、同劳动，相互关系比较亲密。事实上，在内战期间，许多南方白人离开家乡在外打仗，把妻子儿女和田园家当留下来，由黑人奴隶照看，从没有听说发生"后院着火"的事端。

4

但是，无法否认的事实是，南方黑奴被剥夺了人身自由，可以被随意买卖，奴隶主如果愿意的话可以惩罚、鞭打、凌辱乃至处死黑奴，黑奴没有任何政治权利，在人格上永远低人一等，甚至不被当作人看待。从现存的一些黑人照片中，可以看到黑人乌黑背脊上留下的纵横交错的鞭痕，这是白人虐待黑奴的活生生证据。一些南方奴隶主的积德行善，并不能改变大多数黑奴总体上的悲惨境况。

奴隶是不允许接受教育的，白人担心奴隶接受教育会产生不满情绪。因此，任何人教授奴隶读书和写字，都有可能受到控告。教育会使人减少奴性，奴隶主深谙此理。

当年，黑奴弗雷德里克·道格拉斯的女主人发慈悲，亲自教他学习认字，

弗雷德里克·道格拉斯

结果教出了一个逃奴。道格拉斯逃到北方后成为坚定的废奴主义者，他在1845 年出版一本书，题目叫《弗雷德里克·道格拉斯的生活：一个美国奴隶的自述》，其中写道：

奴隶的食物按月配给，衣服按年配给，各个农场都一样。奴隶每月的食物是：8 磅猪肉（或者是相当数量的鱼），1 个蒲式耳的谷物。每年的衣服是夏季 2 件衬衫、1 条裤子，冬天 1 件上衣、1 条棉裤，制作粗糙；另外还有 1 双袜子、1 双鞋子。所有这些东西不会超过 7 美元。孩子的配给交给母亲或照顾他们的年长妇女，年幼不干活的孩子没有鞋子、袜子、上衣和裤子，每年只给 2 件衬衫，如果穿破了，只能等到明年再发。7 到 10 岁的孩子，无论男女，基本上都是赤身的，差不多一年四季都是如此。

晚上睡觉没有床，成年奴隶只有毛毯裹身。最苦的还不是没有床，而是没有时间睡觉。每天干完地里的活，回来还要浆洗、修理、烧饭，睡觉之前还要准备好明天干活的工具。这些事做完后，男女老少挨个躺下，各自裹着自己的破毛毯，在又冷又潮的地上睡觉，直到次日一早被号声叫醒，继续下地劳作。[16]

贩卖奴隶是美国奴隶制最受诟病的罪恶之一。美国在 1808 年禁止海外奴隶贸易之后，法律继续准许"州际奴隶贸易"。奴隶买卖使黑奴妻离子散，大约有四分之一的黑奴夫妇因奴隶买卖而被拆散，从此天各一方。

在白人眼里，黑人根本无权像白人那样拥有法定的婚姻生活，黑人男女的结合既没有婚礼，也没有牧师，黑人被允许娶妻生子，只不过是白人奴隶再生产的需要，生下来的孩子属于奴隶主的财产。

奴隶主对奴隶残暴的肉体虐待时有发生。据一位名叫哈里特·雅可比丝（Harriet Jacobs）的女奴在自传中写道：

惩罚的花样繁多。一种最受奴隶主欢迎的方式是将奴隶捆起来，吊离地面，在身体上方悬挂一块肥猪肉，下面用火烧烤，肥肉上的热油一滴一滴流下来，滴在奴隶的身上。[17]

1863 年，一名白人在南卡罗来纳州记录了这样一段亲眼目睹的经历：

> 最令我震惊的事情是发生在铁路线附近的法拉比庄园里。那天早上我在去工作的路上拐到他庄园去讨口水喝，听到院子里传来刺耳的女人哭叫声。我走到栏栅前去瞧瞧，只见一个女奴脸朝下趴在地上，手脚被固定在四个树桩上。法拉比先生站在一边用马鞭狠命地抽她……当女奴的尖叫声太刺耳的时候，法拉比先生就用脚踢她的嘴巴。法拉比先生打累了，就让人到屋里拿来蜡烛，点燃之后让蜡水一滴一滴地滴在她皮开肉绽的背上。过了一会，他踩在她的背上，将已经硬化的蜡片揭去，又一次挥鞭猛抽。法拉比先生的女儿站在屋子的窗帘后，目睹了这一切。看到如此猛烈的惩罚，我忍不住问旁边的人，这个女奴到底怎么冒犯了法拉比先生，得到的回答是，她在做早餐时烤焦了法拉比先生的华夫饼。[18]

2012 年公映的影片《被解放的姜戈》，讲述了黑人姜戈千里寻妻，最后大开杀戒、自我解放的故事，电影以许多惊心动魄的场面展现了南北战争之前黑人被压迫、被奴役的悲惨境况，深刻反映了白人与黑人之间的相互敌视和血腥仇杀，在一定程度上揭示了白人奴隶主与黑人奴隶之间的关系。

四、流血的堪萨斯

1

作为对南方奴役黑人的反击，北方激进的废奴主义者通过各种方法鼓励奴隶逃亡北方和加拿大。为了躲避"猎奴者"的抓捕，他们开辟了协助黑奴逃离南方的秘密路线，被称为"地下铁路"。最著名的一位"列车员"名叫哈瑞特·塔伯曼（Harriet Tubman），她原本就是一名女逃奴，在十年间往返南方 19 次，帮助 300 多名奴隶逃亡，奴隶主悬赏 1.2 万美元捉拿她，但从未得手。[19]

1852 年，哈里特·比彻·斯托（Harriet Beecher Stowe）的小说《汤姆叔叔的小屋》正式出版，一时间成为仅次于《圣经》的畅销书籍，第一年就在全美发行了 30 多万册，在社会上引起强烈反响。1862 年林肯总统见到斯托夫人的时候，开玩笑说："你就是那个写了一本书引发这场大战的小妇人？"[20]

这本小说在欧洲同样产生了很大影响，让人们知道在欧陆已成历史的奴隶制依然在美国南方欣欣向荣，据说连英国维多利亚女王也流下了眼泪。这在一定程度上影响了英、法等国在内战中的态度。

19 世纪上半叶，较高的出生率、较低的死亡率和大量移民的涌入，使得美国人口急剧膨胀，增长速度是欧洲的 4 倍，是全世界平均增速的 6 倍，其中大部分新增人口居住在北方州。根据美国 1850 年人口普查，在过去十年中，自由州的人口增长了 20%。[21]

南方人感到越来越忧虑，南方人口比例的下降不仅降低国内政治影响力，而且使众议院中南方议员比例下降。因此，每次西部准州申请加入联邦，都被南方人看成是扭转南北人数劣势的机会。

2

机会很快来了。

1854 年，堪萨斯地区申请加入美国联邦，南北双方风波再起。

堪萨斯地区包括现在的堪萨斯州和内布拉斯加州，地处密西西比河以西，位于 1820 年《密苏里妥协案》规定的北纬 36°30′ 禁奴线以北，理应成为禁奴区。但是，南方人无视 24 年前的规定，坚持要让堪萨斯成为蓄奴州。

由于克莱已经去世，参议院内一位平时喜欢抛头露面的民主党参议员斯蒂芬·道格拉斯（Stephen A. Douglas）当仁不让地站出来，接续"妥协大师"的使命。道格拉斯身材矮小却意志坚定，被称为"小巨人"。

道格拉斯提出了一个《堪萨斯—内布拉斯加妥协案》：首先将整个堪萨斯地区划分为两块，分别是南部的堪萨斯和北部的内布拉斯加，它们同时加入联邦，各自通过当地居民投票决定是否实行奴隶制——道格拉斯称之为"人民主权原则"，即各州人民有权自行决定本州事务。

大家都心知肚明，北方的内布拉斯加肯定不会实行奴隶制，而堪萨斯受到毗邻的密苏里州影响很大，实行奴隶制的可能性很大。

民主党出身的皮尔斯总统对这个方案很感兴趣，在他的推动下，《堪萨斯—内布拉斯加妥协案》于1854年5月在参议院获得通过。

从表面上看，把堪萨斯地区一分为二，也算是一种"急中生智"的妥协办法，似乎兼顾了平衡。但是，这个妥协案却隐含了一个重大的问题：堪萨斯州和内布拉斯加州都在北纬36°30′以北，这就打破了《密苏里妥协案》中关于北纬36°30′以北禁止蓄奴的规定，给南方蓄奴州开了一个法理上的大口子。《堪萨斯—内布拉斯加妥协案》被认为是美国朝着内战方向迈出的重大一步。[22]

果然，内布拉斯加州议会顺利通过决议限制蓄奴。但是，堪萨斯州却成为双方争夺的焦点，很快酿成武力冲突。

双方都明白，决定堪萨斯州是否蓄奴的关键在州议会的表决。于是，南北各州支持奴隶制和反对奴隶制的民众都迅速行动起来，向堪萨斯州移民，以便取得人数上的优势，把自己的议员送进议会，来控制对奴隶制去留问题的投票表决。很快，一个又一个移民小镇在堪萨斯州平地而起。

来自密苏里州的蓄奴派捷足先登，于1855年春季在利康普顿（Lecompton）举行立法机构选举，当时堪萨斯的合法选民只有1500人，但实际投票数却超过了6000人，他们中大部分是从蓄奴州远道而来的武装民兵，奴隶制拥趸们选出了蓄奴派控制的议会，并且建立了州政府。[23]

废奴派岂肯干休，他们在当年秋季也如法炮制，在托皮卡（Topeka）另外制定了一部反对奴隶制的宪法，选出了自己的议会和州长。结果便是，在1856年1月，堪萨斯州出现了公然对立的两个首府、两个议会、两个州长。

接下来便是大打出手。双方都把争夺堪萨斯州看成是一场伟大的"圣战"，武装人员和大炮枪支源源不断地涌入堪萨斯。斯托夫人的兄弟亨利·沃

　　　　　　　　　　　　　　　　　　　　　　　自由的新生

德·比彻（Henry Ward Beecher）牧师将卡宾枪装在贴着《圣经》标签的箱子里，运送到堪萨斯，他宣称"一把卡宾枪的道德力量远胜过100本《圣经》"。[24]

1856年5月，一群支持奴隶制的密苏里民兵1500多人洗劫了反对蓄奴的劳伦斯城，抢劫商店，烧毁旅馆和报社，杀死了150名无辜的妇女与儿童。作为报复，激进的废奴主义者约翰·布朗（John Brown）率4个儿子潜入南方人的定居点，杀死5个支持奴隶制的人。

约翰·布朗

双方发生了一系列武装冲突和烧杀劫掠，血腥与暴力蔓延到整个地区，堪萨斯州也因此被称为"流血的堪萨斯"。事实上，堪萨斯的流血冲突可以说是随后南北战争的一个序幕，遗憾的是当时很少有人预见到这一点。[25]

堪萨斯州这种暴力行为甚至蔓延到了华盛顿的国会大厦里。1856年5月，马萨诸塞州的参议员、奴隶制的激烈反对者查尔斯·萨姆纳（Charles Sumner）在国会发表了《对堪萨斯犯下的罪行》的长篇演讲，大骂南卡罗来纳州参议员安德鲁·巴特勒（Andrew Butler）支持蓄奴犹如与娼妓取乐，巴特勒的外甥、众议员普里斯敦·布鲁克斯（Preston Brooks）怒不可遏，赶到参议院当众用手杖猛击萨姆纳，使其头部严重受伤，3年半后才得以康复。[26]

南卡罗来纳州人为布鲁克斯举行了庆功盛宴，并赠送给他一个新的手杖，上面刻着"用它来打倒辩论"。这句极具挑衅性的话体现了当时部分南方议员们准备"文攻武卫"的决心，一些北方议员不得不带着手枪参加会议。[27]

这时，最高法院又来火上浇油。在1857年3月"德雷特·司各特案"的最终裁决中，倾向于南方的法官们判决，曾在自由州生活多年的前黑奴德雷特·司各特（Dred Scott）不能获得自由人身份。这意味着承认奴隶是一种财产，一种可以移动的财产，无论被奴隶主带到什么地方，都应受到法律保护。

最高法院的判决引起了北方废奴主义者的强烈愤慨。新英格兰地区的许多城镇举行公民大会，准备脱离美国联邦。"德雷特·司各特案"为其后的暴力抗争乃至战争冲突埋下了伏笔。[28]

3

暴力必然引发更多暴力。

1859 年 10 月 18 日，约翰·布朗率领一支由 16 名白人和 5 名黑人组成的队伍，包括他的儿子，向弗吉尼亚州的哈泼斯渡口（Harper Ferry）进发。这里距离华盛顿只有 57 英里，是联邦政府的一个武器制造基地。布朗打算武力夺取此地的军火库，将武器分发给废奴主义者，向南方大进军，解放沿途的黑奴，掀起一场反对奴隶制的大战。

一开始，布朗一行进展顺利，他们迅速占领了哈泼斯渡口的消防大楼，并且劫持了人质。很快，一支联邦军队赶到并包围了起义者，带队军官正是罗伯特·李上校。经过短暂交火，布朗被击伤并且逮捕，他的手下或死或伤，剩下的四散逃走。

这年 12 月 2 日，布朗以叛国罪、谋杀罪、煽动暴乱罪被处以绞刑。在临刑之前，他在一张小纸条上留下了这样一段话：

> 我——约翰·布朗，现在坚信只有用鲜血才能洗清这个罪恶的国土。[29]

布朗之死进一步唤起了北方民众废除奴隶制的勇气。北方废奴主义者将布朗奉为圣人，爱默生称布朗为"殉道者"，说他"将把绞索变得与十字架一样光荣"。[30] 越来越多的北方人开始以严肃态度来思考奴隶制问题。一位民主党人乔治·斯特朗（George Strong）写道：

在这个时代，没有什么比布朗之死对奴隶制的打击更大了。不管他是否明智，当一个人深信某种制度是错误的、不公正的，甚至主动要求赴死来进行抗议，那么支持这种制度的人肯定会感到震动和惊讶。如果一个人用走向绞刑架来谴责暴行，其他人的信念也将会随之动摇。[31]

布朗之死，一方面表明北方人对奴隶制已经忍无可忍，另一方面也提醒南方人有必要正视"北方佬"的挑衅，在必要时使出最后的杀手锏——断然退出联邦，走上独立之路。

尽管内战爆发前南北双方的一系列政治妥协并没有真正解决问题。历史学家还是认为，这些政治妥协并非毫无意义，至少推迟了战争爆发的时间，有助于这个国家不断强壮自身体格，从而能够在这场空前的浩劫中得以存活下来。[32] 有的历史学家甚至怀疑，如果没有这些妥协案，内战可能在更早的时间爆发，最终的胜负或许是另外一种结局。

五、分裂的房子

1

在南北纷争中，政党起到了十分重要的作用，国会成为党派角逐的主要战场，奴隶制存废问题则是双方角力的主要焦点。总的来说，大多数民主党人倾向于同情南方奴隶制，对黑人怀有较强的歧视心理，对废奴主义者深恶痛绝。大多数辉格党人是反对蓄奴的，但他们并不完全赞同种族平等，更不认同激进废奴主义，将废奴主义者视为不负责任的狂热分子，指责其过激言行给联邦带来了危机。

包括林肯在内，许多反对奴隶制的白人并不认为立刻废奴、全面废奴是现实可行的，这是因为：

第一，从法理性上讲，宪法明文规定保护私有财产，奴隶一向被视为奴隶主的私人财产，所有奴隶的"货币价值"至少20亿元，立刻废除奴隶制意味着违反宪法，侵犯公民"私有财产"，这在法理上行不通。

第二，从现实性上看，奴隶制的确是维持南方蓄奴州经济运转的生产基础，在没有替代办法的情况下立刻废除奴隶制，南方经济会顿时陷入瘫痪。

第三，从可能性上说，立刻废奴也是难以做到的，因为南方人保护自己生活方式的决心坚如磐石，如果逼急了眼，难保不会发飙，以死相拼。

第四，从后果上看，四百万黑奴一旦释放，必然大量涌入社会，黑人自身生机难以落实，而且会给白人原有生活"秩序"带来经济和心理上的冲击，造成一定的社会动荡。

随着南北之争的加剧，民主党和辉格党内部也发生了地区性的分化。特别是辉格党内部，南北裂痕越来越明显，在讨论《堪萨斯—内布拉斯加妥协案》时达到了白热化程度，辉格党内坚决反对奴隶制的力量酝酿独立建党。于是，一个新的政党——共和党——应运而生了。

2

1854 年 5 月 26 日，就在《堪萨斯—内布拉斯加妥协案》获得国会通过的第二天，约有 30 名国会议员出于对该法案的强烈不满，开会决定成立新党。

7 月 6 日，共和党正式成立，成员主要是北方辉格党人、民主党内《妥协案》的反对者、自由党和自由土地党人，以及部分"一无所知党"人组成。共和党的基本宗旨之一就是限制或禁止奴隶制，立即废止《堪萨斯—内布拉斯加妥协案》和《逃奴法案》。

共和党在北部各州异军突起，发展迅速，很快成为一个反对奴隶制的全国性政治大同盟。在当年举行的第 34 届国会选举中，共和党居然获得了众议院 108 个席位，一跃成为众议院多数党。

在 1856 年总统选举中，共和党雄心勃勃，准备与民主党大干一场，争夺总统大位。共和党推出的总统候选人是约翰·弗莱蒙特（John Frémont）。

"弗莱蒙特"这个名字一看就是法国裔。事实上，弗莱蒙特是一位法国革命逃亡者的私生子。在 19 世纪四五十年代，弗莱蒙特是美国家喻户晓的传奇人物：他曾作为地形学工程师，多次深入西部探险，勘察地理地貌，绘制了俄勒冈之路的地图，并且翻越了落基山脉，为美国人西迁移民和建设横贯东西的铁路线立下汗马功劳，被称为"西部开路先锋"。在墨西哥战争期间，弗莱蒙特中校积极谋求加利福尼亚独立，曾担任加利福尼亚军事长官，后来成为加利福尼亚州的首位联邦参议员。

弗莱蒙特坚定反对奴隶制，力主联邦权力高于州权，属于比较激进的共和党人。共和党以弗莱蒙特为总统候选人，提出的竞选口号是："自由土地、自由人民和弗莱蒙特"，打出废奴大旗。

民主党推出了前国务卿詹姆斯·布坎南（James Buchanan）为总统候选人，针锋相对地坚持扩张奴隶制、维护州权的政治纲领。

由于共和党废奴立场稍显激进，不少白人感到恐慌；再加上弗莱蒙特本人政治能力一般，而且他的老丈人、一位极有影响力的参议员也公开宣布支持民主党，弗莱蒙特最后败给了布坎南。

尽管如此，新鲜出炉的共和党还是在大选中显示了强大影响力：布坎南获得了 174 张选举人票，弗莱蒙特获得了 114 张选举人票，并且赢得了北方 16 个州中的 11 个州，显示出一个新兴政党的巨大潜力。[33]

3

两年之后，迎来了 1858 年中期选举。共和党涌现出一名后起之秀，他就是来自伊利诺伊州的原众议员亚伯拉罕·林肯，一位属于稳健派的共和党人。

在有些人的印象中，林肯在内战期间坚决打击南方蓄奴州的分裂行为，毅然签署了《解放宣言》，最终领导联邦政府赢得了南北战争，肯定是一位激进的废奴主义者。其实不然。

不错，林肯自始至终都反对奴隶制，他曾说过："如果奴隶制不是错的，那就没有什么是错的了。"[34] 但是，有两点需要说清楚：

第一，林肯与当时大多数白人一样，并不是一个主张种族平等的人，他在此前竞选参议员的过程中，公开表达了白人的种族优越性。

第二，更重要的是，林肯不是激进的废奴主义者，甚至都很难算是一个"渐进"的废奴主义者，因为他连自己都不太清楚究竟如何"渐进"地废除奴隶制。林肯对于废除奴隶制抱着非常慎重的态度，主张奴隶制在美国应该受到限制，新加入的地区应该成为自由州，蓄奴州应该逐步过渡到自由州。正如历史学家查尔斯·比尔德（Charles A. Beard）在《美国文明的兴起》一书中所说：

> 在奴隶制问题上，林肯的态度是坚定而保守。他不喜欢奴隶制，而且坦率地这样说过；但他却不是一个废奴主义者，他看不出有什么办法能够根除这种制度。相反，他赞成执行逃亡奴隶法，甚至不准备要求在哥伦比亚特区废除奴隶制。[35]

在 1858 年国会竞选中，伊利诺伊州共和党参议员候选人林肯与民主党参议员候选人斯蒂芬·道格拉斯连续进行了 7 场大辩论，地点分别选在伊利诺伊州的 7 个选区，成千上万的听众前来聆听。道格拉斯身高只有 1.5 米，而林肯身高超过了 1.8 米，[36] 这也是大辩论的一个有趣看点。由于每场辩论都通过电传报道，7 场辩论吸引了全国民众的眼球，林肯也因此名扬全国，甚至蜚声海外。

亚伯拉罕·林肯

在第 4 场辩论中，林肯明确说：

> 我过去从来不赞成，现在也不赞成让黑人做选民或陪审员，或者使黑人有资格

　　　　　　　　　　　　　　　　　　　　　自由的新生

担任公职，或者和白人通婚。我还要补充说，白种人和黑种人的体质有差别，这种差别我认为将永远阻止两个人种在社会上和政治上平等地生活在一起。[37]

这些话，现在听上去相当刺耳，却是当时美国民众的普遍心声，赢得了台下听众的一片叫好声。

林肯在政治上显示出一种现实主义和法律主义相结合的倾向，他一方面希望阻止奴隶制的进一步扩展，另一方面也不想超越现实状况、不想打破法律框架来反对奴隶制。在第 1 场辩论中，林肯表达了矛盾与无奈的心态：

> 即使把世上的一切权力都交给我，我也不知道对现行的制度应该怎么办。……把黑人统统解放，留下来做我们的下手？这样他们的境况就一定能改善吗？我想我无论如何不会奴役一个人，但是别人这样做，我的认识却未达到谴责他们的程度。下一步怎么办？解放他们，使他们在政治上和社会上同我们一律平等？我自己的感情是不允许的，即使我自己的感情允许，我们都知道大多数白人也不会允许。[38]

林肯希望首先在新加入的准州禁止蓄奴，然后逐渐等待实现废除奴隶制的机会真正到来。他在第 2 场辩论中明确讲："我如果不是明确地至少也是含蓄地坚决认为，国会有权力和义务在合众国所有准州内禁止奴隶制。"[39] 在《裂开的房子》演说中，林肯说："一座裂开的房子是站不住的。我认为，允许一半国土蓄奴、一半国土自由的政府是不能持久的。"[40] 林肯这里所说的"分裂的房子"，源于《新约·马太福音》中"分裂之家不能持久"的典故，用来隐喻当时美国南北对立态势，非常贴切易懂，从此在民众中广为流传。

这七场大辩论，大致上棋逢对手，但结果却是林肯败给了道格拉斯。尽管竞选失败，林肯这次成功的政治亮相，赢得了民众广泛的好评，也引起了共和党大佬对这位政治新星的高度关注。

4

当 1860 年大选开始时，共和党吸取了上次大选过于激进的教训，为了避免与激进废奴主义者有任何牵连，共和党需要一位在奴隶制问题上立场稳重的政治旗手。他们想到了林肯，将他作为五名共和党总统候选提名人之一。

1860 年 5 月，共和党全国代表大会在芝加哥召开，林肯面临着四位强有力的党内竞争对手：纽约州的威廉·西沃德（William Seward）、俄亥俄州的萨尔蒙·蔡斯（Salmon Chase）、密苏里州的爱德华德·贝茨（Edward Bates）、宾夕法尼亚州的西蒙·卡梅伦（Simon Cameron）。这四个人都是党内大亨，相比之下林肯名气小、资历浅。不过，这反而对林肯有利，因为大会代表的攻击火力主要集中在这四个人身上的弱点，正如历史学家希尔比·福特（Shelby Foote）在《美国内战》一书中说：

> 西沃德总是讲"冲突不可避免"，蔡斯过于激进，贝茨有"一无所知党"的污点，卡梅伦被认为"不诚实"。[41]

通过三轮投票，林肯这匹"黑马"击败了其他四位提名人，正式成为共和党总统候选人，与来自缅因州的副总统候选人汉尼巴尔·哈姆林（Hannibal Hamlin）搭档，参加当年 11 月的总统大选。

此时，民主党内部在奴隶制问题上意见不一，分裂为北方派和南方派。其中，南方派坚持顽固维护奴隶制，推举来自肯塔基州的前国会议员、现任副总统约翰·布雷肯里奇（John C. Breckinridge）为总统候选人。北方派则推举"小巨人"道格拉斯为总统候选人。另外，一部分前辉格党人和"一无所知党"人组成的宪政联合党推举肯塔基州的约翰·贝尔（John C. Bell）为总统候选人。四人参选，对林肯是一个利好消息。

1860 年 11 月 6 日，美国历史上最重要的一次总统选举揭晓。在明尼苏达州于 1858 年、俄勒冈州于 1959 年加入联邦后，美国一共有 33 个州。林肯获得了除新泽西州之外的所有 17 个南方自由州的多数票，在 303 张

　　　　　　　　　　　　　　　　　　　　　　　　自由的新生

选举人票中获得 180 张。不过，在 10 个南方蓄奴州，林肯连一张选举人票都没有得到。在全国 81.2% 合法选民参加的投票中，林肯只得到 186.6 万张普选票，只占总票数的 39.8%，他的三个对手得票加起来比他多了近 100 万张。尽管如此，林肯有惊无险地当选为美国第 16 届总统，也是第一位共和党总统。[42]

南方人对林肯的当选立即做出强烈反应，南卡罗来纳州《查尔斯顿使者报》大声疾呼："茶叶已经被倾倒海中，1860 年革命从现在开始了！"[43]

早在总统选举投票之前，南方激进派就已经放出风声：一旦共和党获胜，南方将立即宣布独立。选举结果出来后，南方蓄奴州感到大难临头，这是民主党从 1853 年皮尔斯总统入主白宫以后第一次失去对白宫的控制权。他们预感到，长期以来南北双方在国会和政府权力分配中旗鼓相当的局面发生了根本改变。很多南方人凭直觉作出了一种极度悲观的判断：林肯总统领导的联邦政府必定马上全面废奴，留给南方人的唯一出路只有脱离联邦，另立国家。

5

其实，就算林肯当选总统，南方蓄奴州并没有到山穷水尽、非要孤注一掷的地步：

第一，林肯总统一向表示尊重南方奴隶制存在的现实，他从来没有也不会提出一份废除奴隶制的时间表，更不会以武力逼迫南方州放弃奴隶制。

第二，民主党在国会依然占据一定优势：此时的参议院中，民主党占据议席 36 个，共和党 20 个，其他党派 4 个；众议院中，民主党占据议席 92 个，共和党 114 个，其他党派 31 个。另外，同情南方的大法官继续掌控着最高法院。

第三，林肯只拿到不足 40% 的选票，这说明大多数选民并不支持林肯；即使在支持林肯的选民中，激进废奴主义者只是少数，大多数北方人并不想马上废除奴隶制。

事实上，南方人走上绝路，除了奴隶制问题之外，还有经济方面的原因。南方人一直对北方工商业经济的巨大压力感到窒息，对联邦政府在征税问题上长期偏袒北方州感到愤懑。

北方工商业主为了发展工商经济，保护自身利益，一直推动联邦政府制定保护性法律，大幅提高进口关税，抵制欧洲工业品的输入，促进北方生产的"国货"在国内销售，从中大赚其钱。

南方种植园的棉花绝大部分出口海外，为了在棉花出口贸易中避免欧洲提高关税，南方州希望联邦政府降低欧洲商品进口关税，确保南方种植园产品畅通无阻地输入欧洲，同时也便于南方人买到价廉物美的欧洲工业产品，它们的质量明显优于北方的"国货"。

令南方人恼怒的是，联邦政府在关税问题上总是更多地考虑北方州的利益。多年以前，南卡罗来纳州议会就通过法律，禁止在本州实行进口关税，并威胁要脱离联邦。

在南方人眼里，农业是世界上最正当的生活、最崇高的事业。从1800年到1860年，南方农业劳动力人口比例一直稳定地保持在80%；与此同时，北方劳动力人口中的农业人口比例却从70%下降到40%。[44]

生活在农业社会中的南方人，社会开放程度不高，人员流动性不大，移民很少，工厂不多，城市不大，对于联邦政府的作用，实在没有太多的感悟。南方人并不需要政府过多支持，反倒希望政府减少干预。对于大多数南方人来说，"中央政府"简直可有可无。这种"老南方"心态，真有点"天高皇帝远"的意味，对国家权威有一种"帝力何有于我哉"的超然态度。

事实上，到19世纪中期，自由资本主义的工业经济和强制劳动的种植园经济，已经在美国北方和南方形成了两种不同的经济模式、社会制度、生活方式、民众心理。卡尔·马克思在1861年《美国内战》一文中写道：

> 当前南部与北部之间的斗争不是别的，而是两种社会制度即奴隶制度与自由劳动制度之间的斗争。这个斗争之所以爆发，是因为这两种社会制度再也不能在北美大陆上一起和平相处，它只能以其中一个制度的

胜利而结束。[45]

　　林肯的当选，给两种制度彻底了结"新仇旧恨"带来了一个契机。一些南方人甚至对林肯胜选非常兴奋，因为这给他们梦寐以求的独立诉求找到了最佳的藉口。

　　机会终于来了。

第二章

厉兵秣马

一、临危受命

1

1860 年 12 月 20 日，南卡罗来纳州在查尔斯顿召开全州代表大会，通过匿名投票，以 169∶0 的票数，通过了南卡罗来纳州脱离联邦的决议，宣布成立"南卡罗来纳国"，成为第一个退出联邦的急先锋。《查尔斯顿使者报》号外用粗大字体刊出一个醒目标题："联邦解体了！"

次日，"南卡罗来纳国"发布了一份致所有蓄奴州的公开声明——《南卡罗来纳的主权》，声称北方人正在践踏蓄奴州的主权，就像当年大不列颠践踏北美殖民地一样，号召南方蓄奴州以当年反抗压迫、争取自由的革命精神，团结起来摆脱北方人的统治。

南卡罗来纳州是南方分离主义"教父"卡尔霍恩的家乡，州权意识最为浓烈，该州白人 30 多万，黑奴却有 40 多万，这决定了它成为最坚定的脱离主义者。几个月后，南卡罗来纳州打响了内战第一枪。南卡罗来纳州拥有丰富的物质资源和比较完善的铁路系统，在战争期间为南军提供了大量军需和兵员。

不是所有南卡人都支持独立。查尔斯顿的一位绅士詹姆斯·佩蒂格鲁（James L. Petigru）就是一位联邦主义者，他在母州宣布独立前夕对人说：

杰弗逊·戴维斯

"南卡罗来纳对于一个共和国来说太小，对于一个疯狂的精神病院来说太大。"[1] 佩蒂格鲁无疑是有远见的，可惜孤掌难鸣，改变不了态势。

接着，新年刚过，其他南方蓄奴州纷纷效仿，掀起了第一次脱离浪潮。

1861年1月9日，密西西比州议会通过脱离法令。1月10日，佛罗里达州宣布脱离。1月11日，阿拉巴马州宣布脱离。1月19日，佐治亚州宣布脱离。1月26日，路易斯安那州宣布脱离。2月1日，德克萨斯州宣布脱离。这六个州赞成票都在80%左右，大致体现了当时南方民众的态度。

这七个脱离州地处美国南方的下部，被称为"下南方"（Lower South）。它们与北方的空间距离在一定程度上强化了分离的决心。

2月8日，七个州的议员们聚集在阿拉巴马州首府蒙哥马利（Montgomery）市，宣布成立"美利坚邦联共和国"（Confederate States of America），简称"邦联"（CSA），定都蒙哥马利市，推举密西西比州前联邦参议员杰弗逊·戴维斯为邦联总统。

当信使送来电报时，戴维斯正与夫人在花园里给玫瑰花修枝，他的脸上掠过一丝伤感——这并不是他想要做的事情。

邦联议会还确定了国旗，通过了一部宪法，明确规定坚决维护奴隶制的存在与扩展——正如邦联副总统亚历山大·斯蒂芬斯（Alexander Stephens）所说："奴隶制是邦联的基石。"[2]

于是，两个首都、两个政府、两个国会、两个总统、两部宪法、两面国旗——林肯两年前发出过的警告不幸而言中，在北美大地上，一座完整的房子终于分裂成两半。

脱离后的南方州很快占领了境内的联邦政府设施，包括边防要塞、兵工厂、政府办公大楼等。联邦军队在南卡罗来纳州查尔斯顿的萨姆特堡（Fort Sumter），由于一时坚固难催，无法立即拿下，但已被南方军队包围，限期降旗撤军。

面对国家重大变故，即将卸任的"跛鸭"总统布坎南一时手足无措，居然毫无作为。他声称，南方州没有权利脱离联邦，同时联邦政府也没有权利阻止南方州的脱离行为。他私下里对人说，自己会是美利坚合众国的最后一任总统。布坎南在离任前的一个月里，简直就像甩手掌柜，把一个烂摊子扔给了新任总统。

南方人和北方人都把眼睛盯在林肯身上：这一乱局都是由林肯当选引起的，现在倒要看看，这个新任总统有何回天之力。

2

1861年3月4日上午，华盛顿的天空阴沉沉的，初春的寒风嗖嗖地刮着，刚刚吐出绿芽的树枝在风中不停地摇曳。

宾夕法尼亚大街上，一辆四轮敞篷马车正朝着国会大厦驶去，林肯与布坎南并排坐在马车上，准备参加总统就职仪式。马车后面跟着一群头戴高帽、身穿礼服、骑着高头大马的达官贵人。道路两旁站满了华盛顿的市民，兴致勃勃地挥手致意。远处国会大厦的穹顶尚未建成，似乎暗示着这个国家的整合尚未最后完成。[3]

在接近国会大厦的路口，到处是持枪的士兵，一些地方还架起了大炮，在周边建筑物的房顶和窗口，狙击手端着来复枪，神情紧张地扫视着拥挤的人流。

接近中午的时候，天空渐渐开朗，太阳从云端中钻了出来，给国会大厦抹上了一层金色，站在草坪上的人群感觉到阵阵暖意。

突然，人群中传出一阵欢呼声，在国会大厦东面门廊临时搭建的平台上，出现了两个身影，一位是马上卸任的詹姆斯·布坎南总统，一位是

　　　　　　　　　　　　　　　　　　　　　　　　自由的新生

1861 年 3 月 4 日亚伯拉罕·林肯在国会大厦发表就职演讲

即将就任的亚伯拉罕·林肯。他们手挽手一起走到了台前，向草坪上一万多名观众挥手致意。

林肯穿着一身黑色的西装，戴着一顶黑色的高帽子，拿着一根深色的手杖，他平静的脸上看不出任何表情。等到人群欢呼的声音慢慢小下来，林肯从口袋里掏出讲稿，扶了扶眼镜，开始了他的总统就职演说。

在美国历史上，从来没有一位总统，在他发表就职演说的时候，国家已经分裂成两个部分。就在前几天，布坎南在白宫不冷不热地向林肯丢下了这样一句话："尊敬的阁下，假如您此刻入住这幢房子的快乐心情，能跟我离开它回家的心情相媲美，您就是这个国家最幸福的人了。"[4]

此时此刻，林肯望着台阶下熙熙攘攘的人群，心情十分复杂。林肯知道，在许多人眼里，他是引起国家分裂的"罪人"；[5] 同时，在另一些人眼里，他又是重新收拾乱局的希望。

林肯发表了长篇大论。首先，林肯需要安抚南方人。他信誓旦旦地保证，南方各州的权利和人民的财产不会受到联邦政府的任何威胁，绝不会发生"用非法武力去侵犯各州或准州土地的行为"。事实上，林肯差不多在暗示南方，奴隶制可以"永远"保存下去，直到它自然终结。

接着，林肯要表明维护联邦宪法和国家完整的决心。新总统义正词严地指出，"联邦是不可分裂的"，南方州脱离联邦的行为"在法律上是无效的"，任何一个州或几个州反对联邦政府的暴力行动"都应根据情况视为叛乱或革命"。林肯明确表示，双方的争端应该在宪法框架下解决，如果无法和平解决，林肯警告说，"我将按照宪法明确授予的权限，尽自己的全力，使联邦宪法在各州得以忠实执行"。

最后，林肯用平静而深情的语气，表达了对国家重新统一的期盼和信心：

> 我们不是敌人，而是朋友。我们决不能成为敌人。尽管目前的情绪有些紧张，但决不能破坏我们之间的情感纽带。
>
> 回忆的神秘和弦，从每一个战场和爱国者墓地，延伸到这片广袤大地上的每一个心灵和每一个家庭，必将再度被我们的良知所拨动，奏鸣起联邦团结的新乐章。[6]

演讲结束后，84岁的最高法院首席大法官罗杰·坦尼（Roger Taney），手捧一本《圣经》颤颤巍巍地走到台前，主持新总统的就职宣誓。在此之前，他已经为8届美国总统主持就职宣誓仪式。

林肯手按《圣经》，神情严肃地说：

> 我庄严宣誓，我将忠实地履行总统的职权，竭尽所能，恪守、维护和捍卫宪法的尊严。

这句宣誓词，曾被历任总统重复了许多遍，算是一句套话。但是，对于这位刚刚过完52岁生日的新总统来说，却是一句庄严而现实的承诺，一项从今天开始就要落实的具体工作。

当然，林肯自己也不知道，这个国家接下来会发生什么；他也不太清楚，如何才能做到誓言中的每一个字；林肯更不会想到，他现在手按的这本《圣经》，在146年之后，将在美国一位黑人总统的就职宣誓中再次使用。

当就职仪式快要结束之际，天空中一片乌云飘过来，缓缓地遮蔽了国会大厦上空的阳光。林肯脱下礼帽，挥舞着向人群告别。此时，一股巨大的力量在他心中涌起：一个伟大的民主国家正在面临最严峻的考验，作为总统兼军队最高统帅，他将担负起对这个国家的最大责任。

"砰、砰……"，礼炮声响起。在场的许多人心里明白，不久之后他们将会听到更加猛烈的隆隆炮声。

3

作为政治家，林肯一向习惯于"五湖四海"。他选择内阁成员，把大选时的四位竞争对手西沃德、蔡斯、卡梅伦、贝茨分别任命为国务卿、财政部长、战争部长和司法部长。

西沃德属于比较激进的共和党人，尽管能力不错，但经常自以为是。他当上国务卿后，居然这样写道："自我看来，如果我离开仅仅三天，政府、国会和哥伦比亚特区就会陷入恐慌和绝望之中。我是这里唯一充满希望、临危不乱、善于协调的人。"

蔡斯也属于激进派，资格很老，个性很强，是一个典型的"刺头"，在内阁中最喜欢向林肯发难。对于这种"狂人"，林肯宽以待人，用其长处。

卡梅伦原先从民主党转到共和党，政治态度也比较激进，他很早就主张释放叛乱州的奴隶，与林肯意见相左。在1860年大选中，林肯跟他做了一个政治交易，以内阁部长为"诱饵"，让卡梅伦退出竞选。所以，卡梅伦当战争部长，算是林肯兑现承诺。后来，卡梅伦作为战争部长，假公济私，帮朋友发财，林肯忍无可忍，在次年1月外放俄国大使，任命布坎南政府的司法部长埃德温·斯坦顿（Edwin M. Stanton）为战争部长。[7] 斯坦顿原来与林肯关系一般，但林肯看中他的能力。此人不但处事干练，而且人品正派，

埃德温·斯坦顿

工作十分勤奋，很快成为林肯最得力的助手。[8]

爱德华·贝茨生于弗吉尼亚，长于密苏里，是林肯内阁第一位来自密西西比河以西地区的阁员。此人政治态度比较温和，倾向于同情南方。贝茨后来支持林肯暂时中止《人身保护令》，为联邦政府控制左右摇摆的边境蓄奴州，发挥了重要作用。

林肯总统用这样一班人辅佐自己，体现了大度、自信、民主的品质。

林肯现在面临的一个重大抉择，简单地说就是"打还是不打"？说实话，林肯还真的拿不定主意。事实上，北方人对于"打还是不打"，也存在着不同的意见。激进派力主武力弹压，和解派主张和平协商，还有部分被称为"铜头党"的北方和平主义民主党人则公开支持南方分裂。

林肯并不希望动用武力，他曾对自己的私人秘书约翰·尼古拉（John Nicolay）说："我们应该成为一个兄弟般友爱的政府，用武力硬把一个政府捏在一起的做法是丑陋的。一个全国性政府存在的关键是法律的力量，以及维护国家完整的责任。"[9] 当然，如果真被逼上绝路，为了这个伟大的国家，林肯也别无选择，只能履行作为总统的职责，不惜一切手段维护联邦的统一，实在迫不得已不排除使用武力。用林肯话来说：

> 双方都声称反对战争，但有一方宁愿打仗也不愿国家生存，另一方则宁愿接受战争也要维护国家统一，于是战争就来临了。[10]

果然，林肯就职才一个多月，南方人就打响了内战的第一枪。

　　　　　　　　　　　　　　　　　　　自由的新生

二、萨姆特堡的炮声

1

内战第一枪发生在南卡罗来纳州查尔斯顿港的萨姆特堡。这是一个花岗岩小岛，坐落在港湾入海口，距离查尔斯顿主城区 4 英里。岛上砖砌的堡垒高 40 英尺，厚 8 到 12 英尺，一共有 146 个炮位，设计可容驻军 650 人。如果人员装备就绪的话，这个堡垒可以封锁所有进出查尔斯顿港的船只。

邦联政府成立后，南方人无法容忍在自己的土地上飘扬着联邦的旗帜，早就对萨姆特堡发出了最后通牒。

萨姆特堡守军指挥官是罗伯特·安德森（Robert Anderson）少校，肯塔基人，妻子是佐治亚人，他以前也拥有奴隶，在感情上同情南方。但是，安德森少校是一位忠诚的军人，坚决履行军人职责。他手下只有 64 名士兵，加上勤杂人员不过 80 来人，显然无法抵抗叛军的进攻。他一面赶紧向华盛顿发出告急电报，一面加紧防范，准备迎敌。

当时，布坎南总统态度消极，只派出一艘非武装船只"西部之星"号，装载 200 名士兵和补给，结果在萨姆特堡外海被南方人挡了回来。坎布南无可奈何，再无下文。

就在林肯宣誓就职的当天，安德森少校再次电告求援。他明确说，萨姆特堡的粮食给养只能维持一个多月，最多不超过 6 周，如果援军不来，粮食耗尽，只能选择投降。[11]

3 月 15 日，林肯召集内阁开会，听取各位意见。有人坚决主张增援，有人主张撤军，免得发生军事冲突。国务卿斯坦顿倾向于放弃，陆军也持消极态度，海军却赞成坚守，并表示可以通过海上输送给养。

也许，从纯军事角度看，明智的选择应该撤离萨姆特堡。但是，林肯从政治角度考虑，萨姆特堡的去留事实上体现了联邦政府对待南方独立的一种态度，不能轻易示弱。另外，林肯还有一个想法：如果南方人真的在萨姆特堡动武，也不是一件坏事：正好帮助他痛下决心，并使北方民众同仇敌忾一致对敌。

4 月 6 日，林肯派了一名特使去查尔斯顿，给南卡罗来纳州长弗朗西斯·威尔金森·皮肯斯（Francis Wilkinson Pickens）捎去一封信，信中说：联邦政府将向萨姆特堡派出一支补给船队，希望你们不予阻挠，政府在下次通知你们之前将不会再派船只。[12]

听说林肯派兵增援，戴维斯总统左右为难。现在，林肯把"皮球"很礼貌地踢到了他这边，如果处理不当，真的引爆战争，"千古罪人"的骂名就落到自己头上。

4月9日，戴维斯召集内阁开会，商议对策。会上，大多数人的意见是不惜一战，在北方增援船只到达之前拿下萨姆特堡。但是，邦联首任国务卿罗伯特·塔姆斯（Robert Tooms）却表达了不同意见。他在会议室倒背双手，来回踱步，语气沉重地说：

> 总统先生，在这个时刻，这场战争意味着自杀、谋杀，我们将失去所有的北方朋友，你会捅一个跨海连天的大马蜂窝，眼下静待在蜂窝里的蜂群即刻一拥而出，将我们蜇得死去活来。这是不必要的，它会让我们犯错误，而且是致命的错误。[13]

塔姆斯怕人怀疑他胆怯，又补充了一句："我并不畏惧死亡，如果真的开战，我将辞去国务卿一职，亲自率军上前线。"三个月后，他说到做到了，成为一名南军准将旅长。

此时，会场上多数人早已热血沸腾，哪里听得进塔姆斯的话？戴维斯见此情景，咬咬牙，狠狠心，当即电告查尔斯顿前线指挥官皮埃尔·博雷加德（Pierre Beauregard）将军，授权他"果断处置"萨姆特堡。

博雷加德来自路易斯安那州，拥有法裔血统，西点军校毕业生，因为学业优秀，毕业后留校，给军校炮兵教官当助教——该教官不是别人，正是罗伯特·安德森。路易斯安那州脱离联邦后，博雷加德随即辞去军校教职，加入南方军队，被授予准将军衔。

徒弟跟师傅动手，当然得先礼后兵。4月11日，博雷加德派人给安德森少校送去一封信，要求安德森在一个小时之内投降。安德森予以拒绝。12日下午，博雷加德再次派人劝降，安德森对劝降者说："如果我们不能在这

自由的新生

个世界再见，上帝会让我们在另一个世界相会。"[14]

下午4点半，博雷加德手下的炮兵向要塞发起炮击。一位炮手拒绝开炮，他大声叫道："我不能点燃战争的第一炮！"另一位炮手——67岁的报社编辑埃德蒙德·拉芬（Edmund Ruffin）——挺身而出，点燃了射向萨姆特堡的第一炮，也点燃了美国内战的第一炮。[15]

安德森毫不含糊，立马还击。南军67门大炮与北军40门大炮相互轰击，引来了查尔斯顿海湾周边无数人群观战，

萨姆特堡上空飘扬的叛军旗帜，摄于1864年4月14日

市民扶老携幼，纷纷赶来，兴致勃勃地一睹炮战，心情激动地等待着萨姆特堡上空易帜。

第二天，双方继续炮击。大约下午1点半左右，一发炮弹将联邦国旗打了下来，但很快又被升了上去。不久，堡内着火，火势凶猛，危及弹药库，不过弹药已所剩无几。就在此时，从纽约赶来的海军舰船出现在视线中，守军一阵高兴。但是增援船不敢靠上来，只能停在远处眼睁睁看着双方炮战。

到了14日，经过34个小时的炮击，萨姆特堡部分工事着火、被毁，安德森少校眼看寡不敌众，不得不宣布投降。很幸运，这场炮战双方均无人员伤亡。

北军举行降旗仪式，士兵面向国旗鸣放排枪，不料火星引爆了炸药，造成一死五伤，丹尼尔·霍夫（Daniel Hough）成为美国内战第一个牺牲的士兵。

博雷加德还算给老师面子，允许安德森率队撤出要塞，带走随身的枪支弹药和个人物品。安德森卷起国旗，搭上汽船离开查尔斯顿港，他回头眺望

萨姆特堡，看到了高高飘扬的邦联军旗，心情十分沉重。此时，安德森不会想到，4年后他会亲手将联邦国旗重新插上萨姆特堡。

2

正如林肯所料，南方人率先动武，让许多原先态度暧昧的北方民众一下子义愤填膺，坚定地站到政府一边。连日里，林肯接见了许多两院议员和政治大腕，他们纷纷向林肯表示支持政府武力还击，维护国家完整。抱病卧床多日的"小巨人"斯蒂芬·道格拉斯，强撑着来见林肯，他紧紧握着林肯的手，说了三句话："保卫联邦，保卫政府，保卫首都！"一个多月后，道格拉斯死于伤寒，年仅48岁。

萨姆特堡的炮声让整个北方沸腾了。4月13日，《纽约论坛报》头版通栏标题写道："战争爆发了：萨姆特堡开火了。"[16]

多年来，历史学家一直饶有兴趣地讨论一个问题："萨姆特堡开火了"，是否一定意味着"战争爆发了"？也就是说，即使南方州宣布脱离，即使萨姆特堡炮声响起，联邦政府是不是一定要诉诸战争？

当时，确有不少北方人认为，"大路朝天，各走半边"，南方人既然要脱离，没什么大不了，无非分开过日子而已，不见得非要"你死我活"。即便是激进的北方人，也不都想打仗，一位废奴主义者在得知南方脱离后，高兴地说："如果他们不干了，让他们去好了，我并不在乎！"[17]

作为总统，林肯不这么认为。在他看来，南方人脱离就意味着叛乱，南方人动武就意味战争。事到如今，战争已经不可避免。历史学家詹姆斯·亚当斯（James Truslow Adams）在《美国悲剧》一书中写道：

> 只有傻瓜才会判断，接下来的事态发展还会走向和平。这根本不可能。自从1787年之后，人与人之间、州与州之间、地区与地区之间，就在许多语言和话题上发生了逻辑分裂，既固执己见，又无法说服对方。总之，南方一贯坚持和平脱离的权利，北方从不承认这种权利；南方希望摆脱联邦，北方坚持维护联邦。智慧女神已经完全失败，只有战

争女神能够解决争端。[18]

眼看和平无望，林肯的第一反应就是马上招募兵员。

3

说起来难以置信，战争开始时，美国联邦军队的总数只有 16000 人，其中大部分驻扎在西部地区防范印第安人。

如果开战，首都华盛顿首当其冲。但是，眼下华盛顿既没有部队，也无法设防。4 月 15 日，林肯签署命令，向各州征召 75000 名志愿兵，火速赶到华盛顿，为联邦政府服役 3 个月。

为什么只有"3 个月"服役期？一方面，林肯感觉到这场战事会一战定胜负，不需要太长时间；另一方面，根据 1795 年制定的《民兵法》，总统征召民兵的服役时间最长只有 3 个月。招募 3 个月以上兵员的权力属于国会，当时正值国会休会。

驻扎在国会大厦的联邦军队，摄于 1861 年 5 月

美国宪法规定，宣战权也属于国会。好在这场战争不是国际战争，而是国内平叛战争，根本不需要宣战，林肯总统有权决定开战。

5月3日，林肯总统再次下令，招募43000名志愿兵，服役时间为3年。

北方青年踊跃参战，在两个多月时间里，联邦政府征召到31万人，远远超出了预期。在踊跃参军的年轻人中，不乏名牌大学的在校生和校友。哈佛大学先后有938多人加入北军，其中有117人战死沙场。[19]

各地到处都是老百姓欢送"子弟兵"的场景。当纽约州第17步兵团穿过百老汇大街时，夹道欢送的人群长达2英里，女士们从沿街的窗户扔下一条条手绢，男人们拍着士兵的肩膀，送上小折刀、梳子、雪茄、拖鞋、三明治和水果。

各州志愿兵从四面八方汇集到华盛顿。到4月底，大约有一万名士兵抵达华盛顿。到7月，华盛顿集结的部队达到了35000人。很多士兵从未离开过家门，绝大多数人第一次来到华盛顿，看到首都市区到处泥泞，猪、鹅满地乱跑，感到十分惊异。[20]很快，士兵们将这个"动物园"变成了一座大兵营。

4

与此同时，邦联政府也在加紧招募士兵。当时南方各州共有800多份报纸，大肆进行募兵宣传。在整个社会的狂躁煽动下，南方青年积极报名，踊跃参军。历史学家伍德瓦德（W. E. Woodward）在《新美国历史》一书中这样写道：

> 战争总是在愉快和轻松的气氛中开始的，伴随着欢呼声和歌唱声。萨姆特堡投降之后，整个国家，包括南方与北方，燃烧着一种炽热而自信的爱国激情，尽管南方人与北方人的爱国意义正好相反。大街上彩旗飘飘，军服闪亮；女士们挥舞着手绢，抛出一个个飞吻；酒吧间生意兴隆，热闹非凡；巧舌如簧的演说家们随处可见，向一群群民众夸下海口、传播谎言；教堂向那些嗜血的祈祷者终日开放——与往常一样，上

　　　　　　　　　　　　　　　　　　　　　自由的新生

帝总是同时站在两边。[21]

南方人群情激昂，年轻人纷纷涌向募兵站，种植园主、工厂主、杂货店主、律师、教师与脏兮兮的农夫等组成同一个连队。不管何种社会身份，所有人都呈现出一种"战争狂热"。历史学家乔弗里·沃德在《美国内战史》中，引用了当年一名伦敦《泰晤士报》驻查尔斯顿记者的报道：

> 查尔斯顿的大街小巷简直就像上一次大革命时期的巴黎，一伙伙武装民众在街上唱歌、游行，战争的热血在他们的血管里沸腾，"胜利的召唤"在他们的脸上流溢……萨姆特堡让他们如痴如狂，这是从未有过的胜利，是一场不流血的滑铁卢胜仗。[22]

颇为滑稽的是，南方报社全力鼓噪青年参军，结果许多报社编辑、记者投笔从戎，有的报社一下子走掉了三分之一，包括资深的编辑，不得不关门大吉。

南北双方这种热火朝天的场面，除了爱国热情、冒险精神以及战争狂热之外，还有一个重要原因就是，大家都认为这场战争不用几个回合就能分出胜负，如果不赶早参军，就与战争失之交臂了。

历史学家布鲁斯·凯顿（Bruce Catton）在《美国内战》一书中写道：

> 对于这些士兵，第一件应该记住的事情是：他们参军是因为他们想要参

邦联士兵，摄于 1861 年

军。……成千上万的年轻人急着来到募兵登记处，感觉自己赶上一场战争是多么的幸运。……那些没有被录用的年轻人回到家里受到了别人的责备。被录用的人则担心自己还没赶到前线战争就结束了。[23]

历史学家贝利亚·雷在《蓝、灰军装的背后：美国内战中的士兵生活》一书中说：

志愿兵的主要烦恼不是流血牺牲，而是在踏上战场之前战争结束了。一位来自阿肯色州的士兵写道："我对战斗迟迟没有开打感到十分烦躁，简直如芒在背。"[24]

美国内战的悲剧性在于，几乎没有人预料到，战争居然会持续四年之久，会给双方人民带来如此深重的苦难，会有超过62万生龙活虎的年轻人长眠地下。

5

林肯募兵令一出，极大地刺激了正在观望摇摆的蓄奴州，引发了第二波脱离浪潮。4月17日，弗吉尼亚州议会投票表决，决定脱离联邦。到5月21日，北卡罗来纳州、田纳西州、阿肯色州也先后宣布脱离。这四个州加入南部邦联后，叛乱州总数达到11个。

仔细分析起来，这11个州还是有所区别的：

佛罗里达州、德克萨斯州、阿肯色州内部比较统一，脱离联邦的决心也比较坚决，但它们处在邦联的外围地带，影响力不算太大。

佐治亚州、阿拉巴马州、密西西比州、路易斯安那州都是典型的南方州，地域位置重要，州权意识强烈，民风单纯、无拘、粗犷。但是，这几个州内部并非铁板一块，存在一定的反对力量。

南卡罗来纳州挑头叛乱，一向态度坚决。北卡罗来纳州总体上态度坚定，但在它的西部山区，忠于联邦的力量较强。

弗吉尼亚州紧邻华盛顿，战略位置十分重要，在美国开国史上发挥过举足轻重的作用，政治影响力巨大。该州东部平原拥有 50 万黑奴，西部山区只有不到 2000 名奴隶。由于其地理位置、人力资源、军事传统等的诸多优势，弗吉尼亚州很快成为邦联中的领头羊，在内战中起到了中流砥柱的作用。弗吉尼亚相当于邦联的正大门，东线战场的大部分战役都发生在弗吉尼亚，它受到的战争蹂躏也是最大的。值得一提的是，弗吉尼亚州西部山区的民众普遍心向联邦。

田纳西州地理位置非常独特。它地处南北核心地带，周围被八个州包围，其中六个是叛乱州，两个是蓄奴州。田纳西州扼守着密西西比流域，乃兵家必争的"四战之地"。该州人口 110 多万，其中黑奴 27 万。

不过，在田纳西东部山区，同样存在忠于联邦的势力，那里的山民与奴隶制没有任何关系，很多人甚至从未见过黑人。当田纳西州正式宣布脱离联邦时，来自田纳西东部安德鲁·约翰逊（Andrew Johnson）参议员和三位众议员都反对脱离，继续留在了华盛顿。

6

南方人敢于迈出分裂步伐，除了低估北方的决心，高估自己的实力，还基于欧洲国家对南方的支持。

南方人相信，作为世界上最大的棉花种植出口地，南方的棉花在国内外具有决定性的政治、经济影响力，用南卡州参议员詹姆斯·哈蒙德（James Henry Hammond）的话来说，"棉花就是国王"，没有任何力量敢与棉花开战。

当时，英国进口美国棉花的六分之五，英国工厂中依赖棉花生产的工人达到 40 万人，如果把他们的家庭算上，大约有 200 万英国人的生活离不开美国棉花。[25] 一位南卡罗来纳州参议员在脱离联邦时这样说道：

> 蓄奴的南方现在是控制世界的力量；没有什么力量敢于敌视我们。
> 棉花、大米、烟草和松脂控制着世界……北方如果没有我们，就会成为

一个没有妈妈的小牛犊，哞哞地到处乱叫，因患疥疮和饥饿而死去。[26]

当时，英国、法国、西班牙、奥地利等国家的确同情和支持南方人。英国、西班牙本来就是美国的宿敌，巴不得看美国热闹；法国拿破仑三世一直觊觎墨西哥，美国内战让他有机可乘。

南方人判断，一旦南北开战，欧洲各国会很快承认邦联的合法性，"北方佬"不敢得罪欧洲列强，只好听任南方独立。

然而，这种想法过于一厢情愿。

第一，欧洲国家大都是机会主义者，一旦南北开战，这些国家的态度完全取决于战场形势，英国人不傻，他们不想站在失败者一边。

第二，南方人没有想到，欧洲人对南方棉花的依赖性并没有那么大。最近几年欧洲谷物短缺，反倒是北方的小麦成为欧洲人的急需，内战期间欧洲每年从北方进口数以千吨的粮食，轻易不敢得罪北方。

第三，俄国的态度与英、法不同。在1853年到1856年，俄国与英、法打了一场克里米亚战争，当时美国宣布中立，这让俄国很感激。俄国明确表示，如果英、法公然支持邦联，俄国就要站在联邦一边。

第四，很重要的一点是，欧洲民众普遍反对奴隶制。英国早在1807年就通过了《废除奴隶贸易法案》，在世界上率先取消了非洲奴隶贸易；1833年又通过了《废除奴隶制法案》，废止了奴隶制度。内战爆发后，英国很快出现两种对立的声音，劳动大众普遍支持美国北方反对奴隶制，英国统治阶层虽然视北方为"暴民政治"，比较同情南方，但不能不顾忌民众的态度。[27]

当时美国驻英国大使查尔斯·亚当斯（Charles Francis Adams）是美国总统昆西·亚当斯的儿子，他在1862年给儿子的一封信中写道：

（欧洲）大部分贵族阶级和工商业阶层都急切地希望美国四分五裂，中产阶级和底层民众则同情我们，因为他们看到了美国给这个时代历史所造成的震撼，并将由此产生对人类劳动成果和幸福追求的权力的广泛认同。[28]

就在南方人热血沸腾之际，少数有识之士保持了清醒的头脑，其中就有德克萨斯老元勋塞缪尔·休斯敦，这位年过七旬的德克萨斯州长，大声疾呼南方人不要冲动，否则会造成无谓的牺牲。他极具预见性地说：

让我告诉你们将发生什么事。在牺牲了无数的财产和宝贵生命之后，你们有极小可能性赢得南方的独立，如果上帝不反对你们的话。但是，我怀疑这一点。北方会坚决地保护联邦。[29]

战争狂热分子根本听不进这些话，他们甚至对这位德高望重的老前辈发出生命威胁。休斯敦根本不为所动，坚持自己的立场。可惜的是，像休斯敦这样的南方领袖人物实在太少了。

三、边境蓄奴州

1

十一个蓄奴州呼啦一散，林肯忙不迭地安抚剩下的四个蓄奴州，即特拉华州、马里兰州、肯塔基州、密苏里州，它们都与北方州接壤，被称为"边境蓄奴州"，拥有人口320多万，奴隶43万。[30]当两波脱离大潮汹涌而来时，这四个州没有马上跟从，显得摇摆不定，故又称为"边境摇摆州"。

先来看特拉华州。说起特拉华州，还真是一个有着"光荣历史传统"的州。它于1787年12月7日率先承认联邦宪法，成为加入美国联邦的第一州。该州法律不禁止蓄奴，但在10万多人口中，黑奴只有不到2000人。当第一波脱离潮激流涌动之时，特拉华州议会投票表决，决定留在联邦。该州州长还说了一句气贯长虹、掷地有声的话："特拉华州是第一个加入美国联邦的州，它也将是最后一个离开美国联邦的州！"林肯闻言，感动得热泪盈眶。在内战期间，许多特拉华青年投身到联邦军队，当然也有少数人南下参加邦联军队。

肯塔基州 130 多万人口中，有黑奴 22 万人，亲北方与亲南方的人口大致相当。战争爆发后，该州处境颇为尴尬，州政府由分离主义者控制，州议会由联邦主义者控制。双方势均力敌，激烈交锋，最后宣布保持中立。对此，联邦和邦联都表示接受：毕竟它没有投向敌方，虽然没能增加一个同盟，却也减少了一个敌人。

林肯对肯塔基州十分重视，这倒不是因为林肯与戴维斯都是肯塔基人，而是它的战略位置特殊。一看美国地图就知道，在南北对立、东西相峙的局面下，肯塔基州正好地处东西南北的正中间，如果联邦争取到肯塔基州，向南可以直接进入到田纳西州，继而深入南方腹地；向西能够直逼密西西比河，成为西线战场的重要后方基地。另外，肯塔基州控制着俄亥俄河，北方急需的钢铁、煤炭等工业原料通过这条河运送到肯塔基州的路易斯维尔（Louisville）和俄亥俄州的辛辛那提。如果肯塔基州倒向南方，不但丢失了一个重要的战略要地，而且会使俄亥俄州、印第安纳州、伊利诺伊州等联邦心脏地带失去保护屏障，甚至可能引发密苏里州、马里兰州脱离联邦的连锁反应。正如林肯所说："失去肯塔基州，几乎就失去整场战争。"林肯还说了一句略显夸张的话："我希望能够让上帝站在我这边，但我必须让肯塔基站在我这边。"[31]

对待肯塔基州，林肯表现出相当的谨慎。一开始，有联邦将领建议他尽快派兵入境，主动控制肯塔基州，林肯没有同意，他觉得这样做有可能适得其反，正好给邦联出兵肯塔基提供借口。林肯很精明，他知道肯塔基州将在 6 月份举行议会选举，鉴于该州亲联邦政府势力比较强大，林肯寄希望在法律框架内自行解决问题。

选举结果如其所料，亲联邦的势力赢得了选举，以较大优势掌握了州议会。接着，亲联邦的州民兵乘势扩大力量，肯塔基州事实上已经投向了联邦。

此时，邦联政府见势不妙，断然出兵进入肯塔基干涉。这反倒给了林肯总统一个出兵的机会，他果断地派出一支联邦军队迅速出击，击败了入侵的南军部队。

不过，肯塔基州亲南方的势力仍然不容小觑。不少肯塔基人离开家乡投入到南军部队。在被南军势力占据的地区，有 68 个县自行成立了政治机构，宣布肯塔基州脱离联邦，邦联国会还接纳了肯塔基州的代表，并在邦联国旗加上了代表肯塔基州的一个星。当然，这只是少数肯塔基人的行为，并不影响该州事实上保留在联邦之中。

3

马里兰州虽然面积不大，但地处东部的南北交界处，地理位置非同寻常，华盛顿三面都在马里兰怀抱中。马里兰州濒临大西洋，境内有 19 世纪 30 年代建成的切萨皮克（Chesapeake）运河与特拉华运河，是水路运输的要道。该州人口 68 万多人，其中黑奴 8 万多人，民众有很强的南方情节，林肯总统只拿到该州民众 2.5％的票。

萨姆特堡陷落后，各州赶往华盛顿"勤王"的人马陆续启程。4 月 19 日，从马萨诸塞州出发去华盛顿的第 6 步兵团，途经马里兰州的最大城市巴尔的摩市，受到了亲南方民众的围攻，他们阻断道路，攻击军车，向士兵队伍投掷石块和砖瓦。在一片混乱之中，一些士兵向人群开枪，顿时枪声大作，子弹横飞，结果 12 个市民被打死，4 名士兵牺牲。

这下可捅了马蜂窝，马里兰人哪肯善罢甘休？很快大批人群加入到骚乱之中，愤怒的暴民涌向铁路线，切断了巴尔的摩通往华盛顿的所有铁路和桥梁。有一位诗人心潮澎湃，漏夜写了一首诗《马里兰，我的马里兰》，其中有这样的句子：

> 暴君的脚后跟践踏在海滨上，马里兰！
> 他的手枪对准了教堂的大门，马里兰！
> 爱国的鲜血抛洒在巴尔的摩的街道上，
> 我们要血债血还……

这里的"暴君"当然就指林肯。这首诗后来谱上乐曲，成为马里兰州的州歌，在南方军队中传唱。[32]

巴尔的摩市长在给林肯总统的一封信中威胁说："除非北军每走一步都要进行战斗，否则他们不可能通过巴尔的摩市。"马里兰眼看就要走出反叛的最后一步。

在这关键的时候，林肯总统头脑清醒。他知道，作为美国总统，有必要在特殊的情况下采取特殊的手段，来维护国家的统一和宪法的尊严。林肯同意了马里兰当局的要求，让马萨诸塞州第6步兵团绕道而行，尽快赶到华盛顿。与此同时，林肯准备出兵马里兰州进行武力弹压。

5月13日，本杰明·巴特勒（Benjamin F. Butler）将军受命率领一支联邦军队进驻巴尔的摩市，宣布全城军事管制，逮捕了巴尔的摩市长以及当地民兵的首领，控制了报刊媒体，改选了政府官员，亲联邦的人掌控了州政权。随后北军派驻到马里兰各地，逮捕了数名马里兰州议员和重要的南方同情分子。在这个过程中，林肯总统批准暂时中止《人身保护令》，加强了行政官员的执法权力，他们可以根据总统授权，在没有逮捕证的情况下，对法律中没有界定的犯罪行为采取逮捕行动。很快，一些人未经审判就被投入监狱，一些人的财产被没收。后来，北军又在马里兰州建立了一座大型监狱，大批的南方同情分子被投入监狱。

这年夏天，数以千计的马里兰人偷渡波托马克河，加入到邦联军队。其中有一位年轻的巴尔的摩律师麦克亨利·霍华德（McHenry Howard），他的外祖父弗朗西斯·司各特·克伊（Francis Scott Key）是美国国歌《星条旗》的作词者。现在，《星条旗》作者的外孙毅然渡过波托马克河，加入到反抗"星条旗"的战争之中。[33]

4

林肯总统通过军事手段制服了马里兰州，将它从此牢牢控制在联邦手中。不过，这样的做法在联邦内部也引起了"违宪"质疑，南方人更是指责林肯实行"军事独裁"。

直到今天，美国法学界关于林肯总统处理此事的笔墨官司，依然在饶有兴趣地进行着。戴维·沃伦钦斯基与欧文·华莱士在《总统外传——美国历任总统简介》一书中写道：

> 不论在林肯之前或之后，任何一个美国总统都没有像林肯那样冷漠不顾民权自由。他终止人身保护法，下令逮捕一万五千余北方平民，往往没有什么理由或根本没有理由。[34]

不过，支持林肯做法的历史学家詹姆斯·麦克福尔森在《战火考验：作为最高统帅的亚伯拉罕·林肯》一书中认为：

> 这里的关键在于，林肯的所作所为是作为联邦军队统帅，宪法赋予这个职位的最高要求是通过战争保卫这个国家。任何有助于实现这个目标的手段都可以打破低一级的宪法限制（这个道理类似于截肢手术）。引用一位宪法专家的话来说：部分不能控制整体，更不能损坏整体。[35]

说实话，巴特勒在马里兰的确有点过火。为了减少舆论压力，林肯总统把他调到弗吉尼亚半岛詹姆斯河口的莫罗堡（Fort Monroe）驻防。

但是，桀骜不驯的巴特勒将军从来就不缺新闻。5月23日，他又给林肯出了难题：当时有五个黑奴逃到了他的营地，他们的主人是一位南军上校。尽管当时双方正在打仗，该讲法律时还得讲法律，这位上校打着一面白旗，亲自来找巴特勒，要求北军按照《逃奴法》，将三个奴隶交还给他。巴特勒很纠结，归还黑奴，实在心有不甘；不还的话，人家跟你讲法律，自己好歹还当过律师，哪好意思假装法盲。

巴特勒急中生智，灵机一动对上校说："你们弗吉尼亚不是已经退出联邦了吗？联邦《逃奴法》不再适用你们了，对不起，请回吧！"那位南军上校还真没有办法，只好灰溜溜走人。

巴特勒为自己的脑筋急转弯兴奋不已，他想想自己实在太天才了，居然能把这件事情处理得这么漂亮。激动之余，巴特勒又想，现在三个黑奴不用还给人家了，但不还给人家并不意味就是自己的东西呀！下一步的问题是，如何合法地将他们留下来？得有一个法律上的"说法"。

巴特勒了解到，这三个黑奴是上校带到部队里伺候他的——这种现象在南军中很普遍，很多家里有奴隶的军官都会带个把黑人来做私人勤务员。巴特勒心想，既然你们南方人把奴隶称之为"财产"，又带到部队里来，那我手里的这几个奴隶不就成了缴获敌方的"战利品"吗？根据两军交战的惯例，战利品应予没收。于是，巴特勒理直气壮地对外宣布：这三个奴隶作为"战利品"，已被北军合法"没收"了。[36]

把奴隶当作"战利品"或"违禁品"，这是一个前所未有的创意！北方报纸哪肯放过这样的新闻，"违禁品"一词很快在北方流传开来，并且也传到了南方。结果怎么样？巴特勒在弗吉尼亚的营地每天都有不少"违禁品"自动地送上门来，巴特勒乐呵呵地照单全收，包括拖儿带女过来的黑奴家属，全部"没收"在军营里搞后勤。北军其他前线部队也收到了大量"违禁品"，有些北军军官将他们"没收"，有些则送还原主。

这件事情越闹越大，到 7 月，林肯不得不出面否定了巴特勒的做法，他半开玩笑半批评说，这简直就是《巴特勒逃奴法》。

8 月，国会通过了一项《没收法》，授权军队可以没收所有用于军事目的的叛军财产——包括奴隶。

林肯其实并不太赞同现在就触及释放奴隶这个敏感问题，因为他担心会影响到一些同情奴隶制的北方人支持战争的态度。但是，林肯总统还是签署了这个法案，毕竟这只是一个"擦边球"。与往常不同的是，他在签署这个法案时没有作任何评论。

5

密苏里州的情况有点类似于马里兰。该州自从 1820 年《密苏里妥协案》之后一直允许奴隶制存在，州内赞成废奴与反对废奴各有自己的政治势力。在 1860 年州长选举中，选出了亲南方的州长。战争爆发前，亲南方的势力相对较大，林肯在该州只拿到 10% 的选票。

1861 年 5 月 10 日，联邦军队与亲南方的民兵在圣路易斯（St.Louis）发生冲突，打死 28 人，打伤 100 人。随后，亲南方的势力逃到密苏里西南部地区，宣布密苏里州脱离联邦，并组织游击队，袭击联邦军队和亲北方的居民，带来了不小的麻烦。电影《与魔鬼共骑》讲的就是游击队的故事。7 月，亲联邦的人在首府杰斐逊城（Jefferson City）通过选举控制了政府，确保了密苏里州留在联邦之内。

由于密苏里州地处东西交界，紧邻密西西比河，在战争期间南北军队将这里变成西部战场上一个重要的兵家必争之地。

不管怎么说，林肯政府通过随机应变和软硬兼施，总算把三个难缠的边境州控制在自己手里。历史学家詹姆斯·麦克福尔森在《呼唤自由之战：美国内战时代》一书中指出：

> 这三个州（如果投入南方）将给邦联增加 45% 的白人人力与兵员、80% 的工业制造能力，以及将近 40% 的骡马运输能力。俄亥俄河沿着肯塔基北部边界，蜿蜒 500 多英里，既是一道天然屏障，又是一条进攻通道，谁掌控肯塔基州，谁就掌控俄亥俄河。[37]

内战伊始，南北势力你中有我、我中有你。就在林肯忙于后院救火之际，戴维斯却后院起火了。在弗吉尼亚宣布脱离之后，该州西部 40 个县的民众毅然决定脱离弗吉尼亚。

这年 6 月，一支两万人的志愿兵队伍，在年仅 34 岁的俄亥俄部队指挥官麦克莱伦少将指挥下，开进了弗吉尼亚西部山区，击溃了一支 4500 人的邦联军队，保护了归心联邦的西部民众。1863 年 6 月，西弗吉尼亚州被批准加入联邦。

林肯处置边境州，表现出原则性与灵活性的有机结合，以及果敢应变的政治能力。林肯准确把握"攘外必先安内"，稳定了自身阵线，为下一步主动出击奠定了重要基础。

虽然如此，邦联仍有 11 个州，地域超过了 75 万平方英里，相当于法国、西班牙、德国、意大利、英国面积的总和。林肯要对付这样一个庞然大物，并不是一件容易的事。

四、南方的优势

1

战事既开，双方都自信满满，声称可以一战击垮对方。那么，双方实力对比究竟如何呢？

在堪萨斯于 1861 年 1 月以自由州加入联邦之后，北方拥有全国 34 个州中的 23 个，占全国领土面积四分之三，在全国 3100 万人口中占了将近 2200 万。

南部邦联有 11 个州，面积占全国领土的四分之一，人口 900 万左右，其中黑人将近 400 万。

北方拥有 11 万座工厂，130 万名工人；南方只有 1.8 万座工厂，11 万名工人。北方产值达到 15 亿美元，南方只有它的十分之一。[38]

北南双方拥有枪械的比例是 32：1，生铁 20：1，纺织品 17：1，铁路里程 7：3。南方铁路线原本主要用于运送棉花作物，不太适用于调动军队和补给，设施状况较差，据说一些地方的火车速度只有每小时 10 英里；而北方铁轨一直承载着工业经济的需求，适合战时运输需要。[39]

很明显，南北实力差距还是相当悬殊的。在戴维·唐纳德（David Herbert Donald）主编的《北方为何赢得内战》一书中，历史学家理查德·克伦特（Richard N. Current）这样说："联邦步入战争之时，在大多数经济实力资源方面都占据压倒性优势。"[40]

如此看来，战争似乎从一开始就注定北方必赢、南方必败。历史学家约翰·凯根（John Keegan）在《美国内战》一书中就认为，由于双方实力的差距，"南方人根本没有可能赢得战争"。[41]

但是，统计数据能够决定战争胜负吗？ 1775 年美国独立战争爆发时，大英帝国的工业和军事力量不也占尽优势吗？反对"数据决定论"的历史学家大有人在，在《北方为何赢得内战》一书中，历史学家亨利·康马格

（Henry Steele Commager）就说：

> 如果一开始南方明显会输，如何解释这样一个事实：一大批正直、聪慧和高尚的南方领袖，诸如戴维斯（前联邦战争部长、邦联总统）、本杰明（前联邦参议员、邦联国务卿）、库勃（前联邦众议院议长、邦联议员）等，会领导他们的人民走向毁灭？……另外，又如何解释，当时在欧洲甚至在北方，有那么多人会认为南方最终将成功独立？……不管怎么说，先前北美殖民地、荷兰曾面临更大的劣势，最后照样取得了独立。[42]

历史学家柏文·亚历山大（Bevin Alexander）在《南方怎样才能赢得战争》一书中也说：

> 撇开邦联拥有的各种现实机遇不说，我们必须记住这样一个广泛的事实：在军事胜利方面，即使占有压倒性的优势，也不存在必然的结果：古希腊人在马拉松打败了波斯人，亚历山大摧毁了波斯帝国，北美殖民地民众在独立战争中打败了英国人，拿破仑在前期战争中打垮了强大的联盟。在所有这些战争中，胜利都属于相对弱势的一方。[43]

这些说法有一定道理。事实上，尽管南北力量对比从一开始就有明显差异，但双方打了四年仗，都难分难解，一直打到 1864 年下半年，格兰特大军在理士满郊外依然一筹莫展，连林肯都不敢肯定胜利究竟会不会到来。要说从一开始就看清了鹿死谁手，那不过是"事后诸葛亮"。

2

战争开始时，绝大多数南方人都认为胜算很大。南方的自信是有道理的，他们的确拥有自己的优势，主要包括以下几个方面。

优势之一：南方人内部团结，同仇敌忾。

战争爆发时，南方人普遍感到"正义在手"，有一种被欺负的委屈感：南方人的政治诉求只是保留祖祖辈辈的生活方式，并没有向北方人提出任何非分要求，而"北方佬"却要剥夺自己的"财产"，甚至煽动奴隶"造反"，破坏整个南方社会的基础。

南方人认为，他们反抗"北方佬"的斗争是独立战争美国人反抗英国暴政的历史重演。在独立战争中，南方人曾经发挥了至关重要的作用，仅弗吉尼亚就出了多名开国元勋、联邦总统和传奇英雄，包括乔治·华盛顿、托马斯·杰斐逊、詹姆斯·麦迪逊、帕特里克·亨利、罗伯特·李的父亲"轻骑兵哈利"等。如今，独立战争的"革命后代"正在从事同样神圣的事业。

美国内战的悲剧正在于，南北双方都认为自己在为先辈留下的"自由"遗产而战。[44]尤其是南方人，深切感觉到"自由"的生活方式受到了严重的威胁。当年，帕特里克·亨利在弗吉尼亚议会喊出了"不自由，毋宁死"的口号，依然在南方人耳边回响。

同样，北方人也热爱自由，北方士兵感觉自己在为"自由"联邦而战。在英国纽卡斯尔大学苏珊－玛丽·格兰特（Susan-Mary Grant）教授等主编的《美国内战主题》一书中，历史学家约瑟夫·道森三世（Joseph G. Dawson Ⅲ）这样写道：

> 对于北方人来说，"联邦"这个词带有一种宗教色彩。许多北方人相信，美国联邦是民主政府、自由经济和个人自由的典范；如果美国发生分裂，不但有损于美国本身，而且有损于整个世界。[45]

不过，相比南方人，北方人的"自由"似乎更抽象、更模糊一些。历史学家布鲁斯·凯顿在《美国内战》一书中写道：

> 他们（南方）的目的非常清楚、明确，每一个南方士兵都可以用心、用脑去理解。南方是要争取独立，为自由而战斗，抵抗入侵者的进攻。邦联的普通士兵可能不懂得什么"州权"，但他们很清楚自己是在保卫家园，抵御入侵的掠夺者。这对于士兵已经足够了。

相反，联邦政府似乎在为一些抽象的概念战斗。保卫联邦等号召的确在一开始激发了年轻人的爱国主义热情，但是随着艰苦战争的持续、伤亡人数的上升，这些鼓动性的号召是远远不够的。[46]

这或许是南方士兵在作战时常常表现得气贯长虹的原因之一。

优势之二：南方人尚武好斗，骁勇善战。

长期以来，南方人以骁勇善战著称。南方人较之北方人更加习惯于户外生活，农业经济和自然环境锤炼了南方青年的体格和魄力。南方人几乎家家户户有枪，他们使用枪械比生活在城市里的北方人更加熟练，更加善于野战，也更加具有尚武精神。小说《飘》中这样写道：

> 大多数南方人出生后就枪不离手，狩猎生活更使他们个个都成了神枪手。[47]

在和平时期，一些喜欢"使枪弄棒"的南方人会组织起类似于俱乐部之类的准军事组织，时常在一起切磋交流，偶尔还会在女士面前展示一下"男子气"。事实上，在南方部队中，三分之二的士兵是从事户外体力劳动的农夫。

南方人对打仗充满自信，尤其是打"洋基佬"。他们觉得，如果在战场上真刀真枪地干，弱不禁风的"北方佬"马上就会现出原形。南军士兵喜欢给自己的部队起绰号，如巴伯县洋基佬猎手、切诺基林肯杀手、迪克森英雄等，显示出一种豪迈的信心。

萨姆特堡之战后，一些南方政客不负责任地在公众集会上向年轻人鼓噪："一个南方人可以打败十个洋基佬"，"对赶赴前线的战士来说，打仗就像是一场野餐"。[48] 他们还"有根有据"地说："洋基佬早已被工商社会的铜锈腐化了，工厂里的笨汉和账房里的守财奴总是缺乏赢得胜利的坚韧。"[49]

内战中，南方军队涌现出一大批优秀军官，这与南方尚武斗勇的传统也有一定关系。在墨西哥战争中，美国军队中毕业于西点军校的南方军官占了三分之二。内战爆发时，美国一共有8所军事院校，其中7所在南方蓄奴州，包括弗吉尼亚军事学院、佐治亚军事学院等，这些学校为南方部队输送了大量优秀军官。因此，在战争前两年，南方军官的指挥能力总体上胜过北方。

另外，南方的400万黑奴虽然没有直接参战，但他们在后方承担了大量生产工作和后勤工作，使得更多的南方白人能够离开家乡加入到军队中来。

第三，南方人保卫家园，本土作战。

从地理上看，内战的大部分战事发生在南方，南方人打的是一场防御战，属于"本土作战"，或者叫"内线作战"，不但调兵遣将比较方便，而且易于获得后勤与民众的支持。

反观北方，大多数战事都是越界作战，而且往往是进攻战，行军打仗与后勤保障多有不便，后方运输线容易遭到南方人的袭击和骚扰。

就战争目的而言，北方军队要占领南方，征服南方人，将其打倒在地，再踏上一只脚。而南方人打的是一场有限战争，不需要彻底击败对手，只需要顶住敌人的进攻，通过不断打击对手、拖垮对方，使其伤亡惨重，筋疲力尽，最后不得不提出媾和，承认南方人独立的"正义要求"——这正是当年独立战争让英国人服输的办法。

在战争期间，南方人一直有一种"被入侵"的感觉，南方士兵之所以英勇作战，是出于"保卫家园"的神圣使命感。有一位南方将领对士兵们说："如果这场战争北方人打败了，他们什么都没有失去，可以继续拥有他们的联邦；但是，如果我们南方人打败了，我们的国家、土地、制度、生活、家庭什么都没有了。"这话说得千真万确。如果说北方人打仗是"卫国"，南方人打仗则是"保家"——保卫自己的家乡、妻子、孩子和财产，还有比这更重要的吗？

3

南方白人主要有三类：一是大奴隶主，二是拥有少量奴隶的蓄奴者，三是没有奴隶的平民。

南方拥有数百名奴隶的大种植园主并不多，但他们构成了一个所谓"蓄奴主阶级"的中坚骨干，往往掌控着州政府和议会权力，具有决定性的政治影响力。查尔斯·比尔德在《美国文明的兴起》一书中引用威廉·西沃德的话说：

> 蓄奴主阶级已经成为各蓄奴州的统治力量，并在实际上有权选择参议院 62 名议员中 30 名、众议院 233 名议员中的 90 名，以及 295 名美国总统和副总统选举人中的 105 人。[50]

在战前的南方，只有少数白人拥有奴隶，大约 75% 的南方白人并不拥有黑奴。许多南方军队的将领，如 A. P. 希尔、约瑟夫·约翰斯顿等也都没有蓄奴。[51]

根据历史学家艾尔·米尔斯主编的《美国故事》一书的说法，1860 年南方六分之五的白人是拥有少量土地的自耕农，被称为"约曼"（yeomen），其中的五分之四没有任何奴隶，其余五分之一拥有 1 个到 5 个奴隶。[52] 南方拥有 20 个以上奴隶的种植园主数量并不多，一共也就 46274 名。以弗吉尼亚州为例，1860 年的人口为 1047299 人，拥有奴隶的人只有 52128 人，只占人口总数的 4.9%。[53]

问题是：南方大多数白人没有奴隶，但他们为什么如此积极地拥护奴隶制，并且踊跃参军、视死如归呢？主要有四个原因：

一是经济因素。大多数平民白人担心，一旦黑人成为自由民之后，会出现两种可能：一是黑人与他们争夺土地，成为竞争对手，降低他们的生活质量。二是大量土地因为缺乏奴隶耕种而贬值，拥有一定土地的自耕农难免蒙受损失。内战前夕，一位佛罗里达州的自耕农苏珊·布拉德福特（Susan Bradford）的家庭成员并不同情奴隶制，但他们都担心，"如果黑奴获得自由，我们的土地会一文不值"。[54]

二是心理因素。因为有黑奴存在，大多数普通白人或多或少有一种"高人一等"的感觉。假如黑奴都与白人平起平坐，白人就会失去"优越感"。

三是社会因素。南方人害怕出现一个种族平等的社会。历史学家詹姆斯·麦克福尔森在《呼唤自由之战：美国内战时代》一书中说，奴隶主要让南方人民相信，"解放黑奴将导致南方经济崩溃、社会动荡、种族冲突，奴隶制不是'北方佬'所说的恶，而是积极正面的善，是财富、和平和白人优越的基础，对黑人免于堕落、野蛮、犯罪和贫困是必要的"。[55] 在一些极端种族主义者和保守分子的鼓噪下，许多普通白人担心黑人一旦获得自由，就会与白人女子通婚，与白人孩子同校，与白人分享社会中的一切，这实在是一幅"可怕的"社会景象。

四是排外因素。这里的"外"是指北方。南方人不喜欢北方人、害怕北方人由来已久，早在宪法起草的时候，南方州就很害怕北方州的强大力量。[56] 一直以来，许多南方白人都认为，北方人在挑唆黑奴逃亡乃至造反，变着法子破坏南方宁静安逸的生活。气急败坏的南方人"总是把事情往最坏处想"，他们甚至认为，林肯的副总统汉尼巴尔·哈姆林是个黑白混血儿，[57] 这纯属子虚乌有。

内战爆发后，南军部队里五分之四的士兵来自"约曼"，只有三分之一士兵的家族里拥有奴隶，大部分士兵是普通农民和百姓。历史学家格雷·葛尔格（Grey W. Gallgher）在《美国内战》一书中，举了一个具体例子：

> 以弗吉尼亚州第 19 步兵团为例，它最初的士兵包括 302 个农民、80 个劳工、56 个机械工、24 个学生、14 个教师、10 个律师、3 个铁匠、2 个艺术家、1 个酿酒师、1 个挖井人、1 个牙医。[58]

这些人都相信，他们参军打仗是在保卫家园、妻儿和南方人的生活方式。历史学家艾尔·米尔斯在主编的《美国故事》一书中，对此作了具体的分析：

> 有一个问题人们常常要问：为什么这群自己没有奴隶的南方人，会如此热衷地投身于这场支持奴役他人的战争中？原因很简单：……他们相信自己的领袖们所说的话，北方人正在破坏宪法赋予他们的神圣权利。他们并不认为自己在为维护奴隶制而战，但他们确实认为奴隶制对于白人与黑人都有好处，并且还能够从《圣经》中找到蓄奴的依据。……对于他们来说，《解放宣言》意味着种族平等，这是十分可怕

的事情。他们还认为，蓄奴不蓄奴，完全是南方人自己是事情，跟北方人毫无关系，用不着北方人指着南方人的鼻子说：这可以做，那不可以做。……另外的原因就是，南方人普遍感觉到了北方人的军事威胁，他们参军的理由就是保卫家乡和家人。一旦他们加入了军队，使他们克服重重困难、拼命战斗的动力，来自于他们的自尊与骄傲——对自己、对军装、对上级、对家庭。[59]

南方人从心底里对世代传承的生活方式感到自豪，他们不想让祖辈的生活发生任何变化，更不容许"北方佬"来改变自己的生活。为此，他们不惜一战。

五、将军与士兵

1

打仗要有带兵的军官，尤其需要高级将领。联邦军队急速扩军，从开战时 16000 人，到一年后骤增至 63 万人，需要突击提拔一大批军官。[60]

根据美国宪法，林肯从宣誓就职起，就是美利坚合众国的最高军事统帅。在 1832 年黑鹰战争期间，林肯曾当过不到三个月志愿兵，被任命为上尉连长，却从来没有真正打过仗。林肯自嘲说，他只有"无数次与蚊子大血战"的经验，"把保卫国家所流的鲜血献给了蚊子"。

反观戴维斯，父兄都是抗英军人，本人毕业于西点军校，约翰·卡尔霍恩是他的入学推荐人。墨西哥战争中，戴维斯身为美军上校，战场经验丰富。在 1853 年到 1857 年期间，戴维斯出任战争部长。可以说，戴维斯是一位不折不扣的军人政治家，军事素养远非林肯所及。

不过，话又要说回来，作为全军最高统帅，并不见得一定要精通军事战术，更不一定要军人出身。刘邦出身亭长，连个军人都算不上，还是把职业军人项羽打得乌江自刎；毛泽东没有上过军事院校，大概连枪都没开过几枪，照样打败了毕业于日本军校的职业军人蒋介石。两军最高统帅之间，比的不是具体的战术，而是战略思想和全局谋虑。19世纪30年代普鲁士军事理论家卡尔·冯·克劳塞维茨在《战争论》中认为，一个卓越的军事领袖，并不一定要非常熟悉军事，而是需要有一个出色的、超人的头脑，以及领袖的人格力量。历史学家哈利·威廉姆斯（T. Harry Williams）在《林肯与他的将军们》一书中认为，林肯正是这样的人，"没有战争理论的知识，没有战争的经历，没有军事技术的训练，林肯通过他的思维能力，成为一个出色的战略家，他比其他职业军人更具有一种天然的战略眼光，从一开始就看到了战争的全局"。[61]

作为战争总统，林肯不甘为军事门外汉，他抓紧时间很投入地学习军事知识。这一点，很多历史学家看法一致。历史学家格拉尔德·普鲁克珀维克兹（Gerald J. Prokopowicz）在《林肯拥有奴隶吗》一书中说，美国国会图书馆的借阅记录表明，林肯确实在1862年借阅过军事专著。[62]另一位历史学家汤姆·卡哈特（Tom Carhart）在《神圣的纽带：从军校兄弟到战场敌手》一书中也说，林肯阅读了有关军事战略、战术、武器、排兵布阵等方面的书籍，以至于在很短的时间内，他的将领们就很惊讶林肯居然懂得那么多军事知识。[63]历史学家布鲁斯·凯顿在《葛底斯堡》一书中说：林肯在进入白宫之前的确没有受过军事教育，但他是一个学习很快的人，到1863年夏天，林肯对军事的理解已经不逊于任何美国人。

2

林肯清楚，决战于两阵之间，还得依靠职业军人。在正式开战之前，林肯需要物色一名优秀的领军将领来统兵打仗。当时，联邦军队中只有两位将军。一位是墨西哥战争中的老英雄温菲尔德·司各特将军。生于1786年的司各特将军久经沙场，德高望重，1855年晋升中将，时任联邦军队总指挥，是大家公认的军队元老。只可惜司各特已经74岁，身体也不太好，又加上体态肥硕，连战马都骑不上去，不可能亲临前线了。另一位将军是约翰·伍尔（John E. Wool），比司各特还大2岁，老得连自己刚说过的话都记不住了。

林肯总统找到司各特将军，想让他推荐一位人选。此时，联邦军队中的军官，大都是司各特将军的部下或门生，他对这些人的情况了如指掌。司各特将军考虑了一下，向林肯推荐了弗吉尼亚人罗伯特·李上校，在联邦军队服役32年的优秀军官，司各特称之为"我所见过的最好的战士"。

罗伯特·李是西点军校1825级学生，学习成绩名列前茅，是西点军校历史上唯一直到毕业都没有被记过的学生。

罗伯特·李

他在墨西哥战争中是司各特将军的得力部下，战后在1852年到1855年返回西点军校担任督学，一年后出任骑兵指挥官，表现优异。

李上校一向对国家怀有忠诚之心，为联邦感到骄傲。他对黑奴抱有同情之心，对奴隶制也持反对态度。李上校以前曾经蓄奴，那是他夫人的家产。1857年，根据岳父的遗嘱，李上校主动释放了奴隶。他的妻子和女儿还在弗吉尼亚创办学校，为奴隶提供学习机会。[64]

面对南北日趋激烈的争端，李上校一直忧心忡忡，内心深感煎熬。他爱自己的国家，但他也爱自己的家乡。在萨姆特堡炮击事件之前，他写道：

> 作为一个美国人，我深为我的祖国和她的富饶与政治结构感到骄傲。不论哪个州的权利受到侵犯，我都将奋起捍卫。但是，在我看来，没有什么比联邦的分崩瓦解更大的灾难了。我们所抱怨的所有坏事都会聚集在一起，我将牺牲我的荣誉之外的一切，维护联邦的统一。[65]

李上校"我将牺牲我的荣誉之外的一切"这句话耐人寻味！究竟是什么

"荣誉"，居然比"维护联邦的统一"更重要？李上校的回答是：弗吉尼亚！

李上校反对南部脱离行为，不愿看到国家分裂的局面，但他也不愿用手中的武器去对付自己的家乡父老，以结束这种分裂的局面。这就是他的"荣誉"，是他唯一不愿作出牺牲的东西。

林肯请自己的老朋友、共和党大佬弗朗西斯·布莱尔（Francis P. Blair）去面见李上校，转告总统的打算：任命他为北美大陆有史以来一支最庞大军队的指挥官。

遗憾的是，这个令人眼热的职位，居然被李上校婉言谢绝了。

林肯深表惋惜，司各特尤感痛心。他告诉李上校："你犯下了一生中最大的错误，而且我怀疑你的错误是否到此为止。"事实上，李上校心里清楚，这是一个大部分南方军官"明知故犯"的错误。当晚，李上校度过了一个不眠之夜，给战争部长卡梅伦写了一封辞职信。

4月20日，李上校顺从了他的荣誉感的支配，毅然决然地放弃了他长期效忠的联邦国家和联邦军队，放弃了他在马里兰州阿灵顿的家产，南渡波托马克河，回到弗吉尼亚家乡，接受弗吉尼亚州长约翰·莱切（John Letcher）邀请，担任弗吉尼亚民兵总指挥，少将军衔。5月29日，李将军成为戴维斯总统的军事顾问。他在给北方同仁们的一封告别信中这样写道：

> 我无法与我的出生地、我的家园、我的家乡子弟们兵戎相见。最重要的是，我希望我们之间的分歧能够得到和平解决。……无论什么结局，我预计这个国家将经历一场浩劫，这是对我们国家的罪孽所做的必要清算。但愿上帝指引我们从良向善，也保护你们和你们所拥有的一切。[66]

在当时南方人的眼里，"国家"这个概念主要是指自己的家乡、自己的母州。所谓忠于国家，首先是忠于生于斯、长于斯的故乡。战争爆发之后，这种乡土观念使得313名联邦军官毅然挂冠而去，约占军官总数的三分之一。他们辞去军职，返回南方，加入到邦联军队，自感是一种大义凛然和为国赴难的爱国精神。此时此刻，他们的心情是极其复杂的，昔日共同杀敌的战友将在新的沙场上兵戎相见，正所谓"本是同根生，相煎何太急"。

被李上校拒绝之后，司各特又向林肯推荐了俄亥俄州人欧文·麦克道尔（Irvin McDowell）少校。麦克道尔是财政部长蔡斯的门徒，两人关系一直紧密，蔡斯也向林肯总统力荐。林肯看到自己的左膀右臂都推荐麦克道尔，也就同意了。

麦克道尔时年43岁，在西点军校当过教官，参加过墨西哥战争，曾在法国军事院校读过书，在法军部队中观摩过一年，是一位稍具现代战争意识的军官。他长期担任司各特将军的参谋人员，与老将军关系很好。当时美军中对于参谋人员究竟应该干什么，没有太多的概念，毕竟这支军队习惯于跟印第安人作战，并不需要什么参谋人员。麦克道尔懂得一点参谋知识，算是一个"奇货"。

1861年5月14日，林肯总统授予欧文·麦克道尔准将军衔，任命他为东北弗吉尼亚兵团总指挥。

当时美国联邦陆军的军衔序列是这样的：中将、少将、准将、上校、中校、少校、上尉、第一中尉、第二中尉、少尉、第一中士、中士下士、列兵。南部邦联陆军还在中将之上设置了上将（full general）军衔。在司各特将军的推荐下，麦克道尔居然从少校直升准将，这在美军历史上尚无先例。

需要说明的是，当时美军的将军军衔分两类，一类由各州任命，称之为志愿兵军衔；另一类是由美国国会任命，称之为正规军军衔。如格兰特一开始由伊利诺伊州任命为志愿兵准将，到1864年才被美国国会任命为正规军少将。两者比起来，当然是正规军军衔含金量更高。

第一次统兵打仗的麦克道尔将军把司令部设在阿灵顿，罗伯特·李将军的老宅子里，这也算是对这位"投敌"将军的一种惩罚。麦克道尔接下来的主要工作，就是将刚刚招募起来的一群年轻人尽快训练成真正的士兵。

南北双方都以州为单位组建部队，部队名称也以州名来命名，如缅因州第 20 步兵团、阿拉巴马州第 15 步兵团等。同一个团里的士兵大都由相邻小镇的青年组成，同一个团队的士兵或者是乡里乡亲，或者是街坊邻居，甚至是堂兄表弟。本森·鲍勃里克（Benson Bobrick）在《证词：一个内战士兵的故事》一书中讲到：伊利诺伊州第 25 步兵团由克尔斯县（Coles）的年轻人组成，其中大部分来自查尔斯顿（Charleston），士兵本杰明·韦伯·贝克（Benjamin Webb Baker）与他的两个表兄、一个同父异母兄弟以及一大帮朋友都在同一个团里。[67]

战争之初，双方军队中级以下军官都由士兵选举产生。在联邦军队，团长由州政府选拔，旅级以上的准将和少将由联邦政府提名，经国会批准后任命。在邦联军队，甚至团长也由士兵选举产生，只有准将及以上军官才是官方指定的。一位密西西比州士兵描述了 1861 年 6 月的一次选举情况：

> 我们举行了战地指挥官的选举，费瑟斯顿（W. S. Featherston）第一轮就击败罗杰斯（Rodgers），被选为上校。莱尔斯（Lyles）在二轮选举中分别击败了福特（Foote）和凯（Kay），被选为少校。中校选举第一轮失败了，因为没有人获得多数票，我们不得不举行第二轮选举。[68]

美国人的思维很简单：士兵既然可以投票选举总统和议员，为什么不能选举自己的军官？不过，随着战争的日趋严酷，对军官的军事素质要求越来越高，联邦军队在 1863 年终止了这种做法。

在军旗和军装方面，联邦军队有比较统一的要求，部队看上去相对整齐。

在邦联方面，各州的州权意识很强，对邦联政府的依赖更少。战争刚开始时，各州部队扛着自己的旗帜，穿着不同颜色的军服，有些从联邦军队脱离的南军军官甚至还穿着原来的蓝色制服。[69] 南军骑兵的马匹都是士兵从自己家中带来的。战争之初，南军看上去像是一支临时拼凑起来的杂牌军。

州权意识是一把双刃剑，戴维斯总统发现，当他调兵遣将的时候，各州的州权意识成了邦联政府的一大障碍。就拿筹集武器来说，弗吉尼亚州拥有 10 万件各式武器，但州长坚决不同意把武器交给邦联政府调配；田纳西州、阿肯色州、德克萨斯州也不愿提供任何武器，北卡罗来纳州甚至还要求邦联政府把以前交出的武器如数退回，南卡罗来纳州同意先武装自己的部队之后才提供少量武器。

　　双方临时招募的年轻人，与其说是战士，还不如说是拿了枪的老百姓。士兵们除了接受基本战术技能训练之外，最重要的一项训练就是战斗队形的操练。在 19 世纪 60 年代，进攻性野战的最主要方式就是整队排列进攻，部队要在敌方猛烈的火力中保持严整的战斗队形，还要在指挥官命令下迅速变换冲锋队形。在实战上，部队常常以整旅、整师甚至几个师的规模发起进攻，这就需要来自不同州的旅、团进行联合操练，直至变成士兵的习惯动作和反应，才能确保士兵们在炮声震耳、硝烟弥漫的战场上整齐划一地迈向敌军的阵地。这一切，消耗了双方大量的时间。

第三章

进军理士满

一、蟒蛇计划

1

司各特将军不仅是一位经验丰富的职业军人，而且也是一位颇具影响的政治人物。在 19 世纪，美国人很喜欢把战争英雄推出来竞选总统。1852 年，借着墨西哥战争的余威，司各特被辉格党推举为总统候选人，遗憾的是败给了墨西哥战争的部下、民主党候选人皮尔斯参议员。司各特也没太在意，继续在军队中做他的将军，兢兢业业，一丝不苟，深得下属尊重。

内战爆发后，林肯总统非常倚重司各特将军，凡是涉及军务方面的大事小事都征询他的意见。司各特对于这场战争到底应该怎么打，有他自己的见解。他认为，南北是兄弟，南方人宣布脱离，只是一时兴起，并非不可挽回，完全可以通过禁运、封锁、高压以及适度的军事行动，让他们回心转意，即使要动武，也不必往死里打。

司各特的想法，林肯能够理解。林肯何尝想大打出手？何苦要大开杀戒？不过，林肯比司各特更清醒，看到了局势的复杂性。林肯担心，眼下这场痼疾，如果不及时痛下针砭，说不定养痈遗患，造成不可救药的后果。

就在这时，邦联作出了一个极具挑衅性的行动，更加激化了双方的对立情绪。

1861 年 5 月 21 日，邦联国会决定，接受弗吉尼亚州的邀请，将邦联首都从阿拉巴马的蒙哥马利迁到弗吉尼亚首府理士满。邦联国会还要求，所有邦联议员应在 7 月 20 日到理士满集中，召开会议，共襄大计。理士满距离华盛顿只有 80 英里，南方人明摆着找上门来，要跟华盛顿唱对台戏。

看到南方人一副"王八吃秤砣"的样子，越来越多的北方人也不依不饶了。雪片般的信件送到了林肯总统的手里，一些北方州的州长在信中语气坚定地提醒林肯总统，必须采取果断行动，立即对南方脱离行为予以沉重打击。威斯康星州州长略带威胁地对林肯说：

> 现在已经没有时间再拖延了，因为各州都已经蓄势待发。……在这个酷爱自由的国家，叛乱行为激发了人民心中的热火，驱使着他们采取行动。如果政府再不动作，他们将自己单独行动。联邦政府最好以主动的姿态引领这股大潮，而不至于让它泛滥成灾。[1]

北方人报纸纷纷发文，呼吁用军事手段给南方人一点颜色瞧瞧。《纽约论坛报》从 6 月 26 日开始，每天在头版头条大声疾呼"进军理士满"，主编贺拉斯·格里雷（Horace Greeley）发出强烈号召："绝不允许叛乱国会在 7 月 20 日聚首理士满，联邦军队必须在此日之前拿下理士满！"[2] 该报甚至宣称：如果联邦政府不在春天之前扫除叛乱者，就是对人民的背叛！

当"进军理士满"的口号响彻华盛顿上空之际，理士满的战争狂热同样甚嚣尘上。在媒体的极力煽动下，南北民众的战争热情都升到了燃点，双方都指望一战定胜负。

2

6 月 29 日，林肯召集内阁扩大会，商议军事行动方案。会上，司各特提出了一个作战方案，大致内容有三点：

第一，由海军负责封锁海岸线，阻止南方的进出口贸易，对南方实行全面禁运，造成其经济困局。

第二，陆军与海军配合，派出一支部队沿密西西比河深入到南方，控制密西西比河流域，拿下南方最大出海口新奥尔良港，切断叛军南北航道、东西联络，使之首尾不能相顾。

第三，组织重兵对理士满一带形成强大压力，必要时进入弗吉尼亚境内作战——条件是必须完成一切作战人力、物力和运输准备工作，轻易不要马上对弗吉尼亚进行直接的军事行动。

总的来看，司各特的计划视野开阔，布局全面，体现了整体作战的宏观战略，其要点是想通过软硬兼施的手段，给南方人造成巨大压力，迫使其回心转意，重返联邦大家庭中。这个计划类似于一条蟒蛇慢慢地缠紧对手，使之喘不过气来，最后将其制服，所以被称为"蟒蛇计划"。[3]不知道司各特有没有读过《孙子兵法》，他的想法暗合于"不战而屈人之兵"的精髓。

会上，有人怀疑司各特的"蟒蛇计划"是不是过于"温柔"了，南方人会那么轻易就范？有人甚至私下猜测：司各特对南方人如此客气，莫非缘于他是弗吉尼亚人吧？

司各特不主张硬打，自有他的道理：

第一，目前还不具备进攻的条件，匆匆招募起来的志愿兵，不懂战术，缺乏军纪，需要很长一段时间的训练才能送到战场上去，仓促进攻太冒险。另外，联邦政府的后勤和军需也很不充分，厉兵秣马的准备工作至少需要一年时间。

第二，一旦联邦部队深入南方境内，发起强行进攻，双方就完全撕破面皮了，南方人必定同仇敌忾，"破罐子破摔"，一条道上走到黑，和平解决争端成为泡影。事实上，与当时许多北方人一样，司各特打心底里还对南方人抱有一丝"幻想"，希望他们回心转意，想要给对方留一条妥协的退路。

林肯大致认可这个计划。事实上，美国内战后来的进程，确实按照这个基本框架展开的。

但是，林肯有一点与司各特意见不一，他不认为南方人还有回心转意的可能性，必须通过真刀真枪干一场，才能最后解决问题。尤其是眼下民众喊打的呼声很高，各种激进势力对政府压力很大，这些因素司各特将军可以视而不见，林肯总统却不能不予以考虑。

会上，联邦军队总军需官蒙哥马利·梅杰斯（Montgomery Megis）准将等人支持林肯的想法，也认为应该尽快向理士满发起一次进攻。

最后，林肯当场拍板：联邦军队对集结在理士满附近曼那萨斯（Manassas）铁路枢纽的叛军展开一次军事打击，时间越早越好。林肯将这项任务交给了麦克道尔将军，要他马上拿出一个作战方案。司各特拗不过大家的意见，只能勉强同意。

3

麦克道尔对这场内战的态度，比他的恩师更加积极一些。但是，作为职业军人，麦克道尔同样认为，目前最大的问题是这群新兵实在太"嫩"，他需要一段时间来训练部队，以确保军事行动万无一失。

林肯对麦克道尔说，第一批志愿兵服役期只有 3 个月，再不开战，他们就要回家了。看到林肯催得很紧，麦克道尔无奈地说："我的这些士兵实在太嫩了。"林肯说："你们是很嫩，没错。不过，对方也很嫩。大家都很嫩！"[4]

林肯说得不错，此时南方人也面临着同样的问题：士兵也都是刚从庄稼地里出来的"泥腿子"。此外，南方人囊中羞涩，武器缺乏，军需不足。

南方人本来不缺钱，堆积如山的棉花就是现成的金山银山。谁知南方人心太黑，为了抬高价格，居然在战争爆发后主动停止棉花出口，甚至听任大批棉花包烂在港口，想让欧洲人尝一下机器停工的苦头。不料聪明反被聪明误，欧洲从印度、巴西和埃及进口了大批棉花，当年棉花库存充裕[5]，南方人"偷鸡不成蚀把米"。

6 月，麦克莱伦在西弗吉尼亚山区击败了南军，林肯找到了一个有说服力的证据："嫩"兵不但可以打仗，而且可以打胜仗。他对麦克道尔说，麦克莱伦将军的士兵也都很"嫩"，却在崎岖的山区打败了南军，你的军队没有理由不能在平坦的原野上取得胜利。在林肯的"激将法"下，麦克道尔血脉贲张，奋然决定出兵一战。

麦克道尔将军提出了一个详尽的作战计划：一支北军主力部队在理士满以北的公牛道（Bull Run）一线向守军发起进攻，牵制正面南军；另一支北军部队迂回到南军侧翼，跨越公牛溪，一举拿下公牛溪后面两英里处的曼那萨斯铁路交会点，阻止南方增援部队；然后两支北军前后夹击，彻底击破南军在公牛道的防线，打开进攻理士满的大门。

麦克道尔不愧是参谋出身，这个计划简直无可挑剔，林肯与司各特均表示赞同。

戴维斯总统也非等闲之辈，他颇费一番心机之后，作出了一个针锋相对的排兵布阵。

戴维斯也安排了两支部队。一支主力部队 2 万多人，由博雷加德将军统领，驻守在公牛溪一带，以曼那萨斯铁路交汇点作为后勤支撑，应对北军的正面进攻，相当于在华盛顿与理士满之间建立了一道护墙。

另一支部队 5000 人左右，由约瑟夫·约翰斯顿（Joseph E. Johnston）将军统领，驻扎在弗吉尼亚西部的雪兰多谷地（Shenandoah Valley），准备随时驰援公牛溪。

雪兰多谷地位于蓝岭以西，大致从东北到西南走向，这里群山绵延，水系纵横，地势险峻，雪兰多河蜿蜒 200 多英里，在哈泼斯渡口汇入波托马克河。由于水陆交通便利，美军在这里安置了兵工厂和弹药库。

"雪兰多"一词来源于印第安语，意思是"星星的女儿"，此地山清水秀，风景如画，土地肥沃，物产丰富，是弗吉尼亚州的一个重要粮仓。20世纪 70 年代美国著名歌手约翰·丹佛《乡村路带我回家》咏唱的就是这个地方。

这一带也是屯扎奇兵的好处所。从雪兰多谷地出发，穿越蓝岭的山间小道，可以直插弗吉尼亚东北部，距离华盛顿不过 100 英里，可以朝发夕至，令北军随时有后顾之忧，不敢向理士满倾巢出动。

这个布局有一个关键点：在曼那萨斯与雪兰多山谷之间，有一条铁路线连接，两支部队可以根据局势随时调动，相互支援。特别是公牛道一带有点风吹草动，约翰斯顿马上可以乘火车驰援。

戴维斯总统真不愧为西点军校的高材生，他的这一军事布局相当高明。不过，司各特将军也不是吃素的，他针对南军在雪兰多山谷的部署，特地安排了一支 16000 人的部队，由 69 岁的罗伯特·帕特森（Robert Patterson）将军率领，主动跨越波托马克河，占领哈泼斯渡口，扼守住雪兰多河的最北段，堵住约翰斯顿的出路，将其封锁在雪兰多群山之内，阻止其南下驰援。

帕特森是墨西哥战争的美军少将，不过战后就离开部队去经营棉花工厂，内战爆发后重返军营，出任宾夕法尼亚志愿兵指挥官。麦克道尔对这位老将军有点不太放心，他不无忧虑地对司各特将军说："如果帕特森将军能够把约翰斯顿堵在山谷，我的人马就可以放心对付曼那萨斯的敌人了。"司各特笑了笑，安慰道："如果帕特森将军不能把敌人堵在山谷，他也会踩着敌人的后脚跟一路尾随而至的。"

这就是双方统帅的运筹帷幄，接下来要看战地指挥官如何决胜千里了。

7 月上旬，林肯正式命令麦克道尔率军从华盛顿出发，向南发起进攻，兵锋直指公牛道。美国内战的第一场大规模野战即将爆发。

欧文·麦克道尔（中间）与参谋人员，摄于 1861 年 7 月阿灵顿第一次公牛道战役之前

二、公牛道之战

1

内战期间美军的建制大致是这样的：

兵团（army）是最大的部队建制。一般来说，北方人喜欢用河流来命名，如波托马克兵团、密西西比兵团等；南方人喜欢用州名或地区来命名，如北弗吉尼亚兵团、密苏里兵团等。步兵是各兵团的主力，北军步兵占80%，南军步兵占75%。

兵团下面是军（corps）。军一般下辖2到3个师，配备一定数量的炮兵。一般而言，北军炮兵占6%，南军炮兵占5%。

另外，还有独立建制的骑兵军。大致而言，北军骑兵占整个兵力的14%，南军骑兵占20%。南北战争中，骑兵主要用于侦察与搜集情报，破坏敌方交通线，保护大部队侧翼，以及对抗敌方骑兵。骑兵很少用于发起正面冲锋，曾经发生过的几次骑兵冲锋主要是南北骑兵之间的交战。

军下面是师（division）。师一般下辖3个旅，满员为12000人，师长一般是少将。

师下面是旅（brigade），每个旅大约4000人，旅长一般是准将，也有少数是上校。

旅下面是团（regiment），一个团的兵力大约有1000人左右。

团下面是连（company），一个团一般由10个连组成，一个连多则101人，少则83人。

连下面还有班（squad），每个班6到10人不等。

1861年7月16日下午2点左右，麦克道尔将军率领四个师37000名士兵，离开华盛顿郊外的亚历山大（Alexandria）兵营，一路向南进发，踏入了弗吉尼亚的土地。士兵们情绪很高，或者说太高了。

太阳高照，天气炎热，士兵们身负23公斤的装备，包括枪支、弹药、帐篷、毯子、锡盘、杯子、刀叉、勺子、剃须刀、梳子等，有些人还带着镜子、铅笔、烟草、烟斗、麻线、包扎棉布带等，[6] 身上穿着厚厚的毛呢军服，经汗水一打湿，变成了沉重的铠甲。有些士兵背不动了，索性将部分物品丢在路边，准备打完仗回来再取。

士兵们不紧不慢走着，一路上还时不时停下，摘点野果，喝点溪水，煮点咖啡，找个阴凉的地方歇歇脚，仿佛在进行一次郊游，这段 25 英里的路程居然走了两天半。

令人啼笑皆非的是，在联邦军队的后面，跟着几百个华盛顿的居民，其中包括数名国会议员。这些人是来现场观战的，有的还带着望远镜、食品和香槟酒，准备在两军开打之后，找个高处坐下来，边喝美酒，边观赏这场"五十年一遇"的战局。

眼看大军压境，博雷加德不敢造次。他与麦克道尔是西

皮埃尔·博雷加德

点军校 1838 届的同班同学，彼此知根知底。此时，博雷加德通过华盛顿的女间谍，早已侦知了北军的进攻行动，他指挥麾下 2 万人的部队，沿着公牛溪布下了一道蜿蜒六、七英里的防线，修筑了好几个坚固的要塞。公牛溪水深岸陡，不易强渡，溪水后面还有曼那萨斯铁路站，可以随时输送补给。南军以逸待劳，严阵以待。

按照原定计划，博雷加德向理士满紧急求援，希望约翰斯顿迅速率部从雪兰多山谷赶来增援。此时，约翰斯顿正被帕特森缠住不放，一时脱不开身。博雷加德左等右等，不见动静，直到 18 日才接到通知，说约翰斯顿总算准备出发了。博雷加德把电报摔在地上，愤愤地说："现在才出来，来了也白来！"这话没错，如果麦克道尔兵贵神速的话，约翰斯顿真的来了也白来。

不过，幸运之神似乎偏爱南军。麦克道尔的进军速度出乎意料的缓慢，而约翰斯顿从雪兰多山谷回防的速度却相当迅速。

雪兰多山谷的南军一共有9个旅，包括6个弗吉尼亚旅、2个密西西比旅、1个阿拉巴马旅，外加4个炮兵连，总兵力为5200人。这支部队人数不多，却猛将如云，除了总指挥约翰斯顿将军，还有来自弗吉尼亚州的步兵旅旅长托马斯·杰克逊上校、A. P. 希尔（A. P. Hill）上校、骑兵旅长詹姆斯·斯图尔特（James E. B. Stuart）上校等。

雪兰多山谷，约翰斯顿与帕特森时有交火，双方互有斩获。约翰斯顿原以为帕特森是专门来剿灭他的，连忙向理士满报告，希望博雷加德赶来增援。直到北军大部队向公牛溪运动，才明白帕特森的进攻是一次牵制行动。这时，理士满已经多次电催约翰斯顿率部南下。7月19日凌晨1点，理士满的加急电报再次送到约翰斯顿手里，电报中说，博雷加德将军正在遭到攻击，命令约翰斯顿将伤病员留在原地，火速搭车赶到曼那萨斯。[7]

约翰斯顿当即传令各旅紧急集合，命令斯图尔特骑兵旅主动出击，牵制帕特森部队，把1700名伤病员留在温切斯特（Winchest），大部队在阿斯比谷口（Ashby' Gap）穿过蓝岭山脉，跨过雪兰多河，抵达帕多蒙特（Piedmont）火车站，搭乘火车前往34英里外的曼那萨斯火线。这是人类战争史上第二次使用铁路运送兵员，第一

詹姆斯·斯图尔特

次发生在 1859 年意大利的法、奥之战中。

3

7 月 18 日上午，北军先头部队丹尼尔·泰勒（Daniel Tyler）准将率领的第 1 师抵达公牛溪。先头部队是由爱尔兰裔上校伊斯雷尔·理查德森（Israel Richardson）率领的第 4 旅马萨诸塞州步兵团。当时北军的军服还未统一颜色，马萨诸塞士兵恰巧穿着灰色军服，他们看到对面的士兵也穿着灰色，不知道是自己人还是敌人。

一位北军中尉上前喊道："你们是什么人？"

对方反问："你们是什么人？"

"我们来自马萨诸塞州。"

短暂沉默之后，只听"呼"的一声，中尉应声倒下。

北军遇到的是南军詹姆斯·朗斯崔特准将和加贝尔·欧利（Jubal Early）上校的部队。这场前哨战持续了一个多小时，打得不算太激烈。最后南军发起反击，将北军击退。战斗中，一发炮弹击中了南军指挥部，把博雷加德将军的午饭炸飞了，在场的人惊出一身冷汗。

接下来，麦克道尔犯了一个致命的错误：他没有命令部队继续前进，而是暂停了进攻，而且一停就是两天，给约翰斯顿提供了极其宝贵的时间。

7 月 19 日，约翰斯顿的部队摆脱了帕特森将军的堵截，搭乘火车赶往曼那萨斯。下午 4 点左右，托马斯·杰克逊上校的弗吉尼亚旅首先赶到。20 日拂晓，第二个旅也赶到了。当天中午，又一列火车送来了第三个旅，旅长是来自南卡罗来纳州的伯纳德·比（Barnard Bee）准将，约翰斯顿同车抵达。

21 日，A. P. 希尔旅和第 5 个旅也赶在大战之前及时抵达。当火车接近曼那萨斯的时候，A. P. 希尔已经清晰听到了隆隆的炮声。[8]

这样，到 21 日，博雷加德和约翰斯顿两支部队的人数加在一起达到了 35000 人，与联邦军的 37000 人非常接近了。帕特森将军让南军溜出了雪兰多山谷，自己却没有"踩着敌人的后脚跟"赶过来。此役后，帕特森被

安布罗斯·伯恩赛德（中间）与罗德岛州第1团部分军官，摄于1861年华盛顿附近的斯普拉格营地（Camp Sprague）

革除军职。

两军会合后，约翰斯顿比博雷加德资格更老，按理整个南军归他指挥，但约翰斯顿毕竟新来乍到，他还是尊重博雷加德的部署与指挥。

7月21日上午9点，经过一阵猛烈炮火轰击之后，北军第1师在石桥（Stone Bridge）涉水抢渡公牛溪，第一次公牛道战役正式打响了。

按照原计划，麦克道尔一面指挥部队正面进攻，一面又命令安布罗斯·伯恩赛德（Ambrose Burnside）上校率领一支部队向西北方向机动2公里，跨越公牛溪，准备在敌人左翼发起突袭，实施侧面包抄。

没有想到的是，南军在附近山顶上设立了观察哨，当天晴空万里，能见度很好，观察哨很快发现了北军部队的调动，马上通过旗语兵向西北面的南军发出警告。

防守石桥的南军旅长埃文斯（N. G. Evans）上校发现情况有变，留下一半兵力坚守，自己率领两个团飞快向左翼补防。这样，麦克道尔将军原本计划的一次奇袭，变成了一场硬碰硬的正面交锋。

　　　　　　　　　　　　　　　　　　　　　　　　自由的新生

在南军左翼阵地，伯恩赛德上校率领北军第 1 师第 1 旅发起强攻，这群来自罗德岛的愣小伙子士气高涨，勇猛地向前推进。在一片开阔地，两边战士面对面举枪射击，一阵乱枪之后，随着烟雾腾空而起，双方士兵纷纷倒下。士兵每打出一颗子弹，需要站立着完成 9 个连续动作，在这个过程中，随时都会中弹倒地。

北军人多势众，火力凶猛，南军死伤惨重，渐渐支持不住。就在千钧一发之际，伯纳德·比准将率领密西西比团、阿拉巴马团和佐治亚团及时赶到，双方展开殊死战斗。北军威廉·谢尔曼上校第 3 旅与伊拉斯谟·凯伊斯上校（Erasmus Keyes）第 1 旅也赶来增援，两个旅协同推进，南军在马修斯岭（Matthews Hill）一带的防线终于崩溃，许多南军士兵借着烟雾，撒腿逃命，部分顽强抵抗的士兵很快被消灭，南军左翼被撕开一个大口子，北军的一场完胜眼看就到手了。

伯纳德·比准将的部队被冲垮，他心急火燎地大喊大叫，拼命吆喝四处逃窜的士兵，无奈自己的战马也被裹挟在人流中向后退去。

危急时刻，在南军阵地后面一个叫亨利屋（Henry House）的山坡上出现了一支阵型整齐的部队，迎着大量逃溃的南军士兵，迎着呼啸而来密集炮火，迎着蜂拥而至的北军士兵，异常镇定，毫不畏惧，举起排枪向冲杀过来的北军人马猛烈射击。

透过团团硝烟，比将军看到，在这支部队前方，有一位军官稳坐在战马上，临危不惧，指挥作战。他定睛一瞧，正是托马斯·杰克逊上校。

比将军向杰克逊喊道："敌人正在把我们打退。"

托马斯·杰克逊

杰克逊将军回答说："先生，我们用刺刀还以颜色！"

受到极大鼓舞的比将军马上召唤自己手下赶紧回来，在杰克逊队伍后面重新集结，组织起一道新的防线。

此时，北军正一步步逼近，火力十分猛烈，子弹嗖嗖地四处乱飞。一颗子弹击中杰克逊的左手，打断了一根中指，鲜血直流。杰克逊裹住手指，继续镇定指挥。比将军看到杰克逊将军镇定自若、毫不畏惧，忍不住对他的部下喊道："快看，杰克逊站在那里，就像一堵石墙。"[9]

杰克逊的部队犹如中流砥柱，冒着北军密集的弹雨，顽强坚守阵地，死命顶住了北军发起的一次次猛攻，士兵死伤枕藉。在尼尔·卡根（Neil Kagan）《见证内战》一书中，杰克逊手下的一名战士记录了当时的情形：

> 没等我们开火，迎面一阵弹雨扫过来……许多人非死即伤，受伤的士兵不停地大声叫唤，被人拖到后面；有些人已经死掉了，趴在旁边的人一点也不知道。……这时，冲锋令下达了，我们从地上站起来，看到许多人趴在那里已经死去，就像是睡着了一样。[10]

乱战之中，比将军中弹身亡，但他的那句"石墙"名言，已经与托马斯·杰克逊紧紧地连在一起了，"石墙杰克逊"（Stonewall Jackson）的称号从此传遍四方。

事后，一位部下问杰克逊："当时子弹横飞，您难道一点都不怕吗？"这位笃信上帝的弗吉尼亚人回答说："上尉，我的宗教信仰教导我，在战场上的安全感跟在床上一样。"[11]在杰克逊看来，一个人的生死命运是由上帝决定，个人根本不用操心，哪怕是在战场上。

历史总是众说纷纭。"石墙将军"这个称号，在美国人家喻户晓，按理说没有什么异议。其实不然，偏偏还有另外一种不同的版本，认为比将军当时这句话不仅不是在褒扬杰克逊，反而是在斥责他，说杰克逊像堵"石墙"似的站在那里一动不动，没有及时出手相助。

历史学家哈利·汉森（Harry Hansen）在《美国内战》一书中说，杰克逊的参谋长巴内特·里特（Burnett Rhett）少校坚信此说，里特还说，比将军当时在"石墙将军"一词前面，还用了"该死的"（damn）一词。按照这种说法，比将军的原话应该是："快看，杰克逊站在那里，就像一堵该死的石墙。"比将军已经死无对证，这也算是一个历史悬案吧。[12]

有一点是肯定的，杰克逊旅在当天的战斗中表现非常神勇，杀敌众多，是当天南军损失最惨重的旅。战役之后，这支部队被邦联政府正式授予"石墙旅"称号。

接下来整个下午，双方展开了激烈的拉锯战，战斗打得异常激烈。谢尔曼的第3旅，在第2师纽约第69团的支援下，几度攻占敌阵，都被打了回来。

联邦士兵已经连续作战了大半天，又饥又累，渐渐抵挡不住了。这时，南军通过曼那萨斯铁路枢纽，送来约翰斯顿的最后一个旅，马上投入战斗。北军士兵眼看对方援兵不断，又惊又怒，大声质问："我们的援兵呢？我们的援兵在哪里？"事实上，北军的确还有三个后备旅，但由于麦克道尔指挥无方，直到最后都没有投入战斗。

下午4点，博雷加德将军下令发起反攻，在炮火掩护下，南军士兵发出震耳欲聋的呼喊声，从掩体中涌出来，一齐向前推进。北军支撑不住，士兵四散奔逃，麦克道尔将军看见大势已去，无奈下令撤退。

历史学家布鲁斯·凯顿在《美国内战》一书中引述了英国《泰晤士报》记者威廉·罗素（William H. Russell）的现场报道：

> 当我走到一座桥边，突然看到前面跑来几个士兵，有一个边跑边喊："我们不行了，我们不行了！"……很快，我看到玉米地里钻出许多士兵，大多数手里没有武器，向后猛跑。……救护车也跟着撤下来了，我看到车里人满满的，可没有几个受伤的。……士兵们个个灰头土脸，气喘吁吁，眼睛发直——真是一副狼狈相。[13]

北军士兵本来就缺乏训练，结果兵败如山倒，撤退变成了全线溃退，整个战局就此逆转。

悲剧才刚刚开始。就在北军边打边撤，退回到公牛溪北岸之际，遇到了那批出来观战的男女们，这些人的车马占据了主要道路，给北军后撤造成了严重的困阻。在南军的炮火中，通往华盛顿的道路完全堵塞，现场一片混乱。

《纽约论坛报》描述当时的场景：

> 到处是一群群伤兵，他们在极度恐惧中忘记了伤痛，在同伴的帮助下，拖着受伤的躯体拼命往前挪，其中一些人身上的鲜血还在汩汩往外流，但还是用尽最后一点力气朝着北面的方向爬行。……许多马车倾覆在路边，救护车散架似的倒在地上，各式各样的枪支、弹药扔得到处都是，垂死的马匹伏在在地上喘着粗气，丢弃的食物、军需品堆积如山，玉米和燕麦洒落一地，成堆成堆的军服四处散落。[14]

此时，人群中传出一个可怕的消息：南军的骑兵部队正从后面追来。

就在几周前，华盛顿的报纸详细介绍南军骑兵的文章和图片，把那些"骑着黑马的南方骑兵"描写得十分恐怖，给人们留下了深刻的印象。

眼下这群人听到这个消息，仿佛敌人的马蹄随时奔踏过来，闪亮的军刀就在脑后挥舞，吓得失魂落魄，许多士兵丢下枪械，向华盛顿夺路狂奔，一直逃到波托马克河才止步。让人哭笑不得是的，这帮士兵在短短数小时内，连滚带爬地跑完了过去三天慢悠悠走过的全部路程。

白宫没有安装电报收发系统，林肯收发电报都要经过战争部的电报房。战争部就在白宫隔壁的一幢三层木房里，尽管有专人随时给林肯送来电报，但林肯还是经常亲自到电报房查看电报。

这一天，林肯总统一直守在电报房里，随时了解前线战况。他的心情时而紧张，时而欢愉，随着电报员递来的纸条起伏不定。下午3点半，林肯突然听到枪声越来越近，他心头一紧：莫非前线……他连忙走到旁边司各特将军的办公室，想听听他的看法。

按照林肯秘书尼古拉的说法，当时司各特正在午睡，林肯进门把他吵醒了，他睡眼惺忪地听了听屋外的声音，嘟囔了一句："这是风声，不是枪声。"司各特安慰林肯不要太紧张，此战联邦军队必胜。等林肯离去，老将军又倒下继续睡觉。[15]

经司各特这么一安慰，林肯也就放下心来。于是他坐上马车到外面去遛遛，这是他下午放松的一种方式。等他6点半从外面回到白宫，迎接他的是战败的消息。

林肯脑子很清楚，他的第一反应就是首都的安危。他来不及悲伤烦恼，马上着手部署华盛顿周边的防御。

幸运的是，南军就此止步了。这场胜利对南军来说已经心满意足了。

当日下午，戴维斯总统亲自来到前线观战。当他看到北军败退，军人的直觉告诉他，这是穷追猛打的好机会，当即命令部队继续追击。此时，杰克逊举着受伤的手指，对戴维斯说："给我一万人，我明天就拿下华盛顿！"戴维斯大喜过望，马上派人找到约翰斯顿和博雷加德，让他们集合部队，乘胜追击，争取一举攻下华盛顿。

但是，南军士兵的散漫程度并不比北军好多少。此时，他们有的停下脚步坐下来歇息，有的忙于收拾战利品，有的到处寻找失踪的战友，有的帮忙救助伤员。朗斯崔特和杰克逊跑前跑后招呼士兵，没有多少人听从指挥。只有斯图尔特的部分骑兵继续追赶了一阵子，很快被沿途的人流、辎重挡住去路，也加入到打扫战场的行列。

南军从上到下满足于这场胜利，许多人认为，邦联已经打败了联邦，南方独立已经唾手可得了。

约翰斯顿见到戴维斯，一脸无奈地说："士兵们又累又饿，他们现在需要休息！"博雷加德在一旁耸耸肩、摊摊手，表示赞同。戴维斯又急又恨，他心里清楚，这不是战争的结束，而只是序幕的开始。这时，天空下起雨来，戴维斯跺跺脚，只好作罢。从此以后，戴维斯对约翰斯顿和博雷加德一直耿耿于怀。

多年来，历史学家饶有兴趣地研讨，如果当时南军乘胜追击，直抵华盛顿城下，有没有可能一鼓作气拿下联邦首都？这个问题并非毫无意义：假如拿下华盛顿，内战真的可能一锤定音了，用不着后面再死那么多人。

在历史学家比尔·福西特（Bill Fawcett）主编的《内战是如何失败的：州际战争的军事失误》一书中，约翰·海尔福斯（John Helfers）的观点是：公牛道之战后华盛顿失守的可能性几乎没有。他写道：

> 在 19 世纪，任何得胜之旅都需要让士兵喘息片刻、补充给养、救死扶伤，不可能马上重新整队出发，继续追击敌人。许多军官战死或受伤，这意味着不少部队群龙无首，失去了乘胜追击必需的高度组织性。[16]

海尔福斯还说，当时麦克道尔还有三个完整的预备旅，他们随时可以击退博雷加德的继续攻击。就算博雷加德突破这三个旅的阻击，直抵城下，华盛顿还有刚刚撤退下来的 17000 人，南军拿下华盛顿的可能性等于零。

公牛道之战很像两个业余拳击手之间的较量，总的来讲不乏勇气和斗志，双方敢打敢拼，表现超出了多数人预料。但是，从军事角度看，这实在是一场业余比赛，不懂基本套路，缺少专业水准。谢尔曼后来在回忆录中这样写道：

> 公牛道之战是内战中计划得最好、但打得最糟的战役之一。……我们有良好的组织，有良好人员，但是没有内部协调，没有真正的纪律，没有对权威的尊重，没有对战争的真实概念。事实上，双方都差不多被击倒在地，但一方还能很快站起来，而另一方则很快逃跑。[17]

这场战事给双方造成了重大的损失。南军死亡 387 人，受伤 1582 人，失踪 13 人。北军死亡 460 人，受伤 1124 人，被俘或失踪 1312 人，联邦国会议员阿尔弗雷德·埃利（Alfred Ely）被抓，丢弃大炮 28 门、37 辆弹药车以及 500 多支步枪，还有 9 面军旗。尤其让南方人扬眉吐气的是，几乎没有南军士兵缴械投降，而南军抓到的俘虏多达一千多人，这些人被押到理士满，临时关押在一间三层楼的烟草仓库里。

与南北战争后面的战事相比，公牛道之战的伤亡数字简直不足为道。但是，对于多年未经战事的美国民众来说，当时这个伤亡数字让大多数人深感震惊。

公牛道之战的当天夜里，天降大雨，双方许多士兵的尸体来不及收拾，躺在战场上任凭风吹雨淋。雨水冲刷了战场上的血迹，也冲刷了人们对这场战争的幻想，许多年轻人开始透过对战争的最初印象——漂亮的军装、闪亮的刺刀、飘展的军旗、激扬的军乐——看到了战争的残酷与惨烈。

三、麦克莱伦挂帅

1

公牛道战役给南方人带来了无穷的欢喜。他们感觉到，铁的事实证明了南方人的英勇善战和"北方佬"的不堪一击，这使南方人在后来的战斗中信心倍增。这是正面的影响。

这次战役也给南方人造成一种错误的印象，以为能够在短期内赢得胜利，南方的独立指日可待了。有些士兵甚至认为战争已经结束，匆匆忙忙离开部队，回家收麦子去了。这种被胜利冲昏头脑的想法，使南方人低估了战争的持久性和艰苦性，对后面战事的物资储备和心理准备有所懈怠，他们将为此付出沉重的代价。

对于北方人来说，这场惨败让他们清醒地意识到战争才刚刚开始。包括林肯在内，许多人原本对这场战争究竟要打多久，心里不太清楚，现在至少明白了一点：速战速决是不现实的。此时此刻，林肯开战以来一直忐忑的心情反而平静下来，他对这场战争有了更加深刻的认识，从心理上做好了长期作战的准备。

此时，3个月服役期的士兵正好到点了。林肯没有挽留他们，在"三年制"士兵的羡慕目光下，"三月制"的士兵挥手踏上归途。战事结束的第二天，林肯签署了一个法案，再次征召服役期3年的5万新兵；三天后，林肯又签署法令，再召服役期3年的5万新兵。

首战失利让林肯明白，找到一位能干的战地指挥官是多么重要。眼下，身边的将领似乎没有合适的人选。林肯想到了一个人：不久前崭露头角的乔治·麦克莱伦少将。

林肯以前就认识麦克莱伦。当年，林肯与"小巨人"道格拉斯竞选参议员，时任伊利诺伊中央铁路局长的麦克莱伦，专门为道格拉斯提供了一节私人火车车厢，供他到处演讲"拜票"，每到一站还安排乐队接站。林肯总统一向心胸开阔，不计前嫌，决定重用这位民主党背景的军人。

7月22日凌晨2点，林肯总统让电报房给正在西弗吉尼亚的麦克莱伦将军发出一份电报，请他迅速赶到华盛顿。

2

麦克莱伦接到电报，有一种天降大任的感觉，仿佛命运在召唤他。麦克莱伦立刻骑马疾驰60英里，赶到最近的火车站，搭乘特快专列，经匹兹堡到费城，再到巴尔的摩，于26日到达华盛顿。

林肯总统第二天就任命麦克莱伦为新组建的波托马克兵团总指挥，麾下五万大军。

在华盛顿，麦克莱伦受到了英雄般的欢迎。在经过第一次惨败之后，北方人太需要救世英雄了，现在这位"战马上的救国英雄"终于出现了。很多一向自视甚高的内阁成员和国会议员，也放下身段，满脸堆笑地迎合这位年轻人。麦克莱伦被搞得晕晕乎乎，相信自己是上帝派来拯救这个国家的。

麦克莱伦当年4月才晋升少将，在所有联邦将领中算是资历最浅、年纪最轻的。如今担纲指挥全军，在军中地位仅次于司各特将军，成为美军历史上第一位率兵超过50000人的将军。在国家危急存亡的关键时刻，林肯把年轻的麦克莱伦提拔到众将之上，体现了林肯大胆用人的魄力，可与刘邦拜将韩信相媲美。

麦克莱伦天资聪颖，拥有宾夕法尼亚大学和西点军校双重学历。他与石墙杰克逊是西点军校的同学，当年毕业时，他的成绩在班里排第二，杰克逊才排第十七。在墨西哥战争中，麦克莱伦中尉与博雷加德中尉同为司各特将军的参谋，深得司各特器重。1855年，他作为美军观察员亲赴克里米亚观

战，与英国军官一起研究防御
战，随后在欧洲游历甚广。麦
克莱伦能文能武，翻译过一本
关于刺刀战术的法文著作，撰
写过骑兵战术的军事专著。他
还亲手设计过骑兵马鞍，在
1859 年美军标准马鞍比赛中
获胜，被称为"麦克莱伦马
鞍"。[18]内战爆发后，他在西
弗吉尼亚一战成名。麦克莱伦
个子不高，相貌堂堂，他的一
张戎装标准照片广为流传，麦
克莱伦的"粉丝"说他长得像
拿破仑，于是民主党背景的
《纽约先驱报》(The New York
Herald) 称麦克莱伦为"年轻
的拿破仑"。

乔治·麦克莱伦

麦克莱伦是一个优秀的组织者。在《美国内战主题》一书中，历史学家
柏林·里德（Brian Holden Reid）写道："他的表现证明自己是一个部队的
优秀训练者、高效的组织者、不知疲倦的管理者，以及具有人格魅力的领导
人。"[19] 对此，大多数历史学家均无异议。

在开始训练士兵之前，麦克莱伦先狠狠地来了"三板斧"：

麦克莱伦首先对军官进行考核，撤换了不称职的低级军官，严格整肃军
纪，树立军队等级观念，做到令行禁止。

随后，麦克莱伦从培养士兵生活习惯入手，改变兵营"脏乱差"的状
况。以前，因为不讲卫生，波托马克兵团 99% 的士兵得过痢疾和腹泻。自
从麦克莱伦狠抓内务之后，情况大有改观。

接着，他要教会士兵绝对服从命令。有一次，来自缅因州步兵团的士兵
拒绝服从命令，麦克莱伦将 63 个人同时关了禁闭。又有一次，几个新泽西

州的士兵未按照规定整理内务，他们得到的惩罚是每人扛着大树干，在军营里来回行走，直至筋疲力尽。对于擅自饮酒或私自离队的士兵，就让他们套上一个木桶，称之为"桶衣"，在军营里示众。对于士兵小偷小摸，惩罚措施更具侮辱性，给他们套上牌子，上面写着"我是一个偷窃者"，在一支军乐队的伴送下，在军营内外游街。经过这种高压措施，士兵们自由散漫的习气收敛了许多，很多士兵感觉到自己像个真正的战士，产生了军人的自豪感和荣誉感。

麦克莱伦经常骑着高头大马，戎装笔挺，带着白手套，出现在士兵的训练场上。他对待士兵十分亲切和蔼，深得士兵的喜爱。他相信通过持续的训练，一定能将这帮"新兵蛋子"打造成一支真正的军队。士兵们也很争气，经过多日训练，越来越像样了。一位英国军事观察员考察军营之后说："考虑到训练时间和装备等客观因素，波托马克兵团是我见过的世界上最好的军队。"[20] 客观地讲，撇开麦克莱伦后来的战场表现，他训练出来的波托马克兵团成为内战期间美军的中坚力量。这一点，麦克莱伦功不可没。

3

林肯一直催促麦克莱伦尽快拿出一个作战方案。8月2日，麦克莱伦将一份战略作战方案交给了林肯，内容包括从东部海岸到西部德克萨斯的整个作战计划。内容主要包括：封锁东南海岸线，占领重要港口，重点进攻理士满，同时沿密西西比河南下，占领新奥尔良，以及从堪萨斯出兵进攻德克萨斯等等。麦克莱伦说，执行这个计划，至少需要50万训练有素的兵力，准备工作需要一年时间。

林肯答应麦克莱伦尽快招兵买马，同时要求麦克莱伦不要拖延时间，抓紧做好进攻理士满的准备。

从麦克莱伦的计划中，林肯还嗅出了一丝异味：麦克莱伦身为波托马克兵团总指挥，却在筹划全国战场的作战计划。对于这种明目张胆的越权行为，司各特将军深感不满。

麦克莱伦确有取代司各特将军的想法，而且也多次有所流露。8月上旬的一天，他公开扬言："司各特将军是一个巨大的障碍，他根本不了解面临的危险，我不得不排除他的阻力。"

麦克莱伦的傲慢不限于司各特，还直指林肯总统。在麦克莱伦的眼里，林肯也是对军事一窍不通的人。他给夫人写信说："总统是个白痴，老将军已经年老昏聩，他们不可能也不愿意正视目前的危险局面。"[21]

林肯不太介意麦克莱伦的年少气盛，却无法容忍他的拖延时间。林肯看到，麦克莱伦并不想马上投入战斗，而是热衷于无休止的训练，眼看华盛顿的夏日变成了秋天，还没有看到出兵的迹象。

此时，麦克莱伦接到他的情报官、私人侦探艾伦·平克顿（Allan Pinkerton）的情报，说南军部队在华盛顿周边有 15 万兵力。麦克莱伦马上要求林肯将波托马克兵团人数增加到 27 万，否则他无法采取行动。事实上，南军在弗吉尼亚北部的部队总共不到 5 万人。

其实，麦克莱伦按兵不动，一个重要原因是他把自己的声望看得太重了，不愿出现任何闪失，不敢承担失败的风险，以免有损于他的英名。就连远在欧洲的马克思也看得很清楚，一针见血地指出："他作战时不是为了击败敌人，而是为了避免自己被敌人击败。"[22]

此时，发生了一件事情，让麦克莱伦更加有理有据了。10 月，根据麦克莱伦的命令，一支北军部队在离华盛顿以西 30 多英里渡过波托马克河，对波尔峭壁（Boll's Bluff）发起试探性进攻，谁知落入了南军伏击圈，损失了 1700 多人，俄勒冈州参议员爱德华·贝克（Edward Baker）上校不幸牺牲。林肯与贝克上校关系密切，闻讯后潸然泪下。

这件事似乎印证了麦克莱伦不轻举妄动是正确的。麦克莱伦乘机跑到林肯办公室，指桑骂槐地对总统说："不要让他们再来催促我！你应该有自己的做事方式。"[23] 林肯一时拿他没办法。

10 中旬，鉴于司各特年事已高，林肯总统批准了他的退休申请，免去联邦军队总指挥。司各特打点行李，准备回到纽约州西点休养。临行前，他向林肯建议，让亨利·哈莱克（Henry W. Halleck）少将继任总指挥一职。哈莱克与林肯关系很好，林肯也有此意。但是，考虑到麦克莱伦早就觊觎这个位置，林肯还是作出了让步。

11 月 1 日，林肯总统任命 34 岁的麦克莱伦为整个联邦军队总指挥，兼任波托马克兵团总指挥。在任命仪式上，林肯总统表达了对美军最年轻统帅的关心，语重心长地说："千钧重担，需要百倍努力。"麦克莱伦的回答是："我能做好一切！"[24]

林肯把所有希望都寄托在麦克莱伦身上。他经常亲自到麦克莱伦的指挥部了解情况，商量军务。麦克莱伦感到不厌其烦，觉得林肯故意施加压力。11 月 13 日晚上，林肯与西沃德一起去麦克莱伦家里拜访，不巧麦克莱伦去参加朋友婚礼了。林肯耐着性子等了一个小时，麦克莱伦终于回家了，可他并没有见林肯，径直上楼睡觉去了。林肯的秘书气愤不已，林肯却说："如果他能够给我们带来胜利，我愿意为他牵马。"[25]

转眼到了 12 月底，华盛顿枯叶飘零，铺满街道。麦克莱伦还是毫无动作，士兵们待在华盛顿的军营里，忍受严冬的考验，军营里病号越来越多，士气低落。林肯知道，这个冬季肯定没戏了，只能寄希望于下一个春天。

第四章

————

西线有战事

————

一、西部战场

1

东部战场无所进展，西部战场却激战正酣。

美国内战大致分为东部、西部、密西西比河以西三大战场。

东部战场主要包括弗吉尼亚州、西弗吉尼亚州、马里兰州、宾夕法尼亚州、华盛顿特区，以及从弗吉尼亚、北卡罗来纳、南卡罗来纳到佛罗里达州东部沿海的港口和海岸要塞，大西洋近海和外海发生的海战也可以划入这个范围。

西部战场主要位于阿帕拉契亚山脉与密西西比河之间的地域，包括肯塔基州、田纳西州、密西西比州和阿拉巴马州、佐治亚州等地域。密西西比河是西部战场的中心，这条北美最长的河流从北到南纵贯美国中西部，就像一条水上高速公路，是南方邦联的水上交通命脉，新奥尔良是密西西比河连接外部世界的重要港口。

第三个战场在密西西比河以西的广袤地区，包括密苏里州、阿肯色州、路易斯安那州、德克萨斯州、加利福尼亚州及其沿海地区。

不过，密西西比河两岸是一个有机的整体，西部战场与密西西比河西岸的密苏里州、阿肯色州、路易斯安那州密不可分。所以，习惯上把密西西比河西岸各州都涵纳在西部战场的范畴之内。

东线战场是两个首都之间的对峙，在政治上意义重大。东部大城市多，新闻媒体发达，公众对战争的关注度高于西部。东部战场名将如云，涌现出李将军、麦克莱伦将军、石墙杰克逊将军等一批富有传奇色彩的将领。另外，在东部战场发生了几场惊天地、泣鬼神的大恶战，包括安提塔姆之战、葛底斯堡之战、荒野之战等。这些因素给人造成的一种感觉：东部战场是内战的主战场。[1]

其实，从战略意义及战争进程看，西线战场的重要性并不亚于东部战场。首先，一旦控制密西西比河，能将整个南方一分为二，阻断其东西之间的联系，大大削弱了理士满的力量。其次，从西部战场自西向东进军佐治亚，进而北上攻入南、北卡罗来纳，就能直捣理士满后庭，加速战争胜利进程。这一点，在战争开始时无人预见。

2

战争伊始，密苏里州的地位尤其关键。北方控制了密苏里州，就可以巩固后方大本营，并且沿密西西比河展开攻势；反之，守不住密苏里，肯塔基州也很难保住，邦联可以陡增250万人，把战火烧到伊利诺伊州。[2]

1861年6月，一支来自田纳西州南军部队，在密苏里州原州长斯德林·普利斯（Sterling Price）准将率领下，跨越密西西比河，进入到密苏里州。普利斯是墨西哥战争的名将，此次带着"还乡团"杀回密苏里，豪情万丈，志在必得。

同时，另一支来自阿肯色州的南军部队，在本杰明·麦克库劳（Benjamin McCulloch）准将率领下，也北上进入密苏里州。

普利斯与麦克库劳合兵一处，在当地叛乱分子配合下，集结起5万大军，一路挺进，占领了密苏里州多处要地，兵锋直指该州西南重镇斯普林菲尔德（Springfield）。

密苏里州形势吃紧，林肯连忙调兵遣将。一些共和党大佬向林肯推荐了一个"最佳人选"：约翰·弗莱蒙特将军。

弗莱蒙特4年前竞选总统失败后，曾经出任亚利桑那地区的行政首长。内战爆发后，他成为联邦军少将。由于弗莱蒙特对西部地区了如指掌，在西部有很高的人气，被看作西线战场指挥官的不二人选。

7月25日，弗莱蒙特来到密苏里州的圣路易斯，出任西线战场总指挥。林肯交给弗莱蒙特的任务主要有两项，一是"守"：稳定肯塔基、密苏里等边境州的局势，确保其留在联邦阵营里；二是"攻"：在后方稳固的基础上，沿密西西比河深入南方境内，夺取重要港口，控制水上运输线。

弗莱蒙特立功心切，脑子里只想着"攻"，加紧在伊利诺伊州最南端、与密苏里州和田纳西州交界的开罗镇（Cairo）集结军队，准备南下。

开罗镇位于俄亥俄河与密西西比河的交汇处，北军自东向西地运输物质通过俄亥俄河集中到这里，再进入密西西比河流域，是进攻南方的前沿基地。弗莱蒙特打算从这里出发，沿密西西比河深入南方腹地，来一个黑虎掏心。

遗憾的是，弗莱蒙特并不擅长于组织后勤供给，在西部地区集结大量兵员、物质，不是一件容易的事情，花费了他许多精力，结果忽视了自己"守"的任务，没有料到南军突然攻入密苏里州。

当时北军在密苏里州有两员战将，一位是纳撒尼尔·利昂（Nathaniel Lyon）准将，一位是弗朗茨·西格尔（Franz Sigel）上校。"红胡子"利昂是康涅狄克州人，毕业于西点军校，英勇善战，对奴隶制深恶痛绝，对叛军毫不手软。西格尔是德裔美国人，毕业于普鲁士军校，是一位优秀的炮兵指挥官，在北方德裔美国人中拥有较高的知名度，林肯派他到西部来的目的之一就是吸引德裔美国人加入北军，当时在威斯康星州定居着大量德裔移民。[3]

北军在密苏里州一共有56000多人，对付入侵之敌本来问题不大。但是，这些部队大都分散在各地对付小股游击队，弗莱蒙特一时无法集中兵力。眼看南军前锋部队一万多人近在咫尺，利昂与西格尔仓促组织一支6000人的部队前去迎战。

利昂考虑到敌众我寡，正面进攻不利，决定来一个前后夹击的战术：利昂率领一半人马正面进攻，西格尔率领另一半人马绕过敌人侧翼，攻击敌人后方。这个战法与麦克道尔的公牛溪之战如出一辙。

8月10日，两军在斯普林菲尔德以南10英里的威尔森溪（Wilson Creek）一带展开激战。[4]一开始，北军前后夹击，进展顺利。利昂正面突破，攻入敌阵；西格尔指挥炮兵，打得南军人仰马翻。但是，南军仗着人数优势，两边应对，展开绝地反击，攻占了西格尔的炮兵阵地，对利昂的部队发起反冲锋。激战中，利昂的马匹中弹，他的头部也被子弹擦伤。危急之下，利昂横刀跃马，亲自发起冲锋，不料一颗子弹飞来，正中胸口，翻身落马，当场丧命。[5]北军群龙无首，全线溃败，损失了1200多人，退回斯普林菲尔德，随后向东北再撤一百英里，一直退到罗拉（Rolla）。普利斯与麦克库劳乘胜追击，连克数城。

威尔森溪之战是西部战场第一场规模较大的战事，与公牛道之战一样，北军先胜后败，损失了第一位将级军官，是北方继公牛道之后又一次惨败，朝野震动，舆论大哗，林肯总统对弗莱蒙特深感不满。

弗莱蒙特丢掉了半个密苏里州，心急如焚。他心想：密苏里州眼下的乱局，都怪本地蓄奴势力兴风作浪，只有先打掉他们的嚣张气焰，才能扭转局势。于是，弗莱蒙特咬咬牙，祭出了一个大狠招。

8月30日，弗莱蒙特以西线战场总指挥的名义，发布了一份"石破天惊"的公告，其中规定：凡在战场上与南军合作者，其财产一律没收，奴隶全部释放。

这真是一个重磅炸弹！是比林肯早一年提出的弗莱蒙特版"解放宣言"！虽说对打击叛乱势力不啻为一剂猛药，却严重违反了林肯坚持的政策底线。林肯总统对弗莱蒙特的"极左路线"大为恼火，他立刻写信给弗莱蒙特，要求他马上撤销释奴的内容。

林肯的担心是有道理的。一旦触动奴隶制这根敏感的神经，会让边境蓄奴州和北方民主党人站到对立面去，严重影响反叛战争的"统一战线"大局。在目前错综复杂的形势下，林肯不想让这场战争与解放奴隶沾上边，不想让一场维护宪法的战争变成一场维护黑人自由权利的战争，不想让一场全体北方人民的战争沦为少数激进共和党人的战争。

弗莱蒙特此举，除了打压当地分裂势力，还有另外一个不可告人的用心：他想以此取悦华盛顿的共和党激进势力，让他们为自己撑腰，减轻战场失利的责任。对林肯的警告，弗莱蒙特居然不予理睬，回信说："我自己不会主动撤销公告，除非总统您亲自下令撤销公告，我作为下级愿意接受。"弗莱蒙特还争辩说，这项释放奴隶的政策相当于一场军事行动，作为战地指挥官，他有权决定何时何地开展一场军事行动。[6]

林肯总统见软的不行，只好来硬的：他不但下令撤销了弗莱蒙特的公告，而且还要撤销他的职务。

11 月初，林肯总统免掉了弗莱蒙特将军，派哈莱克将军出任密苏里兵团总指挥，驻防圣路易斯城，接管西线所有北军部队。

史学家对弗莱蒙特在西线 4 个月的表现多有贬词。不过，布鲁斯·凯顿在《美国内战》一书中认为，弗莱蒙特在西线战场至少做了两件有意义的事情，一是着手建造铁甲炮舰，它们后来在密西西比河上大展身手；二是重用了当时还默默无闻的尤利西斯·格兰特上校，让他负责开罗基地的后勤保障工作，格兰特从 1861 年一个名不见经传的上校，三年后成为联邦军队总指挥，再到八年后就任美国总统，弗莱蒙特要算第一个伯乐。[7]

3

哈莱克接任后，继续推进弗莱蒙特留下的工作：加紧在开罗基地招兵买马，集结力量，随时准备顺流而下。

戴维斯总统高度重视西线战事，早在 9 月上旬，他就委派手下最得力的大将阿尔伯特·悉德尼·约翰斯顿（Albert Sidney Johnston）出任西线总指挥。

阿尔伯特·约翰斯顿是肯塔基州人，与戴维斯是西点军校的同学，又在黑鹰战争、墨西哥战争中并肩战斗。经过西部地区多年的跌打滚爬，约翰斯顿上校于 1855 年担任美军精锐的第二骑兵团团长，罗伯特·李、杰克逊都是他的部下。

内战爆发前，约翰斯顿在加利福尼亚担任美军太平洋部队总指挥。他对南方脱离联邦持反对态度。一开始，他两面都不帮，但两面都拉他，最后被老朋友戴维斯总统硬拉入伙。戴维斯对阿尔伯特·约翰斯顿不吝赞赏之词，说他是"最伟大的战士、最能干的男人——无论在部队还是民间，无论在联邦还是邦联"。

约翰斯顿手下有一员干将：莱 奥 尼 达 斯·浦 克（Leonidas Polk）少将。此人毕业于西点军校和北卡罗来纳大学，战前在教堂从事神职工作，拥有数百个黑奴。浦克平时与人为善，深受教友与乡里的喜爱。约翰斯顿与浦克在西点军校住同一个寝室，彼此信任。眼看大敌当前，约翰斯顿让浦克坐镇田纳西州西部，防止北军南侵。

阿尔伯特·约翰斯顿

浦克认为，要守住密西西比河，阻止北军进入田纳西州，必须先守住田纳西河与坎伯兰河（Cumberland）。为此，浦克在肯塔基州重镇帕渡卡（Paducah）重兵设防，此地乃田纳西河与坎伯兰河的交汇之处，是进入田纳西州的水上门户。

为了控制这两条水道，南军专门修建了两个要塞，一个是位于田纳西河东岸的亨利要塞（Fort Henry），另一个是位于坎伯兰河西岸的多纳尔森要塞（Fort Donelson）。两个要塞相距 12 英里，睥视着密西西比河。不过，还没等这两座要塞完全竣工，警报就传来了。

按照哈莱克将军的指令，尤利西斯·格兰特率领一支陆军，在海军配合下，准备一举拔掉这两颗钉子。当命运之神将格兰特推上历史舞台的时候，没有人会关注这位个子不高的小角色。

二、格兰特登场

1

就在此时，尤利西斯·格兰特悄然登场了。

格兰特 1822 年出生在俄亥俄州的一个农民家庭里。1843 年，他从西点军校毕业，毕业成绩在全班 39 人中排名第 21。

在墨西哥战争中，格兰特中尉表现良好，初步展示了他的军事才华。格兰特性格沉稳，意志坚定，很有主见，平时沉默寡言，不喜与人夸夸其谈。

1854 年，格兰特离开军队，先是在农庄工作，后来又与人合伙做生意，都不太成功。战争爆发时，格兰特正在伊利诺伊州加莱纳（Galena）一家亲戚开的皮革店打杂。

1861 年 4 月，当林肯第二次招募三年制士兵时，伊利诺伊州一共组建了 10 个团，格兰特就在此时接受伊利诺伊州长理查德·雅特斯（Richard Yates）的邀请，重新返回了军队，帮助州政府训练民兵。这是他的老本行，干得得心应手，雅特斯州长很满意。

两个月后，6 月 14 日，雅特斯州长授予格兰特上校军衔，委任他为伊利诺伊州第 21 志愿兵团团长。格兰特后来回忆说，他团里的士兵有不少绅士，包括农场主、律师、物理学家、政治家、工程师、银行家、牧师等。[8]格兰特对这些人进行了严格的军事训练和军纪管理，效果明显。两个月后，格兰特被授予准将军衔。

弗莱蒙特掌管西线后，对格兰特相当器重，称他是"一个意志坚韧的男人"。的确，格

尤利西斯·格兰特

兰特对待工作有两个显著特点：一是责任感强，对工作质量要求很高；二是坚持主见，凡是自己认定的目标一定要实现。事实上，认真负责，特立独行，这正是格兰特内战中取得辉煌战绩的主要原因。

8月底，弗莱蒙特将一项相当重要的工作交给了格兰特，让他负责联邦军队在开罗镇的后勤事务，为南下密西西比河作准备。这一年，格兰特39岁。

哈莱克将军一到，格兰特就主动请缨，要在密西西比河争夺战中打头阵，攻克沿河的重要城镇和堡垒，夺取水上交通的钥匙。1861年11月初，经哈莱克批准，格兰特率领3100多人从开罗基地出发，乘坐汽船沿密西西比河南下，目标是密苏里州的拜尔蒙特（Belmont）。这个密西西比河畔的军事要塞驻守着浦克将军手下的一个步兵团、一个炮兵连和骑兵营。

11月7日，格兰特在密西西比河西岸登陆后，穿过丛林和沼泽，向拜尔蒙特发起进攻。激战中，格兰特的坐骑被子弹击中，他又骑上随从人员的战马，继续指挥战斗。双方激战了4个小时，北军终于拿下了要塞。[9]

还没等北军喘一口气，浦克手下的齐特汉姆（B. J. Cheatham）准将率领5000援军赶来了。北军寡不敌众，被迫丢下刚刚缴获的武器，还有来不及转移的重伤员，边打边走，退回河边，匆匆登船，慌忙撤离。一些士兵来不及登船，徒步沿河北上，转移到上游后再渡过密西西比河。

整个战斗北军损失了600多人，占总兵力的20%，应该说损失惨重。[10]南军损失也差不多。格兰特内战第一仗先赢后输，打得相当倒霉，真可谓出师不利，只好灰头土脸地返回开罗。

2

1862年2月初，格兰特再次向哈莱克请战，要求继续南下进攻。这次，格兰特率领一万五千人的部队，在康涅狄格人安德鲁·福特（Andrew Foote）舰长的支援下，直取亨利要塞。

5日，福特舰长指挥手下三艘战舰，用铁甲舰炮猛轰亨利要塞。6日中午11点，格兰特率领步兵向亨利要塞进发，但路途泥泞，耽误了不少时间。

福特舰长率领四艘战舰先期抵达要塞，随即猛烈炮轰。守军用要塞大炮还击，三艘战舰被击伤。经过激战，联邦战舰击毁了大部分炮台火力。到下午2点，亨利要塞的守军突然打出白旗投降。一个小时后，格兰特率领步兵也赶到了。

原来，亨利要塞的守军前一天就接到命令，为了集中兵力防守多纳尔森要塞，可以择机撤出战斗。于是，亨利要塞的守军经过一阵抵抗之后，使了一个金蝉脱壳之计，2600多人向多纳尔森要塞悄然撤退，只留下一百来人留守，坚持一个小时便举旗投降了。

多纳尔森要塞扼守在通往田纳西州首府纳什维尔（Nashville）的必经之路上，曾任坎布南政府战争部长的约翰·弗洛伊德（John B. Floyd）少将率领2万多人居险坚守。进攻多纳尔森要塞，远比进攻亨利要塞困难得多，该要塞建于河岸陡峭的崖壁上，易守难攻。

格兰特相信，打仗要靠"一鼓作气"，用他的话来说，就是"尽可能让球不停地滚起来"。[11]拿下亨利要塞之后，必须趁热打铁，迅速进攻多纳尔森要塞。这种作风，在格兰特日后的一系列战役中表现得非常突出。

福特舰长相当配合。14日，他率领六艘炮舰，向多纳尔森要塞发起炮击，舰炮从一英里以外将炮弹射入要塞。要塞大炮猛烈还击，一发炮弹击中旗舰圣路易斯号（St. Louis）驾驶舱，舵手当场炸死，福特舰长被掀翻在地，身负重伤。多艘战舰被击伤、击沉，死伤54人，舰队被迫撤出战斗。

就在14日，格兰特被任命为西田纳西兵团总指挥，接下来的任务就由新建的西田纳西兵团来完成了。格兰特决定改变战术，采用围城战，将敌人团团围住，用重炮轰击守军。此时，格兰特麾下有2个步兵师，师长分别是约翰·麦克莱纳德（John McClernand）准将和查尔斯·史密斯（Charles F. Smith）准将，另外还有8个炮兵连和一支骑兵队，在兵力上足以完成这场围城战。

2月15日，弗洛伊德派出副将皮娄（Gideon Pillow）将军，率领一支部队突然冲出城堡，杀开一条血路，向纳什维尔方向突围。麦克莱纳德师抵挡不住，被迫后撤了一英里。格兰特连忙亲临火线，组织反击，将皮娄赶回要塞。格兰特感觉到，南军士气不高，应该趁热打铁发起强攻，一举拿下要塞。

当天晚上，南军士气涣散，守军将领决定放弃抵抗，向格兰特投降。不过，弗洛伊德不愿承担投降的责任，他对皮娄说："我把指挥权交给你。"皮娄也不傻，他转身对"第三把手"西蒙·伯克纳（Simon Bolivar Buckner）将军说："我转交给你吧。"伯克纳无奈地说："好吧，我来接手。给我纸笔，我来给格兰特写信。"[12]

半夜里，弗洛伊德与皮娄带着1500多人，趁着浓浓夜色，悄悄坐船从坎伯兰河逃走了。骑兵指挥官内森·贝德福德·弗莱斯特（Nathan Bedford Forrest）将军率领自己的骑兵部队杀出一条血路，绝尘而去。多纳尔森要塞只剩下西蒙·伯克纳陪着大部分士兵留了下来。

第二天一早，伯克纳派了一名副官给格兰特送去一张纸条，要求两军停火，商议投降条件。这种两军阵前谈判投降条件的做法，是当时的惯例。

伯克纳愿意留下来谈判，有一个重要的原因：他与格兰特是西点军校的同学，只相差一个年级，关系相当不错。墨西哥战争中，两人又在一起并肩作战，结下战地友谊。6年前，格兰特从加利福尼亚部队返回东部，手头拮据，处境落魄，在路过纽约时，伯克纳主动借给格兰特一笔钱，至今未还。伯克纳心想，凭着这层老关系，在投降条件上可以讨价还价。

谁知道，格兰特偏偏不认这一套，给伯克纳来一个公事公办。格兰特对这名副官说：南军并不是正规军队，而是一支非法的叛军，不适用两国军队的交战原则，没有什么可以谈判的。格兰特当即给伯克纳回信，既坚定又幽默地说："我们只接受立即无条件投降，除此之外，没有其他条件可谈。"[13]

2月16日，尽管一肚子委屈，伯克纳与要塞守军15000人乖乖地缴枪投降了，交出2万多枝枪械、65门大炮、2000多匹骡马。

受降之际，格兰特指示部下给投降士兵发放食物，医治伤员。这是内战至今最大的一次投降，大家喜气洋洋，一位军官乐滋滋地向格兰特建议：搞一个胜利庆典仪式，好好热闹一番。格兰特盯着他看了一会儿，一字一句地说："根本不存在什么庆典！……我们已经拿下了要塞、士兵和武器。我们何必要用这种毫无意义的方式去羞辱这些勇敢的人呢？他们毕竟是我们的同胞。"[14]

所有俘虏都被送回开罗。这天，格兰特陪着伯克纳来到码头登船。临别时分，格兰特掏出钱包，笑着说："你和部下会分开运送，也许你需要一点钱，我的钱包由你支配。"[15]伯克纳笑了笑，婉言谢绝了老友的好意。两人坐在坎伯兰河边，一起回忆往日峥嵘岁月，在汽笛的长鸣声中握手而别。

拿下多纳尔森要塞和亨利要塞，意味着掌握了田纳西河与坎伯兰河，由此打开了通往南方的大门。如果说，密西西比河犹如邦联的脊梁，格兰特现在已经用粗粗的木棍，在它的脊椎上狠狠地敲了两棒。

3

随后一周之内，唐·彪尔（Don Buell）准将率领俄亥俄兵团从肯塔基州南下，趁势拿下了纳什维尔，缴获了大量军用物资。至此，整个肯塔基州控制在联邦之下，田纳西州西部和中部地区也落入北军手里。

南军不得不退守密西西比州东北部的柯林斯（Corinth），这里是一个重要的铁路枢纽，密西西比流域的南北铁路线都从这里通过。

格兰特突然发现自己一夜成名了，在短短的 10 个月内，从一名默默无闻的皮革店伙计，一跃成为整个联邦的第一位战争英雄。格兰特一次受降15000 人，创下了当时北美大陆的"吉尼斯纪录"，超过了独立战争时期英国约翰·伯戈因将军萨拉托加战役投降 5000 人与查尔斯·康沃利斯将军约克城战役投降 8000 人之和。一时间，北方报刊到处都是格兰特的名字，"无条件投降将军"成为格兰特的外号，就连他名字的缩写 U.S.，也被重新解释为 Unconditional Surrender——"无条件投降"。

经过此战，福特舰长同样声名鹊起，很快成为美国海军历史上第一位三星将军。

不过，也因为这一仗，哈莱克对格兰特起了隙憾。原来，借着华盛顿对此次胜利的一片赞誉声，哈莱克乘机向林肯总统提出了一份嘉奖晋级军衔的名单，名单包括哈莱克自己、他的亲信彪尔、查尔斯·史密斯，以及格兰特。林肯总统明察秋毫，他知道格兰特才是这次胜利的主要功臣。最后白宫一纸任命下来，只晋升格兰特为志愿兵少将，其他人原地不动。于是，格兰特少将一下子升到了彪尔准将的前面，在西部战场的地位仅次于正规军少将哈莱克。

哈莱克本来就对格兰特心怀妒意，看到这份任命书，顿时醋意大发，他又不敢向林肯总统发作，就专门找格兰特的茬子。

很快，莫须有的罪名找到了：第一，格兰特在拿下多纳尔森要塞后居然有两个星期没有向哈莱克汇报工作；第二，在彪尔拿下纳什维尔之后，格兰特未经批准擅自跑到纳什维尔转了一圈；第三，据传闻，格兰特至今未改酗酒的老毛病。

哈莱克知道林肯喜欢格兰特，就把小报告打到联邦军总指挥麦克莱伦那里。麦克莱伦答复说，如果情况属实，可以解除格兰特的指挥权。于是，哈莱克在第一时间宣布，格兰特暂时停职，等待下一步分配工作。

要说格兰特，那也不是软柿子，任凭人家捏。他马上去找国会的关系，想把这件事直接报告林肯总统。那时候，美国西点军校的学生入学，都需要有一名所在选区的国会议员推荐，而且每位议员一次只能推荐一名学生。因此，推荐者与受荐者之间一般都建立了长期的友好关系，这种情况类似于汉代察举制度，地方官每年推荐一名"孝廉"、"贤良"，受荐者从此将其奉为"恩主"。格兰特找到了他的"恩主"，直接把情况反映给林肯。于是，林肯总统亲自打电报给哈莱克，要求更改决定。

哈莱克胳膊扭不过大腿，悻悻收回成命。3月13日，他恢复了格兰特的原职。当然，哈莱克也忘不了摆出西部"老大"的架子。3月17，他转发战争部的复职命令时，"谆谆诚勉"格兰特，要克服缺点，再接再厉，争取新的胜利。[16]

4

1862年3月份，西线又发生了皮岭（Pea Rrige）之战，这次战役把印第安人也卷进了内战。

皮岭在阿肯色州西北部，接近密苏里州南部边境。曾任弗莱蒙特参谋长的塞缪尔·克梯斯（Samuel Curtis）少将率领西格尔等4个师1万余人，与范多恩（Earl Van Dorn）少将率领的2万多南军在此交战，南军部队中包括 5 个印第安部落的 5000 多人。战争爆发后，西部许多印第安部落因为不满联邦政府多年来对待印第安人的态度，加入到邦联军中，支持南方人的战争。

范多恩是密西西比人，出身名门，1838 年进入西点军校，推荐人是他的舅舅——美国总统安德鲁·杰克逊。此人恃才傲物，骁勇善战，在墨西哥战争和西部印第安人战争中曾经五次负伤。内战爆发后，戴维斯担任密西西比州民兵指挥官，范多恩是其副手；戴维斯出任邦联总统后，范多恩接替指挥官一职。

3 月 2 日，自信满满的范多恩命令士兵只携带三天干粮和一条毯子，将帐篷等辎重全都留下，轻装上阵，行军 50 多英里，奔袭驻守在皮岭的北军。

克梯斯率领北军以逸待劳，构筑了坚固的工事。3 月 7 日，范多恩抵达皮岭，看到北军严阵以待，没处下手，灵机一动，使出一招"前后夹击"的战术：南军兵分两路，一路正面进攻，一路绕到左后侧包抄，使其"首尾不能相顾"。这一招与半年前利昂将军那个败招如出一辙。

北军没有料到，南军突然绕到了阵地的后面，顿时后方变成了前线，左翼变成了右翼，防御工事派不上用场，慌乱之中只能边打边撤，败退下来。

当晚，北军多数军官都主张继续撤退，但克梯斯执意要与南军决一死战。

第二天上午 8 点，两军再次交战，双方炮兵首先交火，各自 50 多门大炮猛烈射击，一场内战爆发后最大规模的炮战拉开帷幕，战场上硝烟弥漫，遮天蔽日。此时，西格尔将军的炮兵技术发挥作用了，他的炮兵打得又急又准，把南军炮兵打了个七零八落。

经过 2 个多小时的炮战，北军步兵开始进攻，士兵们斗志昂扬，大踏步向前迈进。西格尔指挥炮兵近距离射击，将一排排炮弹打在步兵线的前方，掩护步兵向前推进。

南军顽强抵抗，子弹如雨点般射来，北军士兵前赴后继，气势如虹，南军抵挡不住，向后溃逃。克梯斯在阵前策马扬鞭，大声喊叫："胜利！胜利！"

大约 12 点钟，战斗结束，北军大获全胜。打扫战场的时候，发现不少昨日战死的北军士兵被印第安人剥掉了头皮。[17]

这场战斗北军损失了 1200 人左右，南军损失了大约 2000 人，范多恩不得不带着残兵败将退出密苏里州。

皮岭之战是内战期间密西西比河西岸发生的最大规模的一场战事，也是内战期间为数不多的南军兵力超过北军的战役。皮岭之战的胜利巩固了北军在密苏里州的地位，为北军在肯塔基州和田纳西州的战事创造了有利条件。

约翰斯顿在西线频频失利，引起了理士满方面的不满，不少人建议戴维斯总统撤换西线主帅。戴维斯对约翰斯顿深信不疑，他对人说："如果阿尔伯特·约翰斯顿不是一位称职的将军，我们不如放弃这场战争吧，因为我们没有更称职的将军了。"[18]

3 月 14 日，戴维斯将博雷加德将军从东线调到西线，担任约翰斯顿的副手。博雷加德不太满意，因为他一心想当"一把手"，无奈在东线与西线都遇到"约翰斯顿"，只能屈居"老二"。

三、田纳西的夏洛

1

格兰特在多纳尔森的胜利，要感谢一个幕后的人物——谢尔曼。当格兰特一路向前时，谢尔曼在开罗基地给他提供后勤保障。

公牛道之战后，谢尔曼来到西线部队，先在肯塔基州，后来哈莱克派他接替格兰特负责开罗基地。

谢尔曼与格兰特是俄亥俄州同乡。论年龄，格兰特生于 1822 年，谢尔曼生于 1820 年，谢尔曼年长两岁；论资格，格兰特是西点军校 1843 年级，谢尔曼是西点军校 1840 年级，谢尔曼高三级。论军衔，谢尔曼 1861 年 5 月晋升准将，比格兰特早了三个月。按照当时的惯例，谢尔曼在军中资历高于格兰特。

谢尔曼根本不计较这些，持续不断地为格兰特提供军需。2 月 15 日，多纳尔森战事胶着之际，格兰特收到了谢尔曼从帕渡卡寄来的一封来信，信中说他正在组织输送一个团的增援部队，"将尽我所能为你提供后援部队和后勤物资，如果我能亲赴前线助你一臂之力，我将乐于此行，而不必担忧你我军阶年资上问题"。[19] 同一天，谢尔曼还电告格兰特，提醒他注意敌人增兵的动向。格兰特后来在回忆录中说：

> 那时，他比我资格更老，按照军中规定，在同级军官之间，资历浅的不可能指挥资历深的，但是谢尔曼每次给我运送给养和人员时，都在捎来的信中表示，他愿意随时提供我需要的援助，如果他到前线来效力，将听从我的指挥，不会计较军中资历谁高谁低。[20]

打下多纳尔森要塞之后，格兰特晋升少将，他特地写了一封信给谢尔曼，对谢尔曼的后勤支持表示感谢。

3月1日，谢尔曼被任命为西田纳西兵团第6师师长，正式成为格兰特的部将。从此，两人将在两年多时间里并肩作战。

这时，哈莱克下达指令，格兰特的西田纳西兵团与彪尔的俄亥俄兵团应尽快在田纳西河的匹兹堡码头（Pittsburg Landing）一带会合，联合进攻驻守在柯林斯的南军密西西比兵团。

格兰特闻风而动，很快率领麾下6个师4万多人，开到田纳西州中西部与密西西比州交界处，一个叫作夏洛（Shiloh）的地方安营扎寨，军营分布在田纳西河西岸的山谷里，靠近匹兹堡码头。

"夏洛"这个名字来自于《圣经》，意思是和平之地。在夏洛山谷中，坐落着一座宁静的夏洛教堂（Shiloh Church）。没人想到，这个"和平之地"即将爆发一场空前的血战。

威廉·谢尔曼

格兰特一直等待彪尔的到来，谁知彪尔的部队迟迟不见露面。彪尔延宕的原因有两个：一是他担心离开纳什维尔之后，南军会乘虚而入，抢占他的后方基地；二是他觉得格兰特刚刚晋升少将，自己还是准将，如果合兵一处就会受格兰特的指挥，即使打了胜仗功劳还是格兰特的。另外，还有一种比较"阴毒"说法：彪尔是一个民主党人，家里还养着奴隶，是他的妻子从婆家带来的"嫁妆"，所以怀疑彪尔同情南方人，故意拖延战机。

不管怎么说，在格兰特再三催促下，彪尔总算离开了纳什维尔，但他行动迟缓，单单渡过一条杜克河（Duke River）就花了两个星期。

2

在柯林斯，博雷加德"新官上任三把火"，帮助阿尔伯特·约翰斯顿新招了15000多人，使密西西比兵团达到4万多人。不过，约翰斯顿依然很焦虑：如果格兰特与彪尔两军会合，少说有7万多人，局势将极其不利。唯一的办法就是乘彪尔未到之前主动出击，先一举击溃格兰特，再转过身来对付彪尔，这在兵法上叫作"各个击破"。

约翰斯顿颇感欣慰的是，他手下四个军相当整齐，四位军长也好生了得：第1军军长浦克少将统领9400人，第2军军长布拉克斯顿·布拉格（Braxton Bragg）少将统领16200人，第3军军长威廉·哈德（William Hardee）少将统领6700人，第4军军长约翰·布雷肯里奇准将统领7200人。

布拉格是北卡罗来纳人，西点军校毕业生，擅长炮兵战术，在墨西哥战争中表现出色，与戴维斯交情很好。

哈德少将时年46岁，佐治亚人，西点军校毕业，为人沉毅，文武双全，他的专著《来复枪与轻步兵战术》曾是军校的标准教科书，现在成为南军与北军的训练教材。

布雷肯里奇准将是肯塔基州人，在布坎南时期曾任美国副总统，此人虽然战场经验不多，却是个铁杆"独派"，相当顽固。

这四个军麾下的26个师、旅级军官也都能征惯战，其中10位是西点军校毕业生，11 位参加过墨西哥战争。骑兵指挥官弗莱斯特更是一员骁将，在多纳尔森突围中一战成名。全军一共 71 个团，战斗力不可小觑。

约翰斯顿密切注意着彪尔的动向。4 月 2 日，他得知彪尔已经渡过了杜克河，已经走完了一半路程，南军必须马上行动，真可谓"机不可失，时不我待"。

4 月 3 日，约翰斯顿命令部队从柯林斯开拔，往北向田纳西州边境秘密运动。一场西半球历史上最为血腥的战役——夏洛之战——正在悄无声息地逼近。

约翰斯顿深知，这次进攻以少击多，贵在突然袭击，否则胜负难料。但是，意想不到的是，从柯林斯到夏洛只有不到 30 英里，由于道路泥泞，风雨交加，一些部队迷失了道路，南军居然走了两天，真可谓出师不利。

到了 4 月 5 日傍晚，南军已经距离北军营地不足 2 英里，营地中的点点灯火隐隐可见。因为天色已晚，无法发起进攻，约翰斯顿就在密林里召集众将，商议下一步行动。

副帅博雷加德态度消极，他认为部队一路延宕，很可能已被北军侦察兵发现，不如取消行动。他还对约翰斯顿说：就在今天中午，几个没有经验的士兵担心火药受潮，在树林中试放了几枪，很可能被北方人听到了。他又补充说：士兵们经过 2 天行军，吃也吃不好，睡也睡不好，不适合发起这种破釜沉舟式的进攻。总之，博雷加德主张放弃进攻，全军打道回府。

浦克反对撤军，他说士兵们斗志昂扬，不能挫伤他们的积极性。布拉格与布雷肯里奇也都支持一战。哈德没有参加会议，但大家能猜到哈德的态度——他打仗从不含糊。众人说完后，把目光齐刷刷投向约翰斯顿。

约翰斯顿只有一个想法：箭在弦上，不得不发。他语气坚定地说："如果北军已经侦察到，他们早就打过来了。不错，我们士兵现在正饿着肚子，而且明晨他们也要空着肚子发起进攻，但是士兵们的早餐已经准备好了，就在北军的军营里！"约翰斯顿用冷峻的目光扫视众将，果断下令："先生们，我们明天一早发起进攻！"看着众将散去，约翰斯顿转身对副官说："哪怕前面有百万大军，我也要殊死一搏！"他停顿了一下，又补充说："我的意思是，我将给予沉重一击！"[21]

事实上，确有北军侦察兵发现了南军部队，并且向上级作了报告，但北军将领们都以为是小股部队活动。有一份情报相当准确："柯林斯的南军已经全部出动，正向我方运动。"遗憾的是，这份情报被一位师长压下了，因为他根本不相信南军会倾巢出动。就这样，4万多敌军悄悄摸到了身边，北军居然毫不知晓。

北军进驻夏洛多日，平时只进行一些军事操练，因为没有想到南军会来突袭，根本就没有挖掘战壕、修筑工事。应该说，这是格兰特的一个重大失误。约翰斯顿真可谓艺高人胆大，这次大胆的偷袭行动眼看成功在望。

3

万幸的是，就在大祸临头之际，发生了一个意外。

4月6日，星期天，凌晨3点左右，第5师一位旅长埃弗雷特·皮鲍迪（Everett Peabody）上校出于警惕，派出一支300人的小部队在附近树林里搜索前进。大约在黎明时分，这支小部队在离开营地半英里的地方突然与一股南军遭遇，双方立即发生交火，枪声很快招来更多的南军士兵，北军士兵一看情况不妙，一面边打边撤，一面派人火速奔回营地报告。皮鲍迪旅长接到报告，马上命令擂鼓鸣号，手下士兵听到号角慌忙提起武器，从营帐里奔出来，做好战斗准备。

此时约翰斯顿已不顾偷袭不偷袭，挥动大军直扑上来。布雷肯里奇第4军留作预备队，其他三个军排成一字横线，在一条3英里的战线上同时发起攻击。

在春天的晨曦薄霭之下，原本鸟语花香的林中空地，突然变成了一个巨大的杀戮战场。随着枪声大作，一批又一批南军士兵从密林中钻出来，冲向毫不设防的北军营帐，一时间杀声震天，弹如雨下。

格兰特手下一共42000人，分为6个师，背靠田纳西河西岸安营扎寨。其中5个师集中驻扎在匹兹堡码头西面数英里处：谢尔曼的第6师驻扎在夏洛教堂附近，在谢尔曼的左边是本杰明·普莱提斯（Benjamin Prentiss）的第5师，谢尔曼的后面是约翰·麦克莱纳德的第1师，普莱提斯的后面是胡尔巴特（Stephen A. Hurlbut）的第 4 师，胡尔巴特师后面是 W. H. L. 沃勒斯（W. H. L. Wallace）的第 2 师，紧靠着匹兹堡码头。另外，史密斯的第 3 师作为预备队，驻扎在匹兹堡码头北面 9 英里外的河边，史密斯师长正在卧病休养，由卢·沃勒斯（Lew Wallace）准将代替指挥。格兰特自己住在匹兹堡码头的指挥部里。

北军一开始还以为发生了小股部队的遭遇战，后来看到灰色制服士兵潮水般涌来，一眼望不到边，无数红白相间的邦联军旗在风中飞舞，顿时措手不及，乱了阵脚，许多士兵边打边跑，往田纳西河边撤退。

格兰特正在指挥部吃早饭，突然听到激烈的枪声，心想大事不好了，一面向彪尔将军发出紧急求援电报，一面派人送信给卢·沃勒斯，让他率领第 3 师马上赶来，然后扔下早餐，翻身上马，直奔火线而去。

谢尔曼听到枪声，连忙跑出营帐，骑马上前观望，迎接他的是一阵密集的弹雨，身边的士兵倒下一片，警卫员也被当场打死，谢尔曼右手中指被打断，鲜血直流。

谢尔曼不愧是久经沙场，面对突然来袭，镇定自若，他一边用手绢裹住伤口，一边指挥战斗，嘴上依然叼着雪茄。第 6 师的多数士兵没有惊慌失措，就地组织起防守阵地，顽强抵抗。

激战之中，谢尔曼的战马身中数弹，颓然倒地，谢尔曼让人牵来一匹拉炮的驮马，翻身上马，继续指挥战斗。谢尔曼本来就身材高大，骑在马上相当惹眼，子弹嗖嗖朝他射来，没过几分钟，他的坐骑又被打倒。谢尔曼两次倒地，灰头土脸，军装上沾满血迹。

南军不停涌上来，人数越来越多，喊杀声响成一片。谢尔曼看到有大股南军包抄他的后路，只好下令全军后撤。部队边打边撤，向匹兹堡码头方向退去，营帐立马被南军占领。

这时，出现了意想不到的一幕：一些南军士兵肚子空了两天，实在饥饿难耐，纷纷停下脚步，在北军营帐中寻找食物，有的索性把枪一扔，坐下来享用还冒着热气的早餐。第 6 师后退不远，重新构筑阵地。

当太阳渐渐驱散晨雾，约翰斯顿骑着高头大马"食火者"，在大群士兵簇拥下来到阵前。此时，约翰斯顿感觉到胜券在握，他自信满满地对左右说："今晚我们将饮马田纳西河。"[22]

大约8、9点钟，格兰特飞马赶到火线。他先来到普莱提斯第5师的阵前，欣喜地发现中段防线居然还没有崩溃，普莱提斯率领来自伊利诺伊州和爱荷华州的一帮新兵，退守在营地后面的一条浅沟中，组成一道防线，正在拼死抵抗。

皮鲍迪上校已经身中四弹，仍骑在马上挥舞军刀，指挥士兵射击。这时，第五颗子弹射中了他的头部，这位哈佛大学的高材生栽下马来，当场死去。

由于第6师已经后退，第5师的整个阵地突出在前面，遭到三面围攻，现场极其残酷，北军阵地上残垣断壁，弹痕累累，事后这里被称为"马蜂窝"。[23]

格兰特一面指示普莱提斯坚守阵地，一边让人催促第3师火速赶来。格兰特后来才知道，第3师走岔了路，迟迟没有出现。

大约10点不到，格兰特来到谢尔曼阵地，这是两位将军第一次并肩战斗在火线上。谢尔曼一边指挥士兵迎战，一边对格兰特说："我的阵地没有问题，只是缺少弹药。"格兰特告诉他，弹药车正在赶来的路上。看到谢尔曼在枪林弹雨中身先士卒、从容自若，格兰特深深感动。他后来在回忆录中说，谢尔曼率领的是一批"嫩兵"，能够在关键时刻表现如此出色，在很大程度上缘于谢尔曼的勇敢沉着。经过这场血与火的考验，格兰特与谢尔曼结下了莫逆之交。

格兰特离开谢尔曼，又赶到麦克莱纳德的第1师，命令他率军向前推进，填补谢尔曼与普莱提斯之间的空档。这时，W. H. L. 沃勒斯的第2师和胡尔巴特的第4师也赶来增援正在苦撑的第6师，各路部队沿田纳西河加紧构筑阵地。河上的海军舰船也向匹兹堡码头靠拢，随时准备火力支援。

此时，约翰斯顿犹如红了眼的赌徒，恨不得一口水将北军吞掉。他命令预备队第4军立刻投入战斗，一鼓作气荡平北军。接着，南军发起了一波又一波攻势，但在北军顽强抵抗下，居然一时毫无进展。

看到久攻不下，约翰斯顿心急如焚，他在田纳西州长伊斯汉姆·哈里斯（Isham Harris）伴随下，亲自骑马到前沿阵地查看。约翰斯顿知道，时间不等人，彪尔的人马随时都会赶到。他下了一道死命令：由布雷肯里奇将军亲自率领一个旅发起刺刀冲锋。布雷肯里奇马上行动，可他来来回回招呼了半天，却没能组织起人马。原来，南军士兵看到战场上横七竖八躺着那么多同伴的尸体，一个个面面相觑，不敢动弹。

约翰斯顿见状，又气又急，决定亲自带队冲锋，他与布雷肯里奇将军、哈里斯州长一起，纵马来到阵前，拔出指挥刀，振臂高呼，率领士兵发起一波冲锋。看到最高指挥官身先士卒，士兵们斗志奋发，纷纷从地上站了起来，叫喊着杀向前方，把胡尔巴特的第4军杀得落荒而逃。南军一路所向披靡，直到被北军强大的炮火挡住了去路。

乱战之中，两发流弹先后击中了约翰斯顿，好在都是擦伤而已，约翰斯顿根本没有在意，继续拍马抡刀向前冲。这时，又一发子弹擦着他的左腿皮靴飞过，差一点打中他的脚。此时，约翰斯顿已经全然无视周边子弹横飞，只管向前猛冲。不幸的是，子弹第四次击中了约翰斯顿，这一枪似乎是从后面打过来的，很可能是被自己人误伤，子弹打断了他右膝盖后面的大动脉。约翰斯顿当时毫无察觉，直到鲜血流满了他的皮靴，溢了出来，才被手下发现，此时约翰斯顿已经失血过多，从马上一头栽了下来。

哈里斯州长将他扶起来，大声喊道："将军，你受伤了吗？"

"是的，恐怕很严重。"约翰斯顿说了最后一句话。[24]

本来，约翰斯顿口袋里有一把备用的止血钳，在此关键时刻本有可能挽救他的生命，但就在前面的战斗中，他主动让给一位受伤士兵用了。由于失血过多，约翰斯顿一会儿就咽气了。

在美国内战中，军官常常身先士卒，死亡率比普通士兵高15%；将级军官骑在马上指挥战斗，常常成为活靶子，死亡率比普通士兵高50%。不过，阿尔伯特·约翰斯顿作为方面军最高指挥官战死于沙场，这在美军历史上是空前的，也是绝后的。

主将突然阵亡，南军将领们一下子不知所措，攻击暂时中止，这让北军有了片刻喘息机会。大约下午两点半左右，人们找到了博雷加德，请他接替约翰斯顿指挥。博雷加德与众将商议了一阵子，决定继续进攻。博雷加德担心主将阵亡会影响部队士气，严令封锁消息。

一个小时后，博雷加德调来 62 门大炮，集中拉到北军中段阵地，准备来一个彻底了断。这是美军历史上第一次集中如此强大的炮火。随着一声令下，南军炮兵集中猛轰第 5 师的"马蜂窝"，南军步兵随后发起强攻。

第 5 师的阵地后面有一片桃树林，密集的子弹将桃树林打得"落英缤纷"，就像下起了粉红色的桃花雨。

在第 5 师右边阵地上，第 2 军的部队也岌岌可危，正在督战的 W. H. L. 沃勒斯将军被一颗子弹射中头部，栽落马下，余下人马向后撤去，第 5 师再次成为孤军。

打到下午五点半，第 5 师已经损失过半，普莱提斯眼看支撑不住，只好打出了白旗，2200 名士兵缴械投降。普莱提斯算是尽到责任了——如果没有他率部死守，北军的夏洛之战可能早已崩盘了。[25] 普莱提斯后来通过交换俘虏回到北方军队。

博雷加德信心大增，他赶忙打电报给戴维斯总统，报告南军已经攻占了北军全部原有阵地，正在逼近田纳西河边，即将大获全胜。随后，博雷加德指挥南军乘胜追击，准备一鼓作气将北军赶入田纳西河。

此时，格兰特已经收拾残兵，与谢尔曼一起在田纳西河沿岸布下了最后一道防线。这真叫作"背水一战"，北军士兵已经无路可退，要么殊死一战，要么全军覆没。

下午 6 点左右，博雷加德发起最后攻击，哈德、浦克在左，布拉格、布雷肯里奇在右，全线压上。两军展开了殊死搏斗，南军像潮水般涌来，北军拼命死守，双方完全打疯了，不顾一切地相互厮杀。

格兰特留有最后一手：他已在河边布下 50 多门重炮，一声令下，大炮齐鸣，把南军士兵炸得人仰马翻。

要说南军士兵还真是勇猛，他们眼看对手已被逼到河边，再加一把劲就能彻底消灭，所以勇气倍增，苦战不退。激战中，一颗子弹击中谢尔曼的军服，从肩膀部位擦过，居然没有伤及皮毛。没过多久，又一颗子弹击中谢尔曼的战马，他不得不第 4 次换乘坐骑。一名少校看到谢尔曼手上有伤，不方便上马，上前帮他拉住马缰，就在谢尔曼踏上马镫、准备翻身上马之际，一发炮弹在身边轰然爆炸，马匹受惊，前蹄腾起，马缰绳一下子缠住了谢尔曼的脖子，谢尔曼连忙低下脖子去解开缰绳，又一发炮弹炸开，掀掉了谢尔曼的军帽。

这时，天色渐渐暗了下来。南军士兵已经筋疲力尽，无力继续进攻了，博雷加德下令停止攻击，他计划明天一早再战，必能消灭残敌。于是，双方停止交战，阵地上留下了大量尸体，以及遍地哭喊嚎叫的受伤士兵。

身负重伤的 W. H. L. 沃勒斯也躺在漆黑的战场上，直到次日才被发现。三天后，W. H. L. 沃勒斯死于妻子的怀中，他对妻子的最后一句话是："我们相会于天堂。"

客观地讲，南军这次偷袭策划奇妙，组织周密，行动诡秘，士气高涨，本来的确可以一举击垮北军。南军之所以功亏一篑，除了北军顽强抵抗之外，一个重要原因是在进攻阵型上犯了一个致命的错误。博雷加德制定了这个一字排开的"全线"进攻方案，其实相当不聪明，使自己的兵力过于分散，攻击重点不突出，整条攻击线过长，相互之间缺乏协调，导致了后来的进攻相当混乱，以至于久攻不下。

历史学家认为，当时正确的进攻阵型应该是"一条龙"式的纵向进攻，集中优势兵力，突破北军防线的一个口子，然后长驱直入，直抵田纳西河边，彻底切断敌军退路，然后再回过头来，对北军阵地形成分割包抄之势，必定导致敌人各自为战，军心涣散，很有可能一举全歼北军。当然，这种说法也可能属于"事后诸葛亮"。不管怎么说，有一点是肯定的，格兰特的部队在遭到突然袭击的情况下表现不错，几位主要将领可圈可点。另外，北军的运气似乎也不错，居然让敌方主将命丧阵前，打乱了敌人的进攻节奏。

4

晚上 10 点钟，下起了大雨，双方一面收治伤员，一面固守阵地，准备来日再战。好在联邦海军战舰给予有力掩护，在田纳西河上不停地炮击南军阵地，协助北军苦撑下去。

夜深之时，博雷加德躺在谢尔曼留下的帐篷里呼呼大睡。格兰特坐在树林里盘算着明天的行动。他了解到，彪尔的人马已离这里不远了，先头部队或许今晚就可以赶到。如果真能这样，明天的目标就不是守住阵地，而是主动发起反击。

谢尔曼也没睡觉，特地来找格兰特，看到他正靠在一棵树旁，雨水打湿了他的帽子和衣服，嘴上依然叼着雪茄，神色相当凝重。谢尔曼知道，这一天对于这位主将来说非常不容易，据初步估计，北军损失了万把人，其中包括两千多人被俘。谢尔曼自己也感到精疲力竭，他来找格兰特，本想建议将部队转移到河对岸，等待援兵到来，免得第二天再次背水一战。

谢尔曼走到格兰特身边，到嘴边的话又咽了下去，他笑了笑，故作轻松地对格兰特说："嗨，格兰特，我们打了一天恶战，是不是？"

"嗯，是的"，格兰特平静地说，"我们明天好好收拾他们！"[26]

谢尔曼没有想到，格兰特的回答如此轻描淡写，如此镇定自若，心中油然升起佩服之意，他暗下决心，从此之后跟定格兰特了。

在美国内战中，南北将领各有一对"绝配"：李将军与杰克逊、格兰特与谢尔曼，在美国乃至世界军事史上传为佳话。有的历史学家认为，格兰特与谢尔曼之间的信任与友谊，是北方取胜的重要原因之一。谢尔曼后来回忆说："当我心烦意乱的时候，他就会站在我的身边；当他借酒消愁的时候，我也会伴随他身边。我们两个人总是相互支持。"[27]欧洲盟军最高司令部司令韦斯利·克拉克（Wesley K. Clark）四星上将在史蒂夫·伍德沃斯（Steven E. Woodworth）《谢尔曼》一书的前言中写道："谢尔曼诠释了两位战将伟大合作的素质——高度的信任、忠诚与决心。这种合作精神可能就是谢尔曼留给美国军队的最好遗产。"[28]

次日凌晨，俄亥俄兵团的先头部队终于出现在田纳西河西岸。随后，2万多生力军在多个地点渡过田纳西河，汇入到格兰特的部队，北军人数达到了5万多人。格兰特情绪高涨，众将摩拳擦掌，准备对面前的3万多南军发起绝地反击。

或许是太疲惫的缘故，或许是对即将到来的胜利过于自信，博雷加德竟然对北军援兵到来毫不知情。还是骑兵指挥官弗莱斯特多了一个心眼，他在当晚派出几名骑兵，化装成北军，悄悄潜入北军阵地侦察动静。

这种伪装侦察非常危险，一旦被对方抓获，按照当时的交战规则，将被立刻处死。还算幸运，这几个士兵成功完成任务，顺利返回己方阵地。他们向弗莱斯特报告说，看到了数千北军士兵在匹兹堡码头上岸。弗莱斯特不敢怠慢，随即向哈德将军汇报。

谁知哈德根本没有当回事，他轻率地认为，这只是格兰特部队的正常调动，没有将这个重要情报向博雷加德报告。

7日凌晨3点多钟，格兰特向各路指挥官下达了攻击命令：卢·沃勒斯的第3师率先突进，其他部队分头推进，遇到敌人各自发起进攻；海军舰船沿河炮火齐射，掩护大军进攻。第3师前一天走错了道，行动迟缓，错失了战事，格兰特对卢·沃勒斯非常不满，命令他打头阵，"戴罪立功"。

战斗很快打响了，彪尔的部队毕竟是生力军，装备又十分精良，投入进攻后，马上让南军吃到了分量。

南军士兵前一天晚上还以为稳操胜券，第二天一早醒来居然遭遇强攻，心理准备明显不足，被打了一个措手不及。

不过，博雷加德也非等闲之辈，在他的率领下，南军3万疲惫之师还是向北军发起了反冲锋，双方来回拉锯，杀声震天。相隔一夜，双方士气发生了逆转，过了中午，南军士兵普遍出现了疲态，感觉到支撑不住了。

哈里斯州长看势不妙，连忙让参谋长来找博雷加德，见面就问："将军，你不觉得部队的状态已经不行了吗？如果不算可笑的话，我们还是撤军吧？"[29]

博雷加德面无表情，冷冷地说："我正要下令撤退。"他心里明白，这场突袭战已经彻底失败，几乎煮熟的鸭子飞走了。

下午3点多，南军开始撤出阵地，丢下了大量尸体和一些重伤员。博雷加德让弗莱斯特率领骑兵断后，其余部队向南退去。

格兰特没有下令追击，他看到北军士兵也实在没力气了，况且大雨一直不停，难以展开行动。

谢尔曼非常心细，他担心南军杀个回马枪，亲自率领一支部队，小心翼翼地向南搜索前进。走着走着，突然与弗莱斯特的350多名骑兵狭路相逢。面对五倍于己的敌人，弗莱斯特心想：逃是逃不掉了，与其被追着打，还不如拼一下。

狭路相逢勇者胜。弗莱斯特高举军刀，大吼一声："冲啊！"率领骑兵从山坡上猛冲下来。北军士兵没料到这一手，有的逃命，有的躲避，来不及反应的就成了刀下之鬼。

"冲啊！冲啊！"弗莱斯特不停地喊，不停地冲，一直杀入了北军之中。他回头一看，后面居然没有一个同伴——原来南军士兵看到北军人多势众，纷纷勒住马缰，溜之大吉了。

"杀了他！""杀死这狗日的叛军！""把他拽下来！"北军士兵一边团团包围，一边高声叫嚷。

弗莱斯特心想这下完了！情急之下，这位身高1米88的田纳西奴隶贩子大吼一声，使了个镫里藏身，接着一个海底捞月，抓住一名士兵的衣领，硬生生拎上马来，横在马鞍上，杀开一条血路。北军士兵不敢开枪，怕伤着同伴，眼睁睁看着他绝尘而去。[30]

4月8日，博雷加德给格兰特写了一封信，请求同意南军人员返回昨日战场，掩埋己方遗体。格兰特回了一封信，告诉博雷加德，由于天气转暖，北军将双方士兵遗体一并掩埋了，南军人员没有必要再返回战场。[31]

博雷加德随后率军南撤，包括近2万名伤兵和病号，一直退回到了柯林斯。

格兰特后来在回忆录中说，他本来也想乘胜追击，但是看到许多北军士兵已经筋疲力尽，不少人就地躺在泥地中休息，站都站不起来了，实在于心不忍，就下令停止追击了。彪尔的生力军本来可以追击，但格兰特觉得彪尔资格老、架子大，怕指挥不动，也就作罢了。[32]

在这场美洲大陆空前的大战役中，双方士兵都表现异常勇猛。其实，他们中的许多人第一次参加战斗，有些人还是第一次摆弄枪支。双方10万士兵面对面展开厮杀，联邦军损失了13047人，其中2000人属于彪尔的部队；邦联军损失了10694人。双方阵亡士兵人数一共3477人，阵亡人数超过了此前美国三场主要战争——独立战争、1812年战争和墨西哥战争——的总和。悲剧还不止于此，随博雷加德撤回柯林斯的伤病员中，在后来数周内又死掉了一万多人。

历史学家希尔比·福特在《美国内战》一书中写道：

在 10 万人的大战中，双方差不多每四个人中就有一人伤亡、被俘或失踪，比例高达 24%，与滑铁卢战役相当。但是，滑铁卢战役毕竟解决了一些问题，而这场战役没有解决任何问题，双方重新回到了自己原来的起跑线。当然，从另一个意义上说，这场战役解决了一个重大的问题：参加这场战役的双方志愿兵们，无论多么"嫩"，却能够勇敢战斗、死守不退，与"神乎其神"的欧洲老兵相比，显得毫无逊色。[33]

战争本身不值得推崇，战争中的人们却不能不令人折腰。

5

夏洛战役之后，美国民众不再把战争看成是勇敢与能力的比试，不再热衷于编织美好与浪漫的战地故事。

这场血战对于联邦方面来说，具有重要意义。

第一，夏洛之战显示了北军在西线战场密西西比流域的作战能力：很难想象，在内战爆发不到一年的时间内，北军已经打到了南方的腹地，并且取得了胜利。这在很大程度上提振了北方人的信心。

第二，夏洛之战是南军争夺田纳西州西部地区的最后一次努力，这次失利使得南军在西部战线开始采取守势，是南军在密西西比流域争夺战中走下坡路的一个起点。此后的整个春季，北军在西部取得了一系列胜利，包括攻下新奥尔良，夺取了密苏里州的新马德里湾，拿下了十号岛（Island No.10）上的一个重要军事要塞。尤其值得一提的是，5 月 12 日，密西西比河上的重镇——路易斯安那州的巴吞鲁日（Baton Rouge）被北军占领；两个月后，密西西比河上的另一个重镇——田纳西州的孟菲斯也落入联邦之手。这样，整条密西西比河上除了密西西比州的维克斯堡之外，已无南军重要军事据点。

第三，夏洛之战让南方人意识到"北方佬"并非不堪一击，在一定程度上打击了他们的自信心。过去南方人总是盲目自信：南方小伙子单挑"北方佬"可以"一个顶仨"，甚至"以一当十"，这样的想法自夏洛之战后烟消云散了。

第四，夏洛之战虽然不像多纳尔森要塞之战获得全胜，不过也取得了一个意外的收获，使得南军西部战场失去了一位最优秀主帅。约翰斯顿死后，西部战场几乎找不到同样优秀的将领作为替补。博雷加德一直想接班，但他从来没有得到戴维斯总统的充分信任。西部战场主帅空缺的状态，对南军造成了一定的负面影响。

不过，夏洛之战也使北军"失去"了一位优秀的战地指挥官，那是格兰特。

夏洛之战后，尽管北军取得了最终的胜利，但格兰特并没有得到应有的好评，反而落下了不少口实：第一，由于部队损失惨重，有人指责格兰特指挥无方，甚至给他起了"屠夫"的绰号；第二，由于没有继续追击，有人怀疑格兰特酗酒误事，眼睁睁让败军逃脱；第三，夏洛之战后，彪尔以拯救者自居，到处放风说是他拯救了格兰特，把夏洛之战的功劳占为己有，把损失全推给了格兰特；第四，西线指挥官哈莱克将军本来就担心格兰特功高盖主，上次拿格兰特开刀没有成功，乘此机会要好好打压一下。谢尔曼因为与格兰特站在一起，也蒙受了不少指责。

客观地说，格兰特对于约翰斯顿的突然袭击，的确缺乏足够的防备，算是他军事生涯中的一次重大失职。[34] 但是，从结果上看，格兰特毕竟把南军打败了，至少也算是将功补过。至于其他指责，纯粹是"莫须有"的罪名。

哈莱克不敢公然给格兰特降职，因为他已经在林肯总统那里碰过一次钉子。他来了个明升暗降，让格兰特交出西田纳西兵团指挥官的职权，担任没有实权的西线部队副总指挥，负责"右翼部队与预备队"，格兰特原来的几个师都归哈莱克亲自指挥。[35]

格兰特伤心不已，一度萌生了解甲归田的念头，想回家做他的皮革生意。

就在这节骨眼上，谢尔曼出现了，他耐心劝导格兰特说："在这国难当头、战火纷飞的时候，你作为一名军人，即使回到家里，能够安心过小日子吗？我猜你一个星期都待不住！"谢尔曼接着说："你这一走，正好印证了别人的闲话，好像对你的指责都是真的，你自己做贼心虚了。"[36]

格兰特听了好友的话，觉得有道理，强忍着咽下这口气，继续留了下来。

幸好，林肯总统始终信任格兰特，他对人说："我不能不用这个人，他能打仗。"[37] 后来，有人告诉格兰特，在他遭受非议最多的时候，"林肯就像一堵防火墙一样站在格兰特前面，挡住了那些流言蜚语"。历史学家詹姆斯·麦克福尔森在《战火考验：作为最高统帅的亚伯拉罕·林肯》一书中感叹道："如果没有林肯在这关键时刻的支持，格兰特个人的历史或许会改写——当然，林肯自己的历史也会改写。"[38]

夏洛之战对于格兰特与谢尔曼的人生影响巨大。两个人"知耻而后勇"，心里憋了一口气，暗暗发誓要用实际行动证明自己，总有一天要让信口雌黄的人闭嘴。正如历史学家鲍勃·布拉斯德尔（Bob Blaisdell）在《美国内战著名文献与演讲》一书中所说："夏洛之战给格兰特与谢尔曼在华盛顿带来了不良声誉，他们却从此领导更伟大、更辉煌的战役。"[39]

接下来，在林肯总统的再三催促下，哈莱克指挥 10 万大军，用了整整一个月时间，才走完从夏洛到柯林斯之间的路程，总算占领了博雷加德留下的一座空城。

哈莱克将西线总部设在柯林斯。7 月中旬，哈莱克被林肯调到华盛顿做"京官"，格兰特就在柯林斯主持军务。7 月 21 日，谢尔曼被任命为孟菲斯军事长官，掌管这个 23000 人城市的军政大权。[40]

四、铁甲舰

1

从东南沿海直到墨西哥湾，南部邦联拥有 3500 英里海岸线，分布着 10 个主要港口，以及 180 个海港、海湾、河口。[41] 这些海上通道的出入口，维系着南部各州进出口贸易的运转。

说来很巧，南北战争开始时，恰值世界海军处在一个革命性转变的当口，欧洲列强的战船正在从帆船向蒸汽机船过渡。美国内战为蒸汽战舰的发明、发展和变革，提供了一个实战的试验场，从舰船制造到海军战术的重大变革始终贯穿在战争的整个过程中。这也是美国内战被称为现代战争的原因之一。到战争结束之际，美国海军的现代化装备使之处于世界海军的前沿位置。

战争打响时，有四分之一的海军军官投向南方，但南部邦联基本上没有海军。联邦海军拥有 90 多艘舰船，但只有 40 多艘尚在服役，其中一半以上是帆船。在蒸汽船中，有 5 艘木制铁甲的蒸汽护卫舰，装备了 40 门 9 英寸口径大炮，可与当时世界上最好的军舰相媲美。还有几艘小型的单桅快船，也配备了较强的火力。其他舰船不是老掉牙，就是动力差，部分汽船亟待修理，还有一些新采购的汽船尚停在国外船坞中。

林肯很早就下达了海上封锁与夺取重要港口的命令，但实施起来绝非易事。要"彻底封锁"南方，意味着海军不仅要控制漫长的海岸线，还要控制密西西比河、田纳西河等一些主要河流，以及东南海岸线上的诸多河道及河港。

为了拦截与反拦截，南北双方都把发展海军装备作为首要任务。战争爆发前，林肯总统就意识到，他正面临着一场新式海军装备的革命。为此，他任命了前海军装备局长吉登·维尔斯（Gideon Welles），一位品行端正的共和党人，作为海军部长。

维尔斯主张大力发展重型铁甲舰，改良蒸汽机动力，打造高速、坚固、火力强大的铁甲舰。联邦海军具体采取"两条腿走路"的办法，一方面征用大量现有的小型船只，给它们装上大炮，部署在重要港口、河道执行封锁任务；另一方面则加紧建造大型铁甲蒸汽军舰。维尔斯工作效率很高，在他的任期内，联邦海军规模扩大了七倍。可以说，内战激发了美国海军原本停滞了几十年的装备发明和创新。

维尔斯还力主海军招纳黑人入伍。1861 年 7 月，他要求海军舰长保护逃奴，为其提供海军服役的机会。在整个战争期间，大约有 18000 名黑人在海军服役，舰上的环境使白人船员与黑人船员不得不"同吃同住同劳动"。

邦联方面也对海军动足了脑筋。戴维斯总统任命的海军部长也非等闲之辈，此人乃美国参议院海军事务委员会前主席斯蒂芬·马劳瑞（Stephen Mallory）。

马劳瑞上任后三管齐下，一是购买国外先进战舰，二是改建旧的舰只，三是建造新型铁甲舰。马劳瑞还做了一件相当超前的工作，他成立海军部水雷局，专门负责生产水雷和布雷舰。[42]

战争之初，联邦海军在南部海域只有两个基地：一个是詹姆斯河口的汉普顿路（Hampton Roads）海军基地，它的对面就是南军的诺福克（Norfolk）军港；另一个是佛罗里达的克维斯特（Key West）军港。这给海上补给带来了很大的困难。因此，夺取南方港口成为海军的重要任务。

北方海军的重大行动始于1861年8月，一支由海军舰队和步兵运输船队组成的远征军，攻下了北卡罗来纳的港口哈特拉斯水湾（Hatteras Inlet）。11月，另一支更加强大的远征军夺取了南卡罗来纳的皇家军港（Port Royal），将其作为北军重要的海军基地。

不过，这些只是初步战果，还远不能阻止南方货物的进出，理士满仍将北方封锁战略讥笑为"纸上封锁"。

2

为了进一步切断海上交通，外海的战斗也在同时进行。联邦海军舰船在大西洋和加勒比海游弋，拦截向南方运送物品的可疑船只。这种做法不但效率低，而且极具外交风险。开战第一年，尽管海军干得很卖力，也仅有十分之一左右的南方船只遭到拦截，还不小心引起了一场国际政治风波。

原来，内战爆发后，联邦政府就知道，欧洲的态度至关重要，必须努力说服他们不干涉美国内政。国务卿西沃德告诉欧洲各国使节，美国并不存在两个政府，更不存在两个政府之间的战争，只有图谋推翻政府的武装叛乱。[43]言下之意是，美国境内不存在需要欧洲列强承认的政权主体。

英国人担心自己的海上商业贸易受到战争影响，1861年5月3日，伊丽莎白女王宣布，英国在南北战争中保持中立。作为中立国的英国商船可以避免受到来自南北任何一方的伤害。法国、西班牙、荷兰、巴西纷纷效仿。[44]

这种做法不但暗含了承认南方政府合法地位，而且也捆住了联邦海军的手脚，无法制止南方人利用英国商船的海上贸易行为。对此，美国政府先是大惊失色，随后愤怒不已。参议员萨姆纳宣称，这是"英国历史上自从查尔斯二世以来最可恶的行为"。

1861年11月8日，一艘英国非武装邮船特伦特（Trent）号从哈瓦那出发回英国，途中遭到了美国军舰圣加欣托号（San Jacinto）的拦截，美军登船检查发现，有两名南部邦联的代表也在船上，他们正准备去英国和法国采购武器。查尔斯·维尔克斯（Charles Wilkes）舰长当即将两人扣押，带回国内。这件事对北方人来说当然大快人心，却捅了"中立国"英国的马蜂窝，英国人不依不饶，坚决要求放人，否则马上动武。

这让林肯的处境十分尴尬：如果放人，则明显示弱；如果不放人，英军在加拿大屯兵万人，而且还在不断增兵。最后权衡再三，林肯还是决定放人。因为他知道一次只能做一件事，同一时间只能打一次仗。

危机延续了一个多月，最后以美国人的妥协告终。英国人对此很高兴，他们感觉到自己终于给美国人上了深刻的一课，教他们懂得如何尊重中立国的权利。

这件事的确让美国人懂得了一件事：尽量收缩海军兵力，把封锁和攻占南方港口作为封锁战的重点。

3

于是，从1862年初开始，联邦海军发起了新一轮进攻，战果相当显著，整个北卡罗来纳海岸几乎全都落入北方之手，不仅使得对大西洋的海上封锁更加容易，而且对理士满和查尔斯顿构成了直接的威胁。

4月，佐治亚州的沿海重镇萨凡纳（Savannah）河口的普拉斯基城堡（Fort Pulaski）也被北方占领。到这年的年底，联邦海军已经拥有了427艘舰船，南方人越来越感觉到了海上封锁的压力。战前南方棉花出口收入约为2亿美元，到1862年已经跌至400万美元。[45]

战争爆发时，邦联海军部长马劳瑞年方39岁。也许是年轻人独有的大胆创新精神，让他成为美国海军建造史上的一位传奇人物。在他的领导下，尽管南方缺乏工业支撑，缺乏大型船坞基地，但是仍在海战中表现得可圈可点，他们的海军部官员、机械工程师，以及大量的海军人员一点也不比北方人差。其中最为成功的就是玛丽马克（Merrimac）号军舰的技术改装与实战表现。

玛丽马克号原来是联邦海军的一艘大功率护卫舰，但动力系统一直存在很大故障。战争爆发时，玛丽马克号停泊在弗吉尼亚州诺福克港。北军撤离时，曾经在玛丽马克号放了一把火，并且凿沉了它。但是，南方人没太费劲就将它打捞起来，马劳瑞聘请了曾经参加过克里米亚战争的英、法工程师对它进行重新修复与改造。

全新的玛丽马克号由松木和橡木做成的船体厚达两英尺，外面包了四英寸厚的铁甲，装有 10 门大炮，成为一艘火力强大的先进铁甲船，南军将其重新命名为弗吉尼亚号，由罗杰·琼斯（Roger Jones）中尉指挥。当弗吉尼亚号于 1862 年 3 月 8 日驶离伊丽莎白河，投入战斗之时，几乎没有一艘北方战舰能够对它形成威胁。

弗吉尼亚号当天的战斗就证明了出类拔萃的战斗性能。在弗吉尼亚州的汉普顿路海域，它用猛烈的炮火当场摧毁了两艘木制的联邦战舰国会（Congress）号和坎伯兰（Cumberland）号。随后，弗吉尼亚号又将另一艘大型蒸汽护卫舰明尼苏达（Minnesota）号撞至搁浅，而它自己只受了一点轻伤。这是美国海军在珍珠港事件之前最惨重的损失。当天色渐暗的时候，弗吉尼亚号驶回母港，准备第二天一早返回战场再来收拾明尼苏达号。

接下来的第二天，也就是 3 月 9 日，发生了南北战争中最重要的一场海战，交战双方是南军的弗吉尼亚号与北军的监视者（Monitor）号。

监视者号的建造在很大程度上受到了弗吉尼亚号的刺激。在南方人设计和建造弗吉尼亚号铁甲战舰的几个月里，北方的间谍已经将消息传到了联邦海军部。维尔斯部长马上意识到这艘军舰的威力，没有一艘北军舰船可以抵挡。如果北军造不出可以匹敌的军舰，接下去的海战可以休矣。

但是，此时美国北方制造业相当发达，但军舰设计技术实在一般。维尔斯想到了一位船舶设计怪才，瑞典籍发明家约翰·埃里克森（John Ericsson），此人以设计古里古怪的船只而闻名。

埃里克森可谓不负重托。他在纽约港花了三个月时间，设计建造了一艘

联邦海军监视者号，摄于 1862 年

极其古怪的铁甲舰，没有船帆、没有浆轮、没有烟囱、没有通常的火炮，整艘船就像一个浮在水面上的铁质棺材，上面加了一个铁制的大圆筒。正是这个大圆筒，成了埃里克森的天才发明，原来它是一个旋转炮台，可以向各个方向射击，这是海军史上第一次在军舰上使用旋转炮台。当所有的军舰还在拼命安装越多越好的大炮时，这个旋转炮台只安装了两门 11 英寸大炮，可以作 360 度旋转。这艘军舰整个包裹在铁板之下，坚不可摧。另外，战舰上部件有 47 件专利产品，用现在的话来说，这是一件十足的"高科技"产品。

4

1862 年 1 月 30 日，监视者号在舰长约翰·沃登（John Worden）中尉指挥下，缓缓滑入纽约曼哈顿东河的水中，开始了自己直奔战场的处女航。

沃登舰长时年 44 岁，是一位经验丰富的军官。他于 1861 年 4 月在佛罗里达被南军俘虏，算是这场战争第一个被俘的北军军官，7 个月后通过交换

自由的新生

战俘回到北方。[46] 鉴于他的突出能力，维尔斯部长任命这位刚刚出狱的军官为监视者号舰长。沃登舰长怀着满腔复仇心情，踏上了不寻常征程。

监视者号经过一个多月的颠簸，终于赶到了弗吉尼亚的汉普顿路海域，时间恰好是3月9日凌晨，它发现了昨天刚刚被撞搁浅的明尼苏达号。于是，监视者号就守护在受伤的友舰旁边。

9日早上7时许，弗吉尼亚号大摇大摆地赶来了，准备清理昨天留下的战场，谁知等待它的是一个趴在水里从未见过的怪物。两艘未曾谋面的超级军舰在水面上相互打量了一下，立刻朝对方猛扑过去，大打出手。

弗吉尼亚号的炮弹像雨点般飞来，但监视者号厚厚的装甲居然没有太大损伤。监视者船小舰轻，转身灵活，无论自身怎么转来转去，两门大炮始终对着敌舰猛轰。两艘船还进行贴身肉搏，相互撞击了五次。

经过4个半小时的大战，两艘战舰都没有给对方船体造成严重破坏，算是打了个平手。弗吉尼亚号首先撤离战斗，退回自己的母港。监视者号也不追赶，径直打道回府。明尼苏达号上的水手看得口呆目瞪，他们不知道自己正在目睹海军技术史最重要的一次革命。正如一位历史学家所说："在那个星期天的早晨，这两艘军舰相互开火的那一时刻起，全世界所有的海军一下子全都落伍了。"[47]

弗吉尼亚号回到伊丽莎白河之后，继续担任警戒任务，后来在半岛战役中又成功地阻止了北方军进入到詹姆斯河。

5月7日，林肯指挥陆海军联合行动，进攻南军诺福克军港。9日，诺福克港被联邦海军占领。[48] 弗吉尼亚号失去了自己的母港，外逃之路也被切断。由于它吃水较深，无法从詹姆斯河上行到理士满，于是船员不得不将其凿沉。5月10日，弗吉尼亚号迎来了自己生命的终点。

弗吉尼亚号生命短暂，但已经创造了历史，它轻松地击败了北方的舰队，它的设计和制造引发了一场海军革命。更重要的是，它的存在证明了南方海军在内战时期的制造水平并不比北方人逊色。历史学家布鲁斯·凯顿在《美国内战》一书中说，如果南方人能够拥有北方的工业设备，南北战争的海战史将会改写。[49]

事实上，南方人后来还制造了其他一些类似于弗吉尼亚号的铁甲舰。到

1863 年 11 月，邦联海军拥有 29 艘不同舰船，其中 10 艘铁甲舰性能良好，在实战中表现出色。如阿肯色（Arkansas）号，在维克斯堡战役中表现上乘；田纳西（Tennessee）号于 1864 年夏天在莫比尔湾（Mobile Bay）海战中，单独迎战法拉格特将军的整支舰队。

当时还有几艘铁甲舰正在英国建造，林肯总统明确告知英国政府，如果英国将这些战舰交付南方政府，美国即刻向英国宣战。英国人不敢造次，只好将这些军舰留在英国，直到战争结束。

在南北海战中，除了铁甲舰之外，还有两项重要的技术，影响了世界海军的发展。一项是水雷，另一项是潜水艇。水雷能以最小的成本将造价昂贵的大型水面舰艇送入海底，北军铁甲舰开罗（Cairo）号就是第一艘被水雷炸沉的舰艇。潜水艇最早由南军发明使用，第一艘攻击型潜艇汉伦（Hunlen）号长 25 英尺，可以容纳 9 名水手。1864 年 2 月，汉伦号在查尔斯港击沉了一艘联邦战舰之后，在归途中被击沉，船员全部丧生。拍摄于 1999 年的美国电影《头号潜艇》讲的就是这个故事。

5

1862 年，联邦海军另一个标志性胜利，当属夺取了密西西比河口重镇新奥尔良。该城人口超过 16.8 万人，是当时美国第六大城市、整个南方的最大城市。更重要的是，新奥尔良是南方最为重要的海运港口。

这年 4 月中旬，戴维·法拉格特（David Farragut）将军率领的一支强大的北军舰队驶入密西西比河口，准备攻夺新奥尔良。法拉格特出身水手之家，他的西班牙裔父亲是一位出色的渡船水手，他的义父戴维·波特（David Porter）是美国海军军官，他的义弟是大名鼎鼎的戴维·迪克森·波特（David Dixon Porter）海军上将。法拉格特从 9 岁起就在舰船上摸爬滚打，练就了一身好本事。

要攻打新奥尔良，先要通过密西西比河口的两个守军炮台。法拉格特的舰队趁着夜幕驶入密西西比河口，敌军炮台发现后猛烈轰击，法拉格特一面开足马力勇闯虎穴，一面用重炮还击，迅速穿过河道，将炮台甩在后面，直取新奥尔良城下。

守军情急之下，祭出三国东吴孙皓防守长江天险的办法，顺流放下大量木筏，冲击北军战舰，法拉格特指挥舰队躲了过去。南军随后派出许多内河小船迎战，双方展开激战，整个河口浓烟滚滚，火光冲天。

此时，南军重型铁甲舰路易斯安那（Louisiana）号正在赶往新奥尔良的途中，但是法拉格特将军进攻神速，在它赶到之前结束了战斗。

戴维·法拉格特

5月11日，新奥尔良以及附近的城堡炮台全部缴械投降，北军大获全胜。这样，北军在密西西比河流域，北面拿下了孟菲斯，南边拿下了新奥尔良，形成了上下呼应、前后夹击之势。

新奥尔良之战充分证明，在蒸汽战舰时代，海上力量进攻陆地固定据点，具有强大的机动优势。第二次鸦片战争发生在美国内战前夕，一支小小的英、法舰队击破了清军的防守炮台，打败了煌煌天朝大国，这倒不全是清军腐败无能，事实上这是上升时期的工业军事文明打败下坡时期的农业军事文明的一个缩影。美国南北战争在一定程度上也是如此。

新奥尔良作为南方最大的贸易中心和港口城市，是南方人心目中的一个国家地标。林肯年轻时曾经去过新奥尔良，亲眼目睹了这个城市的黑奴买卖和奴隶生活，给他留下难以磨灭的印象。现在，新奥尔良已经落入联邦之手，这对林肯总统来说，不仅具有军事意义，更具有政治意义。法拉格特将军很快被林肯升为海军上将。

林肯让本杰明·巴特勒将军担任新奥尔良的军事总管（Military

Governor）。这个职位的确很适合巴特勒：一是巴特勒曾经在 1812 年战争中跟随安德鲁·杰克逊参加了新奥尔良战役，打败强大的英国军队，这里算是他发迹的福地；二是因为巴特勒对待奴隶制度一向不讲情面，在巴尔的摩、莫罗堡已经显示过威力。

巴特勒对这个南方最大的奴隶制堡垒实行了严格的军事管理。不过，就像在巴尔的摩一样，巴特勒有些事情做得过火。譬如，在新奥尔良的杰克逊广场上，战前建造了一座杰克逊总统跃马挥帽的戎装塑像，巴特勒来了之后，硬生生在塑像基座的侧面刻上了一句话："联邦必须而且必将永存！"[50]这种做法当然引起市民的不满。

针对新奥尔良民众对北方"占领军"强烈的不满情绪，巴特勒在 1862年 5 月 15 日发布了最著名的第 28 号命令：任何妇女对美国军官或士兵进行侮辱或表现不满，将被视作"妓女"并处以相应惩罚。尽管实际上并没有任何相应处罚，巴特勒还是遭到了北方与南方、国内与国外的一致谴责，被称为"野兽巴特勒"。戴维斯总统甚至宣布巴特勒不受法律保护，如果抓住将处以绞刑。

尽管有巴特勒这样的小插曲，林肯总统对西线战场总体形势感到满意。但是，在东线战场，麦克莱伦将军依然是他的一块心病。

第五章

————

兵临城下

————

一、弗吉尼亚半岛

1

1862 年新年刚过，林肯总统召开内阁扩大会议，商讨进兵方案，麦克莱伦因病请假。会上，林肯表达了对麦克莱伦的不满："我非常苦恼。如果现在不赶紧做点什么，那就什么都做不成了。如果麦克莱伦将军不准备使用这支部队，我倒是愿意借来用用，如果我能知道用它做什么的话！"[1]

这些天来，朝野上下对麦克莱伦的不满持续发酵。战争部长斯坦顿讥讽麦克莱伦说："如果我们有一百万士兵，他会发誓说敌人有二百万士兵，然后他便会坐在泥地里，喊叫着要三百万士兵。"[2] 有人甚至怀疑麦克莱伦暗中通敌，故意按兵不动。[3] 林肯收到了不少"群众来信"，指控麦克莱伦是联邦的叛徒。[4]

林肯决定采取措施。他以联邦军队最高统帅的名义，正式向麦克莱伦发出了《战争一号令》，要求东、西两线联邦军队必须在 1862 年 2 月 22 日之前发起进攻，以纪念华盛顿总统的诞辰日。[5]

谁知到了 3 月，麦克莱伦依然"老方一贴"，林肯终于忍无可忍。3 月 11 日，林肯免去麦克莱伦的联邦军总指挥的职务，继续留任波托马克兵团总指挥。这既是对他的一种警告，也是让他专注于波托马克兵团，尽快在东线发起进攻。

2

麦克莱伦终于提出了一个进攻方案：部队从华盛顿附近的亚历山大兵营出发，在波托马克河搭乘海军船只，进入切萨皮克湾，然后在弗吉尼亚半岛顶端莫罗堡登陆，依靠约克河（York River）、詹姆斯河（James River）的侧翼保护与运输保障，由两河之间的陆路向西北行军 70 英里，直抵理士满城下。因为这次战役在弗吉尼亚半岛展开，故称"半岛战役"。应当说，这个方案很有创意，是一次陆海军高度协调的联合军事行动。林肯一开始希望单纯的陆路进攻，直接从北往南打，但麦克莱伦坚持己见，林肯最终批准了这个方案。

在总军需官蒙哥马利·梅杰斯将军的大力协助下，麦克莱伦率领波托马克兵团 10 万大军，乘坐四百多艘舰船，于 3 月 17 日在莫罗堡登岸。

麦克莱伦登陆后的计划是，在海军掩护下，迅速拿下约克城，然后沿约克河挺进，从侧面包抄南军在弗吉尼亚半岛的防线，一举突破之后，直捣理士满。

没有想到的是，仗还没打，麦克莱伦大军先陷入了泥沼。原来，从阿帕拉契亚山脉蓝岭下来的山水，流经北弗吉尼亚原野，注入切萨皮克湾，在广袤而松软的农田上留下了纵横交错的河道。由于缺乏精确的地图，这些水网河道给行军带来极大困难，加上三、四月份春雨绵绵，道路泥泞不堪，炮兵部队与后勤辎重行动迟缓。

这时，又传来一个坏消息，原本说好的海军舰队无法及时赶到。这可以说是一个重大失误。责任在谁呢？历史学家哈利·威廉姆斯在《林肯与他的将军们》一书中认为，"责任一部分在麦克莱伦自己，一部分在政府部门，一部分在当时尚未建立起良好的军事协调系统"。[6] 麦克莱伦担心，缺乏海军的侧翼保护与后勤保障，他的部队孤军深入，隐患很大，只能稳扎稳打，步步为营。

4 月 5 日，北军先头部队抵达约克城下——独立战争中英军向华盛顿将军最后投降的地方。

约克城内的守军大约13000多人，他们利用80年前英军留下的防御工事，修筑了一道防线。很显然，这无法抵挡大军的猛攻。

不料南军守城的约翰·麦格路德（John Magruder）少将居然是诸葛亮转世，善于使用疑兵之计。他知道守也守不住，逃也逃不掉，于是就让整队整队的士兵在大白天进进出出，还在城外的小山周围转来转去，故意暴露在北军面前。

作为一名将军，麦克莱伦最大的问题就是疑神疑鬼，过分谨慎。麦格路德的"疑兵阵"让他信以为真，断定约克城至少驻守着10万南军。

面对"强敌"，麦克莱伦决定采取围城战术。他对围城战并不陌生，当年在克里米亚前线观战的时候，亲历了著名的塞瓦斯托波尔（Sebastopol）围城战，战役打了将近一年，英法联军最后打败了俄军，拿下了这座黑海港口城市。

麦克莱伦知道，围城战关键要靠大炮。于是，他指挥大军将约克城团团围住，深挖工事，安置炮位，准备形成长期围困之势。他下令调集一百门大口径重炮，其中有些加农炮重达5.8吨，需要十几匹驮马才能拉动。在弗吉尼亚半岛泥泞的道路上搬运这些重炮，可不是一件轻松的事儿。就这样，这位谨慎的将军在约克城外等他的大炮，足足等了一个月时间。

联邦军队在半岛战役中的军械物资，摄于1862年约克城

在此期间，戴维斯总统也在调兵遣将。4月17日，他任命约瑟夫·约翰斯顿将军为负责弗吉尼亚防线的总指挥。

约翰斯顿也是弗吉尼亚人，西点军校毕业生，参加过墨西哥战争，1860年晋升准将，曾担任美国联邦军队总军需官。内战爆发时，他已经54岁了，毅然回到南方参加邦联军，在当时脱离联邦军队的军人中军衔最高、资格最老。约翰斯顿为人正派，待人诚恳，打仗也很有一套。如果说有什么毛病的话，就是有时比较固执，爱耍点小脾气，这也算是一种个性吧。

约翰斯顿与戴维斯相识已有三十多年，是西点军校相差一个年级的同学。两个人在南军中同属长辈级，德高望重。不过，戴维斯并不喜欢约翰斯顿，认为他缺乏进攻性和对胜利的渴望，第一次公牛道战役就印证了这

半岛战役中攻打约克城的联邦军队重型迫击炮，摄于1862年

一点。反过来一样，约翰斯顿也不喜欢戴维斯，认为他办事不公，心胸狭窄，能力也不咋的。

有一种说法，两人矛盾的真正起因是"授衔风波"。在公牛道战役后，戴维斯总统准备给五名重要将领晋升"陆军上将"（full general）军衔，颇有点类《三国演义》中"五虎上将"的意味。约翰斯顿自认为在军中资格最老，又在公牛道立下大功，理应排在第一位，热望着"关云长"的位置。

谁知，戴维斯总统向邦联国会提出的一份五人建议名单中，排序根据西点军校的毕业先后，同年毕业的按照毕业成绩。这样，名单上排第一位是毕业于 1815 年的塞缪尔·库柏（Samuel Cooper），排第二位是 1826 年毕业的阿尔伯特·约翰斯顿，排第三位是 1829 年毕业的罗伯特·李。约瑟夫·约翰斯顿也是 1829 年毕业，与罗伯特·李是同班同学，但罗伯特·李毕业成绩全班排第 2 名，约翰斯顿成绩排第 13 名。[7] 这样排下来，约翰斯顿名列第 4，做了个"马超"。排在第 5 位是毕业于 1838 年的博雷加德。

约翰斯顿感觉很羞辱。他认为，除了塞缪尔·库柏，自己在战前联邦军队中资格最老，按照从军资历和作战贡献，再怎么样也得排"张飞"的位置。戴维斯故意搞了个按毕业时间排名，这是成心跟自己过不去，仿佛"在他脸上扇了一耳光"。[8] 约翰斯顿真是犟脾气，居然给戴维斯总统写了一封措辞严厉的信，很不客气地加以指责。

戴维斯给他回了信，解释了自己的做法：罗伯特·李、阿尔伯特·约翰斯顿都在联邦正规军一线部队当过上校，相当于"战地指挥官"，而约翰斯顿长期在参谋后勤部门工作，缺乏"基层锻炼"经历。这个理由相当牵强：

约瑟夫·约翰斯顿

别的不说，塞缪尔·库柏同样没当过"战地指挥官"！

很难说戴维斯一点没有偏心。他对约翰斯顿的确心存芥蒂：第一，约翰斯顿在公牛道开打之前，跟戴维斯讨价还价，没有及时将部队带出雪兰多山谷，差一点赶不到曼那萨斯的战斗。第二，公牛道之战获胜后，约翰斯顿违抗戴维斯的命令，没有乘胜追击，直捣华盛顿，这使戴维斯耿耿于怀。

不管怎么说，"授衔风波"让两人结下了梁子，再加上后来一些疙疙瘩瘩的琐事，两个人很难正常合作。在南军中，如果说李将军与杰克逊是一对合作典范，那么戴维斯与约翰斯顿要算是一对冤家对头。这两个重要人物关系如此紧张，对于邦联最后的失败，不是一点关系都没有的。正如詹姆斯·麦克福尔森所说："这次不太体面的争执，在戴维斯与约翰斯顿之间种下了怨愤的种子，将给邦联事业带来苦果。"[9]

现在大敌当前，戴维斯尽量顾全大局，将东线帅印交给约翰斯顿。约翰斯顿接到任命后，感觉南军最大的问题是兵力单薄，他建议戴维斯总统迅速从南、北卡罗来纳州和佐治亚州抽调部队，加强理士满一线兵力。戴维斯考虑到东南部海岸线也需要防守，否决了约翰斯顿的建议。尽管如此，约翰斯顿还是想方设法从周边调集了一些部队。

约翰斯顿手下大约有 55000 人，他将主力部队分为三个师，师长分别是古斯塔乌斯·史密斯（Gustavus W. Smith）少将、詹姆斯·朗斯崔特少将、D. H. 希尔（D. H. Hill）少将，后两个人是西点军校 1842 级的同学，关系比较密切。

5 月 3 日，北军的一百门大炮总算部署到位，踌躇满志的麦克莱伦将军准备第二天给南军阵地来一个遍地开花。不料，就在当晚，机敏的麦格路德抢了个先手，先给北军一阵炮轰，然后悄然撤离约克城。等到麦克莱伦的部队小心翼翼地攻上去一看，南军早已人走帐空，留下军营里的遍地狼藉。

麦克莱伦在约克城外延宕的一个月时间，给了南军极其宝贵的备战时间。5 月 4 日，南军各路增援部队陆续赶到，总人数达到了七万多人。约翰斯顿简直无法相信自己的好运气，感叹道："除了麦克莱伦，没有谁会如此犹豫不决，久围不攻。"[10]

麦克莱伦在给林肯的报告中宣称，约克城已经成功拿下，北军损失极其

詹姆斯·朗斯崔特

微弱。他承诺，一面在约克城建立起坚固的后勤基地，一面立即乘胜追击，直捣黄龙。这一次，麦克莱伦信守了自己的诺言，依靠约克河的水上运输线，北军一路向理士满挺进。

5月5日，两军在威廉斯堡（Williamsburg）发生激战。这是波托马克兵团第一次硬碰硬的战斗，北军约瑟夫·虎克（Joseph Hooker）少将与温菲尔德·汉考克（Winfield Hancock）少将奋力进攻，南军朗斯崔特少将与D. H. 希尔少将顽强抵抗。十六年前，汉考克与朗斯崔特曾在墨西哥战争中肩并肩作战，如今仿佛仇人相见，杀得分外眼红。战斗打到晚上，南军守住了阵地，还抓了400多个俘虏。

第二天中午，北军大部队继续涌来，约翰斯顿眼看坚持不住，下令南军主动撤离威廉斯堡，退守理士满城郊设防。

5月6日，林肯在斯坦顿与蔡斯陪同下，亲自来到莫罗堡视察军情，他在那里一直住到12日，看到麦克莱伦接连拿下约克城和威廉斯堡，兵锋直指理士满，感到相当满意。

5月下旬，北军前锋抵达理士满城郊。士兵从山坡上可以看到城内教堂的尖顶，能够清晰听到圣保罗教堂的钟声。[11]5月25日，一位来自威斯康星州的士兵给家人写信说："下一封我写给你的信，很可能会在理士满寄出。"

理士满城内一片风声鹤唳。戴维斯的外甥女从总统办公室出来，给她在密西西比州的母亲写信说：

哦，妈妈，舅舅一脸愁云惨雾，……邦联的事业看起来正在陨落，……我也准备绝望地与它一起陨落。[12]

令人奇怪的是，麦克莱伦再次停下脚步。麦克莱伦的军事哲学是"绝不打无把握之仗"、"以最小的代价取得成功"。尽管北军人数占有优势，麦克莱伦还是给林肯发去电报：希望麦克道尔率领本部人马四万人赶来支援他，如果两人合兵一处，他有把握毕其功于一役。

林肯的回答是，麦克道尔将军需要留在华盛顿一带保卫首都，因为此时石墙杰克逊正率领一支别动部队，在蓝岭以西的雪兰多谷地一带活动，随时可能从北面沿波托马克河南下，突袭华盛顿。

林肯不但没有增派部队，还要求麦克莱伦尽快向前推进。麦克莱伦心情沮丧，他打心眼里瞧不起这位乡巴佬，背地里管他叫"大猩猩"。麦克莱伦写信给夫人说："最好他自己过来做这件事！"

4

麦克道尔确实来不了，他此时正被石墙杰克逊牵制在雪兰多谷地。

原来，南军看到麦克莱伦来势汹汹，一时难以抵挡，想到了"围魏救赵"之计。5月初，约翰斯顿派出杰克逊率领一支15000人的部队，采用声东击西的战术，先是穿过蓝岭山脉，在西弗吉尼亚击败了弗莱蒙特将军的两个旅，然后又快速杀一个回马枪，在雪兰多谷地与麦克道尔将军的四万人和班克斯（Nathaniel Banks）将军的一万多人进行巧妙周旋，成功牵制住这些部队，减轻了理士满前线的压力。

杰克逊率领的是步兵，但他们善于长途奔袭，灵活机动的作战能力令人吃惊，不停地打一枪换一个地方，让北军防不胜防，这支部队因此获得了"杰克逊步行骑兵"的美称。

5月下旬，杰克逊在雪兰多山谷展开更加大胆的行动。当地民众积极帮助南军，送去各种情报。杰克逊决定先"拣软柿子捏"，以优势兵力打击班克斯。

杰克逊要求士兵轻装上阵，麾下大将理查德·伊维尔（Richard Ewell）

半岛战役中的联邦军营，摄于 1862 年 5 月

师长坚决贯彻，动员士兵说："通往光荣之路不可能拎着大包小包。"经过强行军，南军在温切斯特追上了班克斯的部队，一番激战之后，抓获 2000 多名俘虏，缴获枪械 9000 多支。然后，杰克逊兵锋一转，准备跨过波托马克河，直奔华盛顿而来。

当初麦克莱伦出兵南下时，只给华盛顿留下了少量守军，眼看杰克逊近在咫尺，华盛顿顿时风声鹤唳，林肯连忙召唤麦克道尔回兵"勤王"。5 月底，林肯作出明确指令，不准麦克道尔南下增援。

麦克莱伦对林肯的决定非常不满，他判断杰克逊只是一支牵制部队，林肯正好上了敌人的当。他写信给妻子说：

> （林肯）因为华盛顿已经被吓坏了。老天竟然安排了这种人来当总统！……跟这种人打交道真是令人厌恶，……我每天都对他们感到恶心——他们每天都在证明自己是多么的伪善、无赖和愚蠢。[13]

对于林肯在理士满围城战的关键时刻不准麦克道尔出兵增援，麦克莱伦的同情者提出了尖锐的批评。有些历史学家也颇有微词。哈利·威廉姆斯在《林肯与他的将军们》一书中认为，林肯作为总统，对于前线军事行动干预过多，他本应该更多地听从军队总指挥麦克莱伦的意见；如果麦克道尔的四万人能够及时赶到半岛，与麦克莱伦联手进攻，拿下理士满基本上没有问题。[14] 历史学家汤姆·卡哈特在《神圣的纽带：从军校兄弟到战场敌手》一书中甚至认为，如果麦克道尔及时赶到，麦克莱伦不但能够拿下理士满，而且还可以戡平戴维斯政府，提早结束这场叛乱。[15]

不过，林肯的担忧并非毫无道理。作为总统，确保华盛顿万无一失，不仅是军事考虑，更是政治考量：当时欧洲列强正在犹豫是否要支持邦联，如果华盛顿落入南军手里，会使欧洲人认定南方将赢得战争，随之承认其合法地位，邦联一旦获得国际支持，美国南北分裂的局势将很难挽回。

另外，林肯不让麦克道尔南下，私下还有一个用意：想让麦克道尔、班克斯、弗莱蒙特三员大将密切合作，以数倍于敌的优势兵力，在雪兰多山谷围歼杰克逊，一举拔掉这颗眼中钉。事实上，林肯坐镇白宫，亲自参与指挥了这场"围猎"。[16] 当然，杰克逊不是那么好对付的，这头"猛兽"不仅毫发无损，还狠狠地咬了猎人好几口，直咬得皮开肉绽。

要说林肯热衷于干预前线军事，这也不假。历史学家哈利·威廉姆斯在《林肯与他的将军们》一书中这样写道：

> 在战争的头三年里，林肯做了许多在现代战争系统中本应由三军参谋长或参谋长联席会议主席做的事。他制定政策，策划战略计划，甚至谋划和指挥战术行动。从现代标准看，他的确做了一个平民总统本不应该做的事。[17]

但是，威廉姆斯也为林肯找出了几条理由：

第一，作为美国总统，林肯这样做，在当时是有传统、有根据的。威廉姆斯写道：

> 现代批评家说他过多干预军事事务，但是他和他的同时代人并不认

为这有什么不妥。因为，在美国指挥系统中，平民出生的当权者指导军事战略和战术，是有历史传统的。美国革命时期的大陆会议、1812年战争和墨西哥战争期间的美国总统与内阁，都对具体战役作过广泛、具体的计划。林肯的所作所为与他们相比，并没有任何出格的地方。[18]

第二，林肯这样做的一个重要原因是，主要将领没有向他提供必要的战事信息和背景资料，面对瞬息万变的战事发展，林肯不得不跳到前台来亲自指挥。威廉姆斯说：

> 麦克莱伦作为司各特的接班人，似乎不知道应该向他的政治领导人提供必要的军事指南。……如果麦克莱伦和其他指挥官懂得如何与林肯交流，或者愿意与林肯讨论有关军事形势，林肯总统就会比现在更少干预军事事务。在有些情况下，林肯干预军事，是因为将军们没有明确告诉他，自己准备干什么、怎么干，或者用林肯听得懂的语言向他解释行动的目的。[19]

第三，林肯干预军事事务主要集中在开战第一年，那时联邦军队主帅们的表现实在无法令他满意。威廉姆斯说：

> 林肯许多所谓的干预军事事务发生在冲突的第一年，当时林肯有诸多理由相信，他在军事行动的管理能力上比那些将军们更强一些。[20]

历史，从不同的角度看，可以得出不同的结论——这是历史学的无奈，却是历史学的趣味。

5

现在，麦克莱伦知道援军没指望了，他只能挽起袖子单干。与此同时，约翰斯顿也已到了退无可退的地步，他决定就在理士满郊外与北军决一死战。于是，一场"火星撞地球"的大战在所难免。

5月31日，在理士满郊外"七棵松"（Seven Pines）和"美橡"（Fair Oaks）两个地方，麦克莱伦与约翰斯顿展开了殊死大战。这场战斗后来被北军称为"七棵松之战"，南军则叫它"美橡之战"。

下午3时，约翰斯顿指挥南军发起进攻，麦克莱伦率领众将奋力反击。两军接火后，各自的后续部队纷纷投入，双方倾巢出动，战场十分混乱。北军在战斗中首次使用了侦察热气球，楼魏（T. S. C. Lowe）教授亲自升空操纵，观察敌情。[21] 双方一直激战到傍晚，互有胜负。

晚上7点左右，约翰斯顿将军正骑在马上，挥舞军刀，指挥战斗，身旁一名军官听到枪声四起、子弹呼啸，慌忙低头躲避。约翰斯顿笑了笑说："上校，没必要躲，你听到子弹声音，它早飞到了。"话音未落，一颗子弹嗖地飞过来，击中了约翰斯顿的右肩，他晃了晃身子，挺住没有倒下，紧接着又有一颗炮弹在他身旁爆炸，弹片击中了他的胸膛和大腿，约翰斯顿从马上栽了下来。[22] 士兵们连忙将他抬下来送到后方。战场上资历最深的古斯塔乌斯·史密斯将军临时接替指挥。

过了一会儿，约翰斯顿苏醒过来，他摸了摸身上，指挥刀与手枪都没了，他忍着痛对身边的人说："我的军刀是我父亲在独立战争时用过的，我宁愿付2000块钱，也不愿丢失。谁愿意帮我去找回来？"一名士兵自告奋勇，飞快地冲上火线，终于在枪林弹雨中抢回了这把军刀。[23]

戴维斯总统当天正在郊外督战，他第一时间赶去看望负伤的约翰斯顿。约翰斯顿睁开眼，戴维斯握着约翰斯顿的手问道："我能做什么吗？"约翰斯顿说："我不知道伤得怎样，也许伤到了脊椎。"[24] 两个冤家暂时忘却了过去的不快，相互勉励着。当晚，戴维斯总统回到理士满的办公室，考虑选派谁去正式接替前线总指挥。

第二天，两支大军继续激烈战斗。到了中午时分，南军新任指挥官抵达战场，他就是总统军事顾问罗伯特·李将军。

约翰斯顿闻讯，感到十分欣慰，他对旁边的人说："那颗将我打倒的子弹，是射向邦联最好的子弹，它让李将军接替我的职务，他将完成我永远无法完成的任务。"

约翰斯顿说这话有三层意思：第一，自己与戴维斯总统关系相处不好，现在戴维斯总算把最亲信的人派出来做总指挥，将、帅不和的局面就此终结，这对南军是一个福音；第二，李将军放弃联邦军队总指挥，现在出任南军东线总指挥，应该说是众望所归；第三，独立战争期间，约翰斯顿的父亲是李将军父亲"轻骑兵哈利"的嫡系部下，现在把兵权交给李将军，自己心服口服。

战争爆发后，李将军一直跟在戴维斯总统身边，与理士满的政客们打了不少交道，与约翰斯顿相比，李将军更懂得如何处理上下左右的关系。李将军的最大优势是得到戴维斯总统的高度信任，这是他后来能够放开手脚施展才华的重要条件。

现在，北军已经逼近到理士满郊外 5 英里，李将军平生第一次指挥一支数万人的大军，准备作一场生死较量。这支被称为北弗吉尼亚兵团的大军，将一直由李将军指挥到战争结束。

历时两天的"七棵松之战"于当晚结束，李将军撤出了人马，退到理士满城下布防。这一仗北军损失 5000 人，南军损失 6000 人。双方都声称自己获胜。其实，从表面上看算是打了个平手，但南军被围困之势已然形成，因此可以说北军获胜。

这是麦克莱伦平生第一场大战，也是第一次蒙受这么大的损失。虽说战斗没有失利，但死伤这么多士兵，麦克莱伦心里很不是滋味。这不是他想要的战争，也不是他的心理能够承受的战争。他在写给妻子的信中说：

我厌倦了战场上的恶心场面：疯狂砍杀，血流成河。付出如此代价的胜利，对我来说一点都没有吸引力。[25]

南军接下来怎么办？戴维斯总统征询李将军意见。面对退无可退的局势，李将军斩钉截铁地说："死守理士满，决不后撤！"戴维斯总统看他态度坚决，放弃了原本准备撤出理士满的打算。南军积极调兵遣将，准备在理士满与北军决一死战。

很快，南卡罗来纳州等地的增援部队一万多人赶到了理士满。随后，杰克逊也从雪兰多山谷赶回来了，这位弗吉尼亚人可不愿意错过这场保卫家乡的殊死大战。理士满南军的兵力达到了86500人，其中包括朗斯崔特9000人、A. P. 希尔14000人、D. H. 希尔10000人、杰克逊18500人、史密斯12000人、麦格路德13000人、斯图尔特1200名骑兵，还有部分炮兵部队等。[26]

二、七日之战

1

入夜时分，麦克莱伦将军站在理士满郊外的小山坡上，望着北军延绵数英里的营地，真可谓"夜深千帐灯"，一种踌躇满志的感觉油然而生。

麦克莱伦的确值得欣慰，毕竟自己将十万大军带到了理士满的郊外，对叛都形成了包围之势，只要再加一把劲，就能把联邦国旗插到理士满。

麦克莱伦虽说是一名职业军人，却很讨厌血腥的战斗场面。他珍视士兵们的生命，向士兵承诺要尽量减少无谓的牺牲。事实证明，自己稳扎稳打的策略是正确的。

麦克莱伦熟稔欧洲军事传统，他的军事理念是有根据的。在法国大革命之前，欧洲各国之间的战争，大多为了争夺领土，采取的战略战术主要是集中优势兵力，围困敌方的城市或要塞，一般情况下围而不打，避免强攻硬打引起重大伤亡，等待守敌弹尽粮绝，自动投降，战事结束，土地到手。法国大革命之后，欧洲出现了以争夺政权为主要目的的战争，这种战争往往不计代价，拼个你死我活、鱼死网破。麦克莱伦属于"学院派"军人，他的战争思维停留在法国大革命之前的阶段，讲究中规中矩。[27]

6月份连续下雨，双方都在相互侦查，积极备战。李将军派出斯图尔特将军率领1200名骑兵前往北军阵地骚扰。麦克莱伦也派了骑兵总指挥菲利普·库克（Philip G. Cooke）将军迎战。有意思的是，两位骑兵将领都是弗吉尼亚人，而且是翁婿关系。

斯图尔特四处袭扰，给北军添了不小麻烦。老丈人库克跟着女婿转了半

　　　　　　　　　　　　　　　自由的新生

麦克莱伦将军（右四）与参谋人员，摄于 1862 年

天，还是让他溜走了。麦克莱伦一气之下，解除了库克的职务。[28]斯图尔特对老丈人背叛弗吉尼亚恨得咬牙切齿，发誓要亲手杀死他。不过，命运似乎更青睐老丈人，老库克优哉游哉，一直活到 1895 年，比女婿多活了31 年。

6 月中旬，麦克莱伦的部队分为两支，一支由菲茨·波特（Fitz John Porter）将军率领，大约 30000 人，占北军总数的三分之一，沿着约克河北岸前进，保护大军的侧翼。菲茨·波特是戴维·迪克森·波特的堂弟，1845年毕业于西点军校，在墨西哥战争中官至美军少校。

麦克莱伦自己率领大部队，沿着约克河南岸进军，目标理士满。

6 月 23 日，李将军在指挥部召开军事会议，詹姆斯·朗斯崔特将军、A. P. 希尔将军、D. H. 希尔将军等济济一堂。李将军对众将说，现在敌人距离理士满只有 5 英里，我们已经被逼到墙角了，与其消极防守，不如主动出击，展开一场绝地反击。

接着，李将军谈了作战计划，具体有三个要点：

第一，南军主力部队绕到约克河北岸，集中优势兵力，攻击波特将军的部队，争取将其一举击垮。

第二，南军乘胜直扑约克城，拿下北军的后勤供应基地，切断敌人的后路。

第三，如果麦克莱伦的主力增援波特将军，或者退守约克城，南军乘势进行分割、攻击，击垮整个敌军，解除理士满之围。

有人提出异议：这个计划存在一个风险点，当南军主力绕到约克河北岸发起攻击时，如果麦克莱伦的主力部队置之不顾，乘机猛攻理士满，局势将非常危急。

李将军承认，这的确很有风险，有点像一场豪赌。不过，李将军又说，凭他对麦克莱伦的了解，这个谨小慎微的人不会这样做。

2

6月25日，李将军留下2万多人驻守理士满，率领6万多人主动出击，向北军发起进攻。这次战役在理士满郊外七个相邻的地点逐次展开，从6月25日开始，一直打到7月1日，每天换一个战场，所以史称"七日之战"。

第一天的战斗发生在橡树林（Oak Grove），双方投入兵力不多，算是小规模的前哨战，摸摸对方的底。

一天打下来，麦克莱伦显然没有摸到南军家底，他在当天给林肯的一封信中说：杰克逊已经从雪兰多山谷返回，李将军得到了西部军队的增援，自己现在面对的敌人至少有20万人。这个判断简直不着边际。

李将军也没闲着，同样在研判兵力对比。他知道，麦克莱伦在兵力上绝对占有优势，不过麦克莱伦未必有勇气硬拼死磕。于是，李将军传令下去：此番作战如果失败，理士满必将不保！三军将士必须全力用命！

6月26日，七日之战第二天战斗开始了。按照预订计划，南军将在上午8点进攻北军波特将军的右翼阵地贝福丹姆溪（Beaver Dam Creek），由杰克逊率先进攻，朗斯崔特与A. P. 希尔随后跟进。

但是，A. P. 希尔从一大早开始，左等右等不见杰克逊的动静。一直等到 10 点，才接到报告说，杰克逊的部队延误了，整个攻击推迟。这时，太阳已经爬上天空，炙热的阳光晒得士兵们焦躁不安。A. P. 希尔又等到下午 2 点，仍未见杰克逊出现，又气又恼，急得直跺脚。

到了下午 3 点，A. P. 希尔的耐性全部耗尽，他没有向李将军报告，径直率领本部人马六个步兵旅、九个炮兵连，一共 14000 多人，跨过切卡洪米尼（Chichahominy）河，直接向北军发起进攻。随后，朗斯崔特和 D. H. 希尔的部分兵力也一起跟进。

双方一交手，A. P. 希尔的部队势不可挡，一路朝贝福丹姆溪快速推进，北军连连后退。一名北军士兵后来写道：

> 山坡上、山谷里、树丛中充满了南军士兵响亮的喊杀声，他们奋力向前冲锋，期待着即将到来的一场胜利。[29]

A. P. 希尔三个旅攻击前进，很快肃清波特将军部署在贝福丹姆溪以西的部队，深入推进了 3 英里。就在此时，北军炮兵发射阻击炮弹，将南军队伍炸开多个口子，北军士兵的排枪火力凶猛，南军顿时乱作一团，不到半个小时被打倒了 1300 多人，北军只损失 360 人。佐治亚第 44 步兵团 514 名士兵当场伤亡了 335 人；北卡罗来纳第 38 团丢下死伤的 152 人，被迫后撤；北卡罗来纳第 34 团也伤亡惨重，贝福丹姆溪西岸躺满了非死即伤的南军士兵。这时，李将军传来命令，要求暂缓进攻，可惜为时已晚。

下午 4 点半，杰克逊的部队终于抵达北军北侧 3 英里的地方。遗憾的是，由于通讯联系不上，杰克逊并不清楚战场形势。此时，天气十分炎热，杰克逊的部队经过急行军，已经疲惫不堪，没有立即投入战斗。大约 6 点左右，杰克逊下令部队就地安营，修整兵马。历史学家对杰克逊的迟到和按兵不动提出了尖锐批评，这可能是杰克逊在内战期间的最大失误。[30]

这是北军极其漂亮的一战，麦克莱伦兴奋不已。当晚，他亲临波特将军的指挥部，视察战况，慰问将士，并给斯坦顿发去电报，宣告大获全胜。麦克莱伦告诉波特，明天继续给他增派部队，迎接敌人新的进攻。

其实，作为指挥官，麦克莱伦这时不应该消极坐等李将军来打。鉴于当天战场上的有利形势，他应该一边让波特继续拖住敌人，自己率领一支劲旅绕过李将军直插理士满，给南军来一个首尾不能兼顾，很可能一举打败南军，甚至拿下理士满。

事实上，作为西点军校高材生，麦克莱伦不是没有想到，他甚至还将这一想法告诉了手下的高级军官。但是，麦克莱伦最终没有付诸实施，原因就是备受历史学家讥讽的"麦克莱伦逻辑"——麦克莱伦的逻辑是：既然敌人胆敢发起如此猛烈的进攻，说明敌人的兵力一定超过自己。[31] 他手下的情报部门也很迎合主将的判断，当天送给麦克莱伦的情报是：南军进攻部队至少达到 18 万人。面对如此"强大"的敌军，麦克莱伦当然不敢贸然分兵行动。

当晚，在南军指挥部里，李将军没有责备 A. P. 希尔。在写给理士满的战况报告中，李将军也没有提出对 A. P. 希尔的批评。李将军知道，进攻是眼下摆脱困境的唯一途径，在目前局势下，一位敢于进攻的将军总比畏缩不前要好。

6 月 27 日，"七日之战"进入第三天。下午 2 点半左右，南军再一次主动发起进攻，战斗在盖恩斯磨坊（Gaines's Mill）附近打响。先是 D. H. 希尔打头阵，杰克逊跟进支援；随后，朗斯崔特与 A. P. 希尔的部队也几乎全部投入。李将军真是孤注一掷，几乎倾巢出动，进攻人数达到了空前的57000 多人，远远超过了后来葛底斯堡战役中的"匹克特冲锋"。

波特将军率领 36700 多人组成防守阵地，顽强抵抗。战斗异常激烈，战场硝烟弥漫，杀声震天。波特眼看局面危机，连忙向麦克莱伦求救。麦克莱伦一面派出 9000 多人增援，一面命令波特死守到天黑。

战斗中，31 岁南军猛将约翰·虎德（John Hood）准将率领德克萨斯精锐旅一共五个团，向北军中央阵地发起勇猛冲锋，北军密集的子弹就像秋风扫叶一般，将南军一片一片地扫倒在地，除虎德以外的所有军官非死即伤。

终于，在南军强攻之下，北军中路防线被突破，宾夕法尼亚第 11 步兵团几乎全军覆没，新泽西第 4 步兵团大部被俘。朗斯崔特与杰克逊从左右两翼继续扩大突破口。

波特将军看到阵地崩溃，急得直打转，好在爱尔兰裔旅和法国裔旅拼死抵抗，掩护大部队撤出阵地。

战斗中，北军士兵表现出大无畏的勇气。一位名叫奥利弗·诺顿（Oliver W. Norton）的士兵在7月5日的一封家书中描述了七日之战头几天的战斗情形：

> 突然之间，我们遭到了来自后面敌人的射击……我们的人迅速组织起来冲了上去……我们的上校当场被打死，少校立即接替指挥。我们的连长也被打中了，我们几乎没有了军官。我同住一个帐篷的两位战友受了伤，我不顾一切地厮杀，后来战友告诉我，我那天简直打疯了。只有上帝才知道我是怎么活下来的，有三次炮弹在我身边爆炸，来复枪被炸成两半，我身上三次被子弹击中……星期一和星期二，我们一直暴露在敌人炮弹和霰弹的轰击之下。星期二傍晚，我们团打剩下的人再次来到阵地前沿，叛军从树林里涌出来，一波接一波地进攻，似乎有无穷无尽的人，我们猛烈射击，战场上尸横遍野……敌人不停地冲上来，要想把我们赶出阵地，但他们撼动不了我们……我们的最后一名下士沃特·阿摩司高擎战旗站在盖恩斯磨坊的战场上，不幸被一颗子弹击中头部，倒下之前依然在挥舞大旗。[32]

盖恩斯磨坊一战，南军取得了胜利。但是，双方都死伤惨重。北军死伤6800多人，其中战死894人，受伤3107人，失踪和被俘2836人。南军的损失更大，死伤8500多人。

后来，一位德克萨斯士兵回忆当天夜里的情形：

> 我从未对战争产生过恐怖的感觉，直到目睹这天与次日的情景：我手里端着一支蜡烛，在当晚战场上搜寻我的战友，我听到四周全是伤员可怕的呻吟声、凄厉的求助声，以及讨水喝的哀求声，有我们的人，也有"北方佬"，死伤枕藉，躺在一起。这可怕的景象，我这辈子也不想再见到，我对自己当兵杀戮感到十分恶心。[33]

这次战斗，A. P. 希尔的部队发挥了重要作用，为南军在半岛战役中取得第一场胜利立下头功。不过，A. P. 希尔的部队再次受到重创，死伤 2688人，几乎相当于前一天损失的一倍，占整个师的 20%。经过这一仗，37 岁的 A. P. 希尔名扬四方，被公认为南军的一员骁将。[34]

3

在两军相持不下之际，战场胜负已经是次要的了，战斗意志变得越来越重要，双方指挥官的心理素质面临极大考验。

此时，李将军抱定了破釜沉舟的决心，要将这场赌局进行到底。李将军不仅具备"赌徒"的勇气，还深谙"赌徒"的心理：他寄希望于对手意志软弱，扛不住巨大损失，率先退场，主动撤退。

的确，三天打下来，尽管战场上互有胜负，麦克莱伦的神经早已吃不消了，如此高昂的代价超出了他的心理承受力。看到敌人如此凶猛，士兵伤亡如此惨重，麦克莱伦惊慌失措了。他在向华盛顿的报告中说，自己正受到"来自各个方向人数占绝对优势的"敌人进攻，他担心有可能被全军歼灭。

当晚，麦克莱伦痛下决心，作出了撤退的决定。他召集军事会议，告诉众将：由于遭到"数倍于己"的强敌进攻，他不能继续硬拼了，必须负责地将这支部队安全带出危险之地。

他下令，各部队连夜破坏己方阵地的工事，摧毁约克城后勤基地，向詹姆斯河的哈里森渡口（Harrison Landing）一带后撤，在那里建立新的后勤基地。麦克莱伦之所以选择哈里森渡口，一是那里可以得到联邦炮舰的保护，二是便于部队继续从海上后撤。

6 月 28 日一早，李将军派出骑兵部队侦察，发现切卡洪米尼河北岸已经没有大股敌军，只剩下少数掉队的散兵游勇，河上的桥梁也被破坏了，北军大部队已经"宵遁"了。[35] 李将军不知道麦克莱伦葫芦里卖的什么药，不敢轻举妄动，命令部队加强警戒，注意搜索。

这时，一伙士兵向 D. H. 希尔将军报告，活捉了一名北军高级将领。D. H. 希尔大喜，连忙吩咐押过来看看。当俘虏被带到面前，D. H. 希尔定睛一看，不禁哑然失笑，原来此人是北军第5军第3师的一名旅长约翰·雷诺兹（John F. Reynolds）准将，两人是墨西哥战争的同袍，多年的好朋友。

D. H. 希尔问道："你是怎么被抓的？"

雷诺兹不好意思地说："昨晚部队撤得快，我睡着了，没来得及跟着走。"

雷诺兹的旅在前两天战斗中表现出色，得到了战地嘉奖，他两天没睡觉，实在太疲劳了。

D. H. 希尔见他一脸窘相，安慰道："雷诺兹，不用难为情！打仗嘛，这是很正常的。"[36]

约翰·雷诺兹后来被送到理士满，当年8月经过交换俘虏，重新回到了波托马克兵团，后来当到了第1军军长。

当天，两军只有零星交火，北军消极应对，还在詹姆斯河上损失了一艘炮舰。

李将军了解到麦克莱伦真的撤退了，心中不禁一喜：自己的战术见效了！接下来，要继续贴身进攻——北军撤到哪儿，南军就跟到哪儿，保持不间断的进攻压力，直至将其赶出弗吉尼亚半岛。

29日，麦格路德、A. P. 希尔、朗斯崔特、杰克逊各自率领本部人马，分四路跨过切卡洪米尼河上新建的桥梁，一路跟踪追击，来到萨维吉车站（Savage's Station）和白橡泽（White Oak Swamp）一带。

萨维吉车站是北军撤退途中的一个临时中转站，这里有医院、仓库和大量军需物资。在盖恩斯磨坊战斗中负伤的大量伤兵也住在此地医院里。李将军和他的众将就像一群跟踪猎物的野狼，敏锐地嗅到了血腥味。

麦格路德最先到达萨维吉车站，立即发起进攻。多路南军连续攻击，一度突破了北军防守，北军奋力将其逐退，随后匆匆撤走，丢下2000多名伤兵被南军俘获，许多人后来死于南方战俘营。

北军虽然损失不小，总算争取了时间，部队跟跟跄跄撤过白橡桥。

30日上午，南军踩着北军的脚后跟，一路追到了福雷舍农庄（Frayser's Farm）一带，朗斯崔特、A. P. 希尔、D. H. 希尔等轮番出马，向北军发起猛攻。北军支持不住，大部分阵地丢失，多个师、旅被打散，雷诺兹的顶头上司、第5军第3师师长乔治·麦克考尔（George McCall）少将与一队人马迷失方向，误入南军弗吉尼亚第 57 团阵地，激战中不幸负伤，被敌人俘获。麦克考尔后来与雷诺兹一起获释。

这一仗，北军被打得够呛。幸运的是，当天杰克逊的部队滞留在白橡泽，没有参加战斗，不然损失还要大。英国历史学家亨得森（G. F. R. Henderson）在《石墙杰克逊与美国内战》一书中说，如果李将军能够集中所有兵力投入到福雷舍农庄之战，麦克莱伦的部队很可能永远到不了詹姆斯河。[37] 杰克逊在七日之战中第二次贻误战机，令人匪夷所思。

北军一路后撤，退到了詹姆斯河北面的小镇马尔文（Malvern），此地因一座 150 英尺的马尔文岭（Malvern Hill）而得名，周边多为密林和沼泽，易守难攻。麦克莱伦命令部队在此坚守。很快，北军在这一带建立了坚固的防守阵地，炮兵指挥官亨利·亨特（Henry Hunt）上校在马尔文岭上排开一百多门大炮，炮口正好对着北坡一片 1200 英尺宽的开阔地。

30 日下午，南军一路狂奔，追杀过来，突然，马尔文岭大炮齐鸣，詹姆斯河上的海军舰炮也同时发威，南军当头挨了闷棍，连滚带爬地退回了。

李将军看到天色已晚，吩咐安营扎寨，准备来日再攻。众将看到马尔文岭易守难攻，颇有难色，D. H. 希尔向李将军进言：敌人火力强大，正面强攻恐非上策。李将军未予接受。

7 月 1 日是"七日之战"的最后一天，也是最激烈的一天。白天，南军进行了一系列试探性进攻，摸一摸北军的布防。傍晚前一个小时，马尔文一片宁静，空气中充满了令人恐怖的死寂。

傍晚 5 点多，南军大炮齐鸣，步兵沿着马尔文岭发起进攻——准确地说是仰攻。刘易斯·阿姆斯泰德（Lewis A. Armistead）旅打头阵，一路狂喊着冲过来，遭到了北军大炮迎头痛击，死伤惨重。麦格路德师随后杀到，前仆后继，继续冲杀，也被密集的弹雨撂倒一大片。

李将军毫不手软，又让 D. H. 希尔投入战斗。[38] 南军攻势极其猛烈，整团整团的士兵蜂拥而上。从山上望下去，灰色的军服漫山遍野，一面面军旗宛如一大群蝴蝶在飞舞。北军毫不手软，炮群猛烈开火，炮弹如雨雹般砸向敌人。北军炮兵发射的霰弹炮（canister），又称"葡萄弹"（grape），类似于子母弹的罐状炮弹，内装大量金属小弹丸，集群杀伤力极大，扫倒了成片成片的南军士兵。趁敌人乱作一团，北军发起了反冲锋，一直把敌人撵到山下。路易斯安那第 1 步兵团的士兵希尔·琼斯（Hill M. I. Jones）描述了当时的战斗：

> 我们大约在 5 点多发起血腥的冲锋，战斗一直打到天黑。敌人的 40 多门大炮向我们发射霰弹，我们死伤惨重，但仍然拼命向前冲，冲过了一片大约 80 英尺的波浪形山坡，前面一道溪水挡住了去路，这时敌人步兵的子弹扫了过来，我们也还击，不过敌人是俯射，我们是仰攻，明显处于不利……中弹倒下的士兵躺了一地。我们直到第二天才去收尸，把 2000 多名战友、朋友、兄弟埋葬，那情景真叫人伤心。[39]

战斗持续了 2 个小时，南军被迫退回原先的出发地，在战场上留下了成堆成堆的尸体和遍地的伤员，数量超过了 5400 人。硝烟散去后，一位北军军官看到数不清的南军伤兵拖着残体在地上爬动，仿佛整个山坡都在慢慢地蠕动，让人感到头皮发麻。[40]D. H. 希尔对李将军近乎疯狂的命令极其不满，愤愤地说：“这不是战争，这是谋杀！”[41]

当晚，电闪雷鸣，暴雨如注，受伤的南军士兵整个晚上躺在泥地里，发出一阵阵痛苦的哀嚎。

战前的美国，绝大多数妇女都待在家里操持家务。医院护士大都是男性。战争让男性走上前线，一些妇女毅然走出家庭，加入到战争行列，战场上逐渐出现了女性护士。整个内战期间，有大约 3000 名妇女成为战地护士。

克拉拉·巴滕（Clara Barton）是美国红十字会的创始人，也是美国内战中最早的战地女护士，被称为“战地天使”。她在日记中记录了当时战场上死伤枕藉的场景：

> 大约凌晨 3 点钟，医生拿着蜡烛小心翼翼地走到我床边，轻声叫道：“女士，你能跟我一起走吗？山那边有个受伤的小伙子不停地喊她的姐姐，我们都没办法，你能去看看吗？”
>
> 我跟着医生，沿着一路的血迹，从一堆堆横七竖八躺在地上的伤员

身边走过，他们无助地望着我们，眼神里流露出一种明白的哀求："不要踩着我们。"

小伙子的喊声越来越近，医生边走边说："他最多活半小时，他全身都冷了，腹部中弹，很严重的伤。"

"玛丽，姐姐，玛丽姐姐，快来，我受伤了，我中弹了，我快死了，——哦，我喊了你这么长时间，我的力气快用完了——别让我死在这里，哦，玛丽，玛丽，快来！"

士兵死命的呼喊声在夜空中格外刺耳，我的心里从未如此难过。我看了一下四周，二十多个负伤的士兵东倒西歪，眼神呆滞地看着这名垂死者，仿佛在静静等候他最后一刻的到来。[42]

马尔文之战是李将军犯下的一个严重错误，他让步兵的进攻暴露在对方强大的炮火之下。事实上，随着炮兵技术的快速进步，过去那种步兵方队的进攻已经变得落伍，但李将军似乎并没有意识到这一点。问题在于，李将军没有从马尔文之战中接受教训，在后来的战役中又犯了同样的错误。当然，这也很难责怪李将军，因为对于当时的职业军官来说，要改变延续多年的战术，犹如让一个职业书法家改变书写的姿势，是一件极其困难的事。除了李将军，南北双方许多将领都犯了同样的错误。

正当北军士兵情绪高涨之际，突然接到撤出马尔文阵地的命令，这让他们惊讶不已。原来，麦克莱伦觉得必须把部队撤到更加安全的地方——詹姆斯河的哈里森渡口。这里河面开阔，适合于后勤运输。更重要的是，可以

克拉拉·巴滕（美国红十字会创始人）

暂时躲开李将军的进攻。

本来，在七日之战的五场主要战斗中，北军赢得了贝福丹姆溪之战、马尔文之战一头一尾两场完胜，南军赢得了盖恩斯磨坊之战、萨维吉车站之战、福雷舍农庄之战三场胜利，最后谁胜谁败，还是个未知数。但是，麦克莱伦却已经承认失败了，决定主动放弃半岛战役。历史学家詹姆斯·麦克福尔森在《战火考验：作为最高统帅的亚伯拉罕·林肯》一书中评论说："李将军在七日之战中把麦克莱伦将军击败了，尽管麦克莱伦的军队并没有被击败。"[43]

林肯获知北军撤到哈里森渡口的消息，感到十分悲愤，他对一位国会议员说："我感到从未如此伤心至极！"[44]

半岛战役就此结束了。双方一共损失了36463人，远比夏洛战役更加惨烈。北军损失了15849人，其中死伤将近10000人；南军损失了20614人，其中死伤20000余人。从人数看南军损失更大。至少有15000名伤兵被抬进理士满，医院人满为患，许多伤员住进百姓家里，几乎每家每户都在接待伤兵。

李将军用钢铁般的毅力和赌徒般的心理保住了理士满，他一往无前的进攻、出奇制胜的战术赢得了极大的声誉，成为他日后战场上的一贯作风。

接下来，北军到底是进是退，需要马上作出决定。林肯的意见是，如果有可能，就继续进攻；如果不能进攻，就撤出半岛。麦克莱伦既不想马上进攻，也不愿马上撤退，他认为应该继续留在詹姆斯河边，对理士满形成威胁。

7月8日，林肯总统乘坐汽船，亲自来到哈里森渡口查看实情，决定下一步行动。他巡视了部队，出乎意料的是，部队士气相当不错。

波托马克兵团的士兵对主帅依旧十分崇拜，他们认为半岛之战失利的原因是华盛顿的一些"叛国者"故意不肯派出援兵。宾夕法尼亚第83步兵团在七日之战中损失了65%的人，该团一位士兵仍然这样写道："没人想要责备麦克莱伦将军，部队士兵对他的能力充满信任。"一位马萨诸塞州的军官也说："如今最大的凶手是斯坦顿，他要对约克城之战后所有牺牲的战士负责。"[45]

第二天，林肯总统在詹姆斯河的汽船上，召集兵团五位主要将领开会，研究部队何去何从。三位将军认为应该继续留在哈里森渡口，两位将军认为应该撤回华盛顿。林肯也拿不定主意，他怀着对麦克莱伦的失望，返回了华盛顿。

眼下的形势令林肯十分沮丧。白宫的一位工作人员奥威尔·勃朗宁（Orville Browning）在日记中写道，7月份的一天，"林肯总统握住我的手，使劲地用力攥紧，用一种很动情的语气对我说：'勃朗宁，我总有一天会死掉的。'他的话充满了伤感，那天我离开他的时候，两个人眼里都闪烁着泪光。"[46]

4

林肯在两个月前免去麦克莱伦联邦军队总指挥之后，并没有任命新人，他本想等麦克莱伦取得重大胜利后，把这个位置重新给他。现在，看到麦克莱伦这样的表现，林肯决定另选他人了。

自从司各特退休后，林肯身边一直缺少一位高级军事顾问。现在，林肯越来越感到，他需要一位懂得军事战略的高级将领随时出谋划策。

选谁合适呢？林肯想来想去，觉得西部战场主帅亨利·哈莱克比较合适。一者西部战场的战事可圈可点，二者司各特多次推荐过哈莱克，三者林肯与哈莱克原本关系不错，四者战争部长斯坦顿对哈莱克也印象颇佳。

7月11日，林肯总统电告哈莱克将军速来华盛顿，准备任命他为联邦军队陆军总指挥，他在电报中说："我非常急切——几乎不耐烦地——等待你的到来。"[47]

哈莱克将军有点勉强，但迫于总统的要求，也没有办法。拖了两个星期之后，57岁的哈莱克终于赶到华盛顿，出任陆军总指挥。

哈莱克毕业于西点军校，成绩名列前茅。此人天庭饱满，头顶微秃，看上去有几分书卷气，是少数几个能够阅读法文的将领，曾翻译过几部法文军事著作，是研究俄国军事理论家安托尼·约米尼（Antoine Henri Jomini）的专家，自己也写过几部军事专著，包括《军事艺术与科学概论》，为他赢得了"战略家"的美誉。哈莱克擅长于处理军队的日常事务，可以把部队打

亨利·哈莱克

点得井井有条。不过，也有人对哈莱克不以为然，觉得他浪得虚名，有的华盛顿"贫嘴"看他长着一对"水泡眼"，怀疑他吸食鸦片。[48]

哈莱克出任陆军总指挥，似乎有点"蜀中无大将，廖化充先锋"的味道，他与李将军相比不在一个等次，缺乏机动灵活和勇往直前的军事素质。不过，哈莱克作为总统军事顾问，还算是尽心尽责。此后，在整个战争期间，哈莱克一直待在林肯身边，成为林肯的重要军事助手。

麦克莱伦从报纸上获悉哈莱克的任命，他觉得林肯有意出他的洋相。他给妻子写信说："林肯和他身边的人变着法子要冒犯我，对我毫不尊重。如果他有可能的话，我猜他明天就会解除我兵团指挥官的职务。"

哈莱克明知麦克莱伦心里不爽，上任后还是主动到哈里森渡口去见麦克莱伦，商议下一步计划。麦克莱伦要求增兵三万，寻机再战。哈莱克告诉他，华盛顿派不出这些部队。麦克莱伦嘟嘟囔囔，牢骚满腹。

林肯感觉到，麦克莱伦这种状态，不适合继续担任波托马克兵团总指挥。7月下旬，林肯准备换帅。他想让麦克莱伦手下大将安布罗斯·伯恩赛德来接替麦克莱伦。在林肯眼里，伯恩赛德是一员能征惯战的勇将，能力不在麦克莱伦之下。

谁知，伯恩赛德并不想接这个烫手的山芋。第一，伯恩赛德颇有自知之明，认为自己能力不够，难以胜任如此重任；第二，伯恩赛德担心，麦克莱伦调教出来的波托马克兵团，未必听从自己指挥；第三，很重要的一点，伯恩赛德与麦克莱伦关系很好，简直可以说亲密无间，相互写信抬头都用"亲爱的伯恩"、"亲爱的麦克"。[49]看到伯恩赛德居然不领情，林肯只好悻悻作罢。

8 月，在确信麦克莱伦确实无法出兵之后，征得林肯总统同意，哈莱克命令波托马克兵团退出半岛，返回华盛顿郊外。半岛之战就此结束。

半岛之战未能拿下理士满，让美国内战多打三年，这究竟是一件好事还是坏事？

如果美国内战结束于 1862 年 6 月的半岛战役，有一点是肯定的：美国联邦能够在不废除、甚至不触及奴隶制的前提下得以恢复，奴隶制这个毒瘤还将在联邦机体上继续保留下去。

半岛之战的失利，使战争继续延续，直到林肯发表《解放宣言》，提出在叛乱州废除奴隶制。历史学家汤姆·卡哈特在《神圣的纽带：从军校兄弟到战场敌手》一书中写道：

> 如果理士满垮了，随之而来就是各州和平回归联邦，各州奴隶制度就原封不动地保留下来了。……这样的话美国一些州的奴隶制有可能一直保持到 20 世纪。……所以，林肯拒绝增援四万人的命令，以及李将军让杰克逊在雪兰多山谷骚扰北军的命令，可能是内战期间最重要的决定，使得内战持续时间足够长，从而让林肯来解放奴隶。[50]

历史学家詹姆斯·麦克福尔森在《战火考验：作为最高统帅的亚伯拉罕·林肯》一书中也表达了同样的意思：

> （弗吉尼亚战事）使得短时间内结束战争成为泡影，这倒反而让奴隶制最后与邦联一起走向死亡。[51]

历史学家不无调侃地说，是李将军帮助美国摧毁了奴隶制，这一点恐怕李将军自己做梦都没有想到。历史之神克里奥一向如此戏弄人类。这就像中国晚清的戊戌变法，袁世凯帮助慈禧太后镇压了变法革新派，这似乎有利于清政府苟延残喘，结果却是让中国人不再指望变法，直接发动革命，最终导致了封建王朝的彻底推翻。

三、李将军的反击

1

1862 年夏天，美国内战已经打了一年多了，从战场表现来看，北方海军表现良好，取得明显优势；陆军表现差强人意，战场形势总体不错。反观南方，虽然三军将士用命，但整个战局形势不容乐观，新奥尔良丢了，密苏里州也失去了，密西西比河谷眼看难保；首都里士满虽然勉强守住，但北军仍可卷土重来，威胁尚未消除；欧洲列强的态度依然不明，邦联独立前途未卜。

南方人略感欣慰的是，李将军临危受命，宛如中流砥柱，给人增添不少信心。正如石墙将军杰克逊所说："我对李将军的信心是如此之大，我将蒙着双眼追随他。"这句话道出了南方军民的普遍心声。

半岛之战后，李将军马上着手部署反击。李将军不仅是一位机智果敢的战术家，更是一位头脑清晰的战略家。他清楚意识到，南方没有资源和力量跟北方打一场持久战，赢得此次战争的唯一希望，就是打一场或几场大战，让北方人遭到沉重打击，尝到痛心疾首的味道，主动罢手，提出求和，听任南方人独立。为此，李将军必须贯彻主动进攻的战略，把战火烧到北方，给对手猛烈一击。

自从开战以来，林肯一直在苦苦寻找李将军那样的良将。在东部众将中，麦克莱伦让林肯深感失望，其他将领也未见出类拔萃的人物。在西线众将中，格兰特崭露头角，但酗酒的传闻让林肯不敢轻易用他。西线还有一位风云人物，林肯颇为中意，他就是年方 40 的北军密西西比兵团总指挥约翰·波普（John Pope）少将。

波普来自伊利诺伊州，当年林肯在伊利诺伊州做律师的时候，与波普的父亲纳撒尼尔·波普（Nathaniel Pope）法官过从甚密，早就认识约翰·波普。后来林肯到华盛顿当总统，还让约翰·波普当过一阵子军事秘书，后来将他派往西线作战。

约翰·波普

波普在西线表现骁勇。就在三个月前的 3 月 14 日，他带领 25000 人攻下了密西西比河上的要塞新马德里（New Madrid）。4 月 7 日，波普经过苦战又拿下了密西西比河上驻有 12000 名南军的十号岛堡垒。波普一时声名鹊起，很快晋升为少将。

林肯知道，波普在战争态度上与麦克莱伦不同，他是一名坚定的共和党人，对南方叛乱分子毫无姑且之心，属于主动进攻型的战将。

时至今日，这场战争已经撕破了兄弟相争的温情面纱，显现出极端残酷的真面目：不仅战场上相互杀戮、尸横遍野，在战场之外南方武装民兵经常偷袭北军、骚扰平民，手段极其残忍。林肯需要波普式的"铁血斗士"，而非麦克莱伦式的"揖让君子"。

早在 6 月 26 日，半岛战役激战正酣，林肯就将波普调到东部战场，让他担任新组建的北军弗吉尼亚兵团总指挥，麾下包括麦克道尔、班克斯、弗莱蒙特的三支大军，一共有 56000 人。林肯准备让它成为一支策应部队，沿铁路线南下，协助麦克莱伦攻打理士满。

与这几位将军相比，波普资历较浅。弗莱蒙特明确表示不愿在波普手下，林肯接受了他的辞呈，任命弗朗茨·西格尔接替弗莱蒙特。

波普上任不久，征得林肯总统同意，以弗吉尼亚兵团总指挥的身份发布公告，授权前线战地军官，严惩支持叛乱的南方民众，抓捕暗中支持南方游击队的平民，授权士兵可以直接射杀与北军交火的平民，驱逐不愿宣誓忠于联邦的平民，甚至可以将他们视为间谍。波普的这些"狠招"得到了林肯的

自由的新生

支持。

然而，这种做法受到了北方民主党人的坚决抵制。麦克莱伦威胁说，如果政府同意实施这种"严酷"政策，他将辞去指挥官职务。他说："我不想让这支军队成为一群窃贼暴徒，我们不想使战争沦为抢夺、复仇或征服，这是一场针对军队而非平民的战争。"[52]

事实上，美国内战正在逐渐超越传统战争的范畴，开始将平民卷入其中。这并不奇怪，美国内战本来就是一场政治战争，随着战争的深入，其政治性和社会性正在不断凸显，后来林肯的《解放宣言》和谢尔曼的"总体战"就是这一发展趋势的必然结果。

对波普的微词不仅来自麦克莱伦，有人提醒林肯，波普为人张扬，行事鲁莽，身上缺点不少。林肯也有所风闻，波普到东线后，对士兵发表训诫说："我是从西线来的，在那里我们总是看到敌人的背影……我听说你们这里喜欢讲'坚守阵地'、'撤退线路'、'后方保障'之类的话，我们要彻底抛弃这些，我们的最好阵地是最容易向敌人发起攻击的阵地，我们要研究的'撤退路线'是敌人的撤退路线，我们要关注'前方'而非'后方'！"[53]林肯心想，这些话确实有点"张扬"，不过也颇具气势，未必不是好事。

2

哈莱克让麦克莱伦撤出半岛，原本意图是待部队重新集结后，与波普配合行动，寻机合击李将军。

李将军看透了哈莱克的心思，他不会坐等两支北军合兵一处。现在他面对人数较少的弗吉尼亚兵团，不会浪费稍纵即逝的机会。李将军一边派小股部队监视麦克莱伦的动向，一边派杰克逊率领25000人迎战波普。

8月9日，杰克逊的前锋部队在雪松溪（Cedar Creek）附近与波普手下班克斯的部队遭遇。班克斯在雪兰多山谷曾是杰克逊的手下败将，不过这次班克斯打得还算顽强，在反冲锋中打散了杰克逊的一部分人马。杰克逊重新召集部队，在A. P. 希尔的支援下，将班克斯击溃，并在波普大军赶到之前迅速撤离。

李将军随后发起一系列攻击，逼迫波普退守到拉帕汉诺克河（Rappahannock）上游的北岸。波普守住各个渡口，等待麦克莱伦援军赶到，再发起反攻。但是，麦克莱伦动作迟缓，并不急于赶去支援。林肯心急火燎，电令麦克莱伦火速驰援。麦克莱伦尽管不情愿，还是派出了菲茨·波特少将率领第5军所属约翰·雷诺兹和乔治·米德（George Meade）两个师赶来增援波普。

李将军意识到，时间不在南军的一边，他必须赶在麦克莱伦之前重创波普，尽管这要冒极大的风险。

按照常规作战理论，面对强敌，切忌分兵，这是军事教科书的常识。但李将军不是循规蹈矩的军人，他毅然将部队分成两半，将一半人马交给石墙杰克逊。

杰克逊率部向西北方向长途行军，两天转战50英里，绕过了波普的右翼，切断了波普与华盛顿之间的联系，洗劫了北军设在曼那萨斯的军需库，吸引波普的注意力。

波普被拖得晕头转向，兜来兜去找不到杰克逊的踪迹，却不时受到突如其来的打击。8月28日，杰克逊再一次突然打击，又让北军蒙受损失，有的团损失了70%的人。

波普看到杰克逊的人数并不多，他想要在李将军赶到之前，以自己的优势兵力，先消灭杰克逊。

此时，李将军正与他的"老战马"朗斯崔特挥军赶往公牛道山脉的东侧与杰克逊汇合，准备对波普发起合击。在这场三角游戏中，杰克逊就像是一块红布，不停地挑逗着波普这头公牛，而李将军与朗斯崔特犹如斗牛士手中的利剑，乘公牛拼命顶撞红布之际，把利剑插入它的要害。

8月29日，气急败坏的波普将军终于撵上了杰克逊，此地正是南北第一次交战处——公牛道。李将军与杰克逊将在公牛道上屠杀"公牛"波普。

早晨5点刚过，北军进入攻击阵地，发生零星交火。杰克逊骑马来回巡视，组织防守阵地。7点刚过，4个北军师在西格尔将军、雷诺兹将军、米德将军等指挥下，从树林中涌了出来，向南军把守的亨利高地发起进攻。与此同时，北军炮兵朝着南军中央阵地猛烈发炮。波普发誓要一举全歼敌军。

杰克逊的邦联军队顽强抗击，击退了北军一次又一次猛攻，尽管损失惨重，总算力保阵地不丢。大约 10 点半左右，杰克逊得到消息，李将军正在向他靠拢，前锋朗斯崔特已经相距不远。杰克逊信心百倍，他命令部下尽力顶住，并且拖住敌人，直到援兵赶来聚而歼之。[54]

这场恶战一直打到晚上 9 点，虽然北军没有突破南军的防线，但波普仍有一种稳操胜券的感觉。他在给哈莱克的电报中说，弗吉尼亚兵团已经沉重打击了南军。如果敌人开始撤退，联邦军准备马上发起追击；如果敌人继续留在这里，等待的将是覆灭的命运。

林肯很久没有听到这种气壮山河的誓言了，他感觉自己这次选对了人，波普将要给他带来一场久违的全胜。

3

8 月 30 日一早，天气又干又热，波普的情绪与天气一样火热，他判断敌人可能要撤退，麦克道尔等人也有同感。为了防止敌军逃走，波普下令立即发起进攻。菲茨·波特将军不以为然，他认为南军并没有撤退的迹象，建议等到北军威廉·富兰克林（William Franklin）将军赶到之后再发起进攻。

波普生怕杰克逊溜之大吉，下午 2 点左右，他发起了进攻，攻势之猛超过了昨日。三层密密麻麻的进攻队伍从树林中走了出来，向杰克逊和 A. P. 希尔的阵地扑来。南军炮兵猛烈轰击，步兵万弹齐发，北军成片成片倒地。一位南军军官说："我们就像在屠杀野猪，我这辈子从未见过这么多人死在我的面前。"[55]

波普不甘心失败，接连发起了一波又一波进攻。打到傍晚时分，南军渐渐不支，波普相信胜利即将到手。

然而，就在此时，朗斯崔特的军旗突然出现在南军阵地的右翼，这支生力军立即向北军 2 英里长的左翼战线发起强攻，将北军打了个措手不及。杰克逊和 A. P. 希尔乘机从正面发起反击。这个场景不禁让人联想起，当年吴三桂与明军在山海关苦战之际，明军阵地对面突然飘扬起清军骑兵的军旗。

北军顿时全线溃败，纷纷朝公牛道北面撤退。到了晚上 10 点左右，战斗完全结束，南军大获全胜。北军连夜撤回公牛溪北岸。波普失去了自认为到手的胜利，失去了不可一世的霸气，也失去了14400多名士兵。

南军虽然也损失了9400多人，但他们取得了第二次公牛道战役的完胜。令人震惊的是，第二次公牛道战役双方死伤的人数，居然是第一次公牛道战役的五倍。两次战役时隔一年，战争的残酷程度却已翻天覆地。

第二次公牛道战役是李将军接掌军权后第一次主动出击，体现了李将军善于把握战机的军事素质。就在战役后两三天，麦克莱伦的主力部队赶到了。如果不是李将军敏锐抓住时机，发起决定性的进攻，根本不可能取得这场胜利。李将军6月初接手北弗吉尼亚兵团时，敌人正兵临城下，如今才8月底，不但将战线反推到华盛顿近郊，还打了一个漂亮的战役。

第二次公牛道战役的失利，与麦克莱伦的延宕不无关系，斯坦顿部长等一些内阁成员甚至怀疑麦克莱伦故意拖延行动，成心让波普挨揍。麦克莱伦大呼冤屈，给林肯写信辩白。林肯对麦克莱伦也有疑心，他对秘书说，麦克莱伦好像故意要让波普吃败仗。林肯还听说，麦克莱伦手下派给波普的菲茨·波特将军，不听从波普指挥，也是导致战役失利的原因之一。[56]

不过，林肯还是没把麦克莱伦怎么样。他知道，经过这次战役，东线北军士气大跌，现在急需重整士气，而麦克莱伦是唯一得到士兵拥戴的将军。

林肯不顾斯坦顿、蔡斯的坚决反对，决定重用麦克莱伦。9月2日，林肯与哈莱克亲自登门拜访麦克莱伦，告诉他弗吉尼亚兵团的建制将被撤销，兵力全部并入波托马克兵团，由麦克莱伦统一指挥。

麦克莱伦闻言大喜，他感觉林肯少不了自己，这个国家更少不了自己。他给夫人写信道：

> 我再次被请出来拯救这个国家，我的对手垮掉了、闭嘴了、解除武装了……我之所以接受任命，是因为在目前形势下，除我之外无人可以拯救这个国家。[57]

可怜的约翰·波普在9月5日被调往明尼苏达以西去对付印第安人，直到战争结束，他再也没有发挥什么作用。

几个月后，菲茨·波特将军接受军事法庭审判，被判有罪，革除军职。不过，内战结束后，军事法庭重审了这个案子，改判波特无罪。

在第二次公牛道战役中，麦克莱伦和菲茨·波特究竟有没有责任？波普是否应该承担全责？林肯在事前事后的处置是否合理？这些问题恐怕很难说清楚，因为历史只是往事的记录，而往事早已消逝在岁月的风尘之中。

第六章

———

林肯的决心

———

一、安提塔姆的血路

1

经过第二次公牛道战役，李将军打开了通往北方的大门，接下来他要乘胜进军，第一次率军踏入北方的土地。

9月5日，李将军率领四万大军渡过波托马克河，进入马里兰州西部。李将军终于把战火烧到了对方的境内。南军士兵们高唱着《马里兰，我的马里兰》，士气高涨，一路向北挺进。

9月8日，李将军发布了《告马里兰人民书》。在州权意识浓烈的美国，一州军队未经同意不得进入另一州境内。李将军是一位绅士，他向马里兰人民表示，"很遗憾不得不将部队带入到马里兰州"，希望马里兰人民能够理解和原谅。他还大度地表示，马里兰百姓有权利决定站在联邦或邦联一边，邦联军队将尊重百姓的选择，绝不难为百姓。[1]李将军希望博得马里兰人民的同情与支持，给南军提供给养和帮助。

马里兰州的老百姓中，既有联邦支持者，也有南方同情者，大家都走出家门，到路边观看这支大军。美国内战题材著名画家莫特·康斯特勒（Mort Künstler）用画笔记录了历史的瞬间：在进行的队伍中，李将军一身戎装、威风凛凛，骑着灰色的高头大马"旅行者"——这是他花200美元从一个士

　　　　　　　　　　　　　　　　　　　　　　自由的新生

兵手里买来的。路人用企羡的目光看着李将军：银髯浓密，双唇紧闭，身姿挺拔，目光坚定。一位手举联邦旗帜的妇女忍不住对身边的人说："真希望他是我们的人。"[2]

2

李将军率领北弗吉尼亚兵团倾巢出动，华盛顿所有人的神经都绷紧了。政府部门的大小官员被组织起来参加民兵，财政部金库和银行里的钱款开始装箱运往纽约，大批志愿兵被紧急召集起来，在城外加紧修筑工事。一艘汽船停靠在波托马克河上，随时准备将总统和高官们撤出华盛顿。大家都把希望寄托在麦克莱伦身上，希望他能阻挡李将军的步伐。

9月初，麦克莱伦率领波托马克兵团95000士兵从华盛顿出发，去寻找李将军决战。

麦克莱伦估计李将军会向华盛顿或巴尔的摩进军。但是，李将军的真正目标却是宾夕法尼亚州，他先占据了马里兰州的弗莱德里克（Frederick），这里距华盛顿只有40英里。

李将军第一次深入北方，离开了自己的根据地，后勤给养是一个大问题。事实上，当南军浩浩荡荡开进马里兰的时候，许多士兵衣衫褴褛，有些甚至打着赤脚。

为了筹集足够的粮草，李将军计划派出杰克逊突袭哈泼斯渡口，抢夺了那里的给养。

问题是，南军本来兵力就少，再一分为二，存在很大风险。不过，李将军是一个机会主义者，不冒风险，哪来胜利？李将军判断，麦克莱伦一向谨小慎微，即使有机会给他，也未必抓得住。

9月10日，李将军命令杰克逊率领A. P. 希尔等三个整师，强行军赶赴哈泼斯渡口，抢占这个后勤支撑点，确保供给线畅通。杰克逊这一去，带走了南军近一半人马。

9月12日，李将军率领剩余部队，离开弗莱德里克，向靠近宾夕法尼亚边界的哈格斯顿（Hagerstown）进发。李将军知道麦克莱伦肯定会跟踪而来，为了拖延时间，争取在杰克逊赶回之前再决战，他派 D. H. 希尔少将率领一个师的兵力守住南山（South Mountain）山口，阻止北军通过，保护大军侧翼。

麦克莱伦一直小心翼翼地尾随着李将军。他一方面随时准备与南军交战，另一方面又要防止南军突袭华盛顿。

就在这时，发生了一个意外事件，几乎改变了美国的历史。

9 月 13 日中午时分，北军第 12 军第 1 师几名士兵在弗莱德里克一个南军宿营地，意外发现一张裹着三支雪茄烟的纸片，上面潦草地写着几行字，仔细一看，居然是一份李将军的命令。这张纸被迅速送到麦克莱伦的司令部，一名参谋军官很快认出了笔迹，这正是李将军贴身副官切尔顿（R. H. Chilton）的笔迹，写给昨晚驻扎此地的 D. H. 希尔少将。

通过李将军的这份第 19 号军令，麦克莱伦了解到，李将军与杰克逊现在正兵分两路，而此时波托马克兵团距离李将军所在的位置，比李将军与杰克逊之间的距离更近，如果北军赶在杰克逊回军之前进攻李将军，完全可以优势兵力将其击破。

这简直是天赐良机，麦克莱伦大喜过望，当天连忙向林肯总统邀功，说北军已经获得了李将军的行动计划，他已作出相应部署，有充分信心一举击败李将军。他对手下一位将军说："有了这张小纸片，如果再不能打败李将军，我就可以回家睡觉了。"[3]

14 日，北军前锋抵达南山山口，与 D. H. 希尔展开激战。15 日早上，北军击败南军，夺下了南山。随后，北军越过山谷，来到马里兰州夏普斯堡（Sharpsbury）附近，一条叫作安提塔姆河（Antietam Creek）的东岸，李将军已经近在咫尺。

看到敌人逼近，李将军不敢再轻易机动，只能就地设防，准备战斗，心里默默祈祷杰克逊快快赶到。李将军发现，南军正处在安提塔姆河与波托马克河之间，这是一个不错的交战地点，他把部队部署在夏普斯堡的东北面，背靠波托马克河，面朝安提塔姆河，抓紧收缩部队，修建工事，形成一个半弧形的防守阵地，准备迎接这场不期而至的战斗。在内战期间，南北将领都喜欢背水列阵，这倒不是模仿中国兵法中的"背水一战"，而是考虑到背靠

　　　　　　　　　　　　　　　　　　　　　　　自由的新生

安提塔姆桥，摄于1862年9月

河流，可以防止敌人侧翼包抄。

令人费解的是，麦克莱伦并没有马上发起进攻，而是按兵不动，构筑工事，结果白白浪费了两天时间。历史学家相信，如果麦克莱伦即刻投入战斗，本可以在这里一举击败南军。麦克莱伦再次浪费了一个千载难逢的机会。看来，历史之神克里奥真是铁定了决心，不想让战争太早结束，要让麦克莱伦与李将军再次密切配合，将废除奴隶制的事业进行到底。

3

再看杰克逊，他在9月11日渡过波托马克河，驻守在马丁斯堡（Martinsburg）的2500多名北军当晚不战而逃，丢下了大量物质，让饥肠辘辘的南军士兵饱餐了一顿。

12日，南军继续进军，直扑哈泼斯渡口。

13日上午11点，杰克逊与A. P. 希尔的部队抵达哈泼斯渡口，与北军发生零星交火。

14 日中午，A. P. 希尔接到杰克逊命令，率先发起进攻，士兵冒着北军强大火力拼死突击，战斗陷入胶着。杰克逊知道，他没有时间在这里打一场持久战，必须倾其全力，速战速决。

15 日黎明，波托马克河浓雾密布，南军炮兵按照北军昨天的阵地位置，准确地开炮轰击，压制了北军炮兵的火力。A. P. 希尔的部队再次发起进攻，遭到北军炮兵猛烈射击，南军严重受阻。

当大雾刚刚散去，杰克逊咬紧牙关，转身对旁边的 A. P. 希尔说："希尔将军，上刺刀，跟他们拼了。"希尔点了点头，传下令去。在南军猛烈炮火的掩护下，士兵们勇敢地发起了刺刀冲锋，5 分钟之内山坡上布满了南军士兵，北军抵挡不住，纷纷缴械投降。8 点不到，一名北军军官骑马走出阵地，手里举着一面白旗——全体守军投降了。[4]

哈泼斯渡口战果丰硕：南军生俘 12500 多名北军士兵，缴获各类枪械18000 多支，大炮 73 门，大车 200 多辆，物质粮草无数。只有 1200 名北军骑兵侥幸逃脱。南军只付出了轻微的代价，希尔手下只有 3 人战死，66 人受伤。[5]

当晚，杰克逊率领本部人马火速返回，留下希尔 3000 多人处理俘虏和搬运物质。

16 日上午，一路马不停蹄的杰克逊部队终于赶到安提塔姆，与李将军的部队会合，南军人数顿时增加了一倍。

16 日一天，两军相安无事，这是大战前的安静，大家各自在挖工事、修堑壕。此时，士兵们都不会想到，明天的战斗将成为美国历史上单日战斗最为惨烈的一次。

此时，双方的力量对比大致如此：

在南军方面，杰克逊所属 5500 人，16 门大炮，麾下 A. P. 希尔所部3000 人还在哈泼斯渡口，不计在内；朗斯崔特所属 16500 人，88 门大炮，其中包括 D. H. 希尔的 5000 人和 26 门大炮，以及约翰·沃克（John G. Walker）的 3500 人和 12 门大炮；斯图尔特骑兵 2500 人，大炮 4 门；兵团所属炮兵 1000 人，大炮 26 门。另外，拉法耶特·麦克劳斯（Lafayette

McLaws）和理查德·安德森（Richard Anderson）两个师也及时赶到，加上瓦德·汉普顿（Wade Hampton）的骑兵旅，南军总数超过40000人，194门大炮。

在北军方面，约瑟夫·虎克第1军14856人，40门大炮；埃德温·萨姆纳（Edwin Sumner）第2军18813人，42门大炮；波特第5军12930人，70门大炮；富兰克林第6军12300人，36门大炮；安布罗斯·伯恩赛德第9军13819人，35门大炮；约瑟夫·曼斯菲尔德（Joseph Mansfield）第12军10726人，36门大炮；阿尔弗雷德·普利山顿（Alfred Pleasanton）的骑兵部队4320人，大炮16门。北军总数87164人，大炮275门。[6]

北军围绕夏普斯堡及其周边地区，从北到东形成一个半弧形攻击圈，麦克莱伦计划展开两路进攻。

主攻目标是自北向南攻击杰克逊防守的南军左翼。计划组织三个攻击波：第一攻击波由约瑟夫·虎克少将指挥第1军率先攻击左翼阵地；第二攻击波由曼斯菲尔德少将指挥第12军随后跟进，在虎克部队的左边发起进攻；第三攻击波由埃德温·萨姆纳少将指挥第2军，在曼斯菲尔德的左边，从东北方向继续进攻杰克逊的阵地。

助攻目标是南军由朗斯崔特把守的右翼，由安布罗斯·伯恩赛德少将率领第9军从东向西跨过安提塔姆河，然后直插夏普斯堡。这一路进攻带有迂回包抄的性质，作为对正面主攻的一种策应。

麦克莱伦把炮兵部署在两个攻击方向的中间，以便左右兼顾。他还留下部分兵力作为预备队，一旦两个攻击方向取得突破，立即投入预备队扩大战果。整个计划看起来中规中矩，相当周密。

4

9月17日早上5点，安提塔姆河与波托马克河之间雾气弥漫，美国内战史上著名的安提塔姆战役打响了。

虎克将军率领的第1军，刚刚在三天前的南山战斗中获胜，今天再次一马当先，向杰克逊将军的阵地发起进攻。第1军第3师师长乔治·米德将军率领宾夕法尼亚旅冲在最前面，印第安纳旅、威斯康星旅紧随其后。一开始，北军士气高涨，奋勇向前，但在一片玉米地前遭到南军猛烈射击，倒下一大片，进攻严重受阻。

虎克将军毫不含糊，马上又投入另外两个师，双方在这片玉米地之间进行反复厮杀，猛烈的炮火和密集的子弹，将双方一批又一批战士扫倒在地。就在这片玉米地里，两军来回拉锯，死伤枕藉，马萨诸塞州第 12 团在一个小时里损失了 67% 的兵力。

南军在很短时间里先后有三名准将中弹，一死两伤，眼看防线就要突破，正在危机时刻，约翰·虎德将军率领一个师赶到，立即发起反击。

接下来的血战可以说在美洲大陆上从来没有发生过，成排成排的士兵在他们刚刚站立的地方倒下。开战之前还惊恐不安的士兵们，此时已完全忘记了害怕，发疯般相互射击，子弹如疾风暴雨，这片 30 公顷的玉米地里，成排成排的玉米齐刷刷地倒下，像被镰刀割下一样，成堆成堆的士兵倒在血泊之中。[7]

虎德的士兵一度几乎完全占领了玉米地，但在米德将军投入最后一个旅之后，形势发生了逆转，大概在 7 点半不到，虎德的人马开始后退，丢下了大量尸体。这场恶战让北军进攻部队丧失了三分之一的人，不过南军损失更大，当虎德退回到自己的阵地，有人问他手下的人在哪？他哭丧着脸喃喃道："全死在玉米地里了。"[8]

此时，麦克莱伦将军热血迸发、豪气冲天。上午 7 点半，他下令第二波攻击开始。

曼斯菲尔德将军指挥第 12 军，向杰克逊防线的中部发起猛攻，虎克将军手下一个旅配合行动。由于雾气未散，刚一交火，曼斯菲尔德感觉不对，他的部队好像在向自己人射击，一名团长上前观察了一下，回来报告说，对方穿着灰色制服，应该没有错。正说话间，砰的一声，一颗子弹击中了曼斯菲尔德右胸，这位 58 岁的将军身子晃了两下，从马上一头栽下来，当场不省人事，次日死于后方医院。阿尔菲斯·威廉姆斯（Alpheus Williams）师长接替指挥，率领两个师继续向前猛冲。

接下来的厮杀完全失去了战斗队形，双方士兵在田野、树丛、围栏、乱石之间相互拼杀，整个战场到处是一小群一小群士兵之间的打斗和屠杀，枪声、喊声、哭声响成一片，活生生一个人间地狱。

到上午 9 点，南军全线退守，放弃了包括玉米地在内的前沿阵地。虎克将军感觉到胜利在望，正要挥军猛进，不料一颗子弹飞来，打穿了他的腿，鲜血直流，动弹不得，被担架抬了下去。米德师长接替指挥，他看到北军士兵也已经筋疲力尽，下令将第 1 军撤了下来。

现在轮到第三攻击波登场了。萨姆纳将军指挥装备最为精良的第 2 军三个师发起冲锋。这边李将军将拉法耶特·麦克劳斯将军调来增援杰克逊。

北军约翰·斯奇维克（John Sedgwick）少将的师打头阵，他们冒着敌人强大火力奋勇前进，结果遭到麦克劳斯师的迎面痛击，斯奇维克师长和一位旅长当场被子弹撂倒，北军士兵纷纷后撤，足足退了将近一英里才停步。

这次成功阻击显示了李将军的过人胆略，以及他的赌徒心理。由于南北军兵力悬殊，李将军判断了麦克莱伦的主攻方向，冒险把赌注压在自己的左翼，跟麦克莱伦来一个血拼。其实，李将军的中路和右翼兵力相当薄弱。

看到斯奇维克败下阵来，萨姆纳将军又派出威廉·法兰奇（William French）师发起新的进攻。这次，北军面对着一条被称为"下沉道"小路，由于马车常年在路上行走，将窄窄的小路压得下沉了 3 英尺多，正好成为南军的一条步兵战壕，D. H. 希尔的师就守在那里。

当法兰奇的士兵蜂拥而至的时候，南军一阵阵排枪横扫过来，顿时撂到了一大片。南军约翰·戈登（John Gordon）上校带领阿拉巴马团大开杀戒，像割稻一样放倒一批又一批士兵，北军死伤枕藉，连屠杀者自己都觉得恶心。

不过，北军士兵真是勇敢至极，前仆后继，连续发起了 5 次冲锋，南军同样死伤惨重，戈登上校身中 5 弹，血流满面，当场昏死过去。他后来在回忆录中写道：

> 北军的第一阵排枪射来，我正与身边的北卡罗来纳州泰武上校说话，一颗子弹射中他的头部，另一颗子弹打中了我右边的小腿……双方士兵都站在空地上相互射击，没有任何掩体，子弹横飞，死伤惨重，我

的右腿再次中弹，好在都没有伤到骨头。我坚持着继续在阵前指挥，鼓励士兵们勇敢射击……过了一会，又一颗子弹打中了我的左臂，击碎了肌腱，血肉模糊，旁边的人看到鲜血顺着我的手指上淌下来，有人想把我拉到后面，我不能在这个紧急关头离开自己的部队……第四颗子弹击穿了我的肩膀，创口中还粘着军装的碎布，我还能站立在那里，尽管已经大量失血……第五颗子弹直接打中了我的脸部，差一点打穿颈动脉。我向前仆倒，失去了知觉，整个脸埋在军帽里。军帽中灌了很多血，我本来会窒息而死，但此前战斗中有一颗子弹打穿了我的军帽，血从这个洞里流掉了，救了我的命。[9]

在南军的拼死战斗下，北军法兰奇师损失了三分之一兵力，不得不败退下来。这条小路后来被称为"血路"。

就在双方激战的时候，萨姆纳将军的第三个师在伊斯雷尔·理查德森准将率领下，在旁边同时发起进攻，但也被南军击退，绰号"斗士迪克"的理查德森被炮弹严重炸伤，不治而亡。

麦克莱伦眼看正面主攻全部受阻，只好使出最后一招，命令左路伯恩赛德发起助攻，冲击南军右翼，目标是直取夏普斯堡。

下午3点，伯恩赛德率领第9军12500人如猛虎下山，直扑南军侧翼。为了自东向西跨过安提塔姆河，北军强攻河上的一座石桥。朗斯崔特手下一个旅守在俯视石桥的石崖上，居高临下，打退了北军四次冲锋。

伯恩赛德已经杀红了眼，他命令部下不惜一切代价冲过河去。经过一个多小时的激战，大约在4点左右，北军最终冲过了安提塔姆河，南军边打边撤，北军一路追击，向西北方向直扑夏普斯堡。

此时，正在山头上指挥战斗的李将军感觉到大事不好，一种灭顶之灾的绝望感油然而生：在夏普斯堡与杰克逊主阵地之间，只有不足一个旅的兵力，如果北军占领夏普斯堡，就能够从杰克逊的背后发起进攻，形成前后两面夹击，南军难逃覆没的灾难。历史学家詹姆斯·罗伯特森在《A. P.希尔将军：一位邦联战将的故事》中说："只要伯恩赛德再向前推进半英里，美国内战，至少就东部战场而言，将画上句号。"[10]

就在千钧一发之际，李将军的望远镜里出现了一彪人马，他连忙问旁边的参谋人员："这是什么人？"参谋人员定睛一看，惊叫道："他们打着弗吉尼亚军旗！"

这正是 A. P. 希尔将军的 3000 南军，从哈泼斯渡口快马加鞭赶回来，看到这里正打得热火朝天，立即朝伯恩赛德的人马拦腰冲去。

这真是"半路杀出个程咬金"，伯恩赛德措手不及，被冲得人仰马翻，部队四下溃散。伯恩赛德连忙向麦克莱伦求援，得到的答复是派不出援兵。伯恩赛德招架不住，只能且战且退，一直退回到安提塔姆河东边，白忙活了半天。

杰克逊正面临背腹受敌的绝境，突然阵地上一个振奋人心的消息传开了："A. P. 希尔来了！坚持住，A. P. 希尔赶来了！"[11] 士兵们顿时士气大振，岌岌可危的阵地总算守住了。此时，夜幕降临，双方鸣金收兵。

A. P. 希尔与麦克莱伦当年是西点军校最好的朋友，这次在关键时刻，A. P. 希尔扮演了南军救星的角色，让好友麦克莱伦饮恨终生。

经过一天的激战，李将军的部队虽然坚持守住阵地，但已经精疲力竭，已成强弩之末。而麦克莱伦的部队还在继续赶到，当时双方的力量对比接近于一比三。按照"事后诸葛亮"的说法，麦克莱伦本应该在当晚发起夜袭，至少也应在次日继续进攻，南军很难逃脱灭顶之灾。但是，麦克莱伦居然小心翼翼地按兵不动，18 日白天，双方相安无事。

到了 18 日晚上，李将军率师悄然渡过波托马克河，撤出战场，退回弗吉尼亚。

5

1862 年 9 月 17 日的安提塔姆河战役，又称夏普斯堡战役，历时只有一天，北军实际投入战斗 64000 人，南军投入战斗 43000 多人，双方合计投入十万兵力展开厮杀。北军损失了 12000 多人，其中死亡 2000 多人；南军损失略少，死伤了 11000 多人，却占到全军总数的四分之一。双方近 20 名将军战死或受伤。[12] 此役南北双方一共死伤 23000 多人，是整个美国内战

安提塔姆战役中邦联士兵遗体，摄于 1862 年 9 月 17 日

史上最血腥的一天，也是此前和此后美军历史上损失最大的一天，超过了二战中的诺曼底战役中的奥马哈海滩登陆战，也超过了硫磺岛登陆战。

战斗结束两天后，一位俄亥俄州士兵路过战场，这样描写当时的情景：

> 气味闻起来太恶心了……大约有 5、6 千具尸体横七竖八地躺在地上腐烂……在绵延数英里的战线上成排成排的死尸就像割下来的麦子，我一路走去从头到尾随处都是。[13]

值得一提的是，安提塔姆战役是内战中第一次得到即时摄影的战事，这也在一个方面体现出美国内战的现代特质。整个内战期间估计拍摄了一百万张照片，大部分由北方摄影师拍摄。[14] 战地摄影师将作品提供给新闻媒体，能够带来一些经济回报。

内战最著名的摄影师叫马修·布拉蒂（Mathew Brady），他早年师从电报发明家赛缪尔·莫尔斯（Samuel F. B. Morse）学习照相术，战前在纽约百老汇开了一家采用达盖尔银板法的照相馆。战争爆发后布拉蒂和他的摄影组经过政府批准直接进入战场拍摄。他们从一个战场到另一个战场，以史无前例的方式记录着这场战争。布拉蒂的名言是："我不得不走，我的腿中有一

马修·布拉蒂在彼得斯堡前线的摄影马车，摄于 1864 年

种精神在说：'走！'于是，我不停地走。"[15] 在林肯生前留下的 100 多幅照片中，布拉蒂拍摄了其中的三分之一。

战事摄影为美国内战提供了大量珍贵的第一手资料，也在第一时间展示了战争的残酷性。《纽约时报》这样评论布拉蒂的战争摄影作品：

> 马修·布拉蒂先生把战争真实而可怕场的景展现我们面前。如果说，他没有把那些尸体搬到百姓庭院，躺在大街小巷，他也做了几乎差不多的事情。[16]

当一幅幅血腥的照片呈现在人们面前的时候，正如《纽约时报》所说，"无数人心中的生命之灯，被永远地熄灭了"。

从战略上讲，安提塔姆河之役北军取得了全胜。首先，南军入侵北方的行动失败了，北军重新夺得了战场主动权。其次，处于观望状态的英、法等国基本放弃了承认南部邦联的想法。第三，也是最重要的，这场战事为林肯总统提供了一个宣布解放黑奴的重要时机。

林肯亲临安提塔姆战场与麦克莱伦及众将合影，摄于 1862 年 10 月 3 日

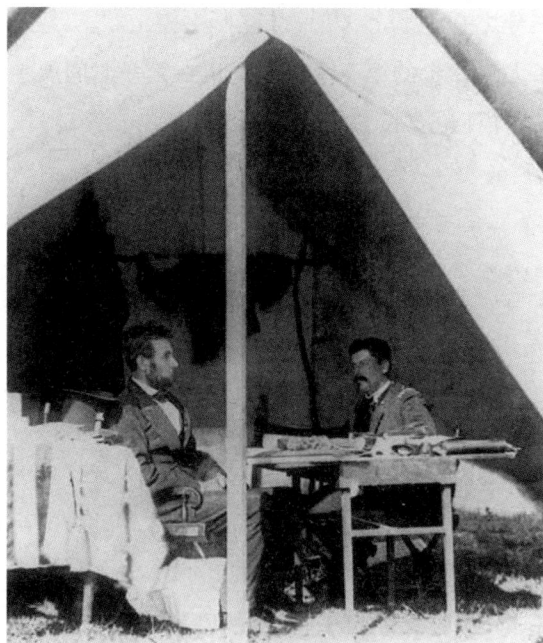

林肯与麦克莱伦在安提塔姆指挥部，摄于 1862 年 10 月 4 日

10 月 1 日，林肯亲自来到安提塔姆河，与麦克莱伦进行了一次长谈，他要求麦克莱伦马上追击南军，至少也要赶快制定出继续进攻的计划。这个要求像以前一样被麦克莱伦置之不理。在麦克莱伦看来，他已经赢得了一场伟大的胜利，完成了人类战争史上的一次"艺术的杰作"，没有必要再穷追猛打，付出无谓的牺牲。

林肯总统在麦克莱伦军营住了几天，他对麦克莱伦

自由的新生

已经不是失望，而是绝望。一天早晨，林肯走出营帐，看着军营里人山人海，便问身边的随从："这些人是什么部队？"随从说："他们是波托马克兵团，总统先生。"林肯沉默了一会，从牙缝里挤出一句话："那是别人的称呼，其实是个错误，他们只是麦克莱伦的私人卫队。"[17]

6日，林肯总统与波托马克兵团的众将留下了一张合影之后，闷闷不乐地离开了安提塔姆河。

二、《解放宣言》

1

美国内战，既有战场上的弥漫硝烟，还有政坛中的暗流激涌。

自从开战以来，林肯总统一直在思考一个问题：究竟如何处理引发这场战争的政治痼疾——奴隶制度。林肯越来越感觉到，他要打赢这场战争，不可能老是回避这个敏感的话题，不可能永远搁置这个重要的议题。事实上，大家都心知肚明，这场战争的一个重要起因就是奴隶制问题，如今内战打了一年多，战场上血流成河，难分难解，再也绕不过这个坎儿。

首先，在联邦内部，许多人最初的战争热情早已消散，民众的厌战情绪开始发酵，兵源日见匮乏。联邦政府原来一直采用招募的办法组建军队，士兵自愿参加，属于志愿兵。后来自愿参军的人越来越少，联邦政府不得不考虑采用强制征兵的办法。南部邦联国会已在1862年4月通过了《征兵法》，规定所有年龄在18岁到35岁之间的健康白种人必须服役三年。[18]林肯政府也准备如法炮制。

士兵伤亡也是一个大问题。内战开始时，野战部队没有专用的战地救护车，伤员被塞入运货马车，常常一路颠簸，到后方已经断气了。就算这种运货马车，也根本不够用，许多伤员不得不长时间躺在旷野中。第二次公牛道战役结束后，北军3000多名伤员在战场上躺了整整三天没人理会，直到第五天还有600多个活人躺在那里，最后一名伤兵被送到华盛顿已经在战斗结束一周之后。

仗打得越来越残酷，到了第二年，一场战役打下了，许多部队已经习惯于 30% 的伤亡率。一方面伤亡率很高，另一方面治愈率很低。军队野战医院简陋，医疗设备陈旧，军医医术不高，每个团只配备一名医生，一名助理，缺医少药的情况非常普遍。为了弥补人手不够的窘境，通常每个团的军乐队归口军医管理，协助参与一些救死扶伤的工作。

当时美军的医疗水平实在不敢恭维。彼得·考博兰德（Peter F. Copeland）在《内战士兵生活》一书中说，相对当时欧洲的医学发展水平，美国人的战地医疗技术处于相当落后的阶段。[19] 医生对细菌感染知识一无所知，当然更谈不上抗菌、消毒，就连绷带都没有，一般都用破布包扎伤口，伤口感染极其普遍，大量士兵因此丧命。[20] 一位联邦士兵半开玩笑地说："如果有哪个家伙被送进医院，你差不多就可以跟他说拜拜了。"[21] 一名邦联士兵甚至说："我相信，被医生搞死的人比被治愈的人更多。"[22] 专家对此也不否认，联邦军医总监威廉·哈蒙德（William Hammond）悲叹道，这场战争不幸发生在"医学中世纪行将结束之际"。[23]

其次，战争历来就是烧钱的机器，越来越大的战争开销让联邦财政捉襟见肘，不堪重负。各州招募志愿兵，联邦政府要给予财政补贴，如在纽约市征召一名志愿兵，联邦政府要付给纽约市 677 美元补贴。为了鼓励参军，联邦政府还给每个入伍士兵 100 美元的奖励。北军普通士兵每月"军饷"13 美元，比南军士兵多 2 美元。这些还只是军费开支的一小部分，武器装备、后勤保障、交通运输、伤亡抚恤等等，简直花钱如流水。

联邦战争经费的 21% 来自税收，联邦政府不得不在战争第一年开始破天荒地征收个人所得税，收入 5 千美元以上的所得税高达 10%。[24] 政府还发行了大量战争债券，民众被动员购买战争债券，整个战争期间政府借债达到 26 亿美元。这些都无法填补巨大的预算窟窿，联邦财政部长蔡斯急得团团转，多次威胁要辞职。由于"绿背"纸币发行过多，一度贬值到 1 美元只值 39 美分。[25] 到战争结束时，北方居民生活费增长了两倍。[26]

第三，战争期间，北方各种政治势力矛盾凸显，林肯总统不厌其烦，疲于应对。联邦内部不但存在多个政党，还有各种政治派别，经常发生冲突，林肯总统夹在中间左右为难。

在对待奴隶制问题上，北方民众的意见不仅难以统一，而且严重对立。与南方一样，北方种族主义文化也是根深蒂固，许多北方白人怀有种族偏见，认为黑人是劣等民族，不可能与之共同相处。一些州制定法律禁止黑人拥有选举权。不少白人坚信，废除奴隶制将导致大量黑人涌入北方，这对白人社会来说简直就是一种灾难。

那些在战场上打仗的联邦士兵，对于奴隶制也抱着不同的看法。战争一开始时，大多数士兵对于奴隶制并没有特别的反感。当然，有部分士兵强烈反对奴隶制，他们往往来自新英格兰地区，以及废奴主义者影响较大的中西部地区。与爱尔兰裔人相反，北方德裔人大都坚定支持废奴。对于大多数士兵来说，这是一场拯救联邦之战，仅此而已。

随着战争的持续，越来越多北方民众和士兵，开始憎恨奴隶制，因为他们看到，正是奴隶制导致了这场美国人民之间的血腥战争，他们从厌恶战争继而厌恶南方人，从厌恶南方人继而厌恶奴隶制，希望通过废除奴隶制来惩罚南方人。北方的废奴主义者和激进共和党大张旗鼓地呼吁废除奴隶制，他们对林肯在废奴问题上毫无作为深感义愤。

2

林肯本人也意识到，如果他再站在原地不动，会引起激进共和党人和废奴主义者的强烈愤懑，失去许多北方民众的支持，战争的进程也会受到严重影响。为了赢得战争，林肯必须敏于察变，把握民众的心理变化，审时度势地作出响应。

过去，林肯反对用过激的方式处理奴隶问题，担心引起南方人和联邦内部的更大反弹。说实话，在战争之初，林肯对南方政府还抱有一丝期盼和幻想，指望他们在联邦政府的宽容和让步下，能够回心转意，重新回归联邦中来。

所以，对待奴隶制问题，林肯始终把紧关口，不向激进废奴主义者让步，避免过度刺激保守分子的神经。正缘于此，林肯在 1861 年 7 月否定了本·巴特勒所谓"战争违禁品"的公告，并且在一个多月后又宣布弗莱蒙特将军关于释放密苏里逃奴公告无效。

林肯的这种态度引起了国内外不少批评的声音。时至战争的第二年，北方人对奴隶制的敌视态度变得越来越明显。半岛之战后，参议员约翰·谢尔曼（John Sherman）在写给其兄威廉·谢尔曼将军的信中说，邦联的成功反击促使包括林肯在内的共和党人更加坚定地对待叛乱者，"我们必须把他们当作凶狠的敌人予以完全征服，通过财产充公，通过解放黑奴，通过恐怖的、有力的、大胆的行动，而不是通过安抚"。[27]

"财产充公"当然包括"奴隶"，这是南方人最重要的财产。当战事不断向南方推进，越来越多的黑奴乘势逃到北军阵地。尤其是在田纳西州和密西西比河谷一带，简直令北军将领们手足无措。一位明尼苏达上校写道："我正在忙于没收他们的奴隶财产……敲断奴隶制度的腿犹如击中了叛乱者的心脏。"[28] 有的将领为了减少麻烦，拒绝奴隶逃入军队，有的将领将奴隶送还给奴隶主。但是，许多将士认为，应该收留"解放区"的黑人奴隶，让他们获得真正的解放。在共和党人的推动下，1862年3月13日，联邦国会通过了一条新法令，禁止前线部队将奴隶送还给奴隶主。

林肯眼见得战争中牺牲的年轻生命越来越多，眼见得联邦内部废奴声浪越来越高，眼见得南方人在奴隶制问题上越来越不依不饶，眼见得和平解决内战冲突的希望越来越小，他的态度开始发生微妙而深刻的变化。

1863年1月8日，林肯在一封信中坦诚，他从避免触及奴隶制，到下决心去触动它，已经思想斗争了一年半时间。照此倒推上去，林肯开始"思想斗争"的时间应该是1861年7月，大约第一次公牛道战役之后。

林肯最初先从边境蓄奴州入手，逐步解决奴隶制问题。他首先想到了黑奴数量较少的特拉华州，希望这个小州能起一个示范作用。1861年11月，林肯提出一项法案，由联邦政府出资赎买特拉华州奴隶主手中的所有奴隶。很可惜，在特拉华议员的反对下，国会没有通过。[29]

林肯并没有气馁，1862年3月，他再次敦促国会通过一项决议，由联邦政府负责向愿意逐步废除奴隶制的边境蓄奴州提供经济补偿，用政府的钱为黑奴赎身。

为了说明这是一桩"划算"的买卖，林肯给国会议员算了一笔账：政府每天的战争开销大约 200 万美元；每赎买一个黑奴需要 400 美元，特拉华州一共 1798 个黑奴，赎金为 71 万美元，不到打半天仗的军费。四个边境州及华盛顿的全部黑奴一共 432622 人，按此计算，赎金也只需要一亿七千三百万美元，相当于 87 天的战争经费。通过赎买政策在联邦各州废除奴隶制，有利于早日结束战争，等于节省了一大笔开支。

遗憾的是，国会还是否决了林肯的提议。不过，林肯的态度还是得到了许多北方人的积极肯定。林肯也借机放出狠话：如果边境州继续反对他的建议，随着事态的发展，他很难保证不会发生北方激进势力擅自解放奴隶的"极端行为"，到时候奴隶主们连赎金都拿不到。

在林肯的努力下，总算做成了一件事情：1862 年 4 月 16 日，林肯总统签署了一项法令，在华盛顿特区废除奴隶制。[30]

林肯所说的"极端行为"还真的发生了。5 月 9 日，在南卡罗来纳海岸的北军指挥官戴维·亨特（David Hunter）将军擅自发布一项命令，宣布释放南卡罗来纳州、佐治亚州、佛罗里达州的所有奴隶。林肯是从报纸上读到这条消息的，他一方面再次行使总统权力否决了这项命令，另一方面借机向保守议员们施压，警告他们早识时务。

林肯决定再给边境蓄奴州最后一次机会，他在 7 月 12 日再次召集 12 名边境州议员开会，希望他们考虑逐步废除奴隶制的可能性。林肯的建议又一次被顽固的议员们断然拒绝。林肯心凉了，他终于明白，在彻底平定南方叛乱之前，要让边境蓄奴州率先废奴，几乎没有可能。于是，他痛下决心，直接拿南方叛乱州开刀。

3

林肯仔细盘算，在叛乱州解放黑奴，至少有如下的好处：

第一，顺应反对奴隶制的北方人民呼声，以此激发人民对战争的支持，推动战争继续进行，最终赢得战争。

第二，沉重打击南方支持奴隶制的势力，让他们感到震撼和痛苦，重挫其嚣张气焰。

第三，削弱南方的整体实力，瓦解南方的潜在军力。南方黑奴虽然不能参军当兵，直接与北军交战，但实际上在间接地支持着这场战争：一是在南军中有数以千计的黑人后勤人员，他们在运输和杂务部门为南军效力。二是在南方军队的后方，大量黑奴从事农田劳作，为前线提供物质保障，让白人放心地离开家庭到前方打仗。

第四，废除奴隶制，可以在欧洲民众中争取到很大的支持。欧洲文明进步早已不能容忍奴隶制，联邦政府一旦亮出反对奴隶制这面大旗，可以在欧洲赢得平叛战争的道义制高点。

第五，走出解放奴隶这一步，紧接着就可以推出黑人参军政策，不但可以缓解北方兵员不足的问题，也能够改变这场战争"白人为黑人打仗，黑人却袖手旁观"的奇怪现象。

到 1862 年 7 月，林肯解放黑奴的念头已经十分强烈，他亲手起草的一份《解放宣言》初稿，准备提交内阁讨论。

7 月 22 日，林肯召开内阁会议，宣读了他的《解放宣言》初稿。大多数内阁成员赞同林肯的决定。不过，头脑清醒的国务卿西沃德提醒林肯，这样一份重要的公告，最好等到一次重大的军事胜利之后再公布，否则会被认为故意转移民众视线。[31]

林肯觉得西沃德的提醒十分重要，公布《解放宣言》这样的重大政治决定，确实要找准一个恰当的时机。当时刚刚打完半岛战役，如果这个重磅炸弹扔出去，有些人就会说，林肯解放黑奴，是因为"黔驴技穷"，想要掩饰战场上的失利。

林肯是一个现实主义者，他接下来要考虑的问题是：一旦解放了黑奴，如何处置这些获得解放的黑人？

事实上，许多北方白人并不关心奴隶制的废存，这跟他们的生活并没有多大关系，他们关心的是，如果大量自由黑人涌入北方，很可能抢走他们的饭碗，"甚或抢走他们的女儿"，冲击白人固有的社会秩序和生活方式。尤其是从事体力劳动的白人，如爱尔兰裔人，仅在纽约就有 81 万多人，[32] 他们很担心黑人劳动力跟自己抢饭碗，成为黑人解放的"牺牲品"。有一些北方报纸也推波助澜，在北方劳工阶层中煽风点火，报刊中出现了这样一些标题：

> 工人阶级将被迫与黑人平等？
>
> 工人们！要小心了！你们要团结起来，与那些使你们贫困和消亡的威胁作斗争！

作为总统，林肯既要为黑人考虑，又得替白人着想，他不希望自己"好心办坏事"，出现"按下葫芦浮起瓢"的窘境。

林肯想来想去，想不出新办法，只好拿出"老方一贴"：把获得解放的黑人送出美国国境，送回到他们的非洲老家。

事实上，林肯的想法代表了当时许多白人的心声，一位支持废奴的伊利诺伊州士兵说：

> 我不赞同让黑奴获得解放之后继续混在我们中间过自由生活。老亚伯（林肯）也不会这样做。我们可以将他们送到国外，在那里建立殖民地。[33]

8月14日，林肯邀请五位有影响的黑人来到白宫，商讨黑人移民的事情。林肯对他们说，"奴隶制对任何国家来说都是一个巨大的错误"，但是，即使奴隶制被端掉了，白人的傲慢、偏见和歧视依然存在，"你们的种族将备受痛苦，你们生活在我们中间的许多人将感受到这种痛苦；同时，我们的人也会因为你们的存在而感到痛苦"。

林肯接着说，就目前情况而言，黑人在美国社会不太有可能获得真正的平等，"在我们的人中间，有相当一部人很不情愿，并且非常粗暴地反对你们自由黑人与我们生活在一起……我并不想讨论这些，但我把它作为一个事实拿出来，我们都不得不正视和应对。我本人无法改变这种状况……所以，最好的办法就是分开，这对双方都好"。[34]

林肯这番话说得很诚恳、很坦率，受邀的五位黑人表示理解，但他们也明确表示，大多数黑人并不愿离开美国。这次会谈没有取得实质性的成果。

紧接着，8 月 22 日，为了回应《纽约论坛报》格里雷主编指责林肯对奴隶制"无所作为"，林肯给《国家信使》刊物写了一封信，其中有一段著名的话：

> 我在这场战争中的最高目标是拯救联邦，既不是保全奴隶制，也不是摧毁奴隶制。如果我为了拯救联邦而不需要解放任何一个奴隶，我愿意这样做；如果我为了拯救联邦而需要解放所有奴隶，我愿意这样做；如果为了拯救联邦需要解放一部分奴隶而保留另一部分，我也愿意这样做。无论我对奴隶制和有色人种做了什么，都是因为相信这样做有助于拯救我们的联邦。[35]

作为总统，林肯需要向外界表明，解放黑奴并不是战争的目的，而只是赢得战争的手段。

但是，作为个人，林肯何尝不愿解放黑奴，何尝不想给黑人平等的社会地位？就在林肯写这封信的时候，他的案头放着正在亲手修改的《解放宣言》文稿。林肯在这封信的最后这样结尾：

> 上述所言，代表了我的官方身份。至于我个人的观点，毫不隐讳地说，我希望所有地方的所有人都能够获得自由。[36]

林肯是一个笃信上帝的基督徒，面对如此庄严的抉择，他似乎还在等待天意的明示。

9 月初，当李将军兵临弗莱德里克城下，林肯再次召开内阁会议。会上，林肯语气坚定地对大家说："昨晚，我与上帝签订了一个契约——如果李将军被赶出马里兰，意味着上帝给我发出了一个信号，允许我宣布：在南方叛乱州解放黑奴。"[37]

安提塔姆河一战，真的把李将军逐出了马里兰——上帝给出了一个决定命运的信号。

9 月 22 日，战役结束后第五天，林肯总统在内阁会议上宣读了《解放宣言》第二稿，内阁通过了这份文稿。会后，林肯又字斟句酌地修改一通。9 月 24 日，《解放宣言》公布于众。此时，距内战爆发正好 18 个月。

《解放宣言》的关键内容如下：

> 从公元 1863 年 1 月 1 日起，凡在当地人民继续反抗合众国的任何一州之内，或一州的指明地区之内，被人占有而做奴隶的人们都应在那时及以后永远获得自由。[38]

三个多月很快过去。

1863 年 1 月 1 日下午，林肯总统坐在自己的办公室，接过萨姆纳议员递给他的金笔，用略微颤抖的手，在《解放宣言》上签下了"亚伯拉罕·林肯"。通常，林肯签署文件只写"A. 林肯"，唯独这次写下了全名。林肯放下笔，站起来对旁边的人说："在我的生命中，我感觉自己做得最正确的事情就是签署了这份文件。"[39]

至此，美国内战终于与解放奴隶直接联系在一起了，成为这场战争的一个重要主题，战争性质与意义随之发生重大变化。这真应了一句箴言：战争是社会革命的接生婆。

4

解放奴隶宣言体现了林肯审慎稳妥和顾全大局的行事风格。

首先，废奴的矛头只指向南部叛乱州。联邦内部的边境蓄奴州，根本没有提及——这就是林肯在给格里雷信中所说的"如果为了拯救联邦需要解放一部分奴隶而保留另一部分，我也愿意这样做"。这是林肯基于稳定大局、共同对敌的现实考量，让边境蓄奴州暂时吃了定心丸，确保不引起内部的反弹，可谓用心良苦。有些教科书指责林肯总统的《解放宣言》是一种"不彻底的"政策，这真叫"站着说话不腰疼"，让人哭笑不得。

其次，林肯的解放宣言是向南方奴隶主发出的一种战略威慑：如果继续对抗联邦政府，联邦军队打到哪里，哪里的奴隶就获得自由。反过来讲，如果叛乱州停止对抗，一切都还"好话好说"。这就给南方奴隶主指出了一条退路，甚至是一条继续保留奴隶制的途径：放下武器，回归联邦，保留奴隶制。这对南方政治势力和南军士兵，具有一种劝降的作用。

第三，要真正实施宣言中所说的解放奴隶政策，需要以联邦军队取得军事胜利为前提。也就是说，只有等到大军过境，解放了南方土地，才能把这些土地上的奴隶变成自由民。这意味着，每一个新的战役，就是一次解放黑奴的行动；每一次新的胜利，就是一次解放黑奴的成功。这对北军士兵具有一定的激励作用。有人嘲讽说，林肯只是解放那些他解放不了的黑奴，这种说法并不符合事实。

第四，按照这份宣言，对于那些在宣言正式实施之前已经落入联邦军队之手的原叛乱地区，并没有说要废除奴隶制。与边境蓄奴州一样，都不属于"当地人民尚在反抗合众国的任何一州"，林肯宣言有意回避那些已被征服的南方地区，是为了更好稳定新占领地区的政治态势。

解放奴隶宣言发挥了强大的象征性作用，使这场战争客观上具有保卫联邦与解放奴隶的双重性质，为美国人民争取自由的历史注入了新的能量，在人类种族文化史上具有划时代的意义。

在解决奴隶制问题上，我们看到了林肯总统的最闪光之处。

首先，林肯总统明确区分了个人好恶与政治原则之间的界限，这是一个伟大政治家最重要的素质。林肯个人始终憎恶奴隶制，而且林肯好友中不少是激进废奴主义者，包括被人用手杖猛击头部的萨姆纳参议员。但是，作为联邦总统，林肯却未将个人好恶与政治决策混为一事，从不在重大的政治议题上感情用事，草率处置奴隶制问题，以至于萨姆纳等朋友多次批评林肯总统。

其次，林肯总统明确区分了一个国家的中心目标与次要目标，始终将维护国家统一置于中心的地位。林肯深知，这个国家正面临远比奴隶制问题严重百倍的问题，那就是国家的分裂、宪政的挑战。林肯总统不为各种干扰所动，在把握国家大局上始终头脑清醒。

第三，林肯总统是一位善于审时度势、随机应变的政治家，能够在历史的关键时刻，按照时事变化和人心向背，及时调整自己的政策态度，适时应势地作出正确决断。一位评论家这样说："他就像一只记录压力变化的灵敏的气压计，当激进派的压力增大时，他就倒向了左边。"这正是林肯值得称道的素质，他没有放过稍纵即逝的机遇，终于在战争进程不到一半的时候，在原则性与灵活性之间找到了一个最佳结合点。

第四，林肯还是一位必要时敢于冒险的政治家。说实话，《解放宣言》是一步险棋，到底是凶是吉、是祸是福还很难说，林肯坦承这是孤注一掷的行动。事实上，《解放宣言》发表后，遭到了部分边境州及伊利诺伊州、印第安纳州南部士兵的反对，差一点酿成兵变。麦克莱伦与波托马克兵团的一些民主党将领也说三道四，表达心中不满。林肯注意到军队的反应，在他的要求下，麦克莱伦将军不得不在10月7日签署了一项命令，明确指出军队是政府的工具，政府制定的方针政策，军队必须执行。

林肯签署《解放宣言》的消息传到欧洲，得到了大多数民众的正面响应。伦敦群众举行大规模集会，声援美国联邦政府，对英国政府和报界产生了重大影响。英国首相帕尔默斯顿内阁考虑到本国民意，以及李将军撤出马里兰州的现实，决定推迟承认南部邦联。

法国与荷兰也作出了同样的决定。美国驻荷兰大使写道：

> 当《解放宣言》写在一面旗帜上，而奴隶制度写在另一面旗帜上，每个人都认识到这场战争的意义。[40]

历史学家布鲁斯·凯顿在《美国内战》一书中所说："《解放宣言》将南部邦联锁定为一个不合潮流的政府，这种政府无容于现代世界。"[41]

三、黑人士兵

11

《解放宣言》打开了黑人参军的大门，不但增加了联邦部队的兵员，更将这场军事战争拓展为一场社会革命。

在此之前，联邦海军中已有不少黑人服役，在陆军中也有少量黑人，但他们都被限制在后勤服务部门，包括挖战壕、修工事、运物资、送弹药以及搬尸体等。宣言施行后，联邦战争部成立了有色人部队局，专门负责黑人士兵的征召与管理。来自北方和南方的黑人可以加入联邦军队，直接扛枪打仗，补充了北军兵员。黑人士兵占了联邦军队总数的十分之一，其中超过 13 万黑人士兵是蓄奴州的逃亡者。黑人入伍提高了黑人在社会中的地位。社会历史学家米尔顿·梅尔特泽（Milton Meltzer）在《有色人种部队》一文中写道：

> 到战争结束之时，有超过 18 万黑人在联邦陆军服役，3 万黑人在联邦海军服役，25 万黑人在军队中从事劳役工作。为了消灭奴隶制，38000 名黑人献出了生命。有 21 名黑人战士获得了国会荣誉勋章。他们的所作所为改变了国人对黑人的看法，也改变了他们对自己的看法。[42]

需要指出的是，解放奴隶固然使美国黑人获得了自由的身份，但并不意味着就此获得了平等的社会地位，更不意味着消除了白人对黑人的种族歧视。这是三个不同层次、不同内涵、不同意义的问题。

如果说解放黑奴可以靠政治宣言和军事征服加以实现，那么黑人获得平等的社会地位则需要更加坚实的法律基础加以支撑，至于消除种族歧视更涉及社会心理和文化心态的深层次问题，需要长期的政治、法律、经济、社会、文化等多方面努力，才能逐步实现。

可以说，美国内战解决了第一个问题；战后的一系列宪法修正案及其他政治、法律努力从法理上解决了第二个问题；而 20 世纪以来的美国社会教育、民权运动和多元文化观念的进步，才使得第三个问题逐步得到解决。

今天，美国人已经通过全民普选，选出了自己的黑人总统，这是一个标志性事件，将美国人民乃至整个人类消除种族歧视的共同事业推进到一个前所未有的境界。林肯用毕生精力乃至生命，为人类个体自由与种族平等事业作出了居功至伟的贡献。

黑人加入参战部队，一般都是单独建制，军官则由白人担任。美国总统昆西·亚当斯的孙子查尔斯·亚当斯二世（Charles Francis Adams Ⅱ）哈佛大学毕业后从军，成为联邦军队第一个黑人骑兵团——马萨诸塞州第 5 骑兵团团长。[43]

黑人士兵的条件与待遇都比白人士兵差，而且常常受到歧视。内战期间，黑人士兵很少得到提拔，只有 75 人晋升为下级军官。但是，黑人部队的忠诚度和勇敢精神超出了人们的预计，总体上表现出色。

与昔日的"主人"作战，黑人士兵要承受比白人士兵更大的风险。南方士兵不能容忍自己的奴隶与他们交战，抓到黑人俘虏往往当作反叛者即刻处死，甚至连统领黑人部队的白人军官也一并处死。即使不处死，黑人士兵也不能通过交换俘虏获释，因为南方人压根不把黑人算作士兵。

黑人士兵，摄于 1863 年

1864 年 4 月 12 日，南军骑兵指挥官弗莱斯特将军在田纳西州攻占皮楼要塞（Fort Pillow）之后，枪杀了缴械投降的 250 多名黑人士兵，有的还没断气就被掩埋了，同时遇害的还有 2 名北军白人军官。一个星期后，一个联邦联合调查团举行了听证会，听取几名幸存者对事件的回忆，屠杀事件大白于天下。[44] 这件事在北方引起了震动，在后来的作战中，许多北军士兵，特别是黑人士兵，常常高喊"记住皮楼要塞"，发起猛烈冲锋。[45]

在战场上，黑人士兵受伤后得到及时治疗的机会也低于白人，使黑人士兵的死亡率高于白人士兵。在整个战争中，有 38000 名黑人士兵献出了生命。拍摄于 1989 年的美国电影《光荣战役》，取材于真实的历史，讲述了内战时期一支由黑人组成的马萨诸塞州第 54 团，在一名波士顿废奴主义者罗伯特·肖（Robert G. Shaw）上校带领下，克服困难，英勇作战的故事。

1863 年 7 月 18 日，肖上校率领黑人部队进攻查尔斯顿附近的瓦格纳要塞（Fort Wagner），全团 650 名战士中牺牲了 272 名，包括肖上校本人。

弗雷德里克·道格拉斯的儿子也是第 54 团的士兵，他在当天的战斗中幸存了下来，后来写信给女友说：

> 我周围的人纷纷倒下，一个炮弹下来，炸倒了 20 英尺地方的所有人，我们重新聚集起来，继续冲锋，但是没有用，我们只得撤退……我真希望我们能有成千上百支黑人部队，将这场战争结束掉。[46]

肖的尸体被南军扔进了掩埋黑人士兵的沟壑里，这在当时算是一种严重的侮辱。肖的父亲——一位马萨诸塞州的著名律师——却觉得很欣慰，因为他的儿子很荣幸与战友们埋在一起。瓦格纳要塞于一个半月后被北军拿下。

《纽约论坛报》这样评论道："瓦格纳要塞对黑人的意义，与邦克山战役九十年来对北方白人的意义一样重要。"[47] 独立战争时期的邦克山战役，证明了一群土里土气的殖民地民兵可以对抗武装到牙齿的英国正规军。瓦格纳要塞之战证明了长期受到歧视的黑人可以与白人一样英勇作战。林肯在 8 月 3 日的一次讲话中，对北方民众说了这样一句名言："过去，你们有人曾经说，不愿意为解放黑人而战；现在，黑人中的一些人，却愿意为你们而战。"[48]

1863 年的年底，一位联邦黑人军官克里斯汀·福莱特伍德（Christian Fleetwood）在给他妻子的信中这样写道：

> 这一年发生了许多年初的时候根本不敢想和不会想的事情。我成了一名为自己种族事业而战的战士。愿上帝保佑这项事业，让我在新的一年里继续努力奋斗！[49]

在 1864 年 7 月弗吉尼亚郊区的激烈战斗中，当连续两名旗手中弹倒下之际，福莱特伍德勇敢地冲上去，第三次扛起军旗向前冲锋。

1865 年 4 月 6 日，福莱特伍德中校获得了国会荣誉勋章。福莱特伍德所在部队向战争部提出了晋升申请，但被斯坦顿部长搁置了。福莱特伍德中校成为内战期间军衔最高的黑人军官。

第七章

战火连绵

一、临阵换将

1

林肯签署《解放宣言》，意味着与南方人彻底撕破脸皮，要与叛军打一场你死我活的战争。

但是，在东部战场和西部战场，麦克莱伦将军和彪尔将军两员大将，却依然行动拖沓。

不肯换脑子，只能换人了。

林肯首先在西线下手。10 月 23 日，他免掉了彪尔的职务，由威廉姆斯·罗斯克兰斯（William S. Rosecrans）将军接任坎伯兰兵团总指挥的职务。10 月 25 日，林肯又任命格兰特为田纳西兵团总指挥。[1]

林肯没有马上对麦克莱伦下手，主要的顾虑是，当时正值美国中期选举，各州州长与参众两院都要换届，共和党与民主党竞选正酣，麦克莱伦是民主党的宠儿，林肯不想落下一个打击报复的口实。

11 月，中期选举终于结束，共和党虽然丢掉了纽约州长与新泽西州长的位子，失去了众议院部分席位，却保住了其他所有州长的位子，在众议院与参议院依然占据多数席位，可以说斩获颇丰。[2]

1862 年 11 月 7 日，林肯终于痛下杀手，下令解除麦克莱伦的所有军职。

林肯向周边的人解释说，他对麦克莱伦的最大不满是"动作太慢"，总是磨磨蹭蹭，贻误战机。波托马克兵团总指挥一职由 38 岁的安布罗斯·伯恩赛德少将接任。

当天，麦克莱伦发布了《告别波托马克兵团书》，向全体士兵和军官表达感谢之情，向牺牲、受伤和病亡的将士表达感念之心。[3]11 日，麦克莱伦满怀委屈地离开了这支一手带大的部队。波托马克兵团的许多士兵为麦克莱伦抱不平。

几天后，林肯收到了麦克莱伦的一封信，信中说："总统先生，你可能会找到比我走得更'快'的人，但我怀疑你能否找到比我走得'远'的人。"[4]这话说得够狠，依然是麦克莱伦的一贯口吻。事实上，这话不仅"狠"，而且还"准"：接下来的半年多里，林肯果然一而再、再而三地换帅，没有一人任职时间超过麦克莱伦，真的被麦克莱伦不幸言中了！

麦克莱伦企盼，林肯还会像以前一样回心转意，再次请他出山，但他没有等到这一天。失望的麦克莱伦开始准备两年后的大选，他要代表民主党，在政治舞台上再次与林肯一决高低。

历史学家对麦克莱伦的表现与功过基本上持否定态度，差不多算"一边倒"。詹姆斯·麦克福尔森在《呼唤自由之战：美国内战时代》一书中说：

> 麦克莱伦把波托马克兵团打造成一部战争机器，这一点无人能及，为联邦最后取胜作出了重要贡献。但是，事实证明他没有能力在巅峰之战中高效地运作这部机器。[5]

在众多历史学家中，麦克福尔森的这一评价算是较为中肯的。

2

当战争部的信使赶到伯恩赛德的营帐，宣布委任令的时候，伯恩赛德居然很不领情，跟上次一样，拒绝接受任命。他说自己只是一位称职的战地指挥官，恐怕难以担当统帅三军的大任。一方面，伯恩赛德的确有些"自知之明"；另一方面，他也碍于老朋友麦克莱伦的情面，不想做"落井下石"的人。

林肯早有预料，他事先告诉信使，如果伯恩赛德拒绝任命，总指挥一职将交给虎克将军。虎克与伯恩赛德关系一直不太好，谁也不买谁的账。伯恩赛德听说虎克挂帅，二话没说，当即接下帅印。不过，据米德将军后来的说法，伯恩赛德接受任命时，"哭得像个孩子似的"。[6]

安布罗斯·伯恩赛德

伯恩赛德长着连鬓胡子，他的名字让人联想到他的胡子——络腮胡子 sideburns 与他的名字 Burnside 正好倒了个个儿。

伯恩赛德也是西点军校毕业生，曾经在东线战场上有着不赖的经历。1862 年之初，他在北卡罗来纳沿海指挥作战，取得了胜利；在刚刚结束的安提塔姆战役中，伯恩赛德表现出色，差一点攻破李将军的防线，众人对他口碑甚佳。

林肯选用伯恩赛德，是有精心考虑的。林肯需要一位来自东线战场的军官指挥波托马克兵团，这个人只能从现有的几名军长中挑选：埃德温·萨姆纳将军年纪偏大，而且身体不太好；威廉·富兰克林将军是麦克莱伦的亲信，林肯当然不予考虑；约瑟夫·虎克将军骁勇善战，不过资历比伯恩赛德浅。

李将军闻知林肯再次换将，不无忧虑地对朗斯崔特说："我与麦克莱伦知己知彼。我担心他们老是换将，总有一天会换一个我不了解的将军。"

眼看岁末将近，南北双方依然胶着僵持，林肯心急如焚。此时，林肯急需一次重大的战场胜利，来配合明年年初《解放宣言》的正式施行。

此时，联邦军队在战场上一共有三支大军：东线战场上，有伯恩赛德的波托马克兵团；西线战场上，有威廉·罗斯克兰斯在田纳西中部的坎伯兰兵团，以及格兰特在密西西比流域的田纳西兵团。林肯相信，如果这三支大军相互联动，足以将南军摧垮。[7]

伯恩赛德第一次指挥十二万人的大军，人数甚至超过了麦克莱伦掌军的时候。伯恩赛德与麦克莱伦不同，能够坚定执行林肯主动出击的指令。他很快做了两件事，第一件事是重组波托马克兵团，将兵团分为三个"集团军"，作为军级以上的建制，以便集中指挥。

右路集团军由埃德温·萨姆纳将军指挥，中路集团军由约瑟夫·虎克将军指挥，左路集团军由威廉·富兰克林将军指挥。每个集团军所属2个军，下辖7个师，其中6个步兵师，1个骑兵师。

伯恩赛德这样做，事实上将兵团中的三位主要将领都提拔了一级，从军级提升到集团军级。

伯恩赛德做的第二件事是制定了进军理士满的作战计划：从蓝领东侧出发，跨过拉帕汉诺克河，夺取弗吉尼亚的弗莱德里克斯堡（Fredericksburg），逼迫李将军在弗莱德里克斯堡与理士满之间进行决战；在击垮李将军之后，兵锋直指理士满。

11月12日，哈莱克亲自到伯恩赛德的指挥部审议作战计划。11月15日，林肯批准了这个计划。应该说，这个作战计划本身不错，问题是必须兵贵神速，要在李将军还没有部署好兵力之前，尽快渡过拉帕汉诺克河，乘敌不备，发起进攻。伯恩赛德闻风而动，行军速度相当迅捷。

3

11月17日，右翼集团军在萨姆纳少将率领下，以60小时行军50英里的速度，快速抵达了拉帕汉诺克河东岸的法尔茅斯（Falmouth），与河西岸的弗莱德里克斯堡隔河相望。

出发之前，伯恩赛德请求哈莱克尽快提供一批浮舟，用于架设浮桥。但是，当萨姆纳抵达法尔茅斯时，却看不到浮舟的踪影。

李将军的北弗吉尼亚兵团于19日到达了弗莱德里克斯堡，在郊外高地开始构筑工事，准备迎接对岸敌军的进攻。

21 日，萨姆纳少将向弗莱德里克斯堡市长发出劝降书，令其在下午 5 点之前投降；如不投降则再给予 16 个小时撤出居民，联邦军随后将猛烈炮击。城内百姓闻讯大乱，居民们捎带细软，扶老携幼，纷纷出逃。

伯恩赛德的大部队驻扎在拉帕汉诺克河东岸的斯坦福（Stanford）高地一带，远远可以望到西岸树林间的南军。由于浮桥迟迟没有运来，北军无法马上投入进攻。伯恩赛德心急如焚，一等就是一个多星期。

看到部队等在河边干着急，萨姆纳主动请缨，要求率军从附近一处浅滩涉水渡过拉帕汉诺克河，乘敌不备，先行发起进攻。

这听起来像是一条奇计，可惜伯恩赛德没有同意，他担心近日有暴雨降临，万一河水上涨，后续部队不能跟进，萨姆纳在对岸就变成孤军作战，很容易被敌人吃掉。

就在北军苦等舟桥的一周多时间里，南方部队得到了人员和装备补充，大炮数量增加到了 300 多门，人数达到 72000 人，占领了拉帕汉诺克河西岸的有利地形，在弗莱德里克斯堡后面建立起 4 英里长的防御阵地，高堑深垒，严阵以待。

八天之后，架设浮桥的装备总算运来了。尽管北军立即动手架桥，还是又花费了一个多星期。

12 月 10 日，联邦部队终于在拉帕汉诺克河上架起了六座浮桥。11 日，北军在炮火掩护下强行渡河，进入弗莱德里克斯堡，各路兵马做好了战斗准备状态。

奇怪的是，南军除了少数狙击手向架桥工程兵开枪射击之外，李将军没有采取行动去阻止北军架桥，也没有对北军准备过桥的部队进行炮火拦截，听任北军大摇大摆地过河。

事实上，李将军已布好阵势，他的部队达到了 90000 人，这是李将军在内战中拥有兵马最多的一次，而且他主动选择了交战的地点和时间，有信心在这里与北军干上一仗。面对北军渡江而来，李将军的姿态已不是"诱敌深入"，而是"放马过来"吧！

二、玛丽高地的杀戮

1

12月13日清晨，大雾弥漫，南军将士严阵以待。

南军右翼防线由杰克逊和A. P. 希尔率领35000人把守，一共有5个师，杰克逊麾下有加贝尔·欧利师、威廉·塔拉菲洛（William Taliaferro）师，A. P. 希尔麾下有威廉·庞德（William D. Pender）师、爱德华·托马斯（Edward L. Thomas）师，D. H. 希尔师留在后面准备支援。

朗斯崔特率领35000人把守左翼阵地——玛丽高地（Marye's Height），也有5个师，其中理查德·安德森师、拉法耶特·麦克劳斯师、乔治·匹克特（George Pickett）师、约翰·虎德师一字排开，罗伯特·兰斯姆（Robert Ransom）师作为预备队。李将军与朗斯崔特在一起。

朗斯崔特的左边有拉帕汉诺克河掩护，杰克逊的右边有斯图尔特的骑兵和炮兵掩护，左右两翼阵脚都相当稳固。

这天，杰克逊出乎寻常地穿上了斯图尔特送给他的一套新军装，显得格外精神。大战将至，杰克逊显得自信满满，对边上的军官说："少校，我的部队曾有攻不下的阵地，但从未有守不住的阵地。我很高兴洋基佬主动进攻。"[8]

上午10点，大雾散去，阳光普照，北军的进攻正式开始，一场南北战争中异常惨烈、颇为无厘头的战役打响了。

北军左翼部队由富兰克林将军指挥4个师，向杰克逊的阵地发起攻击。米德师再次打头阵，约翰·吉本（John Gibbon）第2师随后跟进。北军排成三行，大步向前推进，他们需要走过一片半英里长的开阔地。太阳光下，士兵们的刺刀尖闪闪发亮，无数军旗迎风招展。

大约10点半，李将军一声令下，南军炮火开始发威，拿破仑无膛线炮、布莱克里膛线炮一起射击，"轰隆……轰隆"，一声接着一声，炮弹在北军人浪中炸开，把一群群士兵抛向空中、掀翻在地。

北军炮火马上还击，很快压制了南军的炮兵。打到中午时分，米德率部勇敢冲锋，突破了A. P. 希尔将军的防线，吉本的部队蜂拥跟进，继续扩大战果。南军佐治亚第19步兵团和田纳西第14步兵团、第7步兵团的阵地乱作一团，有些士兵试图逃命，被另外一些愤怒的士兵射杀。南军马克西·格里格（Maxcy Gregg）准将挥舞着指挥刀督战，被一颗子弹击穿脊椎骨，身负重伤。

正所谓"沧海横流，方显英雄本色"。在这关键时刻，A. P. 希尔手下第一虎将威廉·庞德将军挺身而出，他不顾被子弹打穿的左臂汩汩流血，指挥士兵奋力抵抗。A. P. 希尔麾下骁将爱德华·托马斯准将也左冲右突，来回厮杀。经过一阵激战，南军硬是顶住了北军的冲锋。米德与吉本的人马死伤惨重，进攻乏力。

这时，杰克逊的部将加贝尔·欧利及时赶来支援。现在，该轮到南军反击了。庞德、托马斯与欧利发起联合反冲锋，在两个北军师之间切入，把北军打了个稀里哗啦，被迫退回己方阵地。吉本将军负伤离阵，北军左路骑兵指挥官乔治·贝亚德（George D. Bayard）准将身负重伤，死于次日。米德师损失了40%的兵员。幸好后续部队赶到，发起新的冲锋，阻挡了南军的进攻，掩护败军撤下阵来。

一位北军军官描述了当时的场景：

> 我们边打边撤，叛军紧追不舍，打垮了我们的侧翼，步枪子弹把我们扫到了一大片，炮兵向我们猛轰，炮弹窜入人群，炸得我们血肉四溅，神志不清，许多人当场死在泥地里。[9]

到下午2点多钟，南军右翼战斗基本停止。米德师损失1853人，吉本师损失1267人，加上其他师的损失，北军一共损失了4862人；南军损失了3400人，其中三分之二是A. P. 希尔的部队。两军一共死伤8000多人，双方阵地保持原样。

2

与此同时，弗莱德里克斯堡之战最惨烈的一幕，南军左翼玛丽高地的攻防战也在进行。

中午 11 点，萨姆纳和虎克的两个集团军主力部队对玛丽高地展开波浪式进攻，力图夺取弗莱德里克斯堡城外最重要的制高点，这里由朗斯崔特的部队把守，李将军亲自督战。

这是一场更加无厘头的战斗：首先，玛丽高地炮群密布，炮火覆盖所有进攻路线；其次，在高地脚下，南军筑起了一道 4 英尺高的石墙，墙后密密麻麻站着 2500 多名狙击手，背后还有大量预备人员；第三，在玛丽高地前面，是一片 800 英尺的开阔地，无遮无挡，无躲无藏。一些联邦将领看到这样的场景，建议伯恩赛德不要硬攻，可是这位胡子将军根本听不进劝告，命令部队立即发起进攻。

萨姆纳自己还在拉帕汉诺克河东岸，他让达里乌斯·寇齐（Darius Couch）少将代理指挥进攻。寇齐下令法兰奇师首先出击。

一排一排联邦士兵从弗莱德里克斯堡走出来，越过空旷的草地，朝着前方的玛丽高地大踏步向前走去。看到潮水般涌来的北军士兵，李将军也颇感惊讶，几乎不敢相信自己的眼睛。

北军刚走到一半，玛丽高地的大炮开火了，密集的炮弹在士兵身边爆炸，残肢、破旗、断枪、碎布飞上了半空，成片成片的人群东倒西歪。但是，北军士兵表现出惊人的勇气，他们冒着枪林弹雨继续向前走，不时有人从倒下，身边的人立马填补了空位，人潮不停地先前涌动，毫不畏惧，走到距离石墙 200 英尺的地方，石墙后面射出的一排排密集子弹，把这些无畏的勇士扫倒在地，尸体横七竖八，伤者高声尖叫，后面的士兵开始扭头回撤，法兰奇师全线败退。一位南军炮兵军官事后说，当时就连一只鸡仔都别想在这个场面活下来。

跟着发起新一波攻击的是汉考克师，士兵们同样英勇无畏，一直攻到了距离石墙 150 英尺的敌方，遭到南军火力猛烈射击。石墙后面的士兵排成 4排，装弹的装弹，递枪的递枪，射击的射击，子弹不停地往外射击，就像一部高效的杀人机器，北军被迫后撤。两个攻击波，北军死伤了 3200 人。

寇齐少将马上派出奥利弗·霍华德（Oliver Howard）师发起第三波进攻，这个师的命运与汉考克几乎一样，被打得七零八落，死伤遍野。

寇齐只能向虎克告急，希望虎克接着进攻。虎克看到这个场景，知道硬攻不行，他骑马飞驰两英里，赶到伯恩赛德的指挥部，请求停止攻击。伯恩赛德不予理会，下令继续进攻。虎克只好回到战场，组织部队进攻。

接下来，联邦军队又发起了三次进攻，每次都是师级规模的冲锋，全被死死地阻挡在石墙前面。[10] 在人类战争史上，从来没有一堵石墙，能够在这么短的时间内发挥如此高效。就靠一道石墙，6000 名南军士兵，硬生生挡住了 40000 北军的进攻。

历史学家玛格丽特·瓦格纳（Margaret E. Wagner）在《美国内战365天》中引用了北军一位战士乔西亚·法维尔（Josiah Favill）事后的日记：

当我们行进到距离敌人阵地 300 码之内的时候，士兵们突然高声呼喊，向高地发起冲锋。转瞬之间，我们前面的山坡被一道长长的火墙遮蔽，叛军从山坡的各个角落向我们射来雨点般的子弹和炮弹。我们人死伤惨重，还没等我弄清怎么回事，整个队伍就垮掉了。……我躺在地上，脑子里转过一个念头：为什么在这样一个晴朗的日子里，数以千计

弗莱德里克斯堡附近的联邦军队重炮，摄于 1863 年 5 月 3 日

自由的新生

的人在这里拼命杀人呢？从那一刻起，我感觉这场战争没有浪漫、没有荣光，只有对发明这些可怕杀人武器的人强烈的憎恶。[11]

李将军站在高地上观战，真切目睹了这场空前惨烈的恶战，他回过头去，对站在一旁的朗斯崔特说："幸好战争如此残酷，否则我们会乐此不疲。"[12]

幸好时值冬季，天色黑得较早，伯恩赛德眼见攻击无效，只好悻悻收兵。夜幕降临后，开阔地和石墙前留下了一堆堆、一片片死伤的士兵，当天在此倒下的北军士兵共6300多人。

弗莱德里克斯堡之战，北军一共损失12600多人，其中死亡1284人，受伤9600人，失踪或被俘1769人；南军一共损失5377人，其中死亡603多人，受伤4116多人，失踪650多人。南军成功守住了阵地，赢得了一场大捷。

3

第二天，急了眼的伯恩赛德还想再次组织进攻，甚至要亲自冲锋陷阵，手下的人苦苦相劝，他只好含着眼泪下令撤退，大军离开弗莱德里克斯堡，退回到拉帕汉诺克河东岸。

林肯原本对弗莱德里克斯堡战役充满期盼，满心指望给《解放宣言》的正式实施放一个礼炮，没想到挨了当头一棒，顿时眼前金星直冒。

好在伯恩赛德还算敢作敢当，他向林肯总统表态，自己愿意承担全部责任。几天后，他特地赶回华盛顿面见林肯，表示要写一封公开信，向公众承担责任。林肯强掩着失落的心情，苦笑道："你是第一个敢于承担失败责任的将军。"

在接下来的日子里，南北两军隔着拉帕汉诺克河，又对峙了几个星期。新年刚过，伯恩赛德制定了一个新的计划，打算取道拉帕汉诺克河上游，绕过李将军的左翼，发动一次新的进攻，报一箭之仇。众将感觉到伯恩赛德意气用事，缺少胜算，劝他放弃计划，伯恩赛德执意不听。

老天似乎要终止这场无厘头的战事，接连下了多日雨雪，道路泥泞不堪，人马辎重陷在泥潭之中，根本无法行动。部队的士气也落入了低谷，不少士兵开了小差。

众将对伯恩赛德的怨气越积越深，虎克带头顶撞伯恩赛德，并且联合几位将领向华盛顿写信，要求尽快免除伯恩赛德主帅职务。

伯恩赛德也是倔脾气，他一怒之下起草了一份命令，准备解除虎克等人的职务。事实上，伯恩赛德并没有权力签署这样的命令，只有总统才能这样做。也许，伯恩赛德已经气急败坏，有点神志不清了。

弗莱德里克斯堡之战给林肯带来了一场大麻烦，共和党激进派怒不可遏，不少国会议员纷纷站出来，指责政府无能。他们还不敢把矛头直指林肯，国务卿西沃德就成了众矢之的，要求他辞职的呼声很高。林肯心里清楚，风波起于青萍之末，这次风波的"幕后推手"是西沃德在内阁中对手——财政部长蔡斯。林肯决定作出反击。

12月18日，林肯邀请9名国会议员来到白宫，听取他们的意见。这些议员言辞激烈，滔滔不绝，强烈要求林肯罢免西沃德。林肯一言不发，静静聆听，直到结束也没有说什么话。临别时，林肯邀请他们第二天继续商议。

次日，这批议员又来到白宫，当他们进入房间，惊讶地发现，林肯所有内阁成员齐刷刷地坐在屋里，只少了一个西沃德。就在议员们摸不着头脑的时候，林肯神情严峻地开口讲话了："凡是事关奴隶制问题和军事行动，我一般会听取内阁成员的意见，但最终决定都是我做的，无论好坏，责任在我。"林肯把责任揽到自己的身上，是想为西沃德开脱。接着，林肯又说："西沃德是内阁中很有价值的人物"，他把头转向内阁成员："你们说是不是这样？"大家不约而同地把眼睛转向蔡斯，看他如何表态。蔡斯当着这么多人，不敢说西沃德的坏话，支支吾吾，显得十分尴尬。参议员们见蔡斯不敢发难，也只好作罢，悻悻地离去了。[13]

一场倒阁风波总算被林肯应付过去了，但伯恩赛德的问题需要马上解决。

12月底以来，林肯接连收到波托马克兵团四位高级将领的"信访"，矛头均指向伯恩赛德。林肯不想看到部队内部混乱，决定作一了断。1月25日，林肯总统解除了伯恩赛德的职务，任命刚过48岁生日的约瑟夫·虎克少将为波托马克兵团总指挥。伯恩赛德的八十天主帅梦魇终于结束了。

林肯对伯恩赛德还是很有感情的，他后来将伯恩赛德调往西线战场，继续担任战地指挥官。也许，伯恩赛德确实只配做一名优秀的师长或军长，硬生生把他放到主帅的位置上，不能不说是林肯的一大误判。

三、杰克逊之死

1

说起约瑟夫·虎克，也算是波托马克兵团的一员猛将了。这位西点军校1837年的毕业生，仪表堂堂，意志刚强，在墨西哥战争中担任参谋，颇有奇谋，当地女孩子称他为"漂亮上尉"。内战爆发后，虎克几乎参加了东线战场的所有战役，在军中获得了"斗士乔"（乔是约瑟夫昵称）的称号。

林肯了解虎克脾气暴躁，但觉得他比麦克莱伦更进取，比伯恩赛德更聪明，所以就让他执掌帅印。

林肯任用虎克，没有跟任何人商量。其实，内阁成员中对虎克看好的人不多，他们认为虎克性情刚烈，野心过大，不太适合统领大军。哈莱克与虎克战前曾在加利福尼亚共事，对虎克颇为了解，很不喜欢虎克的做派。

斯坦顿与哈莱克都推荐米德将军，林肯考虑到军队中论资排辈的习惯，米德一直是虎克的部下，不可能越级提拔。

伯恩赛德掌军时，虎克对他不太尊重，虎克手下在玛丽高地的自杀式冲锋中死伤惨重，使他对伯恩赛德耿

约瑟夫·虎克

耿于怀，到后来简直视如寇仇。不管伯恩赛德有多少缺点，部下公开挑战上级在军队中总不是一件光彩的事。

虎克还是一个"大嘴巴"，曾经口无遮拦地宣称，美国的当务之急，是需要有一位强有力的独裁者，来拯救这个乱世。虎克所说的"独裁者"，大概是指林肯，但很多人认为虎克自己想当"独裁者"。[14]

这些风言风语，都传到了林肯的耳朵里，他觉得有必要找虎克"谈谈心"。

林肯把虎克叫到华盛顿，与他进行了一次长谈，希望他不负重托，不辱使命，打一场漂亮的翻身仗。虎克连声说"没问题"，不过他向林肯提出一个条件，自己今后直接向林肯报告，中间不要隔着一个哈莱克，因为哈莱克会成为他取胜的"障碍"。林肯求胜心切，居然也同意了。

虎克走后，林肯似乎还有千言万语要说，他忍不住提笔展纸，给虎克写了一封信。这封信，成为林肯总统在战争期间最著名的信件之一。

林肯在信中说，"我将你置于波托马克兵团最高指挥官的位置，自有我足够的理由；但我也要让你知道，有几件事情你并没有让我完全满意"。林肯指出了虎克在伯恩赛德手下桀骜不驯的问题。他接着又说，"我听说你最近还发表了一种言论，说我们的军队与国家都需要一个独裁者。这当然不是我任命你的原因，尽管如此我还是任命了你。只有那些取得军事胜利的将军才能扶持独裁者。我现在需要你做的就是取得军事胜利，我为此甘冒独裁的风险"。最后，林肯语重心长地叮咛虎克，既要谨慎行事，又要勇敢向前，尽快传来捷报。[15]

虎克读了总统的亲笔信，激动之情难以言表，知遇之恩临感涕零，他发誓要挽起袖口，大干一场，决不让林肯总统失望。

要说虎克，还真是一位雷厉风行的实干家，尤其擅长于调教部队、提升士气。他来到拉帕汉诺克河东岸的北军营地，下达了严格命令，整饬军纪。

原来，伯恩赛德掌军时，军中纪律较差，士兵随意行动，管束不严。在拉帕汉诺克河面不结冰的时候，南北士兵会划着船，到对方营地交换物品，一般是南方烟草换北方咖啡，生意做得不亦乐乎。这些行为都被虎克严令禁止。

经过三个月的整肃和训练，波托马克兵团重新恢复了士气，军营整齐，装备精良，粮草充分，斗志昂扬。寇齐将军以前对林肯任命虎克不以为然，此时感慨地说："在虎克的管理之下，这支军队士气高涨。我从来没有看到过，在如此短的时间里能够将一支士气如此低下的军队恢复到这样一种极佳的临战状态。"

虎克踌躇满志，制定了一个"完美无缺"的作战计划。他汲取了伯恩赛德的教训，不打算正面进攻，计划在拉帕汉诺克河东岸留下三分之一部队骚扰李将军，暗中率领主力部队迂回到拉帕汉诺克河上游渡河，占领弗莱德里克斯堡以西40英里的钱斯勒斯维尔（Chancellorsville），然后向南军左翼发起攻击。从兵法上讲，这有点"明修栈道，暗度陈仓"的意味。

虎克基本保留了伯恩赛德的集团军建制，对主将作了新的调整。达里乌斯·寇齐少将担任右路集团军总指挥，这位41岁的马萨诸塞州人在东部战场表现优异。米德将军也获得了提升，担任中路集团军总指挥。左路集团军由威廉·史密斯将军（William F. Smith）出任总指挥。

美国内战中有好几位史密斯将军。威廉·史密斯被人称为"秃头"史密斯，不过从照片上看此人脑袋上还是长了一些头发的。邦联军除了古斯塔乌斯·史密斯，还有一位是埃德蒙德·史密斯（Edmund Kirby Smith），此人在西线战场战绩显著，也是邦联军最后一个投降的指挥官。

虎克对部队建制唯一的重大调整，是将骑兵集中起来成立一个单独的军。这是虎克眼光独到之处，他要利用骑兵大部队在敌人后方实施远程战略打击。乔治·斯通曼（George Stoneman）将军担任骑兵军军长。

到4月份，波托马克兵团已经超过了13万人，其中步兵11万多人，骑兵11000多人，炮兵9000多人，拥有400多门大炮，这是当时地球上规模最大、战斗力最强的一支机动野战部队。李将军的邦联军只有65000人，220门大炮。双方兵力相差一倍。

4月初，林肯总统带着夫人玛丽·托德·林肯（Marry Todd Lincoln）和小儿子塔德（Tad Lincoln）来到法尔茅斯，视察虎克的军营。虎克情绪高涨，向林肯夸下海口："我有最好的军队，有完美的计划，当我开始行动的时候，我希望上帝能够同情李将军。"林肯告诫虎克不要过度自信。

4月11日，林肯准备返回，临行前与虎克、寇齐握别，他郑重地对两人说："我要给你们两位绅士施加点压力：下次开战的时候，我希望你们全军一起上。"[16]

以前麦克莱伦、伯恩赛德打仗，总是把预备队留得过多，他们一方面抱怨兵力不够，一方面却没有把全部兵力投入战斗。安提塔姆战役直到结束，至少有2个军压根就没有参战；弗莱德里克斯堡战役，情况也是这样。林肯没有读过西点军校，但他凭直觉认为，指挥官在关键决战之中，应当敢于"孤注一掷"，勇于"倾巢出动"，压上全部赌注，毕其功于一役。虎克一边聆听，一边点头称是。遗憾的是，他后来还是没有听林肯的话。

2

4月13日，虎克派出乔治·斯通曼少将率领骑兵部队渡过拉帕汉诺克河，一方面牵制邦联军的骑兵部队，另一方面打算切断李将军与理士满之间的交通联系。可惜的是，此时弗吉尼亚春雨连绵，拉帕汉诺克河水暴涨，斯通曼将军无法渡河，只好撤回原地。

雨一直下个不停。那时候，还没有气象科学，虎克也没有诸葛亮夜观星象的本事，只能焦急地等待雨停。没想到，这一等，就是十多天。

4月27日，天气放晴。虎克大军开始行动。虎克亲率7万多人的主力部队，在拉帕汉诺克河上游渡河。30日，部队全部过河，部署在钱斯勒斯维尔周边，距离李将军的左翼防线只有数英里之遥。虎克将他的司令部设在钱斯勒斯维尔的一幢大房子里，迅速派出骑兵部队切断通往理士满的道路。

一切似乎尽在虎克掌控之中，胜利只是时间问题。然而，虎克忘记了，他的对手并非庸常之辈，李将军可不是随便忽悠的人。

事实上，李将军早已识破了虎克的计谋，及时随机应变，留下10000人原地防守弗莱德里克斯堡，自己亲率45000人，火速赶往西线，加强侧翼防线。李将军根本无视联邦骑兵的骚扰，命令南军骑兵把住钱斯勒斯维尔的各个路口，使虎克的侦察骑兵无法接近南军，弄不清南军的动向。钱斯勒斯维尔森林密布，大树参天，杂草丛生，虎克未能没有及时了解李将军的战术机动。

5月1日早晨，旭日初升，空气清新，钱斯勒斯维尔高地上花儿盛开，树叶摇曳，蜜蜂飞舞，小鸟啼唱，万物展现出春天的勃勃生机。

突然，一阵阵猛烈的炮火打破了大地的宁静，虎克发起进攻了！

双方交火后，互有进退，相持不下。在一片厮杀和硝烟中，虎克将军显得优柔寡断，他没有投入全部兵力，初战受挫后，命令部队回撤钱斯勒斯维尔，准备来日再战。

夜幕降临，李将军召集众将，商议绝地反击。李将军知道，面对敌方优势兵力，正面硬撑下去必将全军覆灭，只有出其不意，主动反击，才有侥幸获胜的希望。根据骑兵指挥官斯图尔特的报告，北军右翼在钱斯勒斯维尔西面三英里处，居然没有部署兵力。杰克逊建议，让他组织一次迂回包抄行动，一举击溃敌人。

李将军大喜过望，马上接受了这个建议。他交给杰克逊26000人，让他迂回到虎克大军的右翼，发起突袭；自己留下17000人，苦守阵地，牵制住虎克。

5月2日凌晨4点左右，杰克逊率领本部人马准备出发，李将军特地赶到路口，与他握别。

杰克逊与李将军相识于墨西哥战争。1854年，杰克逊到弗吉尼亚军事学院当教授，是李将军亲自推荐的。1859年，李将军率兵到哈泼斯渡口捉拿约翰·布朗，两个人还见过面；在审判布朗的法庭上，杰克逊带着弗吉尼亚军事学院的一批学生，旁听了法庭审判。战争爆发后，李将军被任命为弗吉尼亚民兵总指挥，杰克逊闻讯，兴奋地对妻子说，罗伯特·李是最卓越的指挥官，比司各特将军更优秀。[17]战争期间，两人合作默契，李将军是计划者，杰克逊是执行者，真可谓出生入死，肝胆相照。

每次大战的关键时刻，李将军总是想到杰克逊，把最艰巨的任务交给他，而杰克逊从来没二话，每次都能够出色完成任务，成为扭转危局的关键人物。

眼下，大敌当前，局势危急，杰克逊再次挺身而出，勇担重任。李将军知道，这次奇袭，以少击多，风险极大。他握着杰克逊的手，没有说任何话，眼神中流露出一丝伤感。杰克逊也没有说话，朝李将军微微一笑，算是一种安慰，然后勒转马头，径直策马而去。此时，两个亲密的战友都不知道，这是他们最后的诀别。

杰克逊率领 A. P. 希尔等三个师的兵力，包括步兵、骑兵、炮兵、还有许多大篷车，绕过北军三个师的营地，急行军 14 英里，赶到了北军阵地的右侧，隐藏在浓密的树林里。

2 日下午 4 点左右，杰克逊将军给李将军送出了一份急件，说："我将马上展开进攻。我相信上帝的一次美好祝福，将给我们带来伟大的胜利。"[18]

下午 5 点半左右，北军右翼部队奥利弗·霍华德将军的士兵正悠闲地散坐在营地。突然，树林中蹿出了上百只野鹿、野兔和小动物，紧随其后的是南军人潮。

南军士兵狂呼乱叫，发出让北军士兵不寒而栗的"叛啸"。这是一种极其刺耳的嚎叫，类似于狼犬的哀号声，当一群人同时发出这种怪叫声，只能用一个词来形容——鬼哭狼嚎。一些北军士兵不得不承认，听到这种声音，能让人毛骨悚然、血液凝结。[19]

伴随着恶魔般的怪叫声，子弹呼啸而来。南军猛烈开火，大开杀戒，就像一股巨大的旋风，顷刻横扫联邦军营。北军措手不及，四散逃窜，后退了 2 英里。[20]

仅仅 15 分钟，战斗结束，成团、成旅的士兵落荒而逃，成连的士兵被俘获，坚守不退的士兵都被子弹和刺刀解决了，一个整师瞬时瓦解。

杰克逊指挥部队乘胜追击，一直追到了接近虎克在钱斯勒斯维尔的司令部，才被炮火阻止。

3

由于地形复杂，加上打得太顺手了，南军进攻部队各自为战，士兵们四处分散，未能有序地整队收兵。此时，夜幕降临，两军明晰的战线已经不存在，双方士兵散布在树林之间，很难分别敌我。

夜晚的树林中，双方阵地犬牙交错，两军士兵相互交杂，战线混乱不堪。历史学家后来说，这是虎克的一个天赐良机，他本可以投入预备队，发起一次决定性的反击，杰克逊不一定能够抵挡得住。但是，虎克此时已经胆战心惊，忙着安排后撤的路线，根本没有反击的念头。

晚上9点左右，杰克逊与几名随从来到A. P. 希尔的前沿阵地，观察敌人动静。杰克逊急于发起新的攻击，想要一举击垮虎克。他与A. P. 希尔商量，抓紧连续作战，切断敌人的退路。

9点过后，杰克逊返回己方阵地，走着走着到了北卡罗来纳第18团的阵地。杰克逊一行人的影子在幽暗的树林中时隐时现。突然，枪声大作，一排子弹向他们射来。

A. P. 希尔将军知道是误射，连忙大喊："停止射击！这是自己人！"

没想到，南军阵地传出一声叫喊："兄弟们，这是谎话，继续射击！"

又一排子弹横扫而来，杰克逊的两名随从军官当场被打死。

杰克逊身中3弹，第一颗子弹打中了他的右手，第二颗子弹击中左腕，第三颗子弹打在左臂与肩膀之间，打碎了他的肩胛骨，打断了动脉。

杰克逊的战马受到惊吓，驮着杰克逊直奔北军阵地，他的脸被低矮的树枝狠狠地划了一道口子，鲜血直流。杰克逊忍住剧痛，拼命勒住马缰，好不容易掉转马头，穿过树丛，回到己方阵地。人们将他扶下马，看到他左臂无力地耷拉下来。

A. P. 希尔将军半跪在地上，俯身问道："伤口疼吗？"

"非常疼，我想我的手臂断了。"杰克逊回答道。

A. P. 希尔让人赶紧去叫医生。不一会，庞德旅的一名助理外科医生赶到了。

杰克逊不认识这个人，轻声问A. P. 希尔："他医术好吗？"

A. P. 希尔回答说："他技术不错的。不过，在你的医生麦克圭亚（Hunter McGuire）博士赶到之前，我们不会给你动手术。"

"很好。"杰克逊说。

"我会努力封锁你受伤的消息。"A. P. 希尔安慰道。[21]

真叫祸不单行。就在这时，北军的炮火向这边射来，一发炮弹就在A. P. 希尔的身边爆炸，一块弹片击中希尔的小腿，顿时鲜血直流。A. P. 希尔顾不得痛，连忙拦下一辆运送伤兵的车辆，车上有两名伤员，一名伤势较轻的伤员主动下车，将空位让给接近昏迷的杰克逊。

救护车经过一路颠簸，直到 11 点钟，总算来到 4 英里外的战地医院，医生马上给他的左臂作了截肢手术。

此时，虎克并没有完全战败。事实上，他的部队在人数上依然占有绝对优势，有两个军还没有派上用场。北军占据了有利地形，李将军与杰克逊的两支部队也没有重新合兵一处，虎克本可以用他的优势兵力展开反击，反败为胜的机会很大。[22] 但是，在这关键的时刻，虎克胆怯了。

5 月 3 日一早，双方继续混战。突然，一颗炮弹落在虎克的指挥部，"轰"的一声，一根房梁掉下来，砸在虎克头上，把他砸得当场失去了知觉。部下连忙抢救，好不容易把他救醒。昏昏沉沉的虎克失去了斗志，他命令寇齐将军带领部队后撤，退过拉帕汉诺克河。尽管他手下的将领仍然愿意再战，但虎克已经无心恋战，坚持后撤。

5 月 6 日晚上，联邦部队全部撤退到拉帕汉诺克河北岸，回到了他们原来的出发地。这场战斗北军一共损失了 16000 多人。

钱斯勒斯维尔战场，摄于 1863 年 5 月 3 日

自由的新生

联邦军队在拉帕汉诺克河上的渡桥，摄于 1863 年 5 月

　　李将军本来想要继续扩大战果，但杰克逊已经受伤离阵，另一员大将朗斯崔特几星期前被派往外地运送给养，直到战事结束才赶到。李将军遗憾地对虎德说，如果他有朗斯崔特的部队在身边，完全有把握彻底消灭虎克将军，"但是上帝作了另外的安排"。

　　事实上，南军也损失惨重，伤亡近13000人，占全部兵力的四分之一。尤其让李将军难过的是杰克逊身负重伤。李将军对手下的人说："他失去一条左臂，我失去了一只右膀。"[23]

　　杰克逊在战地医院住了2天，随后被送往后方养伤。不幸的是，5月10日，一个星期天，一代名将石墙杰克逊死于肺炎。临终前，这位笃信上帝的人欣慰地告诉妻子，他的愿望得到了实现，因为他一直想在星期天这个献给上帝的日子里死去。杰克逊被安葬于生前曾经执教的地方——弗吉尼亚军事学院。[24]

　　李将军闻讯，泪如雨下，他痛失的不仅是一位亲密的战友，而且有可能是整个邦联事业。李将军在稍后写给虎德将军的一封信说：

> 我为杰克逊将军之死赶到无比悲痛，不是为了他本人——他本人已
> 经安详地离开的人世——而是为了我们未竟的事业。他的精神永远活在
> 我们的心里。我希望在我们中能够涌现出更多的杰克逊将军。我们必须
> 比以前做得更多、更好。[25]

李将军希望他的部将中涌现出新的"杰克逊将军"，然而事实上，杰
克逊是不可取代的，有的历史学家甚至认为，他的死是南部邦联走向失败
的一个起点。

拍摄于2003年的美国电影《众神与将军》讲述了杰克逊在内战2年时
间里的主要经历，以及他最后离开人世的场景。

杰克逊将军打仗最大的特点就是侧翼迂回包抄，然后发起突然进攻，在
几次关键的战斗中屡试不爽。李将军多次转危为安，在很大程度上靠了杰克
逊的这种本领。杰克逊死后，民间流传一个笑话：上帝知道杰克逊要升天
了，赶紧派一群天使去迎接他，天使们转了半天没有看到杰克逊，只好悻悻
地回到天堂，却发现杰克逊正在与上帝聊天。上帝对天使们说："这个老杰
克迂回包抄了你们，早就到了天堂。"杰克逊之后，南军中再也没有如此善
于机动作战的将领。历史学家考马克·奥伯林（Cormac O'Brien）在《美国
内战的秘密生活》一书中指出："自从杰克逊死后，李将军在此后所有战役
中再也没有使用过大胆迂回包抄的战术。"[26]

历史学家柏文·亚历山大（Bevin Alexander）在《南方人如何才能取胜》
一书中认为，杰克逊的卓越能力并不限于"侧翼包抄"，杰克逊还是南军中
最懂得宏观战略的将领，邦联如果按照杰克逊的战略来打，打败北方的胜算
会相当之大。柏文写道：

> 很明显，南方有三种作战行动方式——消极防御、积极摧毁敌人、
> 入侵北方。三位主要领导人正好倾向于三种不同的方式：戴维斯主张消
> 极防御，李将军总是寻找战机积极摧毁敌人，只有杰克逊致力于通过主

动入侵把战争带给北方人民。[27]

柏文认为，杰克逊的战略思想是最合适的。这是因为，戴维斯的消极防御，结果必然是防不胜防；李将军的正面硬碰硬，南方终究不是北方的对手；唯有杰克逊的深入敌境，机动作战，击其要害，大肆破坏，使得北方人民苦不堪言，主动要求结束战争，不得不同意邦联独立。这是一条南方人取得胜利的捷径。柏文写道：

> 杰克逊提出了一种相反的策略，他建议南军应该重点打击北方工业和民用设施：避开北军主力，打击北方弱点，如不设防的工厂、农庄、铁路。他的战略简而言之就是部队避开正面交锋，专门打击北方民众的战争意志，间接地赢得战争。他建议展开一场针对北方人民的"无情战争"，他相信这将使得他们认识到，用刺刀尖强行把南方留在联邦内，将要付出多大的代价。事实上，谢尔曼为北方人赢得战争的方法，恰恰就是杰克逊已经提出、却未被采纳的办法。[28]

柏文的话不是没有道理。长期以来，美国人打仗往往受制于国内民众心态和社会舆论。如果老百姓承受不了，战争也就打不下去了，政治家们不得不鸣金收兵——朝鲜战争、越南战争都是如此。杰克逊最早看到了这一点，就此而言，他的睿智在南军将领中超过了除李将军之外的所有人。

4

钱斯勒斯维尔战役尽管双方损失相近，但从军事意义上说，这是北军的一次完败，因为南军彻底粉碎了北军的军事行动，确保了理士满的安全。

当林肯得到虎克战败的电报，感觉就像是大难临头。当时在场的一位记者诺安·布鲁克斯（Noah Brooks）后来说：

> 林肯总统看上去就像一个刚刚死去活来的人，跟死鬼也差不了多

少。他双手反背，十指紧扣，在房间里不停地来回踱步，口中念念有词："我的上帝！我的上帝！全国民众会怎么说？全国民众会怎么说？"[29]

林肯带上哈莱克，搭乘火车于7日赶到虎克的司令部。他单独会见虎克，询问详细情况。虎克一味抱怨手下将军的失误。林肯失望的是，虎克还是没有听从林肯的建议，7个军中居然有2个军没有参战。

林肯又召集众将开会。会上，林肯没有过多谈及战事，只是询问现在部队士气如何。许多将领受够了虎克，很想建议林肯马上换将。但林肯只待了几个小时，当晚就返回华盛顿了。不过，他已经感觉到众将对虎克的不满。

林肯还想给虎克机会，回到华盛顿后，他给虎克写了一封信，问他接下来有什么计划？虎克回答说，他准备继续在拉帕汉诺克河一线展开下一次进攻。

这时，虎克手下几员大将实在按捺不住了，寇齐将军明确表示，不愿再在虎克手下做事。三位来自宾夕法尼亚州的军长联名给宾州州长安德鲁·科廷（Andrew Curtin）写信，表示对虎克失去信心，科廷州长将此转告了林肯。将领们还酝酿，派出一个代表小组，赶到华盛顿面见林肯，建议马上撤换主帅。他们已经想好了接班人，那就是米德将军。

不过，米德将军拒绝这样做。他是一个厚道人，不愿背后搞"小动作"。尽管如此，还是有几位将军赶到了华盛顿，向林肯提出换帅的请求。

林肯感到十分纠结，考虑再三之后，他又给虎克写了一封信，讨论下一步的计划。在信的结尾处，林肯委婉地告诉虎克，他手下的军长和师长中，有人不再对他充满信心了。

虎克接到这封信，不是反省自己的不足，反而写信给林肯，询问谁对他不满。其实，虎克本不必大惊小怪，以前他挑头反对伯恩赛德的时候，也是如法炮制的。

哈莱克一向不喜欢虎克，斯坦顿也对虎克深感失望，他们建议林肯尽快撤换虎克。林肯准备考虑他们的建议，问题是由谁来接任呢？

5月22日，林肯召见寇齐将军，询问他是否愿意出任总指挥，寇齐干脆地回答："不愿意。"林肯又问寇齐，谁适合出任总指挥，寇齐回答说："米德将军。"林肯表示愿意考虑。

米德并不是林肯的首选，如果要换帅，林肯比较中意的是第1军军长约翰·雷诺兹少将。林肯派人去问雷诺兹，愿不愿意接手？谁知雷诺兹也拒绝了，他还给出了一个理由：战争部一向对波托马克兵团干预过多，所以他不愿接手。

林肯心里颇为不爽，寇齐与雷诺兹都是反对虎克的主要挑头者，却又不愿担当重任。这时，国会中有人提议重新启用麦克莱伦，这是林肯最不能接受的。他想来想去，决定继续留用虎克。

可以想象，林肯当时内心的苦闷，他一次又一次选拔主帅，却一次又一次失败。或许，林肯已经对自己选拔统帅的能力产生了深深的怀疑。

正当林肯纠结之际，李将军已在打算第二次"北伐"，准备再次将战火烧到北方。这次，李将军的进军目标是宾夕法尼亚。

第八章

葛底斯堡

一、大军云集

1

1863 年 5 月，戴维斯总统召集一个军事会议。

会上，李将军提议一次新的军事行动，再次进入北方。尽管去年入侵北方失败，"将战火烧到北方"的战略没有错，只有"以攻为守"，才能"以弱胜强"。

李将军决心"二次北伐"，自有一番道理：

第一，南方资源越来越短缺，邦联政府已经到了捉襟见肘的地步。就在4 月份，因为生活物资短缺，理士满甚至发生了一次"妇女暴动"，一群群平日端庄文雅的妇女凶神恶煞般地冲击日用品商店，大肆"打砸抢"。李将军心里清楚，南方剩下的时间不多了，必须通过一次致命的打击，迫使北方屈服，尽快结束战争。李将军痛苦地看到，弗莱德里克斯堡和钱斯勒斯维尔两次胜利，不但没有让北方人屈服，反而增强了他们的斗志。当时一家理士满报纸抱怨道："哪怕每次我们牺牲 1 个人，洋基佬死掉 5 个人，他们似乎也耗得起。"眼下唯一的办法就是再次主动出击，胜败在此一举！

第二，目前格兰特在密西西比河谷的战事已经取得重要重大胜利，北军在维克斯堡一带给南军很大压力。李将军希望，东线南军主动出击，可以减缓西线的压力。如果南军能够进逼华盛顿，迫使北军抽调西线兵力驰援，就达到了围魏救赵的目的。

戴维斯确实在为维克斯堡大伤脑筋。前两天，朗斯崔特提出的一个建议：李将军在钱斯勒斯维尔一线继续稳住虎克，由朗斯崔特亲率一支部队，直奔西线驰援，争取击败格兰特，扭转危局。博雷加德也向戴维斯提出相同的建议，他认为应该由李将军亲率北弗吉尼亚兵团一部，驰援田纳西州，统领西线各路兵马，一举击败格兰特。

李将军坚决反对分兵。他对戴维斯说，虎克目前兵力就已经超过了北弗吉尼亚兵团，北军马上还会增兵。现在分兵驰援西线，对于防守理士满如同釜底抽薪，万万使不得。李将军甚至威胁战争部长说："如果分兵西进是挽救西线战事的唯一办法，请你先在弗吉尼亚与密西西比河之间作出选择。"

最后，戴维斯拍板，同意李将军第二次进军北方的计划。历史学家布鲁斯·凯顿在《葛底斯堡》一书中说：

> 事实上，李将军进军北方的理由很简单：北军迟早会再次进攻理士满，主动向北进军可以打乱敌人的计划，让虎克进退两难，这样至少能将北军的入侵推迟到来年，让邦联稍稍喘一口气。[1]

李将军这次出兵，总共 7 万人马。原来北弗吉尼亚兵团的建制是两个集团军，每军下辖四个师。李将军作了重大调整，拆分成三个集团军，每个军下辖三个师。此时此刻，李将军最大的心病还是少了左膀右臂杰克逊。

第 1 集团军继续由"老战马"朗斯崔特将军率领。

第 2 集团军是原来石墙将军的部队，李将军将师长理查德·伊维尔少将提升为集团军指挥官。

伊维尔战前是一名骑兵军官，在西部边疆服役。李将军对伊维尔印象还可以，他在给戴维斯总统的推荐报告中称伊维尔是"一名诚实的、勇敢的战士，一直来履职良好"。不过，伊维尔后来的表现证明，他的能力偏弱，而且容易在严重压力下神经紧张。伊维尔的部将约翰·戈登抱怨说，伊维尔经常指令不清，让人无所适从。历史学家托马斯·彪尔（Thomas B. Buell）在

《战将：美国内战中的战斗领导力》一书中，分析了李将军选择伊维尔的原因：一是第 2 集团军原属杰克逊将军，新任指挥官只能从杰克逊的老部下中选拔；二是李将军对伊维尔了解不深，没有看到他的弱点。[2]

第 3 集团军由 A. P. 希尔将军指挥。李将军鉴于此人一贯作战骁勇，早就有心提拔，他曾说"希尔是同级军官中最优秀的一位"，现在机会终于到来。不过，A. P. 希尔身体不是太好，影响了他后来的发挥。A. P. 希尔和伊维尔同时晋升为中将。

另外，炮兵部队被分配到各集团军；斯图尔特的骑兵部队一共有 8 个骑兵旅，直接听命于李将军。

每次人事调整，总是"几家欢喜几家愁"。李将军这次调整将帅，引起了一些争议。尤其是朗斯崔特，感到不太公平。他觉得，自己手下的师长麦克劳斯少将能力很强，一点也不比 A. P. 希尔差，这个新设的集团军军长，应该让麦克劳斯来当；即使麦克劳斯轮不上，还有一个人选也不在 A. P. 希尔之下，那就是 D. H. 希尔，此人现在北卡罗来纳州招兵，朗斯崔特认为 D. H. 希尔甚至不比石墙杰克逊差。

朗斯崔特不满的一个原因，是感觉李将军的人事任命偏向于弗吉尼亚人，有点"小团体"意识，缺乏"五湖四海"的度量。朗斯崔特后来在回忆录中抱怨道，军队将领中弗吉尼亚人"太多了"，已经引起人们议论纷纷。

的确，在北弗吉尼亚兵团的 15 位主要将领中，10 位来自弗吉尼亚，包括李将军、伊维尔、A. P. 希尔、斯图尔特、欧利、他自己手下的师长乔治·匹克特、A. P. 希尔手下的师长哈利·黑斯（Harry Heth）等，石墙杰克逊当然也是弗吉尼亚人；佐治亚人只有两个，就是朗斯崔特与麦克劳斯；德克萨斯只有虎德一人；南卡罗来纳只有 A. P. 希尔手下的理查德·安德森师长一人。北卡罗来纳州为邦联贡献了超过四分之一的兵员，师级以上军官只有 D. H. 希尔、庞德两人；至于密西西比州、阿拉巴马州，各有三个旅的兵员，却一个师长都没有。

历史学家希尔比·福特在《美国内战》一书中说，李将军自己也意识到，这样的人事安排容易引起争议，但他确实是从将领的能力出发的，不想搞地域上的平衡。[3] 这一点，显示出李将军的个性与主见。

2

6月3日，李将军率领北弗吉尼亚兵团离开钱斯勒斯维尔，向北进发了。为了安抚北方民众，李将军发布了一份《告北弗吉尼亚士兵书》，强调了不许扰民的军纪，其中讲道："总指挥明令禁止任何无谓伤及平民人身与财产的行为，他要求所有军官逮捕并严惩任何涉嫌违反此项军令的人。"[4]总的来说，在谢尔曼南方大进军之前，双方军队都有良好的军纪，有意伤害平民的事情很少发生。

李将军一路行动诡秘。为了寻找南军行踪，北军派出骑兵部队进行搜索。6月8日，阿尔弗雷德·普利山顿少将的北军骑兵与斯图尔特少将的南军骑兵在拉帕汉诺克河畔的白兰地车站（Brandy Station）一带相遇，发生了激烈交战。这场骑兵大战的规模在西半球空前绝后，南军骑兵9500多人，对阵北军骑兵11000多人，外加北军步兵3000人。2万名骑兵在数英里的战线上展开大战，交战12小时后，北军损失400多人，南军损失300多人，未分胜负。[5]

普利山顿随后率部返回，没有找到李将军大部队的踪迹。斯图尔特则继续向东，一路"游击"侦查去了。

说到骑兵，需要补充交代一下：相对而言，南方人的骑术要比北方人好，所以在战争刚开始的时候，南军骑兵的作战能力远远超过北军；还有一个原因，南军骑兵的马匹都是自带的，部队并不提供战马，好处是骑手与马匹相互熟悉，弊端是一旦战马死伤，士兵还得回家另觅战马，暂时退出了战斗。[6]

6月10日，李将军跨过蓝岭，渡过波托马克河，兵锋直指雪兰多山谷，威胁到华盛顿、费城和巴尔的摩的交通运输线。

6月13日，前锋伊维尔将军抵达温切斯特，包围了一支北军部队，生俘4000多人，只有小股残军突围而走。南军缴获了大量军火以及6000蒲式耳谷物，这是他们十分急需的东西。

此时，波托马克兵团主力仍在钱斯勒斯维尔，虎克看到李将军开始向北运动，突发奇想，向林肯建议说，乘南军离开钱斯勒斯维尔，可以袭击他们的殿后部队，林肯没有同意。接着，虎克又灵机一动，想出一个"围魏救赵"之计，向林肯建议说，由他率军南下，直扑理士满，奔袭敌人老巢，被林肯再次否定。

在林肯看来，李将军这次北进，将南军带到北方的土地，正好提供了一个消灭敌人有生力量的良机。林肯对虎克说："我认为，李将军的部队，而不是理士满，才是你真正的目标。"他希望虎克在确保华盛顿安全的情况下，正面迎敌，积极寻战。林肯寻思，维克斯堡迟早拿下，如果此战能够击败李将军，说不定内战就结束了。

于是，虎克带着 90000 人，一路尾随李将军的 65000 人，尽量将自己摆在李将军与华盛顿之间，做个挡箭牌。

就在这个节骨眼上，李将军的骑兵指挥官斯图尔特将军犯了一个大错误，他率领骑兵主力部队向东行进，与李将军失去了联系长达 10 天之久，迟迟没有送来情报，急得李将军团团转。6 月 22 日，李将军写信给朗斯崔特，急切地询问斯图尔特的下落，"你知道他现在哪里？在干什么？"朗斯崔特也一无所知。原来，斯图尔特正在追踪一支联邦军需车队，准备抢下这批对南军极其宝贵的物资，他们经过珊曲维尔（Centreville），进入到马里兰州，与大部队背道而驰。

问题在于，李将军对斯图尔特一向十分信任，他没有接到斯图尔特送来侦察情报，就想当然地认为，北军大部队还在钱斯勒斯维尔，尚未开始行动。结果是，李将军听任南军各路人马分头前进，没有集中行动，直到 6 月 28 日，整个北弗吉尼亚兵团仍分散在 45 英里的半月形地域内。

再说虎克，面对大战将至，感到心有余悸，担心自己兵力不够，向哈莱克请求援兵，否则无法跟李将军开战。

哈莱克一时哪来部队？当然拒绝了虎克的请求。虎克情急之下，决定辞去波托马克兵团总指挥，他坦承自己无法完成保卫华盛顿和迎战李将军的重任。

眼看李将军大军压境，虎克却打算撂挑子，林肯不得不临阵换帅。6 月 28 日，林肯告诉内阁成员，虎克现在已变成了第二个麦克莱伦，他准备接受虎克的辞职。林肯与斯坦顿商量之后，决定提拔波托马克兵团第 5 军军长乔治·米德将军出任波托马克兵团总指挥。

华盛顿给米德的指令是保卫华盛顿、巴尔的摩、哈泼斯渡口等要地，同时择机决战，一举击败李将军。

3

米德时年 48 岁，也是西点军校毕业生，参加过墨西哥战争，在联邦军中算是一位老资格的将军。作为一名机械工程师，米德为人沉稳，踏实肯干，颇有绅士风度，也略带一点书生气，在部队中人缘较好。不过，米德从来没有独立指挥过一次战役。

斯坦顿推荐米德有一个特殊理由：米德是宾夕法尼亚人，李将军这次直奔宾州而来，米德熟悉地形。斯坦顿对林肯说："米德挂帅，占有地利之便。"林肯一向喜欢开玩笑，他笑道："是啊，他们很可能就在米德老家的粪堆上打一仗呢！"

斯坦顿派战争部参谋长詹姆斯·哈迪（James Hadie）少将为特使，飞马赶到米德在弗雷德里克的驻地传达命令。米德正在行军床上睡觉，哈迪想跟他开个玩笑，说："米德将军，我通知您一个坏消息，您已被解除军长职务。"米德面不改色，看着哈迪说："我一点也不吃惊，我正盼着呢。"于是哈迪告诉米德任命的消息，米德脸上并无喜色，他说自己并不擅长处理军务杂事，第 1 军军长约翰·雷诺兹将军比他更合适。不过，米德最后接受了这项任命。[7]

米德随即任命约翰·雷诺兹指挥波托马克兵团整个左翼部队，任命第 2 师师长乔治·希克斯（George Sykes）少将接替自己担任第 5 军军长。

米德知道，李将军这次深入北方，

乔治·米德

想要寻机决战，必然会主动进攻，如果他一味回避决战，反而处于被动。米德不怕打仗，但要选择一个有利的交战位置。米德决定把兵力集中起来，找到一个合适的地点，等待李将军放马过来。

6月28日，米德新官上任不到24小时，下达了一个十分关键的命令：让分散在20英里范围内的各路人马迅速集结起来。

往哪里集结？米德熟悉家乡地形，他选择的决战地点是宾夕法尼亚州与马里兰州交界处的派普溪（Pipe Creek）。此地有两个有利条件：第一，易守难攻，是一个以逸待劳的决战佳地；第二，派普溪扼守着通往华盛顿与巴尔的摩的交通要道，本身就是一个战略要地。

于是，米德命令各路人马向北进发，在派普溪一带集结，准备构筑工事，依水结阵，等待李将军过来决战。同时，他又命令约翰·布福德（John Buford）准将率领第1骑兵师向派普溪以北搜索侦察，了解李将军的动态。事后来看，米德的这个命令也相当关键。

派普溪西北大约20英里的地方，有一个小镇名叫葛底斯堡（Gettysburg），是一个交通十字路口。在宾夕法尼亚州，无论从东朝西走，还是由南向北走，都必须经过葛底斯堡。[8]葛底斯堡靠近宾州边境线，距离梅森—狄克逊分界线仅6英里，小镇人口只有2400人。

凑巧的是，同样在28日，南军也作出了集中兵力的决定。

原来，朗斯崔特将军有一个名叫哈德森的情报员，一直向南军卖情报。这天晚上，哈德森又送来一份重要情报：北军在25日和26日渡过了波托马克河，有两个军已经到达了马里兰的弗雷德里克，威胁到南军的侧翼。

朗斯崔特接到这份情报，不敢怠慢，马上向李将军报告。李将军亲自召见哈德森，了解情况后，他的反应是，马上把分散的部队集中起来，以免被敌人大军击破。

李将军还从哈德森了解到，米德已经取代虎克出任总指挥，李将军对米德很熟悉，两人在墨西哥战争期间曾在司各特将军手下担任工程兵军官。

此时，李将军正随朗斯崔特第1集团军行动，驻扎在钱博斯伯格（Chambersburg）；伊维尔的第2集团军在卡里斯尔（Carlisle），A. P. 希尔的第3集团军在钱博斯伯格与开墟镇（Cashtown）之间。李将军查看了地图，看到北军在南，南军在北，他命令南军各路兵马掉头向南，迅速就近集结，集结地点是处于钱博斯伯格与葛底斯堡之间的开墟镇。

就这样，南军自北向南，北军自南向北，不经意间都在向葛底斯堡方向集结。米德将军与李将军都不会想到，他们即将在葛底斯堡小镇引爆一场空前的大战。

历史学家柏文·亚历山大在《南方怎样才能赢得战争》一书中认为，李将军选择在开墟镇和葛底斯堡一带与北军交战，还是没有跳出传统军事思维的桎梏——两个枪手决斗，选择一个开阔场地，拉开架势，同时开枪。李将军完全应该换一种军事思维，就像杰克逊那种战法，直扑北方重要城市，大肆劫掠，然后引诱北军主力过来，乘机一举击破。他写道：

> 李将军本可以整合他的部队……长途奔袭费城，它是美国第二大城市，有60多万人……米德势必前来阻遏南军，李将军就在米德一路行军过来时，先找一个侧翼开阔的有利地形，停下来等待，米德一定会主动发起进攻，结果他肯定会被击败，美国内战历史就会改写了。……现在李将军命令部队向葛底斯堡进发，就像在黑暗中走向悬崖边，对即将发生的事情一无所知。[9]

这种说法，究竟是真知灼见，还是"事后诸葛亮"，只能仁者见仁，智者见智了。历史的往事，本来就是见智见仁的。

4

在葛底斯堡镇南面，一东一西各有一个山岭。东面叫公墓岭（Cemetery Ridge），得名于附近一片公墓。西面叫神学院岭（Seminary Ridge），得名于附近一座基督教路德宗神学院。两座山岭面对面，从北向南延伸2英里，中间是一片大约三分之二英里的开阔地。后来战斗打响之后，北军阵地部署在公墓岭一线，南军阵地部署在神学院岭一线，相互对峙。

公墓岭的最北端，靠近葛底斯堡镇，有两个小山坡，一个叫公墓坡

（Cemetery Hill），它的东南面是卡尔普坡（Culp's Hill），这是公墓岭北端的两个制高点。

公墓岭的最南端是乱石与树木覆盖的小圆顶山（Little Round Top），小圆顶山的南边是大圆顶山（Big Round Top），这是公墓岭南端的两个制高点。

小圆顶山西面也有一个小高地，叫作恶魔地（Devil's Den），恶魔地前面的开阔地带自东向西分别是麦田（Wheatfield）和桃园（Peach Orchard）。

后来三天的激战，第一天主要在葛底斯堡镇与公墓岭的公墓坡、卡尔普坡，第二天主要在大、小圆顶山和恶魔地、麦田、桃园，第三天主要在公墓岭中段前面的开阔地。

这三天的战斗，都是南军进攻、北军防守。对于北军来说，幸运的是葛底斯堡的地形有利于防守方，尤其是公墓坡、卡尔普坡、小圆顶山，作为公墓岭两端的重要制高点，可以俯视整个战场，是极佳的天然防御阵地。

约翰·布福德准将率领的北军第1骑兵师，按照米德将军的指令，作为先锋部队，一路上向北进发。

6月29日，骑1师先头部队宾夕法尼亚第17骑兵团在开墟镇以南6英里的地方，发现了小股南军的篝火，那是第3集团军A. P.希尔手下的哈利·黑斯师。布福德马上向普利山顿少将报告敌情，普利山顿当即命令布福德就近进驻葛底斯堡，加强警戒，注意侦察，随时报告情况。

6月30日上午11点，布福德率领两个骑兵旅和一个随队炮兵连共2500多人，从南面大路进入葛底斯堡。在小镇上，北军受到了百姓的热烈欢迎。布福德了解到，敌人的小股骑兵已经来过此地，大部队可能也会过来。布福德马上将这一情况报告了普利山顿，普利山顿随即报告了米德。

就在当天，约翰·黑斯师长手下一名旅长约翰斯顿·派梯格雷（Johnson Pettigrew）准将听说葛底斯堡小镇有一家鞋厂，储存着大量鞋子和其他物资，便率领部下前去搜寻。

南军为什么会对鞋子感兴趣呢？因为当时南军士兵后勤匮乏，尤其是鞋子与毛毯奇缺。按照规定，每个士兵都应该配备一双鞋子和一条毛毯，但事实上根本做不到。有一次，李将军的儿子到军中看望父亲，晚上睡觉只有一条毯子，父子俩只好睡在一起，合盖一条毯子。[10] 南军的鞋子比毛毯更缺，一些士兵没有鞋子，行军作战只好打赤脚。现在南军听说葛底斯堡有座制鞋工厂，当然迫不及待要去抢鞋子。

派梯格雷旅长赶到葛底斯堡镇外，发现了布福德的骑兵，看到北军人多势众，南军不敢交锋，也不敢进入葛底斯堡，掉头返回开墟镇，向黑斯和A. P. 希尔报告。

就这样，在6月30日，北军部队率先进入了葛底斯堡，算是捷足先登。尤其幸运的是，先头部队指挥官布福德准将是一位优秀的将领。

美国画家莫特·康斯特勒是研究内战史的权威人士，他画过一幅布福德率领骑1师驰入葛底斯堡的油画，他在解释这幅油画时写道："在我看来，约翰·布福德是葛底斯堡战役的大英雄。"[11]

为什么这么说呢？

布福德作为进入葛底斯堡的第一位将领，不但为后面三天的战斗选择了一个合适的地点，而且还搭建了战役的基本舞台，体现一位高级指挥官在大战之前的负责、细心和坚毅。

说他"负责"，是因为布福德到了葛底斯堡之后，没有丝毫放松懈怠，部队在镇西北部半英里处扎营后，布福德马上对周边进行了实地勘察，在小镇的西面和北面安置了警戒线和观察哨，为后续部队到来做好准备。事实上，当天晚上在葛底斯堡周边数英里到处都是南军部队，黑夜中彼此都不知深浅，仿佛在上演一出葛底斯堡版的"三岔口"。

说他"心细"，是因为布福德知道，万一两支大军在此交战，战斗不会局限在小镇上，如果北军守不住小镇，必须要在葛底斯堡镇外有一个退守的地方。经过仔细侦查，他发现公墓岭一带易守难攻，于是就在那里构筑了防御阵地，部署了随队炮兵连的6门大炮。战事进展果然不出所料，布福德的事先部署在后来战斗中发挥了至关重要的作用。当天夜里，布福德还派出大量侦察兵，四处打探敌人的动静，查看敌人营地的篝火。一大早，他又让人登高眺望各条大路上有没有飞扬的尘土，始终保持高度警惕。

说他"坚毅"，是因为布福德在第二天的战斗中不畏强敌，孤军奋战，拼死抵抗，为后续部队到来争取了宝贵的时间。

A. P. 希尔听了派梯格雷准将的报告，判断这只是一支北军侦察部队，并没有很认真地放在心上。黑斯师长还是念念不忘那些鞋子，毕竟南军士兵"赤脚大仙"实在太多了，他决定第二天亲自去葛底斯堡，抢下那些宝贵的鞋子。

二、激战三天

1

7月1日，星期三，上午7点半左右，黑斯将军带着一个步兵师7500人浩浩荡荡从西北方向直奔葛底斯堡镇而来。布福德站在高地，看到远处尘土飞扬，心中暗想："来得正好，昨晚的辛苦总算没有白费！"

在葛底斯堡镇西北的大路口，布福德的2个骑兵旅与黑斯的2个步兵旅狭路相逢。北军骑兵纷纷下马，依托一道木栅，排成散兵线，朝敌人猛烈射击。一般来说，骑兵下马与步兵打阵地战，火力上不占优势，通常每四名骑兵有一人负责在后面牵马，三人在前面作战。但是，北军骑兵刚刚配备了斯宾塞卡宾枪，可以连发7弹，火力凶猛，又加上有6门大炮的配合，顿时把南军打得人仰马翻。葛底斯堡战役就此打响！

布福德的积极应战，为北军葛底斯堡战役的开局争取了主动。葛底斯堡的胜利，布福德要算第一功臣。可惜的是，当年12月，37岁的布福德在华盛顿死于伤寒，去世前几个小时，被授予少将军衔。

这时，A. P. 希尔手下的庞德师也赶到了，加上南军在葛底斯堡附近有不少人马，听到枪声纷纷向这边聚集过来，他们仗着人多势众，一面高声狂叫，一面不顾死活地猛冲过来，布福德渐渐寡不敌众。

就在危机时刻，大约上午10点左右，第1军军长约翰·雷诺兹将军率领一个师及时赶到了。原来，米德昨日接到布福德报告，知道情况紧急，马上把前方指挥权交给了雷诺兹，由他全权指挥三个军——他的第1军、丹尼尔·谢克尔斯（Daniel Sickles）少将的第3军、奥利弗·霍华德少将的第11军，火速赶去增援布福德。雷诺兹接到命令，亲率第1军第1师，快马加鞭，赶到了葛底斯堡。

布福德陪同雷诺兹来到神学院钟楼，这里被称作"老宿舍"，他们登上穹顶，放眼一望，葛底斯堡四周尽收眼底。自昨天以来，布福德已经多次光顾此地，对于周边的一切了如指掌。

雷诺兹登楼一看，暗吃一惊：镇西北战斗异常激烈，北军几乎抵挡不住。他连忙命令第1师师长詹姆斯·沃兹沃斯（James Wadsworth）少将赶往增援。

雷诺兹转身往东南郊外看，只见山岭起伏，地形良好。他心想，万一守不住葛底斯堡，可以撤出镇外，退居这些制高点，固守待援。这一想法，正好与布福德不谋而合。

雷诺兹随即向米德报告："敌人正在向这里集中，我担心敌人会在我军大部队到来之前攻占葛底斯堡，我会寸土不让地顶住敌人的进攻。万一我的部队被迫退出镇外，我也会血战到底。"[12]

随后，雷诺兹亲自赶到火线视察战况。此时，第1军第3师师长阿波纳·达波德（Abner Doubleday）少将也已赶到，正与沃兹沃斯的第1师并肩作战，骑1师已经退出战斗。沃兹沃斯少将毕业于哈佛大学与耶鲁大学，他麾下有一个旅战斗力超强，号称"铁旅"，主要由威斯康星州小伙子组成，还有部分来自印第安纳州和密歇根州，旅长所罗门·麦莱迪斯（Solomon Meredith）准将智勇双全，率部死死顶住了南军的进攻。

雷诺兹策马来到一处叫作麦克福尔森（McPherson）农场的树林边指挥战斗。他看到南军詹姆斯·阿奇尔（Jamse J. Archer）准将的部队正朝一个谷仓跑去，连忙指挥士兵前去抢占。在枪炮呼啸声中，雷诺兹骑在上马，向士兵们大声呼喊："前进，为了上帝，前进！"就在这时，一颗子弹击中了雷诺兹的后脑勺，他从马上栽下来，当场死去。[13]

雷诺兹的现场指挥和及时报告，为北军后续战斗奠定了关键基础，他应该算作葛底斯堡第二功臣。今天，一座雷诺兹将军的骑马塑像依然高高耸立在葛底斯堡国家军事公园。

阿波纳·达波德少将接替雷诺兹指挥第1军，继续顽强阻击。战斗中，黑斯师死伤惨重，阿奇尔旅长被西点军校同窗达波德少将活捉，这是李将军掌军以来第一个被俘的将级军官。北军也遭受重大损失，"铁旅"的一个团损失了 80% 的人员，整个北军第 1 军被打得七零八落，以至于后来无法继续成军，被散编到其他部队。

枪声就是信号！双方后续部队纷纷赶来：A. P. 希尔第 3 集团军的部队从西北面不断涌入葛底斯堡，伊维尔第 2 集团军的罗伯特·罗德斯（Robert Rodes）师也从东北面杀到。北军奥利弗·霍华德的第 11 军从东南面抵达。

两军在镇西北和学神院岭一带展开激烈厮杀。第 11 军士兵作战勇敢，士气不亚于第 1 军。霍华德作为资深军长，接替达波德指挥两个军 18000 名士兵战斗。

紧接着，又有第 2 集团军欧利师从东面杀到，对北军侧翼形成包抄之势。霍华德眼看支撑不住，命令部队边打边撤，朝东南方向的公墓岭一带退去。北军士兵从北向南穿过葛底斯堡小镇，遭到南军一路追打，场面异常混乱，小镇上枪声四起，硝烟弥漫，北军士兵各自为战，在街道上狂奔乱窜，留下了大量尸体和伤员，数千士兵被俘。最后，北军几乎溃不成军，狼狈退出葛底斯堡。

万幸的是，布福德与雷诺兹早有安排，提前在公墓岭一带设下阵地，霍华德率领两个军的残兵败将退到公墓岭，分别守住公墓坡、卡尔普坡两个制高点。

2

此时，米德将军还在派普溪北面的塘泥镇（Taneytown），距离葛底斯堡 12 英里。得知雷诺兹阵亡的消息，米德考虑到霍华德将军在钱斯勒斯维尔的糟糕表现，感到放心不下，决定派出最得力的部将、第 2 军军长温菲尔德·汉考克少将赶往葛底斯堡，全权指挥前线部队。

温菲尔德·汉考克 1824 年出生于宾夕法尼亚州，父母给他取温菲尔德这个名字，希望他长大后能成为温菲尔德·司各特那样的军人。他曾就学于西点军校，成绩一般，毕业后从军，参加过墨西哥战争，表现优异。内战爆发后，他在"秃头"史密斯师长手下担任准将旅长，参加过东线历次战役，表现骁勇。在弗莱德里克斯堡战役中，他参与了玛丽高地的冲锋，腹部受伤；在钱斯勒斯维尔战役中，他再次受伤，伤愈后接替寇齐将军，升任第2军军长。

在米德的各位军长中，汉考克资格最嫩。米德在关键时刻大胆起用这位39岁的年轻人，真不愧是有眼光、有见识。临行前，米德对汉考克说："我现在不清楚葛底斯堡是不是理想的交战地点，你去看了以后，如果觉得不适合打仗，就把部队拉出来，我们到派普溪一带再打；如果你觉得葛底斯堡适合打仗，就在那里组织好防线，我率领后续大部队随即赶到。"[14]

汉考克下午抵达战场，正赶上北军刚刚退到公墓岭，惊魂未定。汉考克立即召集霍华德等众将开会，他告诉大家，米德将军授权他指挥当前的战斗，请哈霍华将军交出战地指挥权。霍华德仗着年纪大、资格老，楞不肯交权，跟汉考克顶起牛来。汉考克也是个"愣头青"，当即拿出米德将军的手令，霍华德只好让步。

汉考克随后登高远眺，看到葛底斯堡虽然失守，但公墓岭自北向南直到大、小圆顶山一带，地势险峻，易守难攻，不禁感慨道："没有比这里的地形更适合展开一场防御战了！"在波托马克兵团中，雷诺兹是汉考克最好的朋友，汉考克暗暗佩服雷诺兹选择了一处好战场，发誓决不让好友的鲜血白流。

汉考克马上向米德报告，公墓岭一带地势良好，应该就在这里决一死战，不必撤退到派普溪。于是，米德立即指挥波托马克兵团其余三分之二的大军，一起赶往葛底斯堡。

A. P. 希尔下午赶到了战场，李将军与朗斯崔特随后抵达。此时，除了斯图尔特依然下落不明，乔治·匹克特师负责全军殿后，才离开钱斯勒斯维尔，北弗吉尼亚兵团主力已经全部到达。

李将军从俘虏口中了解到，北军多支部队在此汇集，米德将军也在赶来的途中。李将军非常兴奋，他相信这是一举全歼北军的大好机会。

这时，南军留下少数人马驻守葛底斯堡镇，大部队占领了公墓岭对面的神学院岭一带。李将军亲自跃马来到一个山坡查看地形，他发现对面公墓坡、卡尔普坡地势较高，如果拿下这两个制高点，可以扼制全局。于是，他命令伊维尔马上进攻公墓坡、卡尔普坡，A. P. 希尔配合行动，在天黑之前拿下高地。历史学家认为，此时此刻，是李将军取得葛底斯堡战役胜利的最佳时机。

伊维尔接到李将军的命令，感到十分为难：他的部队从上午打到现在，死伤惨重，罗德斯师8000多人中死伤了3000多人，再去强攻这两个高地，实在有点困难。无奈军令如山，伊维尔只好勉为其难。不过，伊维尔还是拖延了一个多小时，等到他的另一个师赶到葛底斯堡，才正式发起进攻。

伊维尔在第二次曼那萨斯战役中腿部受伤，装了一个假肢。他一瘸一拐地亲自赶到公墓岭，组织南军向公墓坡、卡尔普坡发起疯狂冲锋。汉考克命令沃兹沃斯少将不惜一切代价死守阵地，战士们顽强抵抗，坚守不退，双方打得昏天黑地。混战中，一颗子弹击中了伊维尔的腿部，幸好打在他的假肢上。黑斯师也投入战斗，黑斯不幸头部中弹，昏迷不醒，派梯格雷旅长临时代理师长。

南军多次强攻失败，伊维尔只好向李将军复命，表示无法继续进攻，需要休息一个晚上。李将军懊恼不已，却也没有办法。

在汉考克将军指挥下，北军经过激烈战斗，付出惨重代价，终于稳住了阵脚，最后形成了一条"鱼钩"状的防守阵地：自南向北从大、小圆顶山沿着公墓岭一直延伸到公墓坡，然后往东南拐到卡尔普坡，卡尔普坡就是鱼钩的"钩尖"。当晚，北军一刻不停地修建工事，等待敌人第二天的进攻。

第一天的战斗算是打个平手。但是，对南军来说，他们失去了抢占公墓岭制高点的机会，给北军留下了后续作战的良好条件。战后，南军亲历者进行了检讨，不少人把矛头指向了A. P. 希尔，认为他留在开墟镇时间过长，对战事犹豫不决，指挥不力。还有人认为，A. P. 希尔根本不应该让部队进入葛底斯堡，率先挑起战斗，应该等到另外两个集团军集中后一起行动，避免卷入一场被动的战斗。[15]

伊维尔同样受到指责，说他当天下午进攻公墓岭行动迟缓，攻击不力，没有乘北军立足未稳之时一举拿下，提早结束这场战役。黑斯将军后来说："如果石墙杰克逊指挥进攻，就会得到不同的结果。"

也许，这样的指责可以理解：因为葛底斯堡第一天的战斗南军的确占据优势，在米德主力赶到之前，几乎彻底击溃北军，这是葛底斯堡三天战斗中南军距离胜利最近的一天。不过，有的历史学家却认为，这些指责基本上不成立。布鲁斯·凯顿在《葛底斯堡》一书中说：

> 联邦军队在刚刚退守高地的半小时内，的确失魂落魄，乱作一团。如果这个时候邦联军队发起进攻的话，很可能拿下高地。问题是，当时伊维尔部队在一路追赶的过程中，同样队形不整，散乱不堪——罗德斯师蒙受了惨重损失，欧利师在葛底斯堡镇上失去了组织，伊维尔的第三个师尚未赶到。过了最初混乱的半小时，等到邦联军队准备就绪，发起进攻时，联邦军队同样站稳脚跟，挖好了工事，再加上北军后续部队相继赶到，最佳进攻时机就失之交臂了。[16]

不管怎么说，李将军对第一天的战斗感到满意。他认为，能把敌人钉在这里就是一大成功，第二天要继续扩大战果。晚上，他把伊维尔、欧利等将领叫来，要他们第二天一早继续进攻公墓坡和卡尔普坡。

欧利有不同意见，他认为北军已经将大部队集中在公墓岭北部的公墓坡、卡尔普坡一带，南军不应继续强攻，而应进攻公墓岭南部的制高点——大、小圆顶山。如果能够占领这里，公墓坡、卡尔普坡也很难守住，北军将不得不放弃整条公墓岭防线。欧利的话提醒了李将军，李将军表示同意。

米德于当天深夜赶到战场。汉考克向米德报告，士兵正在漏夜加固阵地，准备迎接明天的战斗。米德看到战场地形确如汉考克所言，又看到北军士气旺盛，不禁心中大喜，信心倍增。

经过一天交战，双方部队都已离开葛底斯堡，集中到小镇南郊的山岭，葛底斯堡镇反而变得无足轻重了。这并不奇怪，这两支军队原本就不是来争夺小镇的，他们要争夺的是美国的未来。

3

7月2日，两军后续部队陆续到位，南军占据神学院岭，北军占据公墓岭，中间隔着一片开阔地。北军有七个军加一个骑兵军，一共93000多人，携带着 600 多门大炮；南军有三个集团军，一共 60000 多人。

北军在整个公墓岭的布阵是这样的：

公墓岭北段阵地，也就是北军整个防线的右翼阵地，米德安排了三个军的兵力。卡尔普坡由第 12 军军长亨利·斯勒卡姆（Henry W. Slocum）少将把守；卡尔普坡的左边阵地由第 1 军残部把守，米德对第 1 军代理军长达波德昨日表现不满，让约翰·牛顿（John Newton）少将指挥第 1 军；公墓坡及其周边阵地由霍华德第 11 军把守，配备了火力强大的重炮。

公墓岭中段地形开阔，地势较低，米德安排汉考克的第 2 军镇守。

公墓岭南段阵地，也就是整个防线的左翼，分别是小圆顶山和大圆顶山，米德让谢克尔斯的第 3 军把守。这里已经是北军防线的南端尽头，米德再三嘱咐谢克尔斯必须坚守，如果被敌人攻破，就会形成侧翼包抄，整个防线就要崩溃。

剩下还有两个军，希克斯少将的第 5 军被留作预备队，随时准备补防；斯奇维克的第 6 军还在赶往葛底斯堡的途中。

李将军的进攻方案正好针锋相对：

伊维尔进攻北军北段阵地，占领公墓坡、卡尔普坡，这是他昨天尚未完成的"作业"。

朗斯崔特负责攻击北军南段阵地，占领大、小圆顶山及恶魔地等重要制高点。

A. P. 希尔在中段阵地集结待命，随时策应两翼进攻，一旦两边突破，就来一个中间开花。

朗斯崔特对这样的硬攻战术不以为然，他提醒李将军说，北军之所以乐意在这里打一场攻防战，就是因为这里的地形易守难攻——凡是敌人喜欢的，我们就不应该去做。

朗斯崔特向李将军建议：南军不应在葛底斯堡与北军正面纠缠，应该绕过北军左翼，攻击米德大军的背后，摧毁北军的后勤给养，迫使米德撤退。

从事后看，朗斯崔特的建议无疑是正确的。历史学家布鲁斯·凯顿在《葛底斯堡》一书中说："从逻辑上说，这是正确的行动。事实上，这正是米德担心李将军要做的事。"[17] 米德甚至已经电告哈莱克，如果敌人攻击他的后方，他将不得不把部队撤往温切斯特。

但是，李将军没有采纳朗斯崔特的建议。由于斯图尔特的骑兵不在身边，无法侦察到北军的全面兵力部署，李将军不敢贸然机动，怕陷入北军埋伏。

朗斯崔特又建议，南军也可以撤下米德，直接向华盛顿方向进军；北军为了保护华盛顿，一定会尾随而来，南军就在途中寻找一个合适的地方，构筑阵地，准备迎战，他对李将军说："一旦他们来主动进攻，我们就狠狠收拾他们！"

李将军还是听不进，他语气坚定地说："敌人就在这里，我就在这里与之决战。"[18]

历史学家柏文·亚历山大不无遗憾地说：

> 如果石墙杰克逊还活着的话，他有可能说服李将军改变主意，就像在钱斯勒斯维尔说服李将军进行侧翼迂回一样。但是朗斯崔特却做不到，因为他对李将军的影响力不如杰克逊。[19]

朗斯崔特讨个没趣，只好悻悻退下。也许情绪受到影响，朗斯崔特似乎有点拖拉，花了7个小时才把虎德师和麦克劳斯师的部队集结完毕。

无独有偶，北军这边也在"闹情绪"：第3军军长谢克尔斯少将对米德分配的任务颇感不满。他认为，大、小圆顶山一带很难防守，不如让部队向前移动到前面的桃园、麦田和恶魔地一带，同时部署炮兵交叉火力，他感觉这样可以有效扼守左翼。

谢克尔斯向米德请示，米德没有同意。遗憾的是，谢克尔斯还是固执己见，擅自脱离将防区前移了半英里，突出在整个防线之外，使得大、小圆顶山防守空虚，北军左翼防线出现了一个大缺口。

米德十分恼怒谢克尔斯的擅自行动，他把谢克尔斯叫到指挥部，正准备命令他重新调整部署，西南方向已经炮声隆隆，枪声大作。米德无可奈何，对谢克尔斯说："你就在那儿打吧，希望你能守住！"[20]

经过一个多小时的炮击，虎德少将亲自率队，向谢克尔斯阵地发起进攻。南军士兵在乱石嶙峋的山谷和麦田里冲锋，北军炮火异常猛烈，炸得南军血肉横飞。许多南军士兵打着赤脚，在战斗中受伤后，继续冲锋陷阵，在乱石上留下了一串串血红的脚印。密西西比旅威廉·巴克斯戴尔（William Barksdale）旅长亲冒白刃，手舞军帽，一头银发在风中飘逸，结果被子弹击中大腿和下巴，临死前对军医说："告诉我妻子，我被打中了，我们已经血战到底。"[21] 南军经过血战，付出惨重损失，总算攻占了桃园。

朗斯崔特横下一条心，接下来不顾多少代价，一定要拿下麦田。虎德从南面进攻，麦克劳斯从西面进攻，麦田五次攻占，又五次丢失，第六次终于夺了下来。

恶魔地也几经反复，拼死争夺，A. P. 希尔的庞德师也投入战斗，北军三面受敌，殊死战斗，死伤遍野。不过，南军同样付出巨大代价，虎德手臂中弹，庞德大腿受伤，安德森师损失了 1561 人。

就在两军激战正酣之时，米德对左翼防线放心不下，派了戈温纳·沃伦（Gouverneur Warren）少将赶去查看情况。沃伦飞马疾驰来到山坡，惊讶地发现，大、小圆顶山只有少数北军士兵，其中有些士兵感觉无事可干，正准备卷旗走人。沃伦知道，如果大、小圆顶山失守，北军左翼就暴露在外，一旦被南军侧翼包抄，整条防线土崩瓦解；另外，小圆顶山地势相对平坦，适合安置炮位，如果南军占领此地，一定会居高临下架炮轰击，给正在桃园、麦田、恶魔地一带激战的第 3 军造成重创。

事不宜迟，沃伦纵马下山，他来不及向米德汇报，连忙调兵遣将，抓紧补防。此时，沃伦正好遇到第 5 军第 1 师，连忙向詹姆斯·巴恩斯（James Barnes）师长借调一个旅。巴恩斯准将二话没说，马上命令第 3 旅旅长斯特朗·文森特（Strong Vincent）上校火速驰援。

在关键时刻，沃伦反应敏锐，处置果断，立下了一大功。历史学家哈利·汉森在《美国内战》一书中写道："从事后结果看，沃伦成为拯救联邦军队保住圆顶山的功臣。"[22] 把沃伦算作葛底斯堡的第三功臣，应该不为过。

现在，千钧重担压在 27 岁的宾夕法尼亚人斯特朗·文森特肩上。他迅速率领麾下缅因州第 20 团、密歇根州第 16 团、纽约州第 44 团、宾夕法尼亚州第 88 团，一路小跑赶往大、小圆顶山。

小圆顶山至关重要，文森特把任务交给了缅因州第20团团长乔舒亚·张伯伦（Joshua Chamberlain）上校。张伯伦战前是保德英学院（Bowdoin College）的修辞学和外语教师，会讲八种语言，战争爆发后，他毅然投笔从戎。

张伯伦率领全团386人跑步前进。此时，南军也发现了大、小圆顶山防守空虚，阿拉巴马州第15团、第47团正在向小圆顶山全速进发。这是一场美国版的"抢占凤凰岭"。幸运的是，缅因州第20团赶在阿拉巴马州第15团之前十分钟冲上山顶，迅速布置防守阵地。

没过一会儿，南军就冲了上来，双方拼死搏杀，杀声震天。在不到一个半小时里，双方在小圆顶山互射了四万多发子弹，战场硝烟弥漫，阵地五次易手，缅因州第20团当场死伤125人。这些惊心动魄的场景在拍摄于2002年的美国电影《葛底斯堡》中有非常逼真的展示。

打到最后，北军弹药用尽，死伤累累，眼看就要陷入绝境。按照美军的作战习惯，仗打到这个份上，张伯伦本可以体面地缴械投降，也算完成了任务。然而，张伯伦岂是非等闲之辈？眼看阵地不保，张伯伦不是考虑如何后撤，而是考虑如何反击。他断然下令，所有能站起来的士兵上刺刀，准备发起一次突然的反冲锋。

这一如同送死的举动，居然大获成功。当北军士兵呐喊着冲下山坡时，措手不及的南军士兵完全被打蒙了，连滚带爬往山下逃。北军边冲边杀，一直追到山下，抓了300多个俘虏。

缅因20团战士麦尔切（H. S. Melcher）后来写道：

> 我们130个兄弟当场倒下，只剩下178个人还在战斗，勉强组成一道防线，每个人都打完了随身带来的60发子弹，只好取用死伤同伴的子弹。眼看最后的时刻到来了，到底是放弃阵地撤退，还是与敌人拼死一战。只听张伯伦上校一声令下"上刺刀"，还没等他发出"冲啊"的命令，战士们就已经冲下山岭，扑向躲在石头和树木后面的敌人。敌人被这勇猛冲锋吓呆了，大多数人丢下武器投降，少数负隅顽抗的人很快被消灭，其余的敌人像一群野牛似的逃跑了。[23]

张伯伦的缅因 20 团以令人难以置信的勇气，付出了损失 200 人的代价，终于保住了小圆顶山，保住了联邦军的左翼，事实上也保住了葛底斯堡战役的最终胜利。张伯伦自己都惊讶不已，居然会打败数倍于己的敌人。

后续部队很快上来接防，缅因 20 团撤出阵地休息。张伯伦回望经过战火洗礼的大、小圆顶山，心里没有喜悦，有那么多战友长眠于此，包括他非常尊敬的上司的文森特旅长。

事后，张伯伦上校获得了美国国会荣誉勋章。历史学家约翰·凯根在《美国内战》一书中认为，张伯伦"挽救了联邦军的左翼，也很可能挽救米德整支军队免于失败"。[24] 张伯伦可以说是葛底斯堡的第四功臣。

此时，圆顶山下，南军在猛烈炮击掩护下，终于突破了恶魔地的防线，谢克尔斯的部队死伤惨重，谢克尔斯被炸飞了一条大腿，鲜血淋漓，惨不忍睹。北军一路向东败退，南军乘胜追击，直插公墓岭防线，南军安布罗斯·赖特（Ambrose R. Wright）准将一马当先，在公墓岭左翼防线切入一个口子。

就在紧急关头，第 2 军军长汉考克派出的一个爱尔兰旅赶到了。只见爱尔兰士兵们全体跪地，军中牧师威廉·考比（William Corby）站在一块大石头上高声宣布，赦免全体战士过去所有罪孽。随后，这支视死如归的部队发起猛烈反击，疾风骤雨般地夺回了阵地。今天，在葛底斯堡国家军事公园，威廉·考比牧师的青铜塑像巍然耸立在当年这块大石头上。

经过一个下午的反复激战，北军在付出惨重代价之后，取得了圆顶山的胜利，堵住了谢克尔斯留下的缺口，李将军一举击垮北军左翼的目标成为泡影。

米德对谢克尔斯的严重失职十分恼怒，他愤愤地说："谢克尔斯毁了他自己的第 3 军，损失了第 5 军的一半，让第 2 军付出牺牲……他得到了什么？只是被赶回到我原先命令他守住的地方！"

就在北军左翼激战之时，公墓岭右翼的战斗也在进行。

李将军原计划左右两头同时进攻，令北军首尾不能相顾。下午，一听到朗斯崔特的炮声，李将军就下令伊维尔发起进攻。但是，伊维尔拖拖拉拉，延宕了数小时，直到傍晚 6 点左右才开始战斗。

不过，这一延宕却歪打正着：原来，下午谢克尔斯这边情势危急，米德让12军军长亨利·斯勒卡姆率部紧急驰援，只留下一个旅防守卡尔普坡。好在卡尔普坡的防守工事相当牢固，旅长乔治·葛莱尼（George Greene）准将率领5个纽约团，还有1000多人的友邻部队，依托掩体进行防守。

伊维尔投入一个师兵力，连续发起四次冲锋，攻占了卡尔普坡南侧山坡，占领了12军撤走后留下的部分工事。葛莱尼准将一面拼命抵挡，一面火速求救。入夜时分，12军被调走的两个师及时返回阵地，将南军全部赶下卡尔普坡。

在伊维尔的进攻部队中，有一名弗吉尼亚士兵，名叫卫斯理·卡尔普（Wesley Culp），他家就在卡尔普坡上，事实上卡尔普坡就是以他家族命名的。在冲锋的人群里，卡尔普感觉到自己离家如此之近；在北军的强大火力下，卡尔普又觉得自己离家如此之远。激战中，卡尔普被子弹击中，踉踉跄跄，倒在离家门口几码的地方，再也没有站起来。

旁边的公墓坡，伊维尔投入了欧利师的两个旅发起进攻。12军在炮兵轰击下，加上汉考克派人增援，顶住了南军的反复冲杀，保住了阵地。

在公墓坡与卡尔普坡的结合部，南军几个路易斯安那步兵团，趁着天色已黑，向北军第6军的阵地摸了上来，经过浴血奋战，突破了第6军的防线，几乎将公墓岭右翼阵地切为两段。又是汉考克的部队赶来增援，配合第6军组织反击，经过激战终于收复失地。

就这样，双方打到晚上各自收兵，整个公墓岭防线仍然掌握在北军手里，南军忙一天几乎毫无收获。

当晚，米德在他的指挥部里召开会议，商议下一步行动。米德听取了各路将领的情况汇报，北军已经损失了两万多人，估计南军损失不会比北军少，众将对守住阵地颇有信心。米德预计，明天南军还会继续进攻，考虑到今天左右两翼已经打过，明天的进攻方向很可能是中路。米德对汉考克手下的第2师师长约翰·吉本少将说："吉本将军，如果李将军明天进攻，他会进攻你的防线。"

此时，李将军也在盘算：如果就这样撤走，两手空空返回南方，等于承认被打败了。如果继续打下去，取胜的希望不是没有。尽管这两天损失较大，有一位将军战死，四位将军负伤，南军损失了两万多人，这个仗还可以继续打下去。好消息是，乔治·匹克特带着最后一个步兵师赶来了，这是李将军手下最精锐的部队；另外，斯图尔特的骑兵部队也终于"回家"了。李将军计划，明天把部队集中在中路，来一次大规模的集群式冲锋，彻底了断这场苦斗。

历史学家柏文·亚历山大认为，李将军一而再、再而三地发起强攻，在战略战术上实在太直线、太机械了，柏文评论道：

> 他的好战个性使他几乎不可能实施这样一种战役：在战略上进攻，在战术上防守。他把战争看成是两个人之间堂堂正正的"单挑"，没有兴趣实施机动作战，选择一个敌人不利的地点。[25]

李将军铁定要一竿子到底，在葛底斯堡决出一个最终的胜负——接下来这一天，李将军的确决出了胜负，只不过胜者并不是他。

4

7月3日上午，天气异常闷热。神学院岭上，李将军与朗斯崔特将军骑在马上，遥看对面北军的中段阵地，商议进攻方案。

李将军的计划是这样的：

第一，以匹克特师为主力，加上两个作战骁勇的师，组成三个师，至少10000到15000人的兵力，发起中路进攻。

第二，中路战斗一打响，伊维尔继续进攻卡尔普岭，起到牵制作用，当然能够拿下最好了。

第三，斯图尔特的骑兵部队绕过北军右翼，骚扰敌人后方，一旦正面进攻得手，果断切断北军退路，形成夹击之势，聚歼敌军。

38岁的匹克特是西点军校1846年毕业生，班里成绩倒数第一。他参加过墨西哥战争，在半岛战役中表现勇敢，去年晋升为少将。李将军给匹克特的任务是，率军穿过公墓岭中段前面一片1400码的开阔地，向石墙后面的北军发起冲锋。

朗斯崔特麾下的虎德师和麦克劳斯师擅长进攻，无奈昨天损失太大，李将军只好派上 A. P. 希尔的两个师协助匹克特进攻：一个是黑斯师，现由派梯格雷准将指挥；另一个是庞德师，现由伊萨卡·琼波（Isaac Trimble）少将指挥。整个冲锋部队由匹克特少将指挥，派梯格雷准将作为副手，所以被称为"匹克特冲锋"，也叫"匹克特—派梯格雷进攻"。这场进攻使匹克特从此"青史留名"。

朗斯崔特想起自己亲历过的玛丽高地之战，知道这种集

乔治·匹克特

群式正面冲锋风险很大，他忍不住一磕马镫，凑上前去，对李将军说：正面地形非常开阔，进攻风险太大，还是从侧翼进攻为好。李将军断然拒绝，命令朗斯崔特亲自组织这次进攻，因为匹克特是他的部将。

朗斯崔特只得服从。他首先要把三个师的步兵集结起来。每次冲锋之前，士兵们神经都绷得很紧，老战士安慰年轻士兵：等待的时候最紧张，发起冲锋后，反倒不紧张了。南军士兵有的蹲在土坡后面，有的躲在树林里，大家屏住呼吸，注视着前方。有的士兵向上帝虔诚祈祷：如果这次保我不死，从今以后保证不做坏事了！有的士兵在小布条上写下名字，缝在衣服上，万一倒在血泊中易于辨别。有的士兵把随身物品交给留守的同伴，万一战死就转交家人。

朗斯崔特又策马来到山坡，亲自部署炮兵阵地。炮兵指挥官波特·亚历山大（Porter Alexander）上校在神学院岭和桃园一带布置了138门大炮。炮

手们士气高昂，一个个摩拳擦掌，等待决战时刻。

李将军原计划各路兵马同时行动，不料伊维尔再次"不守规矩"，这次不是延宕，而是提早。朗斯崔特集结队伍花了不少时间，伊维尔等不及了，他径直发出了进攻命令。这是伊维尔三天来第三次进攻卡尔普岭，尽管南军士兵熟悉这里的山道和树林，仍然对北军的深沟高垒一筹莫展，双方士兵在山林间不断周旋，相互杀戮，最后第6军再次将老对手赶下山去。这厢伊维尔已经"演出结束"，那边匹克特"尚未开锣"。

一直到下午一点多，朗斯崔特总算部署完毕。炮兵指挥官波特·亚历山大上校一声令下，山坡上的大炮一门接着一门发射。炮弹呼啸着飞过开阔地，在公墓岭一线猛烈爆炸，一时间硝烟弥漫，乱石飞蹦，北军就地卧倒，不少士兵被炸得身首分离，米德将军的指挥部也挨了炮弹。

北军炮兵立即予以还击，公墓岭和小圆顶山上的250多门大炮一起开火。双方密集的炮弹在空中划过一道道交叉的弧线，仿佛一次次隔空的"礼尚往来"，整个战场笼罩在烟雾之中，大地上空犹如拉起了一道白幕。美国内战最大的一次炮战，在葛底斯堡郊外制造出前所未有的景观。

北军炮火相当猛烈，弗吉尼亚第1步兵团的士兵纷纷趴在地上，把头紧紧贴在草丛里，忍受着炮弹在四周爆炸。20岁的战士约翰·多利（John Dooley）双手捂着耳朵，恨不得把头钻进地下。双方炮轰持续了大约两个小时，还没等发起冲锋，该团已有88个人被炸死。

北军炮兵指挥官亨利·亨特将军非常聪明，他要求炮兵逐渐减弱火力，给对方的感觉是弹药逐渐用完了。他还让士兵把一些大炮拖到阵地后面"凉快凉快"，好让南军以为被打哑了。

南军亚历山大上校后来回忆说，当时战场上硝烟滚滚，他根本看不到北军炮兵阵地的情况，无法评估炮击效果，只能根据对方炮火的强弱来判断。等到北军炮火渐渐减弱，他觉得自己的活干得差不多了，就向朗斯崔特示意，步兵可以进攻了。

朗斯崔特实在下不了决心，经验告诉他，这样的冲锋几乎与自杀没有太大区别。这时，匹克特手握军刀，催马过来，大声问朗斯崔特，能否发起攻击？朗斯崔特紧皱双眉，没有说话，只是轻轻地点了点头。

匹克特骑着一匹黑色的高头大马，雄姿勃发，卷发飘逸，他接令之后，勒马转身，朝士兵们喊道："大家准备出发，不要忘了你们来自老弗吉尼亚！"随着一声令下，3个师的士兵，分左、中、右三路，一排接着一排，向前迈进。

匹克特师三个旅4900人走在正中间，派梯格雷师四个旅5000人走在右边，琼波师两个旅2500人走在左边，整个队伍一共12400多人，形成了一个大约1600码宽、800码长的冲锋方阵。[26]士兵们神情严肃，端着上了刺刀的步枪，胳膊挨着胳膊，前后排相距13英寸，迈着坚定的步子，朝着前面大约1400码的公墓岭走去。

公墓岭，公墓岭，真像一个巨大的公墓，在七月夏天的第一个星期五下午，等待着南军士兵一个个走入墓地。

没等南军走出多远，北军的大炮突然发威，一个个滚烫的火球撞进人群，炸得南军人仰马翻，血肉横飞。小圆顶山上的火炮也加入战斗，炮弹在南军人潮中炸开一个又一个缺口。南军英勇无畏，炮弹炸出的缺口很快被后面的人流填上。行进中，约翰·多利的连长突然倒地，多利立马冲上前去，填补了连长的位置。

团长、旅长们都身先士卒，骑在马上指挥前进，有的还走在方队的最前面，正好成为北军狙击手的极佳目标。匹克特师的詹姆斯·凯姆珀（James L. Kemper）旅长首先中弹，翻身落马，生命垂危。该旅第7团团长沃勒·巴顿（Waller T. Patton）上校被炮弹削掉了半个下巴，落马被俘，数周后死去。巴顿上校的表弟刘易斯·威廉姆斯（Lewis B. Williams）上校也身负重伤。

匹克特师的理查德·加内特（Richard B. Garnett）旅长今天特意穿了一件新军装，显得格外精神，他挥舞着军帽，示意部队前进的方向，眼看距离敌人越来越近，他不停地喊："保持住，不要加速，准备最后冲锋！"就在这时，一阵排枪射来，加内特的战马中弹倒下，加内特头部中弹，摔倒在地上，再也没有起来，他的遗体从此下落不明。

南军前进至离北军200码处，突然加快步伐，随着"冲锋"命令下达，士兵们一边呼喊，一边发起冲锋。吉本少将站在公墓岭上，眼前的场景让他惊呆了：在四处滚滚浓烟的背景下，伴随着震耳欲聋的枪炮声、喊叫声、马嘶声，一个巨大的灰色人流向北军阵地快速压上来。

然而，这股汹涌而来的人潮毕竟是血肉之躯，迎接他们的是北军第1军、第2军的强大火力，一排排子弹倾泻到人群里，冲在前面的士兵纷纷倒地，死伤枕藉。

马萨诸塞州第19步兵团的瑞斯（Edmund Rice）上校记录了当时的场景：

> 我们旅的士兵端着枪，做好了准备，静静地趴着等待敌人的到来。军官们大声喊着："保持！伙计们，保持住！，不要开枪！"没有一个人朝正在逼近的敌人开枪。有一会儿，这支大军在一块凹下去的地方突然消失掉了，不一会儿又像是从地上冒了出来，继续向前推进，连他们脸上的表情都看得清清楚楚。现在，我们的人知道，时候到了，再也不能等了。士兵们瞄准目标，朝着行进中的第一排敌人，射出一排排致命的子弹——没有任何人可以抵挡得住这样的弹雨。敌人的队形有点乱了起来，一些人开始犹豫不前……然后，匹克特师进入到火力范围的所有方队就像融化掉一样，在两军阵前的浓浓硝烟中消失了。[27]

让南军士兵集体"融化"的是北军炮兵的一排排霰弹，当一团团浓烟散开之后，数百人的方队仿佛一下子从地平线上蒸发了，只剩下一阵阵刺耳的惨叫声。

派梯格雷师的一名旅长詹姆斯·马歇尔（James K. Marshall）上校被炮弹炸落马下，他跟跟跄跄站起来，刚想再次上马，被一颗子弹当场打死。

派梯格雷师长的坐骑被打倒3次，最后他不得不步行前进，在冲到北军阵地100码的地方，一颗霰弹在他身边爆炸，派梯格雷左手多处受伤，血流不止，他忍住剧痛，还想继续冲锋，硬是被部下拉了下来。

琼波师长腿部严重受伤，被送下战场做截肢手术。他在后撤的路上遇到了A. P. 希尔，哭丧着脸说："这里简直就是一个地狱。"[28]

A. P. 希尔很懊恼，眼前这支进攻部队中，自己的2个师被打得七零八落。他心里不免抱怨：李将军让朗斯崔特指挥进攻，结果打成这个样子，如果自己指挥进攻，结果会不一样。

多利跟着部队一路猛冲，眼看快接近北军阵地，突然大腿一震，中弹倒地。多利趴在地上，眼睁睁看着战友们发疯似地向前跑去，自己却动弹不得。

激战中，北军有一处阵地被攻破了，匹克特麾下的刘易斯·阿姆斯泰德旅长用军刀跳着军帽，率领300多名士兵冲过了一道石墙，攻占了一处北军炮兵阵地。阿姆斯泰德把军帽放在北军大炮上，算是缴获了这门大炮——这是"匹克特冲锋"的最后成果。几分钟后，阿姆斯泰德中弹倒地，身负重伤，奄奄一息，跟他冲上去的士兵们也死伤殆尽，阵地缺口很快堵住了。

两年前，阿姆斯泰德上尉与汉考克上尉曾经一起在加州共事，关系相当亲密。此时，一名参谋将阿姆斯泰德生命垂危的消息告诉了汉考克。汉考克闻讯心急如焚，纵马赶去看望老友，就在这时，一颗子弹穿过马鞍，击中了他的大腿，他不得不被人扶下马来，老朋友没能见上最后一面。[29]

打到后来，双方部队已经分不清各自的建制，各师、旅、团的军旗都混在了一起，士兵们已不需要指挥官的口令，看到哪里有敌人，就往哪里冲过去，刀刺枪砸，挥拳扼喉，一片鬼哭狼嚎。这时候，士兵们根本不知道整个战场打成什么样了，眼睛只顾着面前的敌人，拼了命地进行肉搏。

多利躺在地上，顾不得伤痛，耳朵里听到四周一片杀声，却不知道双方胜负如何。直到枪炮声、喊杀声渐渐稀落下来，多利听到了许多"洋基佬"的欢呼声，他心里明白，进攻失败了，眼泪忍不住流了下来。

最后，南军全线败退，士兵落荒而逃，丢下了无数死伤者。南军一共损失了6500人，占进攻部队的一半，军官损失了七分之六。

匹克特将军看到自己的精锐师瞬间灰飞烟灭，又急又恨，精神几乎崩溃，冲着李将军大叫大嚷："李将军，我已经没有部队了。"李将军痛苦地说："你的人做了所有男人能做的事。这是我的错，这是我的错。"[30]从此以后，匹克特对李将军一直冷若冰霜。

炮兵指挥官亨利·亨特将军看到南军开始败退，命令炮兵停止射击，他想米德将军大概会立即组织部队乘胜追击，发起一个反冲锋，一举全歼敌人。可是，亨特等了半天也没见任何动静。

米德纵马来到阵地，看到眼前的一切，静静地摘下军帽，说了一句："感谢上帝！"米德没有下令追击。也许，在他看来，战斗打完了，"拳击比赛"结束了；也许，他觉得自己的部队也已精疲力竭，无法主动出击了；也许，米德充分了解北弗吉尼亚兵团的士气，这是他们第一次被击败，复仇的情绪相当高涨，米德不想冒这个险；也许，米德甚至不知道自己已经打赢了，他还在等待李将军的第二次冲锋呢。

北军确实损失也不小，尤其是负责中路防守的吉本师，正如米德所料，受到匹克特师的正面冲击，在战斗中损失了一半人马。吉本师长也在战斗中身负重伤，他的塑像至今矗立在葛底斯堡。

整个葛底斯堡战役，北军损失 23003 人，其中战死 3072 人，受伤 14497 人，被俘或失踪 5434 人。[31] 另外一种统计是，南军损失 20451 人，其中战死 2592 人，受伤 12709 人，被俘或失踪 5150 人。[31] 另外一种统计是，南军损失了 22600 人，北军损失了 22800 人。这是美国内战史上最血腥的战役，双方有 100 多个团的伤亡率超过了 50%，北军明尼苏达第 1 团和南军北卡罗来纳第 26 团的伤亡率都超过了 85%。[32]

7 月 4 日，正好是美国独立日，李将军不得不带着他的残兵向南部撤退，返回弗吉尼亚，黯然结束了第二次、也是最后一次"北伐"。此后，李将军的主力部队再也没有机会进入北方。

葛底斯堡战役彻底打破了李将军不可战胜的神话，重新确立了联邦政府和人民对最后取得胜利的自信，同时也有力打击了邦联及其同情者的信心。纽约一位评论家这样说：

> 这场战役的胜利是无价的，李将军"无敌"的迷信破除了，那些所谓"和平主义"的铜头党人终于变得又瘫又哑，联邦政府在国内外的力量成倍增加。[33]

葛底斯堡战役并没有决定美国内战的胜负——那种认为葛底斯堡战役是美国联邦决定性胜利的说法是不成立的。准确的说法是，葛底斯堡战役的

葛底斯堡战场，摄于 1863 年 7 月

葛底斯堡，摄于 1863 年 7 月

胜利使南方失去了赢得内战的最佳机会，南方人从此无力主动进攻，只能进行战略防御，就此而言这是美国内战的一个转折点，即南方从胜利走向失败的一个拐点。

三、米德的表现

1

喜讯传到华盛顿，北方人沸腾了，这是一场久违的胜利，而且是一场前所未有的重大胜利。

林肯兴奋地站在白宫的阳台上，向欢呼的人群发表演讲。他高声宣布，那个试图推翻"人人生而平等"原则的"强大叛乱者"，已经遭到了沉重的一击。

米德将军上任不到一个星期，就打赢了一场漂亮的胜利，简直令人难以置信。不过，历史学家对他的评价似乎并不高，林肯总统对他的评分就更低了。这是为什么呢？

葛底斯堡战役打完后，"坊间"有一种传说：米德在战役第二天的关键时刻，曾经计划全军撤退。这个流言的始作俑者不是别人，正是波托马克兵团的参谋长丹尼尔·巴特菲尔德（Daniel Butterfield）少将。

巴特菲尔德原是一名商人，内战爆发后，担任纽约第 12 步兵团团长，上校军衔。1861 年 7 月担任旅长，8 月晋升准将。巴特菲尔德参加了半岛战役，在七日之战中负伤，获得荣誉奖章；后来又参加了安提塔姆战役和第二次公牛道战役中，表现不错，官至军长。虎克将军当上总指挥之后，提拔他担任兵团参谋长，晋升为少将，成为虎克的心腹助手。米德将军接替虎克之后，巴特菲尔德继续留任参谋长，但他与米德的关系相处不好。在葛底斯堡战役第三天中，巴特菲尔德再次负伤，米德于 7 月 14 日免去了他的参谋长职务。

与巴特菲尔德一唱一和指控米德的另一个人物是丹尼尔·谢克尔斯。此人原来也是虎克的心腹，虎克升任兵团总指挥后，将自己原来的第 3 军交给了谢克尔斯指挥。谢克尔斯在 7 月 2 日的战斗中擅自行动，险些酿成大祸，米德很不满意，正好谢克尔斯负伤医治，米德顺势将他免职了。

美国国会在 1861 年 7 月公牛道战役之后，成立了一个"军事行为委员会"，专门负责审查高级军官在军事行动中的表现。葛底斯堡战役之后，巴特菲尔德、谢克尔斯等人给国会军事行为委员会写了一个报告，声称米德在战役第二天表现畏葸，有临阵退缩的迹象，曾命令巴特菲尔德参谋长起草一份全军撤退的命令。

米德矢口否认。他分辩说，他当时只是让巴特菲尔德收集一些材料，准备起草一份撤退的命令，以防在必要的时候使用。事实上，他既没有正式签署这份命令，也没有打算在 7 月 2 日撤退。[34]

巴特菲尔德还声称，米德在 7 月 2 日晚上召集高级军官开会，会上米德询问大家是否要撤退？米德还让众将投票表决，众将表决的结果是，大多数将领反对撤退，但米德的态度却想撤退。

米德再次矢口否认，几位主要将领也表示，这种说法纯属捏造。

真相究竟如何？葛底斯堡战役过去十八年之后，一个偶然的机会，有人发现了一份 1863 年 7 月 2 日晚上波托马克兵团高级军官会议的备忘录。纪录表明，当天晚上米德的确召集了军事会议，讨论下一步行动，而且还进行了投票表决。这说明，巴特菲尔德并非完全空穴来风。但是，纪录也表明，一共有九名主要将领在投票中表达了意见，米德的意见是："留下来，继续打下去。"[35] 这充分说明，巴特菲尔德指控米德希望撤退，这是诬告。

尽管米德没有被军事行为委员会追责，但这些指控已经给他的声誉带来了负面影响，也使他的功绩减分不少。

总体上说，葛底斯堡三天战斗，米德的指挥是好的，这一点没有什么疑义。但是，三天战斗之后，米德的表现却引起了更大的非议。

2

葛底斯堡三天激战之后，米德与林肯的心态完全不同。在米德看来，战斗已经结束，战役画上了圆满的句号。在林肯看来，这场仗才打了一半，只是一个逗号，联邦军队应当乘胜追击，咬住李将军不放，在其退兵途中，特别是南渡波托马克河之际，痛打"落水狗"，予以全歼。

在美国内战中，有一个奇异的现象：几乎每次恶战之后，天公就会降雨，而且都是滂沱大雨，一幅愁云惨雾的景象。[36]沃伦·威尔金森（Warren Wilkinson）在《战火之镰：李将军传奇之团的内战故事》一书中写道："士兵们说，是战场上空的浓浓硝烟和士兵们的惊天呼喊，催下了上天的雨水。"[37]

葛底斯堡战役结束的第二天中午，天上"照例"下起暴雨，而且连续下了10天。南军的撤退遇到很大困难，载着重伤员的马车在泥泞中艰难跋涉，轻伤员不得不一瘸一拐地慢慢挪行。数日暴雨，波托马克河河水大涨，变成一条横亘的天堑。李将军忧心如焚，他感觉天公似乎在帮助北方人。

北军的骑兵部队在波托马克河一带游击，突袭了南军临时搭建的渡桥，南军大部队在北岸滞留了一个多星期，给米德将军送上一个大好时机。

但是，在米德将军的脑子里，"句号"已经画上。7月4日，米德给林肯的一份报告中说，他"已经成功地将入侵者赶出了我们的土地"。

林肯读到这句话，气不打一处来：什么叫"我们的"土地？宾夕法尼亚是"我们的"土地，难道弗吉尼亚就不是"我们的"土地？米德说这话实在太"迂"了。[38]

林肯当场惊呼起来："'将入侵者赶出了我们的土地'！我的上帝，这就够了吗？"他一脸失望地对身边秘书说："难道我们的将军们不知道这样一个简单事实：整个国家都是'我们的土地'？"[39]

战争就是你死我活的斗争，不把敌人彻底消灭，就永远没有句号。遗憾的是，拥有这样的军事理念，当时只有林肯、格兰特等少数人。

林肯与米德的区别在于，米德是一名职业军人，林肯只是一个业余统帅。按理说，"职业"应该比"业余"更懂行，点子更准，更有军事远见——事实恰恰相反。

米德是那个时代职业军人的典型代表，他接受的军事教育和战争实践告诉他，战争就是两个绅士之间的一场公平较量，一方把另一方打倒了、打败了，游戏就结束了。米德没有意识到，战争不仅要打倒对手，还要结果其性命！米德似乎过于绅士，他下不了这样的狠手。历史学家哈利·威廉姆斯在《林肯与他的将军们》一书中不客气地说："也许，米德过于绅士风度，而不能成为一场全面战争的出色将领；也许，他貌似的绅士风度只不过是他在一场现代战争中缺乏足够勇气的掩饰。"[40]

米德在葛底斯堡战役没有任何主动进攻，打了三天防御战，结果把一味进攻的李将军打得惨败。这就让米德产生了"攻难守易"的思维定式，在一定程度上患了进攻恐惧症。正如历史学家哈利·威廉姆斯所说："他在葛底斯堡一场防御战的胜利毁掉了他成为一名进攻型的将军。"[41]

当然，米德不想追击，除了军事观念上的问题，也确有实际的难处。他担心逼得太紧，被李将军杀个回马枪。据说当时北弗吉尼亚兵团的士兵期待着米德追击，准备狠狠回击一下，出一口恶气。

林肯看到米德按兵不动，心急火燎地发去电报，要求米德趁李将军渡河之际，给予毁灭性打击。当时，维克斯堡大捷的消息已经传到华盛顿，林肯希望米德与格兰特一样，不让一个南军跑掉，提早结束这场内战。

7月12日，迫于林肯的再三催促，米德召集部下七名主要将领开会，米德建议采取老办法——投票表决。表决的结果是，只有一位将领主张继续进攻，其他人都赞同暂缓进攻，伺机再战。米德本人也不想马上进攻。

林肯接到米德的汇报，禁不住仰天长啸。他马上让哈莱克电告米德："运用你自己的判断展开行动，让你的将领们听从你的决定，不要再搞什么咨询投票会议，它总是回避战斗。"[42]

可惜为时已晚。7月13日，尽管波托马克河河水涨满，南军还是重新架起浮桥。李将军骑马伫立于北岸边，镇定自若地指挥部队从桥上快速通过，有条不紊地回到了弗吉尼亚境内。[43]

北军骑兵发起了一次骚扰性的进攻，截住了一股南军殿后部队，俘虏了一千多人。至此，李将军第二次北进画上了句号。

3

林肯整日在战争部电报室静候前方佳音，结果等来了李将军全身而退的消息。林肯气得直哆嗦，不停地喃喃自语："我的上帝，我的上帝！"过了一会儿，他对儿子罗伯特说："如果我在那儿，我可能已经打败他们了。"[44]

当晚，林肯坐在办公室里，提笔展纸，给米德将军写了一封长信，提出了严厉批评，并且阐述了他自己对于战争的基本看法。这封信写完后，林肯并没有寄出，一直压在抽屉里——这是林肯的一种习惯，他以前也曾给麦克莱伦等人写信，并不寄出去。也许，林肯这样做只是为了让自己平静下来；也许，林肯考虑到米德的情绪，可能受不了这样严厉的批评；也许，林肯对米德已经绝望，不想再说什么了。

这封信后来被公开出来，人们惊讶地发现，林肯的军事理念居然十分超前。

林肯在信中提出了一个重要问题：战争的目的究竟是什么？林肯认为，战争的目的就是消灭敌人的有生力量。历史学家哈利·威廉姆斯写道：

> 无论怎样看，这封信都是军事艺术的一篇杰作。它显示了林肯所持的一种军事战略——这是一种米德以及许多将领从未想到过的战略思想：消灭敌人的有生力量才是联邦军队的主要目的。[45]

这件事让林肯对米德心存芥蒂。林肯后来把格兰特调到东线指挥作战，原因之一就是对米德的不信任。

不过，历史学家威廉·本内特（William J. Bennett）在《美国通史》一书中却认为，林肯对米德乘胜追击的要求似乎过高了——李将军老谋深算，不可能给米德可乘之机。[46] 历史学家詹姆斯·麦克福尔森在《战火考验：作为最高统帅的亚伯拉罕·林肯》一书中也说，如果米德追击失利，来之不易的葛底斯堡大捷就会付诸东流，北方人刚刚提振的士气会再次跌入低谷，这是米德顾虑重重的主要原因。[47]

历史不可重演，也无法实验，所以常常会"公说公有理，婆说婆有理"，难怪有学者会说"人人都是自己的历史学家"。

李将军回到理士满，向戴维斯总统提出辞呈，戴维斯总统没有批准，军中没有人能够取代李将军。

四、自由的新生

1

三天激战给葛底斯堡留下一片惨状。战事结束后，北军中校阿尔弗雷德·麦克卡尔蒙特（Alfred McCalmont）路经葛底斯堡，描写了当时的情景：

> 星期一早上，我们行军从战场左边走过，地上到处是新修的坟墓，一些死去的马匹张着大嘴、瞪着眼睛躺在地上，许多士兵的尸体没来得及掩埋，他们的面孔已经发黑，咧开嘴唇，露出牙齿，让人毛骨悚然。被炮弹削落的树枝遍地都是，麦田里的麦子都已倒下。战争做了它所能做的一切。空气中弥散着几千具尸体发出的腐臭。只有等到离开这个地方，心情才略微放松下来。[48]

三个半月之后，葛底斯堡战场总算清理干净。按照宾夕法尼亚州长命令，这里建成了一个阵亡将士的墓地。

在西方文化中，自古希腊以来，就有政治家在阵亡将士墓地发表演讲的传统。这次，主办方要举行一个阵亡将士墓地的落成仪式，邀请了全国著名演说家爱德华·埃弗雷特（Edward Everett），此人曾担任过马萨诸塞州州长、哈佛大学校长、美国国务卿。

这样隆重的场面，主办方希望林肯总统亲自出席。于是，在 11 月 2 日，一份精美的请柬送到了林肯的桌上，诚邀林肯总统莅临仪式，并在埃弗雷特的主演讲之后作一个"简短的、适当的评论"。

林肯是个有心人，为了准备这次演讲，他花了两周时间，亲自构思和撰写演讲稿。

2

1863 年 11 月 19 日，林肯总统来到葛底斯堡公墓岭，参加阵亡将士墓

葛底斯堡公墓大门，摄于 1863 年 7 月

的落成仪式。现场来了 15000 多人，也有一说是来了 30000 到 50000 人。主席台上坐着州长、将军们、外国使节、国会议员、政府官员、埃弗雷特和他的女儿，还有美国总统林肯。

在牧师作了祈祷之后，埃弗雷特开始演讲。埃弗雷特站在高高的讲坛上，望着碧血黄沙的战场，足足讲了 1 小时 57 分钟，气势轩昂，语惊四座，赢得掌声雷动。他的讲话稿后来登载报纸上，足足占了两个版面。

轮到林肯了，他静静地站起来，从口袋里掏出一张皱巴巴的纸，静静地展开，然后戴上金边眼镜，一字不差地念了 2 分半钟——演讲结束了。

现场没人想到林肯的演讲如此之短，很多人也不太理解其中的深刻内涵，林肯讲完之后，全场静悄悄的，没有什么反应。林肯对自己的演讲也不满意，他自嘲是"一次平白无奇的失败"。

按照历史学家格拉尔德·普鲁库泡维克兹在《林肯拥有奴隶吗？》一书中的说法，林肯葛底斯堡演讲至少有五个不同的版本。[49] 其中，美国官方通行版本一共有 10 个句子，269 个英语单词，全文如下：

八十七年前，我们的先辈在这个大陆上创立了一个新的国家，它孕

252   自由的新生

育于自由之中，信奉人人生而平等的原则。

现在，我们正在进行一场伟大的内战，以考验这个国家，或者任何一个孕育于自由和信奉上述原则的国家，能否长久存在下去。我们在这场战争中的一个伟大战场上集会。烈士们为使这个国家能够长存下去，在此献出了自己的生命。我们来到这里，是要把这个战场的一部分奉献给他们，作为最后的安息之所。我们这样做是完全应该而且非常恰当的。

但是，从更广的意义上说，这块土地我们不能够奉献，不能够圣化，不能够神化。那些曾在这里战斗过的勇士们，活着的和去世的，已经把这块土地圣化了，远非我们微薄之力所能增减。我们今天在这里所说的话，全世界不大会注意，也不会长久记住，但勇士们在这里所做过的事，全世界却永远不会忘记。

毋宁说，倒是我们活着的人，应该在此把自己奉献给勇士们为之奋斗的、高尚的未竟事业；倒是我们这些人，应该在此把自己奉献给依然留在我们面前的伟大任务——我们要在这些光荣烈士的激励下，把自己加倍奉献给他们已经彻底为之献身的事业；我们要在此以最大的决心，不让这些烈士白白牺牲；我们要使国家在上帝福佑下获得自由的新生，要使这个民有、民治、民享的政府永世长存。[50]

历史学家约翰·凯根说，美国内战是人类历史上第一次——事实上也是唯一的一次——发生在民主国家的内战。[51] 林肯一开场就说，这场正在进行内战是对美国的一个考验，也是对所有自由民主国家的一个考验——考验民主国家能否战胜内乱。

在人类历史上，许多国家常常陷入一种恶性的循环：当政府治理相对苛严时，就会出现专制乃至独裁；当政府治理相对宽松时，又会发生内乱乃至内战。林肯向人类提出了一个严肃的问题：一个自由与民主的国家有没有可能避免陷入这样的怪圈？

在林肯看来，这些在内战中献身的烈士，是在用他们自己的生命，对这一严肃问题作出正面肯定的回答。所有活着的人，应该接续先烈未竟的事业，为一个自由国家的永世长存而继续努力。

林肯希望，这个自由之国，并非旧时的蓄奴国家，而是一个获得"自由的新生"——即人人平等的自由——的国家。所有活着的人都要不懈奋斗，去创建这样一个自由而平等的国家。历史学家詹姆斯·麦克福尔森在《呼唤自由之战：美国内战时代》一书的前言所说：

> 时至林肯在1863年11月葛底斯堡演讲之后，北方人民开始为"自由的新生"而战，他们要把建国者们亲手制定的宪法——这部使得美国成为世界上最大蓄奴国家的宪法——变成一部共和国解放宪章，正如战时名曲《呼唤自由之战》歌词所言："无人再为奴隶。"[52]

林肯这篇演讲是对美国自由民主宪政的再阐述、再诠释、再发展，因而被认为与《独立宣言》、《美国宪法》并列而三，成为美国宪法文献的重要组成部分，也被称为"第二次独立宣言"。

在这篇短文中，林肯的睿智在于：既没有区别北军与南军，也没有区分南方与北方；既没有胜利的喜悦，也没有仇恨的指责，而是强调了这个国家共同的理想价值和政治制度——自由、平等、民主。这些曾经让过去美国人团结一致、奋发向上的核心价值观，也应成为这个正处在分裂与战乱的国家重新联合起来的共同价值基础。

林肯的演讲太深刻、太超前，以至于许多人一时难以理解。当时媒体就不怎么看好，伦敦《泰晤士报》评论说，"葬礼让可怜的林肯总统弄得有点滑稽可笑"。[53]北方民主党报纸也不买账，他们一向喜欢挑刺。有的共和党报纸主编也不满意——林肯讲得太短，报纸预留版面过大了。只有《共和党人日报》主编认为，没有比林肯的演讲更加美丽、感动和鼓舞人心了。[54]

确实有很多人被深深打动了。当林肯讲到，我们今天所说的话不会被长久记住，但勇士们所做的事却永远不会忘记，人群中一位受伤的联邦军官当场泣不成声，将自己的脸埋在手绢里。演讲结束后，埃弗雷特写信给林肯说："我真的感到十分高兴和荣幸，我能够用两个小时的时间，讲清了你在两分钟内所讲的东西。"[55]

林肯在演讲中自谦说，他讲的话不会被长久记住，这是林肯演讲中唯一说错的话——事实上，林肯的话被"长久记住了"，因为他道出了人类自由与平等的普遍心声。

第九章

维克斯堡

一、密西西比河的钥匙

1

当东部战场李将军连败伯恩赛德、虎克两员大将时，西线战场同样战火纷飞。

罗斯克兰斯于 1862 年 10 月就任坎伯兰兵团总指挥之后，一直没有什么行动。林肯生怕他变成另一个"彪尔"，催促他赶紧行动。

罗斯克兰斯就读于西点军校，毕业后留校任教。内战爆发后，他先在东部战场作战，1862 年 5 月调到西部战场，一度做过格兰特的部将。他也是俄亥俄州人，算是格兰特的老乡。

1862 年 12 月 26 日，圣诞节刚过，罗斯克兰斯开始行动了，他率领56000 人从纳什维尔出发，向南进军。此时，布拉格将军统领南军田纳西兵团 40000 多人，正驻守在 30 英里之外的石河（Stone's River）南岸，一个叫莫弗里斯伯罗（Murfreesboro）的地方。

30 日，两支大军合计十万人马，遭遇在天寒地冻的田纳西原野，展开激烈战斗，双方战线长达 4 英里。

由于战线太长，无法全线进攻，两位主帅不约而同地作出一个决定：右翼部队防守，左翼部队攻击。

结果就发生了有趣的一幕：双方一开打，南军左翼进攻北军右翼，北军左翼进攻南军右翼，两支大军就像一个巨大的转门，围绕中心阵地，逆时针旋转起来。

7点刚过，南军左翼部队蜂拥而至，北军右翼部队措手不及，正在吃早饭的士兵丢下餐具，纷纷逃命，只有伊利诺伊州第25步兵团等少数部队拼死抵抗，北军右翼战线被基本击破。[1]

北军左翼也向南军发起进攻，可惜南军早有防备，进攻进展甚微，双方战线基本维持原地不动。

北军中间阵地的守将是弗吉尼

乔治·托马斯

亚人乔治·托马斯（George H. Thomas）少将，此人战前是西点军校的教官、骑兵少校，相当沉稳干练。托马斯对布拉格知根知底，当年墨西哥战争中两人同在一支炮兵部队，跟随戴维斯上校攻城略地。今天面对老相识的猛烈进攻，托马斯坚守不退，掩护右翼部队重新建立防守阵地。

当夜幕降临的时候，北军阵地构成一个折刀形的防线。整个战场犹如一个同心圆，南军占据四分之三，北军只占据四分之一。

布拉格感觉到胜券在握。第二天是新年1月1日，两支军队相互对峙，平静地度过一天。

2日下午，布拉格再次向北军左翼发起进攻，遭到北军炮火猛烈轰击，南军打散了队形，进攻未果。

3日，两军零星交火对射，没有新的进攻。出人意料的是，夜幕降临后，布拉格居然率军撤退了，向南撤到36英里外的图拉荷马（Tullahoma）。北军乘机进入莫弗里斯伯罗。

战场上一片狼藉，惨不忍睹。一名北军军官约翰·比蒂（John Beatty）

在日记中写道：

> 我们看到有的人被炸断了腿，有的人脑浆涂地，有的人只剩下半张
> 脸，还有的人内脏流了满地……有一个男孩死在地上，双手紧紧合在一
> 起，举过头顶，很显然他最后一刻正在祈祷。……第一天打下来，许多
> 可怜的伤员躺在又黑又冷的密林中，无助地呻吟着，祈求有人过来救
> 命，最后不得不向上帝作临终祷告。[2]

这场石河之战究竟谁胜谁负，没有人说得上来。至于有什么重要军事
意义，也很难说。但是双方的损失却很惨重。有一种说法是，北军损失了
13000 人，南军损失了 10000 多人，都占双方投入兵力的四分之一。另一种
说法是，双方合计损失人数占了全部参战部队的 32%，是内战单场战役损
失比例最高的一次。[3] 历史学家布鲁斯·凯顿在《美国内战》一书中说："在
内战期间，没有一场战事付出的代价如此之大，得到却如此之少。"[4]

2

布拉格的表现令麾下的浦克将军等非常不满，他们向理士满报告了田纳
西兵团的情况，希望撤换主帅。

戴维斯总统与布拉格一向关系很好，他不想轻易免掉布拉格，再说一时
也没有合适的人选。怎么办呢？戴维斯左思右想，西线现在还没有总指挥，
不如派一个人去当西线总指挥，协调西线各路兵马，暂时缓解一下矛盾。选
谁去呢？邦联国会中的重量级议员路易斯·维格福尔（Louis T. Wigfall）推
荐了好朋友约瑟夫·约翰斯顿，戴维斯总统同意了。

约翰斯顿在理士满郊外的七棵松之战中受伤，到 11 月中旬基本伤愈，
他主动打报告，要求重返战场。现在西线形势吃紧，约翰斯顿临危受命，出
任西线总指挥。临行前，戴维斯总统还给了他"尚方宝剑"：必要时可以解
除布拉格将军的指挥权。

12 月初，约翰斯顿到达田纳西州的交通重镇恰特诺加（Chattanooga），

坐镇指挥西线部队。他知道布拉格与戴维斯总统关系特殊，自己也需要观察一下情况，没有马上撤换布拉格。

坐落在田纳西河上的恰特诺加，位于田纳西州东南角，既是西部战场上的铁路交通枢纽，又是通往南方腹地的大门。向东通往弗吉尼亚的铁路可以快速运送兵力和给养；向南的铁路线可以直达亚特兰大；向西的铁路线可以通往孟菲斯；还有西北方向的第四条铁路线可达田纳西首府纳什维尔。如果北军占领恰特诺加，可以此为基地，直接威胁佐治亚州和亚特兰大；如果南军控制这里，可以进攻田纳西州西部，威胁肯塔基州边界。

现在，南军在西部一共有三支部队，一是布拉格将军的田纳西兵团，人数将近 40000 人；二是镇守维克斯堡的约翰·彭伯顿（John C. Pemberton）中将的密西西比兵团，人数大约 30000 人；三是阿肯色州的跨密西西比兵团，指挥官是索费留斯·霍尔姆斯（Theophilus H. Holmes）中将。

石河之战让坎伯兰兵团元气大伤，罗斯克兰斯在莫弗里斯伯罗足足休整了六个月。在此期间，华盛顿多次催促他抓紧行动，配合格兰特将军夺取维克斯堡。6 月 24 日，罗斯克兰斯开始行动了。此时，格兰特已经在维克斯堡一带单打独斗好几个月了。

3

维克斯堡位于密西西比河东岸，介于孟菲斯与巴吞鲁日之间，控制着密西西比河 150 英里的水面，被称为密西西比河的钥匙。

拔掉维克斯堡这颗最后的钉子，就能将整条密西西比河流控制在手，切断了河西叛乱州对河东的人力、物力支持，彻底扭转西部战线的形势，用林肯的话来说，"除非将这把钥匙收入囊中，否则这场战争不会结束"。[5]

格兰特出任田纳西兵团总指挥后，在密西西比流域展开一系列小规模军事行动，双方互有胜负。

接着，格兰特制定了一份攻打维克斯堡的作战计划，得到了哈莱克的支持。正要行动时，不料半路杀出一个程咬金来，约翰·麦克莱纳德率领一支独立机动部队，也来凑热闹了。

麦克莱纳德曾是格兰特的部将，但此人心气很高，不甘居下。9月，他借故离开部队，回到华盛顿进行"公关"，试图取代麦克莱伦出任东部指挥官，结果当然失败。

不过，麦克莱纳德在华盛顿确有不少"关系"，林肯、斯坦顿都与他交情很好。林肯为了北方民主党的支持，任命了不少民主党的"政客将军"，如本杰明·巴特勒、丹尼尔·谢克尔斯、约翰·洛根（John A. Logan），以及麦克莱纳德等。林肯曾自嘲说，他什么都缺，就是不缺"将军"，因为他可以随时任命。

麦克莱纳德自恃对西线比较熟悉，又有林肯、西沃德和北方民主党人的支持，很想在密西西比流域一线大显身手，他主动向林肯请缨，要求独立招募一支部队，不受任何人管辖，类似于"别动队"，先进驻孟菲斯，然后顺流而下，夺取维克斯堡。10月7日，林肯授予麦克莱纳德独立指挥权，同意了他的计划。

格兰特对此一无所知，直到10月底从报纸上读到了这条新闻，心里当然很不爽。[6]

格兰特考虑再三，觉得还是"先礼后兵"：他主动邀请麦克莱纳德率部加入田纳西兵团，成为兵团的第五个军，番号都准备好了——第13军。麦克莱纳德断然拒绝。

格兰特看到"私下协商"不行，只能"组织解决"了。11月10日，格兰特给哈莱克写信，希望他出面协调。

在此关键时刻，哈莱克坚定地站在格兰特一边。哈莱克在做西线总指挥的时候，对格兰特没有多少好感，但他到华盛顿后态度有所改变，做事心胸更加开阔了。哈莱克毕竟军人出身，知道打仗不能"一山两虎"。

哈莱克马上给格兰特回信说："你有权指挥你战场上的所有军队，根据自己的意愿展开作战行动。"[7]过了几天，哈莱克又授权格兰特，在必要时可以解除麦克莱纳德的指挥权。[8]

有了哈莱克的支持，格兰特就不客气了。12月初，格兰特命令谢尔曼率领孟菲斯的两个师，包括麦克莱纳德的师，从陆路进攻维克斯堡。谢尔曼心领神会，他强硬要求麦克莱纳德听从指挥，来了个"霸王硬上弓"。麦克

自由的新生

莱纳德一下子被镇住了，不得不暂时服软。

12月9日，格兰特向哈莱克汇报，他已收到麦克莱纳德将军的一封信，表示愿意随从谢尔曼的部队一起行动。就这样，格兰特、哈莱克、谢尔曼三个西点校友，联手"绑架"了这位野心勃勃的"政客将领"。

随后，格兰特率领主力部队沿铁路线进逼维克斯堡。格兰特判断，维克斯堡的指挥官约翰·彭伯顿将军无法兼顾两支部队，难以应对局面。

然而，情况并非所料。铁路线遭到了弗莱斯特骑兵部队的破坏，格兰特的前进受阻，未能及时配合谢尔曼的行动。彭伯顿将军暂时抛开格兰特，全力对付谢尔曼。

12月29日，谢尔曼率军猛攻维克斯堡北面的奇克索崖（Chickasaw Bluffs），结果被彭伯顿的优势兵力打得人仰马翻，损失了1400人，狼狈撤退。

1月2日，在波特海军帮助下，谢尔曼与麦克莱纳德沿阿肯色河攻下了亨德曼堡垒（Fort Hindman），然后在密西西比河西岸的扬斯角（Young's Point）和米利肯湾（Milliken's Bend）一带驻扎下来，这里距下游的维克斯堡大约几十英里。

到了1月底，格兰特统领四五万人的大军，沿密西西比河向维克斯堡进发。但是，密西西比河谷地形复杂，水网密布，瘴气横生，行军十分困难。更让格兰特闹心的是，维克斯堡地处密西西比河东岸的一个大转弯处，高高耸立在250英尺的坚固悬崖上，此地水流湍急，崖壁陡峭，要从正面水上仰攻，难度非常之大。

二、士为知己者死

1

林肯密切关注格兰特的行动，他要求哈莱克尽量为格兰特提供足够的后勤保障。哈莱克写信给格兰特说：政府将尽一切可能支持他的行动，整个国家的目光和希望都放在格兰特身上。他还引用林肯的话说："打开密西西比流域，对于联邦事业的重要性胜过拿下20个理士满。"[9]

格兰特深感压力山大，他对作战形势进行了仔细分析：

如果从密西西比河西岸对维克斯堡发起正面强攻，正好撞到敌人的炮口上，必定死路一条。

如果从陆路自北向南进攻，需要经过大片沼泽，部队辎重很难通过。也许可以挖宽一条运河来运送兵力，但工程量太大，耗不起时间。

如果从东北向西南进攻，虽然路况条件好一些，但北军的后勤补给线很容易受到南军骑兵的袭击，杀性十足的弗莱斯特正虎视眈眈地等着呢。

格兰特绞尽脑汁，想了不少办法，最后都自我否定了。时间就这样过去了三个多月。

在许多北方民众看来，格兰特是在不负责任地浪费时间。报界的批评尤为激烈，甚至说他酗酒的旧病复发。民主党人要求林肯总统撤掉格兰特，让麦克莱纳德指挥西线部队。麦克莱纳德也趁火打劫，写信给林肯说："据我所知，1863 年 3 月 13 日，格兰特将军醉醉如泥，在床上躺了一整天。"[10]

有一位报纸主编写了一封信给蔡斯，颇能代表当时舆论的狂轰滥炸，其中写道：

> 蔡斯部长：
>
> 以下情况是属实的：我们高贵的密西西比部队正在被傻帽的、酗酒的、愚蠢的格兰特浪费掉。他无法组织、控制和指挥一支军队。我不带任何个人情绪，但是据我所知，格兰特就是一头蠢驴。在所有已经退休的将军名单中，没有一个人的能力比不上格兰特。[11]

林肯读到报纸上连篇累牍的批评，也收到大量类似的信件，不禁叹息道："看来格兰特除了我之外没有任何朋友。"林肯尽管并未见过格兰特，却态度坚定地给予支持，他相信格兰特能够带来胜利。

后来流行一种传说：林肯私下里问身边的人，格兰特将军喜欢喝什么酒？他打算送一些给格兰特。这种类似《三国演义》中诸葛亮给张飞送酒的故事，不一定属实。确凿无疑的是，林肯在关键时刻顶住压力，为格兰特撑腰。林肯自己后来也说："如果我按照华盛顿那些朋友的要求处置格兰特，你们就再也不会听到格兰特这个名字了。那些人只擅长于用嘴打仗，而不是用剑打仗。"[12]

格兰特深感林肯知遇之恩，"士为知己者死"，他暗下决心，一定要拿下维克斯堡，给国家和总统一个满意的交代。在一次军中聚会时，他向众将祝酒，说了这样一句话："上帝把林肯和自由给了我们，让我们为两者而战斗！"[13]

2

林肯虽然放心，但并不安心。3 月，《纽约论坛报》的资深记者查尔斯·丹纳（Charles A. Dana）作为战争部的观察员，被斯坦顿派到格兰特的驻地，考察田纳西兵团的军务。

丹纳阅历非常丰富。1848 年，他作为驻巴黎记者，采访过法国革命。这年下半年，他又来到德国，与不久前起草了《共产党宣言》的卡尔·马克思会面，建立了良好的私人友谊。三年后，丹纳邀请马克思为《纽约论坛报》撰写欧洲见闻。后来，丹纳参与编辑 16 卷本的《美国百科全书》，马克思与恩格斯提供了其中有关政治与军事的 81 篇文章。[14]

丹纳待在格兰特身边，把每天的见闻记录下来，向华盛顿报告。华盛顿对丹纳报告非常重视，成为战争部评估维克斯堡战役进程的重要信息。历史学家查尔斯·富勒德（Charles Bracelen Flood）在《格兰特与谢尔曼》一书中说："当时，如果丹纳在报告中写了格兰特负面的东西，格兰特很可能被立即解除职务。"[15]万幸的是，丹纳的报告对格兰特赞扬有加。事实上，丹纳心里很清楚，身边的这个人是一颗正在冉冉上升的新星。

格兰特并不认为自己在浪费时间，他坚信，随着多个行动方案被否定，自己正朝着正确的方向前进。他反问自己两个问题：

第一，既然从密西西比河西面与北面都无法开展正面进攻，能不能从南面发起背后进攻呢？在中国古代兵法中，有所谓"扼喉抍背"的战法。既然不能正面"扼喉"，何不来个后面"抍背"？

第二，既然无法从密西西比河上发起水路进攻，能不能改从陆路进攻呢？如果部队绕过正面的维克斯堡，侧面迂回到要塞后面，就有可能从陆路攻陷它。

于是，一个远距离迂回运动作战的大胆计划在格兰特的脑海中形成。仔细考虑数天之后，格兰特向众将抛出了自己的计划，听取大家的意见。

格兰特的基本设想是：放弃对密西西比河岸高崖重炮的正面强攻，也不再强行通过维克斯堡北部的沼泽地区，部队沿着密西西比河西岸向南急行军，迂回到下游某一渡口，由海军舰船接应，横渡密西西比河，登陆后直插维克斯堡的后面，途中如遇敌人阻挠则坚决消灭之，以最快速度对维克斯堡发起背后进攻。这就像一个轻舒猿臂的右钩拳，猛击敌人的后脑勺。1991年海湾战争期间，施瓦茨科普夫将军所谓的"沙漠军刀"作战计划，大概就是学格兰特这一招。

格兰特一脸兴奋，谁知众将听了之后，有的皱眉，有的摇头，有的明确反对，就连谢尔曼也表示怀疑。不用大家说，格兰特自己清楚，这个计划的确存在很大困难和风险，主要有三个方面：

第一，长距离迂回作战的最大问题就是后勤供应，三万大军长途跋涉，没有后勤基地保障，粮草从何而来？格兰特的回答是：就食于野——打到哪里，吃到哪里，类似于红军两万五千里长征一样。当时，美军正规部队的作战方式是"稳扎稳打，步步为营"，先确定后勤基地，然后作战部队跟进，类似于中国古代"兵马未动，粮草先行"。格兰特完全打破常规，难怪众将无法接受。实际上，事后证明这一招是可行的，也为后来谢尔曼南方大进军提供了一种成功的先例。

第二，海军的舰船都在上游，要开到下游去接送步兵渡河，须先闯过维克斯堡炮台这一关，风险非常之大，这需要拜托波特海军上将。

第三，一旦登上密西西比河东岸的陆地之后，格兰特的部队事实上变成了一支深入敌人腹地的孤军，东面有驻守在杰克逊的约翰斯顿部队，西面有驻守维克斯堡的彭伯顿部队，如果两支敌军合围夹击，有全军覆没的危险。

对于第一条与第三条，格兰特充满信心。对于第二条，涉及波特将军，就不太好说了。

戴维·迪克森·波特出生海军世家。小波特13岁就在海上滚打，先是在墨西哥海军效力，与西班牙人作战，后来加入美国海军，一干就是三十年。

波特的义兄戴维·法拉格特曾在多纳尔森要塞之役与格兰特精诚合作，现在格兰特要与波特家族的人第二次合作。格兰特与波特不太熟，不知道对方会不会配合。

关键时刻，谢尔曼站了出来。谢尔曼驻扎在孟菲斯，与波特时有见面，两人关系很好。谢尔曼主动拜访波特，替格兰特"三请诸葛亮"，波特答应与格兰特见面商量。[16]

于是，格兰特、谢尔曼、波特坐到一起研究行动方案。波特一开始有些犹豫，他告诉格兰特，舰船要在黑夜里冲过维克斯堡，存在两大风险：一是敌人岸炮的强大火力，二是自家船只的相互碰撞。不过，波特最后还是同意了格兰特的作战方案。历史学家约瑟夫·格拉塔尔（Joseph T. Glatthaar）在《领导与搭档：美国内战将帅恩怨录》一书中说：

> 可以肯定，波特喜欢这个面相和蔼、性情低调的人，他更欣赏格兰特出色的军事才能，格兰特的充分自信、主动进攻的热情，以及坚忍不拔的意志，深深打动了波特，波特从未见过如此专注于一件事情、并且竭尽全力去完成的人。[17]

波特愿意为这样的人冒一次大风险。

三、出奇制胜

1

主意已定，立说立行。

4月初，格兰特率领田纳西兵团，携带少量粮草，从路易斯安那州的米利肯湾出发，沿着密西西比河西岸，一路向南行军。

密西西比河西岸河道纵横，沼泽密布，行军十分不便。格兰特的先锋部队使用斧头和铲子，在随军工程师的指导下，遇险开路，遇水搭桥，硬是打通一条道路，直插密西西比河下游。

4月16日，波特率领一支舰队借着夜幕，强行闯进了维克斯堡水域，双方激烈交火，一时间炮声震耳，传到60英里之外；战斗中火光冲天，足足烧了3个小时。

最后结果有惊无险：一艘舰船沉没，部分舰船受损，大部分舰船闯过了虎口。幸运的是，居然没有牺牲一个水手。

4月27日，第二批舰只也冒着炮火冲过了维克斯堡。

波特与格兰特会合后，准备渡河。按照原计划，登陆点选在密西西比河东岸、维克斯堡下游25英里一个叫作大湾（Grand Gulf）的渡口。

波特自告奋勇，率领舰队前去攻打南军大湾堡垒。战斗从4月29日上午8点开始，波特舰队倾巢出动，八艘军舰猛烈炮击，打了五个半小时，未有进展。格兰特亲自观察炮击效果，发现敌人损失轻微，大湾堡垒依然防守森严，只好放弃。

格兰特与波特商议，将登陆点移到大湾南边6英里处的布鲁英斯堡（Bruinsbury）附近，南军在这里基本上没有设防。

30日，在海军舰船接应下，格兰特的33000大军渡过了密西西比河，在布鲁英斯堡登陆，终于踏上了密西西比河东岸的大地。

此前，为了牵制彭伯顿的兵力，格兰特命令谢尔曼从维克斯堡以北地区展开佯攻。谢尔曼投入8个团的兵力，像模像样地发起攻击，彭伯顿紧急抽调部队北上增援。5月3日，谢尔曼撤出进攻部队，向东行军，准备与格兰特汇合。

格兰特的部队上岸后，立即向东南方向急行军，准备进攻吉布森港（Port Gibson），这里距离维克斯堡只有25英里。

5月1日，大湾守军约翰·鲍温（John Bowen）将军率领两个旅兵力增援吉布森港，双方激战了一整天，北军打败了南军，占领了吉布森港。

这时，格兰特接到华盛顿电报，要求他马上南下，与驻守新奥尔良的班克斯将军部队会合，进攻新奥尔良上游135英里的重镇哈德逊港（Port Hudson）。格兰特断然拒绝了这个莫名其妙的指令。

现在，北军两面受敌，格兰特决定，先挥军向东北方向进发，解除杰克

266　　　　　　　　　　　　　　　　　　　　　　　　　　　　自由的新生

逊的威胁，回头再对付维克斯堡。

密西西比州首府杰克逊位于维克斯堡东面40英里，是南军的重要物质基地和铁路交通枢纽，对维克斯堡起到一种拱卫的作用。南军西部总指挥约翰斯顿将军亲自坐镇杰克逊。他一面安抚彭伯顿，一面急招布拉格赶来支援，如果这两支部队加在一起，总人数超过了格兰特的田纳西兵团。

兵贵神速！格兰特必须在最短时间内拿下杰克逊。他把辎重留在后面，来不及与谢尔曼会合，轻装直奔杰克逊而去。临行前，格兰特电告哈莱克说："你可能有数天听不到我的消息。"[18] 全军将士以破釜沉舟之志，一路狂奔向前。

5月14日，格兰特在杰克逊郊区遭遇敌军，很快击败外围部队，但在进攻主城区时遇到顽强抵抗。幸好，谢尔曼及时赶到，两支部队迅速向两翼展开，对杰克逊城形成包围之势。

约翰斯顿担心被"包饺子"，命令炮兵猛烈射击，掩护步兵6000多人向北撤退。北军很快攻占了杰克逊，守军炮兵全部投降，缴获大炮17门。

格兰特在杰克逊做了两件很罕见的事：一是大肆抢掠城中物资，用以补充军粮辎重；二是放了一把大火，将城里涉及军用的工厂、机器、仓库、商店、铁路设施等烧了个精光。当然，在格兰特的回忆录中，他说这把大火是南军自己放的，想要烧掉不能带走的军用物资。[19]

格兰特的"焦土政策"，谢尔曼看在眼里、记在心里，他从格兰特身上学到了这一手，将在日后南方大进军中变本加厉地运用。

2

约翰斯顿退出杰克逊后，马上命令彭伯顿从维克斯堡向东出发，沿途消灭格兰特的后勤补给线，与他一起合击格兰特。

彭伯顿是宾夕法尼亚人，1837年毕业于西点军校，参加过墨西哥战争，当时是格兰特的上司。内战爆发前，彭伯顿一直在南方服役，对南方不乏感情。更重要的是，他的漂亮妻子是弗吉尼亚人，所以内战爆发后，身为北方人的彭伯顿没有帮助北军，反而投入了南军。

彭伯顿接到约翰斯顿的命令，感觉到左右为难：理士满给他的指令是不惜一切代价守住维克斯堡，约翰斯顿却要他离开维克斯堡向东出击。彭伯顿想来想去，"县官不如现管"，还是听顶头上司的。于是，他率领麾下 23000 人马，杀出维克斯堡，沿途搜寻格兰特的后勤辎重部队，结果连影子都没有找到——因为格兰特根本就没有补给线！

知道彭伯顿大军出动，格兰特心中窃喜：彭伯顿弃险不守，贸然前来交战，正是杀伤其有生力量的良机。格兰特留下谢尔曼在杰克逊收拾后事，自己率领三个师急速西行，迎战彭伯顿。

5 月 16 日早上 7 点，格兰特与彭伯顿相遇在维克斯堡与杰克逊之间的冠军岭（Champion's Hill），距离维克斯堡 18 英里。冠军岭高 140 英尺，彭伯顿在此组建了一个 L 形的防御阵地。

中午时分，格兰特孤注一掷，将三个师近 15000 人几乎全部投入战斗，向敌人发起猛攻。双方血战到下午 2 点半，南军突然从山顶猛冲下来，试图一举打垮北军。情势相当危机，格兰特镇定自若，嘴里咬着雪茄，指挥炮兵射击，同时把剩下 500 多人的预备队投入战斗，发起了猛烈的反冲锋。打到 4 点多钟，北军攻占了冠军岭，南军被迫向西撤退。此役北军损失 2441 多人，其中战死 410 人，受伤 1844 人，失踪 187 人；南军损失 3800 多人。[20]

彭伯顿并没有返回维克斯堡，他的部队退到距离维克斯堡 8 英里的大黑河（Big Black River），组织起新的防守阵地。

第二天，格兰特跟踪而至，两军在大黑河一线再次交锋，北军越战越勇，将南军赶过了大黑河。南军撤退时破坏了河上桥梁，北军被暂时阻在河东岸。这场战斗，南军损失 1700 多人，北军只损失 200 多人。

此时，谢尔曼也赶来了，北军连夜架设桥梁。战士们情绪高涨，点起大片篝火，挑灯夜战，干得热火朝天。

第二天，5 月 18 日，北军渡过大黑河，直抵维克斯堡城下。格兰特将维克斯堡三面包围。谢尔曼把守北面，麦克莱纳德把守南面，年仅 35 岁的詹姆斯·麦克福尔森（James McPherson）少将把守东面，此人一直跟随格兰特，忠勇善战，被视为西部战场最有前途的后起之秀。

在维克斯堡西面的密西西比河上，波特将军的战舰也严阵以待。彭伯顿的部队已经被北军团团包围，插翅难飞了。

就这样，格兰特孤军深入，转战三周，行军130英里，在密西西比河东岸五战五捷，各个击破了总兵力超过自己的南军，最终完成了对维克斯堡的合围，将三万多邦联军围困在一座孤城之内。

一开始，格兰特想毕其功于一役。5月19日，格兰特命令手下三个军同时从南、东、北三个方向发起猛攻，可惜未能成功。22日，格兰特再次对维克斯堡发起突击，又被击退。北军损失了3000多人。

面对恃险苦守的顽敌，格兰特知道，短时间内一举拿下维克斯堡不太可能，唯一的办法就是打一场围困战，用重兵包围孤城，切断城内与外界的所有通道，迫使其弹尽粮绝，不得不投降。

林肯了解到格兰特这次长途奔袭的行动，不禁赞叹道："不管格兰特能不能拿下维克斯堡，这场战役从这个月初直到22日，是世界上最漂亮的战役。"[21]

6月初，格兰特得到了孟菲斯的援兵，北军达到75000人。彭伯顿与约翰斯顿合计还不到60000人，格兰特有足够的兵力两边照应，拿下维克斯堡只是一个时间问题。

格兰特大军围困维克斯堡，成为美国民众关心的一个热门话题。一些人看报纸不过瘾，居然携家带口赶到战场，坐观战斗实况，其中不少是北军士兵的家属。不少北方州的政府官员也纷纷南下，赶来慰问本州的子弟兵，维克斯堡城外热热闹闹，不亦乐乎。

3

维克斯堡攻防战就此开打。

在密西西比河上，波特舰队的100多门舰炮每天不停地轰击。陆地上，格兰特部署了220门大炮，将数不清的炮弹倾泻到城内。

南军也不是吃素的，他们仗着长达数英里的坚固工事，配备170多门大炮，奋勇抗击，还以颜色。双方的狙击手在各自战壕里相互射击，任何移动的物体都成为靶子。

来自第 76 俄亥俄步兵团的伯特（R.W.Burt）中尉记录了两军对峙的情景：

> 一周又一周，我们待在这座山头，隔着山谷经常可以看到对面的叛军从工事里探出头来朝我们张望，双方不时相互射击。我们不得不躲在掩体里，小心地保护自己，只要我们一露身子，就会招来一阵枪弹。一天，我正在山顶上巡视，一颗炮弹突然在我身边"轰"地爆炸，就差几英尺，掀起一堆尘土，我连忙跳进一个掩体里，紧接着第二发炮弹又炸开了。[22]

战争是残酷的，但战场上也有难得的温情。

在两军阵前，长着不少野黑莓，天气炎热，士兵们馋得直流口水，可谁也不敢去采，怕一露头就挨枪子儿。后来，不知道谁先提议：大家暂时停火，一起出来采黑莓吃吧。于是，刚才还在相互射杀的士兵们，呼啦啦一家伙都出来了，争先恐后地一同抢摘黑莓吃。一些士兵还相互握手，拉拉家常，谈谈天气，骂骂各自的将军们。北军士兵用干粮和咖啡，换取南军士兵的烟草。有的士兵还拿出妻子、孩子的照片，给刚刚还想射杀自己的对手看。两名士兵并排坐在一根倒下的树干上，谈论着妈妈做的饭菜，一名士兵突然抽泣起来，喃喃地说："我想见我妈妈。"[23]

维克斯堡城内住着 3000 多平民。一开始，城中的百姓觉得维克斯堡固若金汤，约翰斯顿随时会来救援，根本没当回事。他们在山坡上挖了许多山洞掩体，把床和家具搬到山洞里，整日待在里面躲避炮火，准备打一场持久战。当地报社继续发行报纸来鼓舞士气，直到纸张告罄，不得不用墙纸来印报纸。

随着时间的推移，围困与炮击的效果显现出来了。人们每天过着"钻地鼠"的生活，心理压力越来越大。尤其无法忍受的是，城中粮食越来越缺，许多人吃了上顿没下顿，只好杀狗杀马，甚至吃起老鼠来了。

一位维克斯堡妇女在 1863 年 6 月 28 日的日记中这样写道：

依然躲在可怕的洞里。谁能想到我们居然已经这样生活了五个星期。围困持续了 42 天，现在还看不到尽头——这周我们每天都在等待约翰斯顿将军的枪声，但一直没有听到。

我简直不敢相信，我竟然会在日记中描述一个洞穴：想象一下，首先是一道矮墙，大约 6 英尺高，一条小路从中间通过，然后就是一个入口进到洞内，洞口由木板支撑着，确保不塌下来，洞穴一人多高……我们在洞内吃、住都席地而坐，我还搬来了一个小柜子，放一些私人物品，壁龛上放着花和书，饭桌是用藤架做的，后面还有一个壁炉和厨房。外面山谷下是士兵的营帐，后面是军官们的营帐。这看起来颇似一幅别致而惹目的图画，但是，这是多么疲惫不堪的生活啊！[24]

北军的围困战眼看胜利在望，但内部潜伏的矛盾却爆发了。事情是这样的：麦克莱纳德作为格兰特手下的一名军长，在没有征得格兰特同意的情况下，将战场情况写了一篇文章，交给一家报纸报道，其中讲到谢尔曼与麦克福尔森如何无能，他自己又是如何能干。

谢尔曼看到这篇文章，二话没说，怒气冲冲地将报纸摔在格兰特桌上。格兰特原本就对麦克莱纳德不爽，现在麦克莱纳德明显违反了战争部的规定，格兰特决定免除麦克莱纳德职务，并将决定电告斯坦顿。斯坦顿支持格兰特的决定，麦克莱纳德只好灰溜溜走人。

一波刚平，一波又起。有消息传来：约翰斯顿正准备驰援维克斯堡。

格兰特当机立断，派谢尔曼率领本部人马向东进发，占据大黑河，准备迎战约翰斯顿。

谢尔曼很不情愿，他想亲手拿下维克斯堡，以消解奇克索崖战败之恨。但是，谢尔曼对格兰特不敢怠慢，他写信给弟弟约翰·谢尔曼参议员说："在他面前，我总是不敢过于自我，我们既是私交朋友，又是上下级关系。"

一个多月来，彭伯顿想方设法，苦苦支撑，无奈城内粮草已经耗尽，手下士兵们受尽了疾病和饥饿的折磨，濒临崩溃边缘。彭伯顿没有想到，这支忠诚的部队居然上演了"逼宫"的一幕。

6 月 28 日，彭伯顿收到一封署名"许多士兵"的"群众来信"，信中说：士兵们已经很多天没得吃了，希望彭伯顿将军尽快解决士兵饿肚子的问题，以免士兵丧失应有的尊严。

彭伯顿知道，所谓"丧失尊严"就是投降。现在内无粮草，外无援兵，也只有投降一条路了。

7月3日早晨，彭伯顿派出约翰·鲍温少将，打着一面白旗，来到北军军营，要求面见格兰特，商量投降事宜。

格兰特总得摆一摆架子，他拒绝接见鲍温少将，让他带信给彭伯顿，表示愿意在任何时间接受南军无条件投降。

当天下午3点钟，在鲍温陪同，彭伯顿终于出现在北军营地。格兰特建议，由麦克福尔森与鲍温商议投降事宜，他与彭伯顿站在旁边树底下，一边凉快，一边聊天。两位老朋友兴致勃勃地谈起了墨西哥战争的往事。双方士兵们看到，打了几个月的敌手，居然在一起谈笑风生，一个个目瞪口呆。

半个小时后，谈判结果出来了，基本上属于无条件投降：南军交出所有武器，包括随身携带的小型武器。

7月4日，美国国庆日。上午10点，在围城48天之后，彭伯顿率领31600名官兵缴械投降了，交出了172门大炮、6万多支枪械以及大量弹药。[25]

格兰特作了一个"惊人"的决定：所有俘虏在宣誓放弃战斗后当场释放。

格兰特心想，这些士兵都已经厌倦打仗，他们回到家乡后，会把战争的苦痛转告周围的人，这对打击南方人士气未必不是好事。

当南军士兵走出战壕，放下枪支，北军士兵马上端去了食物和咖啡。一名来自威斯康星州的士兵后来说：

> 我们很开心地看着他们吃东西……再没有什么事比看到叛军们迫不及待地喝咖啡，更让我们感到异常高兴了……当晚，大伙儿都没怎么睡，不停地谈论着这些俘虏们。[26]

维克斯堡民众终于钻出了地洞，长吁了一口气。百姓看到街上的南军士兵，禁不住相拥而泣，不少士兵哭着对百姓说："对不起，对不起，我们没有被打败，我们实在是饿坏了！"从此以后，维克斯堡百姓再也没有庆祝过7月4日国庆节。

分手之日，彭伯顿与格兰特握手道别。彭伯顿有两位亲兄弟在北军部队，他很庆幸从此告别战争，不用自相残杀了。在内战胶着之际，彭伯顿将军率领一支庞大军队投降联邦，避免了无谓的流血牺牲。他的全身塑像至今矗立在维克斯堡。

4

林肯接到维克斯堡胜利的消息，喜不自禁，夜不能寐。格兰特将邦联的脊梁骨狠狠地敲断了，邦联从此变得半身不遂。

从5月1日开始，到7月4日为止，格兰特率领四万多人的部队，连续转战180英里，不仅攻下了维克斯堡，自己的队伍也增加到七万多人。北军损失了9300多人，其中战死1500多人。南军至少损失9000多人，其中战死1200多人。

令人气恼的是，格兰特再次被人打了"小报告"，说他擅自释放战俘，纵虎归山。

林肯及时制止了流言，他明确表示，相信彭伯顿和他的士兵不会再有心思打仗了。

格兰特闻讯，不禁仰天长啸，这真叫"多干多错，少干少错，不干不错"。好在有林肯的理解和保护，让这个想干事、能干成事的人不至于心灰意冷。

7月9日，在闻讯维克斯堡投降之后，镇守哈德逊港的守将富兰克林·加德纳（Franklin K. Gardner）将军也率领6200多人向格兰特投降了。加德纳将军与格兰特是西点军校的同班同学，当年班里成绩排名第17，格兰特排名第21。哈德逊港拿下后，密西西比河上再无防守据点，整条大河尽在联邦掌控之下。

之前，林肯总统曾反对格兰特的维克斯堡作战计划。现在，林肯主动写信给格兰特，承认自己当时的误判。对于林肯来说，维克斯堡战役的一个重要收获就是终于找到了一位理想中的统帅，一位善于打运动战的将领。他高兴地对人说："在今后的战争中，格兰特是我的人，我是格兰特的人。"[27] 林肯把格兰特原来的志愿兵少将军衔，转为正规军少将。

维克斯堡之役，南方人对彭伯顿颇有同情之心，觉得他已经尽心尽责了。约翰斯顿被认为指挥不当，反成为众矢之的。于是，戴维斯解除了约翰斯顿西线总指挥的职务，让他继续留在西线，只负责阿肯色州的军事。

四、西线总指挥

1

维克斯堡胜利后，格兰特把夫人接到军中，共享天伦之乐。好日子还没过几天，就接到了华盛顿的紧急命令：罗斯克兰斯将军在田纳西东部的切卡莫加（Chickamauga）被布拉格击败，正退守恰特诺加，田纳西兵团立即驰援。

原来，石河战役后，罗斯克兰斯与布拉格一直在田纳西东部对峙，争夺的焦点就是切卡莫加。为了帮助挽回西线颓局，戴维斯在 9 月作出决定，派朗斯崔特率领 11000 多人，搭乘火车赶往西线增援布拉格。9 月中旬，朗斯崔特抵达西线，布拉格的田纳西兵团达到了 71000 人。布拉格命令朗斯崔特指挥左翼部队，浦克将军指挥右翼部队，准备向罗斯克兰斯发起进攻。

1863 年 9 月 19 上午，乔治·托马斯手下一支部队出去侦察，突然遭遇南军骑兵部队，双方发生交火，布拉格乘机大举进攻，北军仓促迎战。两军打了整整一天，互有死伤。

当晚，罗斯克兰斯命令托马斯在传教团岭（Missionary Ridge）一带组织防线，北军总兵力为 57000 人。

20 日上午，朗斯崔特和浦克分别率领左右两翼，向北军发起猛攻。北军全线吃紧，托马斯指挥人马拼死抵抗。就在这时，意外发生了：罗斯克兰斯接到托马斯报告：约瑟夫·雷诺兹（Joseph Reynolds）将军的侧翼出现一个空档，很容易被敌人包抄，请求火速增援。还没等罗斯克兰斯反应，又一名通信兵赶到报告：在约瑟夫·雷诺兹与托马斯·伍德（Thomas Wood）将军之间的防区出现空档，危急情况，请求后方增援。

这时，罗斯克兰斯突然脑袋短路，下达了一个错误的命令。他命令伍德将军迅速从阵地撤出，去增援雷诺兹将军。伍德将军接到这个莫名其妙的命令，简直一头雾水，他知道自己从阵地撤出意味着什么。但战场上军令如山，伍德无暇细想，率部撤出火线。

就在伍德率部赶往雷诺兹阵地的路上，恰好遇到了托马斯将军，托马斯连连大喊："错了，错了！"但为时已晚，伍德的阵地已经洞开，朗斯崔特率领南军蜂拥而至，很快冲垮了北军的左翼防线。北军纷纷败退，向东逃往罗斯威尔（Rossville）。罗斯克兰斯惊慌失措，夹杂在人流中撤到恰特诺加。

在万分危急的时刻，托马斯将军挺身而出，宛如中流砥柱。他冷静指挥部队一边坚守阵地，一边布置新的防线。托马斯巍然屹立在战火硝烟之中，毫无畏惧地指挥战斗。有人向罗斯克兰斯报告，说托马斯就像顽石一样岿然不动。从此，托马斯将军有了一个绰号——"切卡莫加顽石"。[28]

下午4点左右，罗斯克兰斯命令托马斯率军退回到罗斯威尔。为了撤出阵地，托马斯发起了一次临时反击，乘着敌人一片混乱，率部安全撤离。次日晚上，托马斯又从罗斯威尔撤退到恰特诺加，与大部队会合。

"切卡莫加"在印第安语中的意思是"血流成河"。切卡莫加之战成为西部战场最为血腥的战役之一。北军损失了16000多人，其中战死1600多人；南军损失了18000多人，其中战死2300多人。双方总共死伤34000人。按照历史学家鲍勃·里斯（Bob Rees）在《美国内战》一书中的说法，切卡莫加之战"成为仅次于葛底斯堡之战的血腥战役"。[29]

南北双方多名战将阵亡，其中包括林肯的连襟、南军准将本杰明·海尔姆（Benjamin H. Helm）。海尔姆战前曾经到华盛顿看望林肯，还在白宫住过几天。战争爆发后，这位西点军校出身的肯塔基人拒绝了连襟的邀请，选择了南部邦联。

内战使美国变成"分裂的房子"，也使许多家庭称为"分裂的家庭"，其中包括林肯的家庭。除了海尔姆，林肯的表妹与妹夫也效忠于邦联，妹夫战死在亚特兰大，表妹被俘。林肯夫人玛丽·托德·林肯有十四个兄弟姐妹，六个支持联邦，八个支持邦联，有的参加了南军，有的嫁给南军。其中，赛缪尔·托德（Samuel Todd）死于夏洛之战，戴维·托德（David Todd）参加了维克斯堡战役，爱萝蒂·托德（Elodie Todd）嫁给了一位南军军官。

同室操戈，豆其相煎，让许多家庭心力交瘁。李将军有一位堂兄弟是联邦将军，有一位表兄是联邦海军舰长。石墙将军的岳父是一位坚定的联邦主义者。戴维斯总统夫人的哥哥是联邦海军军官。米德将军的两位连襟分别是弗吉尼亚州长和邦联海军军官。麦克莱伦有一位表兄是南军骑兵总指挥斯图尔特将军的参谋长。波特海军上将有两位侄儿为邦联海军打仗。历史学家斯蒂芬·贝里（Stephen Berry）在《林肯之家》一书中说：

> 他们生活在一种战争国家的艰难氛围中，他们是我们国家的一个缩影——一座分裂房子里的一个狂怒的家庭，亲人相仇，徒然相斗。[30]

切卡莫加的失利，震动了华盛顿。23日夜里，林肯总统被斯坦顿部长从床上叫起来，参加紧急会议，商讨增援计划。

恰特诺加是兵家必争之地，绝对不能落入他手。林肯很快作出两个决定：第一，从波托马克兵团抽调兵力，紧急驰援西线。第二，命令格兰特率领田纳西兵团，火速增援罗斯克兰斯，统一指挥恰特诺加反击战。

9月25日，虎克将军率领波托马克兵团两个军近20000人，搭上西行的火车，开始了长达1200多英里行程。30日，虎克的部分援兵赶到了恰特诺加，其他部队陆续到达，到10月15日增援部队集结完毕。

格兰特接到驰援命令，马上部署人马准备行动。不巧的是，格兰特9月初去新奥尔良，途中不小心从马上摔了下来，腿部严重受伤，需要静卧几个星期。格兰特只好命令谢尔曼率领四个师先行出发，自己随后赶到。

9月27日，谢尔曼率军出发。不幸的是，随行的小儿子维里·谢尔曼（Willy Sherman）在途中病倒，谢尔曼赶紧把他送到孟菲斯治疗，虽经多名军医全力抢救，小维里还是在10月3日去世了。谢尔曼十分悲伤，在孟菲斯停留下来，给儿子举行了一个军事葬礼。

格兰特已经等不及了，他不顾腿伤未愈，于10月14日从维克斯堡出发，全速赶往火线。格兰特先到伊利诺伊州的开罗镇，16日又赶到印第安纳州的印第安纳波里斯（Indianapolis），与特地从华盛顿赶来的斯坦顿会面。斯坦顿带来了林肯的命令，任命格兰特为新建的密西西比战区总指挥，负责阿帕拉契亚山脉以西所有战事，统辖三个兵团，即他自己的田纳西兵团、罗斯克兰斯的坎伯兰兵团、伯恩赛德的俄亥俄兵团。斯坦顿还授权格兰特自行决定罗斯克兰斯的去留，如果解除罗斯克兰斯的职务，可以由托马斯接任。

格兰特决定解除罗斯克兰斯的职务，任命托马斯为坎伯兰兵团总指挥。但托马斯拒绝接受，他一向尊重罗斯克兰斯将军，不愿取而代之。格兰特只好作罢。

格兰特命令托马斯死守恰特诺加，托马斯没好气地回答："我们将守住这座城镇，直到我们饿死为止。"[31] 原来，这支部队已经耗尽了粮草，饿死一万多匹骡马。内战期间，生灵涂炭的不仅是人，还有骡马，大约有一百万匹骡马死于疆场，仅葛底斯堡战役就死了3000匹。

10月21日，格兰特赶到阿拉巴马州的史蒂文斯（Stevens），见到罗斯克兰斯，肯定了他以前的努力。

23日，格兰特抵达恰特诺加。他赶紧抢修铁路，想尽办法给坎伯兰兵团运送粮草。同时，格兰特任命谢尔曼为田纳西兵团总指挥，命令他火速将部队带过来。

此时，布拉格将军占尽了天时地利。南军占据切卡莫加之后，不但铁路通畅，物资充裕，而且四周地形条件良好：东边是800英尺的传教团岭，西边是2300英尺的瞭望山（Lookout Mountian）。布拉格安排重兵把守这两个制高点，以及四周山谷的入口，派出游骑兵四处侦察，大有固若金汤之感。当戴维斯总统亲临视察的时候，布拉格自信满满地说，消灭联邦军只是一个时间问题。

11月14日，谢尔曼带着他的四个师终于赶到了。第二天，格兰特与谢尔曼一起察看地形，谢尔曼看到山势险峻，易守难攻，忍不住对格兰特说："格兰特将军，你陷于重围了！"格兰特回答道："完全正确！"

这是块难啃的骨头，不过，对格兰特来说，更具挑战的是他第一次指挥三支分属东线与西线的部队，要协调不同部队联合作战，不是一件容易的事。

2

此时，南军同样存在内部团结问题。在一些将领眼里，布拉格的能力实在不行。东线来的朗斯崔特给邦联战争部长写信，建议立即更换总指挥，否则的话，"只有上帝才能拯救或帮助我们的部队"。[32]西线将领也给戴维斯总统打了相同的小报告。

戴维斯对布拉格一直相当器重，现在迫于压力，他不得不考虑撤换主帅。问题是，有资格接替布拉格的只有两个人，一个是约翰斯顿，一个是朗斯崔特。戴维斯不想让约翰斯顿指挥这支西线主力军。朗斯崔特新来乍到，担任西线主帅恐怕难以服众。犹豫再三之后，戴维斯决定维持原状。

11月23日，格兰特指挥人马渡过切卡莫加河，向前运动，进入到前沿阵地。当天下午，北军攻占了传教团岭左边的一个小山丘奥卡德高地（Orchard Knob），在山上安置了炮位。

按照格兰特的指令，谢尔曼部署在左翼，准备进攻传教团岭；虎克部署在右侧，准备进攻瞭望山；托马斯的部队留作预备队。

24日，一场大雨不期而至，带了一团团云雾，笼罩在瞭望山的山顶。下午1点，虎克率先进入到传教团岭地区，向瞭望山发起进攻。当时山顶云雾缭绕，这场战斗被称为"云顶之战"。

南军在山脊上安放了大炮，朝着下面猛烈轰击。虎克不愧为一员虎将，下令士兵直接仰攻。虎克的士兵刚到西线，很想在西线战友面前露一露身手，勇敢地发起了一波又一波冲锋，但都被南军密集的火力打了下去，山坡上北军死伤枕藉。

打到2点左右，山上雾气越来越浓，格兰特从望远镜里看到，冲锋陷阵的士兵们时隐时现，浓雾中传出一阵阵震耳的枪炮声，却看不清究竟谁在打谁，急得连连跺脚。

山顶上，守军也几乎看不清进攻士兵的身影，枪炮失去了目标，只能朝下面乱打一气。

天色渐渐暗下来，虎克的一些士兵从山坡上撤下来，格兰特急忙询问战况，这些士兵也不清楚上面打得怎么样了。格兰特只好鸣金收兵，等待明天再战。

25日一早，当第一抹阳光洒在山顶上的时候，山谷中的北军士兵突然兴奋地叫了起来，原来山顶上高高飘扬着联邦的军旗——瞭望山已经拿下了！

格兰特决定趁热打铁，当天继续进攻，目标是传教团岭。格兰特的攻击部署是：谢尔曼的四个师担任主攻，从左翼发起进攻；虎克的部队从右翼发起进攻，牵制敌军兵力；托马斯坎伯兰兵团的18000人摆在中路，作为预备队。

托马斯不满意这样的部署，他感觉格兰特让田纳西兵团率先进攻，让坎伯兰兵团原地待命，是对自己的不信任。托马斯嘴上没说什么，心里很不舒服。

谢尔曼也不满意，他感觉传教团岭易守难攻，本应该三面同时进攻。果然，谢尔曼第一波攻击开始后，在地势复杂的陡坡上无法展开优势兵力，遭到了守军的迎头痛击。南军乘势发起反冲锋，500多名北军士兵做了俘虏，八面军旗被夺走。

谢尔曼不甘失败，接二连三地发起进攻，经过一个上午的激战，仍无法撼动南军阵地。谢尔曼凭直觉认为，他面前的南军阵地正在不断从中路增调兵力。他给格兰特发去信号，希望托马斯的部队发起中路进攻，牵制敌人的兵力。

其实，这是谢尔曼的一个错觉，他自始至终面对的只有南军一个师，这是南军中战斗力超强的精锐师，师长是个子矮小的爱尔兰人帕特里克·克利伯恩（Patrick R. Clebuure）少将，此人参加过夏洛之战，先后三次负伤，深受士兵爱戴。谢尔曼碰到了劲敌，急得连连向格兰特讨救兵。

此时的托马斯，心头微微掠过一丝快感，他无动于衷地举着望远镜观战，没有任何主动出击的意思。

还是格兰特先忍不住，他转过头去看看身旁的托马斯，用商量的口吻说："你看现在可以投入战斗了吧？"谁知托马斯居然装作没听见，继续耐心观战。[33]格兰特拉不下脸面去强求托马斯，两个人就这样僵在那里。

这边谢尔曼还在激战，打到下午3点，北军四次冲锋全部失败，士兵死伤惨重。谢尔曼看到托马斯按兵不动，格兰特又撒手不管，气急败坏地下令停止进攻。

格兰特瞧着托马斯这副德性，也是憋了一肚子的气，心想老子偏不信这个邪，难道就少了你不成？他立即传令下去，命令谢尔曼再次组织冲锋。

谢尔曼接到旗语发来的命令，简直不敢相信自己的眼睛，他怀疑传令兵传错了话，难道格兰特脑袋发昏了？这仗让他一个人怎么打？谢尔曼回复格兰特说："敌人在不断增加兵力，上帝知道，这个命令无法执行！"[34]

格兰特就像一头犟牛，他非要在托马斯面前争一口气，再次严令谢尔曼马上投入进攻。这时，一旁的参谋人员实在看不下去了，有人瞒着格兰特与托马斯，悄悄向坎伯兰兵团传下令去：立即发起中路进攻。

按照事先约定的信号，六发信号弹腾空而起，坎伯兰兵团士兵们看到信号，迫不及待地跳出掩体，进入攻击阵地。自从切卡莫加战败后，坎伯兰兵团的士兵既受到南军讥笑，又受到友军嘲讽，虎克的士兵开玩笑说，他们千里迢迢赶来，是为了拯救坎伯兰兵团。坎布伦兵团士兵们窝了一肚子火，现在终于到了复仇雪耻的时候。

3点40分，坎伯兰兵团士兵们开始向传教团岭的中段发起冲锋，士兵们冒着猛烈的炮火勇敢地冲上山脊，边冲边喊"切卡莫加"、"切卡莫加"，仿佛"切卡莫加"这个词就是一种强大的武器。士兵怒吼的声浪犹如滚滚雷声，盖住了隆隆炮声，南军强大的火力阻止不了北军的前仆后继，连勤务兵、伙夫、文职秘书都端起枪，往山上猛冲。

山下观战的格兰特将军看到这支突然冒出来的部队，不由大吃一惊，他一脸恼怒地问旁边的托马斯："托马斯，谁命令他们冲锋的？"

"我不知道。我没有下令。"托马斯一脸平静、不紧不慢地回答。

格兰特又问托马斯手下的第4军军长格朗奇（Gordon Granger）少将："你有没有下达进攻命令，格朗奇？"

"没有"，格朗奇回答说，"他们没等命令就自己行动了，这帮人只要一动，凶神恶煞都挡不住他们。"[35]

格兰特一边嘟囔着"要对他们处以军纪"，一边举起望远镜观战。

格朗奇说对了，这真是一支天皇老子都挡不住的敢死大军，六十多面军旗滚滚向前，直扑山顶，士兵们根本不顾子弹横飞，一路猛冲猛杀，简直就像一场登山比赛。

威斯康星第24步兵团接连倒下三名旗手，18岁的阿瑟·麦克阿瑟上尉接过军旗，大声呼喊："威斯康星，冲啊！"率先攀上顶峰。这位20世纪美国名将麦克阿瑟的父亲因此获得了国会荣誉勋章。

北军以迅雷不及掩耳之势攀上山脊，直插南军阵地，南军士兵丢下大炮，边打边撤，放弃了堑壕和阵地。北军趁势占领山顶，抢下大炮，向逃命的南军发炮"送行"。

硝烟渐渐散去，北军霍华德将军骑马来到阵地，看到山坡上一位士兵倒在血泊中，霍华德小心翼翼地将他扶起，士兵用尽最后一点力气，说了一句话："我差一点就冲到山顶了。"

南军一路后撤，慌忙逃过切卡莫加河，烧掉了河上的渡桥。当天夜里，南军撤出切卡莫加，退回到佐治亚境内。

这一仗，南军士兵死伤枕藉，损失超过了6000人。在后撤途中，一位来自密西西比州的伤兵蒙哥马利（J. R. Montgomery），给家人留下一封沾满血迹的信：

亲爱的父亲：

这是我给您的最后一封信……我被一块弹片击中了右肩，伤口很可怕，我知道难逃一死……我知道死亡正在逼近，我将死在远离家乡和亲友的异乡，但是这里也有我的朋友，他们对我很好。我的战友费尔法克斯（Fairfax）受我嘱托，将会把我的死讯告诉您。我的坟墓将标记为58号，您如有愿可以来看看。……代我向家乡朋友们问好，我已无能为力。愿我们在天堂相聚。

您的垂死的儿子

J. R. 蒙哥马利[36]

北军付出了 6000 人的代价，重新占领了切卡莫加。格兰特命令谢尔曼与托马斯乘胜追击，但两位将领报告说，部队已耗尽气力，无法继续行动了。

恰特诺加之役是格兰特的又一次完胜。这场战役让格兰特第一次尝到了指挥联合部队的味道。由于他一碗水没有端平，差一点弄砸了锅。不久后，格兰特还将指挥更多的部队，这次经历给他上了深刻一课。

战斗结束后，谢尔曼与托马斯之间的"口水战"仍在继续。谢尔曼坚持认为，正是田纳西兵团的左翼猛攻，吸引了中间的守军，才使得坎伯兰兵团的冲锋取得胜利。托马斯反唇相讥，说谢尔曼无力回天，坎伯兰兵团才主动出手相援。格兰特当然替谢尔曼说话，毕竟他们是多年的战友与朋友。格兰特的这种态度增加了他与托马斯之间的嫌隙。

就在切卡莫加激战之际，伯恩赛德统领的俄亥俄兵团与朗斯崔特的部队也在田纳西东部的诺克斯维尔（Knoxville）交战。原来，布拉格为了牵制俄亥俄兵团增援恰特诺加，派朗斯崔特前来攻打诺克斯维尔。双方从 11 月 17 日打到 27 日，伯恩赛德渐渐不支，他在 27 日写信给格兰特说，很快就要弹尽粮绝了，如果得不到增援，他不得不在 12 月 3 日投降。

格兰特连忙派谢尔曼紧急驰援诺克斯维尔。谢尔曼率领 25000 人，经过 6 天急行军，忍着天寒地冻，跋涉 85 英里，终于抵达诺克斯维尔。让谢尔曼吃惊的是，伯恩赛德的部队看不出弹尽粮绝、濒临战败的样子，伯恩赛德居然还让谢尔曼吃了一顿火鸡大餐，餐桌上用的尽是银光闪闪的精美刀叉。伯恩赛德有点不好意思地承认说，自己给格兰特的信中确实夸大其辞了。不过，他又补充说，前几天情况确实很糟，直到 29 日打了一个漂亮仗，击退了朗斯崔特的进攻，才缓过一口气来。

12 月 4 日，朗斯崔特眼见无力对抗，只好北撤到田纳西的罗杰斯维尔（Rogersville）。伯恩赛德派部将率军追击，朗斯崔特在 12 月 9 日杀了个回马枪，双方激战于沙克尔福德（Shackelford），朗斯崔特未占到便宜，继续向东北撤退。诺克斯维尔的胜利，使伯恩赛德曾经丢失的名声重新恢复。

朗斯崔特带来的东线部队在寒冬中受尽煎熬，士气大挫，甚至连他的王牌部队佐治亚第 8 步兵团的士兵也有人开小差。[37] 士兵们对朗斯崔特心怀

　　　　　　　　　　　　　　　　　　　自由的新生

不满，他的威名也大打折扣。这支残军好不容易穿过西弗吉尼亚州山区，于1864 年 4 月返回弗吉尼亚前线。

北军在田纳西东部赢得了一系列战役，使战争的天平倾向于联邦。至此，北军在田纳西州取得了完全的主动，田纳西州东部的联邦支持者终于盼来了扬眉吐气的日子。

戴维斯总统在 12 月 2 日解除了布拉格田纳西兵团总指挥职务，让他回到理士满担任总统军事顾问，浦克将军临时代理指挥。

接下来，戴维斯要考虑布拉格的接班人，谁来出任田纳西兵团总指挥呢？戴维斯首先想到了哈德，无奈哈德拒绝接手。李将军推荐博雷加德，但此人是戴维斯的"冤家"。最后实在没有办法，还是不得不考虑约翰斯顿。

1863 年 12 月 27 日，戴维斯任命约瑟夫·约翰斯顿为田纳西兵团总指挥。约翰斯顿深受士兵爱戴，他们得知约翰斯顿成为总指挥，顿时士气大增。[38]

这样，到岁末年初之际，邦联军队就剩下两支主力部队，一支是约翰斯顿六万多人的田纳西兵团，驻扎在佐治亚的戴尔顿（Dalton），这里距切卡莫加并不远。另一支就是李将军的北弗吉尼亚兵团，人数也是六万多，驻扎在弗吉尼亚中部的拉皮丹河（Rapidan River）下游一带。

第十章

越界作战

一、理想中的统帅

1

1864 年 3 月 1 日，林肯总统提请国会批准，授予格兰特联邦军队的最高指挥权。国会第二天便予批准。

3 月 8 日，受林肯总统邀请，42 岁的格兰特带着小儿子弗雷德（Fred Grant）乘火车来到华盛顿。不巧的是，华府接站的人错过了班次，父子俩只好自己进城，找到了华盛顿最好的威拉德旅馆入住。旅馆接待员看到一个土里土气的中年人带着一个小孩，就给他们安排了阁楼上的小房间。格兰特二话没说，在入住登记本上签了字。掌柜的看了签名惊了个半呆，一面连连道歉，一面给格兰特换了"总统套房"。[1]

当晚，林肯总统将格兰特接到白宫，两个素未谋面的人终于第一次握手了。众人把格兰特团团围住，问长问短，不停地呼唤他的名字，"格兰特、格兰特……"。格兰特哪里见过这样的场面，窘得不知所措，满脸通红，像个害羞的小女生。

看到格兰特淹没在人群中，有人大声建议，请格兰特站到沙发上去。于是，人们把一个沙发抬到屋子中间，身高 1 米 72 的格兰特难为情地站了上去，像个展品似的让大家看个够。

人群后面，一个人面带微笑地注视着格兰特，他就是查尔斯·丹纳，现为战争部部长助理。丹纳后来写道："这个站在深红色沙发上身材矮小、看上去一脸惊慌的男人，成了当晚众人崇拜的偶像。"[2]

第二天，格兰特再次来到白宫，正式接受林肯总统的委任——联邦军队总指挥，同时晋升陆军中将军衔，成为美军历史上继华盛顿、司各特之后的第三位中将。

为了腾出总指挥的位子，林肯专门为哈莱克新设了一个总参谋长的职务。哈莱克欣然接受林肯的安排。这样，一个美国现代军事指挥系统的雏形已不知不觉形成：总统是最高统帅，战争部长是军事行政长官，军队总指挥是最高战地指挥官，总参谋长是参谋咨询长官。

接下来，格兰特有两件事要考虑：第一，作为联邦军队总指挥，自己应该留在东线还是回到西线去？第二，米德是否继续担任波托马克兵团总指挥？这两个问题让格兰特有点纠结。

3月17日，格兰特亲赴俄亥俄州辛辛那提，去见谢尔曼，听听老朋友的意见。两支"老烟枪"在屋子里一待就是两天。谢尔曼希望格兰特把总指挥部设在西部，他可以继续跟着格兰特干。格兰特也想待在西部，一鼓作气了结西线战事。但是，林肯总统非常希望格兰特留在东线，直接指挥波托马克兵团。最后，格兰特听从了林肯的意见，并且说服谢尔曼独自挑起西线重任。

至于波托马克兵团总指挥一职，格兰特倾向于米德继续干，有利于稳定军心，自己也多个助手。格兰特亲自到兵团指挥部看望米德，他们过去私交一般，却彼此心怀敬意。两人一番促膝谈心，大有惺惺相惜之感。[3]

很快，格兰特做出了两个重大决定：

第一，任命谢尔曼将军为西线战场最高指挥官，指挥近10万人的西线部队；任命詹姆斯·麦克福尔森少将接替谢尔曼的田纳西兵团总指挥；约翰·洛根少将接替麦克福尔森军长职务。

第二，米德将军留任波托马克兵团总指挥，格兰特随军而行。格兰特承诺，将充分尊重米德将军的权力，他对波托马克兵团的所有命令都将通过米德将军下达并执行。

格兰特向林肯建议，将波特海军上将调到东部战区，负责海上封锁任务。

一切部署妥帖之后，格兰特和谢尔曼约定：从东线和西线同时展开进攻，不惜一切手段，尽快结束这场内战。

林肯对格兰特充分信任，他不再像以前那样经常插手军务。有人察觉到林肯的微妙变化，问道："你这样做会不会太放权了？"林肯回答说："如果请了一个能人给你干活，何必再亲力亲为？"[4]

2

1864 年初春，在拉皮丹河上游，波托马克兵团与北弗吉尼亚兵团隔河相对。

此时，林肯和华盛顿的政要们都感觉形势不错：第一，经过葛底斯堡、维克斯堡、恰特诺加三大战役，联邦军队士气高涨。第二，北方在 2 月、3 月、4 月连续三次征兵，征兵名额超过七八万，部队兵强马壮。第三，在联邦军队不断挤压下，南部邦联生存空间越来越小，维系战争的产能、财力、兵员、运输等越来越困难。第四，经过三年多的战火考验，涌现了格兰特、谢尔曼、托马斯、汉考克等一批优秀战将，而南军失去了阿尔伯特·约翰斯顿、石墙杰克逊等名将，实力受到影响。

格兰特知道，联邦军队具备了人力、物力优势，打得起、耗得起、磨得起，只要对手先流干最后一滴血，胜利就属于自己。这种想法非常残酷，然而面对死硬对手，除此别无他法！

李将军心里明白，邦联的事业已处于最后的关头。幸运的是，1864 年也给南方人提供了一个重要的机会：11 月将举行美国联邦总统大选！如果南军能够在大选前沉重地打击北方，造成重大的人员牺牲，把林肯拉下马，选出一位主和的总统，南北和谈就能现实，南方独立说不定也能成功。

这就是 1864 年春天南北双方主要将领的心理状态，预示着随后爆发的新一轮战事必将十分残酷。就如同两个重量级拳击手，谁也无法打倒谁，只能凭点数决胜，最后必定打得血肉横飞。

格兰特决定把战火烧到南方，策划了一个三路进攻理士满的"越界作战"方案：

第一路，格兰特与米德将军率领主力部队 10 万余人，渡过拉皮丹河，向南直接发起进攻，目标直指理士满。

第二路，巴特勒将军率领新组建的詹姆斯河兵团 33000 多人，从弗吉尼亚半岛的莫罗堡出发，沿着詹姆斯河，进攻彼得斯堡，设法威胁理士满一带的铁路线，策应格兰特的大军。

第三路，弗朗茨·西格尔率领新组建的西弗吉尼亚兵团，进驻雪兰多谷地，保护巴尔的摩和俄亥俄州的铁路线，并且伺机穿越蓝岭，进军理士满，协助切断南军的后勤补给线。

另外，格兰特还下令，驻扎在新奥尔良的班克斯将军与海军配合，准备进攻莫比尔湾，并且适时出兵佐治亚，阻止阿拉巴马的南军增援约翰斯顿。

与此同时，格兰特要求谢尔曼从恰特诺加出发，进攻佐治亚，东西两线同时开花。

这是内战以来联邦军第一次全线出动、联合作战的行动，格兰特是整个战争大舞台的总导演。按照格兰特的设想，这场战争将在 1864 年 11 月取得胜利，为林肯竞选总统鸣锣开道。

二、进军荒原

1

1864 年 5 月 4 日，波托马克兵团渡过了拉皮丹河，向南挺进。

士兵们再次踏上了他们熟悉的道路，沿途"风景旧曾谙"。去年也是这个时候，他们就沿着这条道路开进钱斯勒斯维尔，在那里经历了一场噩梦般的恶战。

迎着和煦的春风，北军士兵们进驻钱斯勒斯维尔。"古来白骨无人收"，在宿营地周围，战士们看到了不少去年战友的遗骸，白骨与骷髅半露在泥土草丛之中。

入夜，军营里静悄悄的，映着点点篝火，草丛中的骷髅仿佛在狞笑："这是我去年的死地，也是你们明天的坟场。"确实如此，在接下去的两天血战中，会有数以千计的"新鬼"在此聚首，真可谓"新鬼烦冤旧鬼哭，天阴雨湿声啾啾"。

这就是内战——一个国家的悲剧，两群年轻人说着同样的语言、吃着同样的食物、拥有同样的习惯、信仰同样的宗教，本可以在同一片蓝天下和平生活，在同一所大学里读书嬉戏，而今却在战场上血腥地残杀。

2

格兰特的作战计划是，快速穿越这片称之为"荒原"（Wilderness）的丛林地带，在偏南一点的开阔地上与李将军决战。格兰特仗着人多势众，武器精良，选择在较大的空地上，拉开架势，大打一场，不信打不过李将军。

李将军对格兰特并不太熟悉，他手下的多数将领也不了解格兰特，常常以轻蔑的口吻谈论格兰特。唯独朗斯崔特最熟悉格兰特，因为格兰特的夫人就是他的表姐，他本人曾在格兰特的婚礼上做过男傧相。朗斯崔特对众将说："我们必须严阵以待，做好充分准备，这个人将与我们一直纠缠下去，直到战争结束。"[5]

李将军不敢怠慢，他通过间谍和侦察人员，了解到格兰特的动向。李将军不想被格兰特牵着鼻子走，他要自己选择战场——那就是北军想要穿越的一片荒原。李将军盘算，这片荒原方圆超过64英里，道路狭小，杂草丛生，水洼密布，树木茂密，走进这个野林子，视线不出五十英尺之外，大部队无法展开，炮兵没有用武之地，根本不是一个正规军打仗的地方。正因为如此，这里是南军以少胜多、乱中取胜的上佳之地。

主意已定，李将军命令伊维尔和 A. P. 希尔两个集团军分别负责左右两路，两支部队间距一英里左右。此时，朗斯崔特集团军还在 40 英里以外，李将军命令他火速赶来会合。

格兰特也侦察到李将军的意图，他偏偏不甘示弱，不在乎李将军的如意算盘——既然李将军要在荒原上开打，谁怕谁啊？那就在此交手吧！格兰特派出两员先锋大将，第 5 军军长戈温纳·沃伦少将迎战伊维尔，第 2 军军长汉考克少将迎战 A．P．希尔。

3

5 月 5 日中午，十万北军与六万南军在荒原遭遇，北军采取攻势，南军采取守势。北军詹姆斯·威尔森（James Wilson）将军的骑兵部队最先开火，一阵乱枪拉开了荒原之战的帷幕。战斗打响后，很多树木燃起大火，树林中烟雾滚滚，彼此看不清对方，指挥员不得不依靠袖珍指南针来辨别方向。

这场捉迷藏式的战斗，演变成一场真正的森林猎杀游戏。成千上万的士兵，就像密林中的猎手，紧握枪杆，睁大双眼，相互展开杀戮，把荒野变成了可怕的人间地狱——用一位南军士兵的话来说："整个就是一屠宰场，就这么简单！"[6]

北军士兵乔西亚·法维尔（Josiah Favill）事后在日记中写道：

> 敌人向我们的防御工事猛冲过来，一些人翻过了齐胸的矮墙，我看见一个叛军军官举着一面军旗冲上阵地，在叛军士兵的头顶上高高挥舞。周围的树木都燃起了大火，工事也被烧着了，整个场面异常恐怖和激动。当叛军旗帜在工事上挥舞的时候，卡罗尔（Carrol）旅赶到了，他们以闪电般的速度冲向敌人，发出狂野的喊叫声，将叛军赶进了烈火和浓烟之中，一下子便消失得无影无踪。……敌人撤退后，我们四处忙碌，救治伤员，在这样浓密的树林里打仗真是太可怕了，干燥的树枝被爆炸的炮弹一点就燃。[7]

当晚，两支大军犬牙交错，混杂在树林之间，在夜色笼罩之下，既不清楚友军的阵地，也不知道敌人的位置，士兵们不敢大声说话，生怕惊动附近的敌人。夜里，北卡罗来纳州第 7 团的威廉·戴维森（William L. Davidson）中校蹑手蹑足地爬到一条小溪边，想弄点水喝，一不小心就做了俘虏；过了不一会儿，马萨诸塞州第 1 团的克拉克·巴尔德温（Clark B. Baldwin）中校也小心翼翼地爬到这条小溪边，想喝点水，结果也落入敌手。[8]

夜幕中，格兰特下达了第二天继续战斗的命令。

4

6 日早晨 5 点，在汉考克将军率领下，北军以 13 个旅的兵力发起大举进攻，A. P. 希尔手下的卡德姆斯·维尔考克斯（Cadmus M. Wilcox）师和黑斯师最先支撑不住，纷纷向后败退。

此时，离战场不远处，李将军正站在炮兵阵地后面观战，他看到右翼溃败的人群，心急如焚，此时他唯一的希望就是朗斯崔特的部队马上到来。

在万分危急之际，李将军从望远镜里看到，南军即将崩溃的阵地上，有一伙士兵毫不退缩，拼死抵抗，顽强地向北军发起反冲锋。这是约翰·格里格（John Gregg）准将的德克萨斯士兵。

李将军被这英勇无畏的场面感动了，他显得异常激动，一边挥舞军帽，一边大声呼喊："为了德克萨斯，冲啊！"

只见李将军两腿一夹坐骑，纵马冲出了炮兵阵地，直奔火线而去。左右吓得口呆目瞪，连忙大喊："快回来，李将军，快回来！"李将军哪里肯听，只顾策马狂奔，好在一名骑兵身手矫健，拍马赶上去，一把扯住李将军的马缰，勉强拉住。李将军喝令士兵松手，这时有人大声喊道："朗斯崔特将军来了！"李将军这才勒住马缰。[9]

大约 7 点左右，朗斯崔特率领 14 个旅的人马终于赶到了，立马投入战斗。南军骁勇无比，战场上杀声震天，死伤遍野，格里格的德克萨斯团倒下了三分之二，硬是把北军赶了回去。

朗斯崔特怒目圆睁，美髯飘逸，纵马扬刀，挥动大军，正当他乘胜追击之时，突然杀出一彪北军人马，迎面噼噼啪啪一阵乱枪，南军措手不及，慌忙还击。激战中，一颗子弹击中了朗斯崔特的肩膀，差一点擦到他的喉咙，顿时鲜血直流，他不得不退出战斗。说来也巧，朗斯崔特中弹倒下的地方，几乎就是一年前石墙将军中弹之处，而且这颗子弹同样来自南军士兵。这一枪，让朗斯崔特在医院里躺了 5 个月。[10]

自由的新生

这是继阿尔伯特·约翰斯顿、杰克逊之后，第三位被自己人误伤的高级指挥官。南军多次发生这种情况，说明南军指挥官常常身先士卒，冲在最前面。

李将军命令理查德·安德森接替朗斯崔特。这时，A. P. 希尔也因身体不适，无法继续指挥战斗。5月8日，李将军指定加贝尔·欧利临时代理A. P.希尔指挥第三集团军。

这两天的战斗简直就是一年前钱斯勒斯维尔战役的翻版，北军左右两翼都被击破，多名将军死伤或被俘，10万人中损失了17600多人，差不多五个人中就有一人死伤或失踪，南军防线依然无法突破。

不过，南军也没有取胜，他们损失了四员大将，除了朗斯崔特外，还有一人战死，两人重伤，6万人中损失了11000多人，损失比例略高于北军。[11]

5

当天晚上，还发生了另一桩惨案：战火点燃了一片松林，引起熊熊大火，这里躺着一批北军伤员，正等待撤往后方。他们中的许多人身负重伤，不能动弹，尽管人们试图将他们救走，但火势太强，根本无法靠近。结果两百多名伤员被活活烧死，惨叫声响彻林间。

入夜，格兰特将军坐在树林中，看到无数的尸体散卧各处，无数的伤兵痛苦呻吟，忍不住双手掩面，失声痛哭起来。他对人说："在这个大陆上，从没发生过比这更惨烈的战斗。"

格兰特随后召集众将开会，众将猜测李将军下一步行动，议论纷纷。这时，在一旁沉默了半晌的格兰特，夹着雪茄烟，用平静的语气说："我已经听厌了李将军将要干什么，你们总是说他要这样、要那样。回到你们的部队去，想一想我们将要干什么，而不是李将军将要干什么。"

历史学家汤姆·卡哈特在《神圣的纽带：从军校兄弟到战场敌手》一书中评论说："这一段话，把格兰特与之前的北军统帅区别开来了——李将军想要干什么，并不能影响格兰特的行动；他的目标就是进攻并击败李将军，尽管有的将领流露出担忧的心理，丝毫不能动摇格兰特的决心。"[12]格兰特就是格兰特，当他擦干眼泪，从地上站起来的时候，他已经将悲伤埋在了心中，作出了下一步的决定——继续进攻。

在一次失利的战斗之后继续进攻敌人，对于波托马克兵团的士兵来说，还真是第一遭。他们为拥有这样的统帅而士气倍增。当格兰特、米德和随从人员从士兵身边经过时，士兵们有的挥舞帽子，有的鼓掌欢呼，一位宾夕法尼亚士兵说："我们士气大振，大伙儿一路高歌，继续前进。"[13]

三、战地记者

1

野林子激战正酣，林肯却没有收到任何消息。

格兰特只顾打仗，也没有及时报告，直到第二天中午时分，才给哈莱克发出一封电报，但这份电报并没有及时送达。

原来，美国内战期间，双方士兵都有一项额外任务：路途中发现敌人的电报线，立马挥刀割断。格兰特深入敌境，后方有不少南军散兵游勇，华盛顿收不到电报，实属正常。

6日晚上9点多，林肯心急火燎地走进电报房，一名年轻报务员不经意说到刚刚发生的一件事："刚才在距离华盛顿南边20英里的弗吉尼亚州联合磨坊（Union Mills）那儿，有个家伙自称从前线过来，说有一份前线消息，要借我们的军用电报线，给《纽约论坛报》发一条新闻。斯坦顿部长要他交出手里的消息，谁知这家伙不肯交。斯坦顿部长一气之下，认定这是一个间谍，下令枪决他。"

"枪决？"林肯惊问道。

"是的，总统先生。"电报员回答。

斯坦顿怎会如此"辣手"？

原来，美国内战时期，正值报业大发展，据美国新闻史教授福特·雷斯里（Ford Risley）在《内战新闻界》一书中的统计，当时全国一共有3725家报社，比英国多两倍，占全世界报社数的三分之一，[14]大量记者被

自由的新生

派到前线采访"抢新闻"。

问题在于，前线记者有时会泄露军事机密，有些间谍就化装成记者，潜入军中刺探消息，其中最著名就是双重间谍弗兰克·维泽泰里（Frank Vizetelly），他乔装成记者，多次向南军递送情报，被朗斯崔特将军授予"荣誉上尉"头衔。[15]

为此，这次斯坦顿部长下了命令，禁止所有记者采访波托马克兵团。现在这个"倒霉蛋"居然自己送上门来，执意要给后方发电报，斯坦顿就断定他是间谍，间谍就得枪毙。

林肯觉得蹊跷，让电报员马上与联合磨坊的北军电报站联系。

两边电报机一阵嘀嘀嗒嗒，这边开始发问："总统想问这个人，是否愿意把战场消息告诉他？"

对方回答："可以。但是必须先同意他借用军用电台，给报社发一条100字的新闻。"

林肯钦佩此人的敬业精神，当场允诺，并且命人立即把他护送到白宫面谈。

2

这位敬业的记者来自《纽约论坛报》，名叫亨利·温（Henry E. Wing），康涅狄格人，原来曾在北军服役，后来在战斗中负伤，成为一个瘸子，退伍后做了一名记者，专门负责采访前线战事。

野林子战斗打响后，温一直跟着部队行动，5月5日白天，他与汉考克将军在一起，亲眼目睹了激烈的战斗。当晚，他又来到格兰特的指挥部，见到格兰特正与几位将军和记者聊事，温就坐在一边静静聆听。

深夜，温向格兰特告辞说："我明天一早返回报社，报道今天的战况。"

格兰特说："很好，请你转告后方，这里情况正常，一切都在掌控之中。"

温说："我会的，如果我能顺利返回的话。"

格兰特望着天际的星斗，停顿了一下，又说："如果你见到总统，请告诉他，无论发生什么，我都决不回头！"

温默默地点点头，两人握手告别。

6 日上午，温骑马往北赶，一路躲避不时出现的南军游骑，小心翼翼地走到联合磨坊，本想借用北军电报机给报社主编发一条消息，没想到被扣了起来。

获知林肯总统免他一死，还邀请他面谈，温大喜过望。他马上给《纽约论坛报》发了一条 100 字新闻稿，算是完成了公务，然后搭乘火车直奔华盛顿。7 日下午 2 点左右，温出现在林肯的白宫办公室。[16]

3

林肯与几位内阁成员等在办公室，温把野林子战斗的大致经过简单讲了讲，几位阁僚心不在焉地问了几个问题，便纷纷告辞出去了。

看到周围没人，温神情严肃地对林肯说："我带来了格兰特将军的口信。"

林肯惊问："格兰特将军给我的口信？"

"是的，总统先生。"温盯着林肯的眼睛说，"他让我告诉你，无论发生什么，他都决不回头！"话没说完，温眼睛里泪水直打转。

林肯伸出他的长臂，搭在温的肩上，低下头，亲了一下温的脸颊，说："告诉我，发生了什么？"

于是，温将野林子恶战的惨状一五一十地讲给林肯听，一直讲到凌晨 4 点钟。

林肯深受感动，他从格兰特身上体会到"百折不挠"的精神，这正是林肯赢得这场战争最需要的意志力。历史学家查尔斯·富勒德在《1864 年：站在历史之门的林肯》一书中说，在艰难困苦的日子里，林肯也曾经动摇过，但是格兰特"决不回头"一句话，极大地鼓舞了林肯的斗志，林肯决心与一切阻挡前进的势力战斗到底！[17]

此时，林肯看到温满脸疲倦的样子，关心地说："时间不早了，你现在回去睡觉，明天下午我在白宫等你，咱们再谈。"

温走出白宫，看到满天星斗，他找到一家旅馆，一头倒在床上，和衣睡去了。第二天上午，当他醒来的时候，听到大街上报童的叫卖声："前线消息，前线消息！消失的格兰特又找到了！"[18]

四、斯波兹维尼亚

1

格兰特从未消失，他一直在战斗。不过，现在他想要从野林子"消失"，开辟新的战场，他的目标是南面的斯波兹维尼亚（Spotsylvania）。

斯波兹维尼亚距理士满45英里，扼守着通往理士满的必经之路。格兰特决定抢先占领斯波兹维尼亚，逼迫南军在此交战。

7日黄昏，格兰特下令撤出阵地，向东运动数英里。8日凌晨3点左右，大部队向南急行军。

南军骑兵侦察到北军的转移，火速向李将军报告。李将军熟知周边地形，判断北军一定前往斯波兹维尼亚。他马上发出三道命令：

第一，命令自己的亲侄儿菲茨休·李（Fitzhugh Lee）将军率领一个骑兵旅，以最快速度赶上北军，全力阻截和骚扰，延缓敌人进军速度。

第二，命令安德森集团军实施强行军，力争赶到格兰特部队前面，阻止敌人前进，为南军争取时间。

第三，命令伊维尔和欧利两个集团军直奔斯波兹维尼亚，抢占有利地形，构筑防御阵地。

此时，北军也以骑兵开道，火速赶往斯波兹维尼亚，领军将领是菲利普·谢里登（Philip Sheridan）少将。此人原是西线部队的步兵指挥官，作战骁勇，个性倔强，深得格兰特喜爱，特地把他从西线调到波托马克兵团，取代普利山顿，出任骑兵总指挥。

双方骑兵部队在半路上遭遇，发生交战，菲茨休·李胡搅

菲利普·谢里登

蛮缠，影响了北军的速度，使南军抢先一步赶到了斯波兹维尼亚。

5月9日，李将军在斯波兹维尼亚构筑了一道3英里长的半圆形防线，左翼由安德森把守西北角，右翼由欧利把守东南角，中间是一个长约半英里、纵深1英里的突出部，就像一个马蹄形，顶在最前面，由伊维尔把守。伊维尔用3个师防守马蹄形两边，后面还有戈登师作为预备队，筑起第二道防线。李将军的总指挥部设在第二道防线的后面。

格兰特战斗很快打响。北军三路出击，第2军军长汉考克将军从右路攻击安德森，第9军军长伯恩赛德将军从左路进攻欧利，第6军军长约翰·斯奇维克将军进攻中路。

进攻者气势如虹，一往无前；防守者视死如归，寸土不让。战斗最惨烈的地方就是马蹄形的突出部，第6军力图从南军阵地中间切入，将敌人分为两截，但遭到南军拼死抵抗。

斯奇维克将军亲临第一线指挥，身边的人劝他不要离火线太近，他笑着说："这么远的距离，他们连一头大象都打不中。"几分钟后，一颗子弹击中了斯奇维克的左眼下方，将军血流满面，落马而死。格兰特闻讯悲恸不已，在他看来，失去这位曾经四次负伤的勇将，相当于损失了一个师的兵力。[19]

第6军第2师的赫拉提奥·赖特（Horatio Wright）将军接替斯奇维克指挥，继续猛烈进攻，双方阵地前死伤枕藉。时值初夏，气温较高，死者迅速腐烂，恶臭熏天。

赖特临危受命，勇气倍增。10日下午6点多，赖特手下第2旅旅长埃默里·阿普顿（Emory Upton）上校率部突破防线，杀入马蹄形突出部，一直杀到戈登将军的第二道防线，因为得不到增援，担心被敌人后路包抄，不得不主动后撤。

埃默里·阿普顿的行动让格兰特明白，李将军的防线不是不可突破的，他说："今晚我们只用一个旅去进攻，明天我们要用一个军去进攻。"格兰特随即晋升阿普顿为准将。[20]

11日，狂风大作，暴雨倾盆，两军相互对峙，没有交战。但是双方骑兵部队在理士满以北6英里处发生激战，南军骑兵指挥官斯图尔特将军与北军最年轻的骑兵旅长乔治·卡斯特（George A. Custer）准将展开骑兵大战，两

　　　　　　　　　　　　　　　　　　　　　　自由的新生

军骑兵对冲，形成混战。战斗中，密歇根第 5 骑兵团士兵约翰·赫夫（John Huff）开枪击中了斯图尔特的腹部，他几天后死于理士满。此前，斯图尔特曾对人说："我对命运的期望是，死于一次率领骑兵部队的冲锋之中。"命运之神让他如愿以偿。

李将军哀痛不已，他又失去了一位得力大将。瓦德·汉普顿将军接任南军骑兵总指挥。

2

11 日稍晚时候，李将军接到报告，称北军部队有移动的迹象。李将军判断，北军可能又要向南移动。情急之下，李将军作出了一个错误的举动，将"马蹄"防线上的大炮撤了下来，准备向南回防。其实，北军非但不打算撤退，反而准备新的攻击。

12 日早上，战场上浓雾刚刚散去，虎将汉考克指挥第 2 军在马蹄形阵地的顶端再次发动突袭。由于少了大炮的支撑，南军火力大减。北军士兵们快步前进，距离敌人阵地四五百码的时候，大家齐声呐喊，一起冲了上去。

双方展开贴身肉搏，北军气势如虹，南军抵挡不住，汉考克终于撕开一个口子，突入了敌方阵地。[21]随后，北军又一鼓作气突破了南军第二道防线，抓获 2000 多名南军，生擒爱德华·约翰逊（Edward Johnson）少将和 G. H. 斯图尔特（G. H. Steuart）准将。北军占据了南军的两道战壕，准备再次向前进攻。

李将军一般习惯于凌晨起床，当他听到外面枪声大作，连忙出来看个究竟，只见大批士兵从阵地上败退下来。他连忙唤来戈登将军，命令他迅速组织反击。

32 岁的戈登将军奋勇出马，指挥两个旅全力阻击，拼死反扑。李将军担心戈登顶不住，从指挥部跑出来，翻身上马，亲自督战。

李将军赶到火线，骑在马上挥舞军帽，向士兵显示主帅就在阵地上，镇唬敌军，提振士气。

在枪林弹雨中，李将军的坐骑"旅行者"突然奋蹄咆哮，连连后退。就在这时，一颗子弹擦着"旅行者"的肚皮划过，距离李将军的腿部只有几英寸。如果不是"旅行者"后退了几步，这一枪肯定要了李将军的命。

戈登将军见状大惊，连忙大叫："李将军，快回去，这不是你要来的地方，我们会全力守住阵地的！"一位中士勒住李将军的马缰绳，把李将军从火线上拖了下来。[22]

接下来，双方接连投入重兵，在阵地前来回拉锯，炮声震耳，子弹横飞，士兵相互肉搏，死伤遍野，血流成河。战斗一直打到深夜，北军主动撤离，扔下了成堆成片的尸体。这是内战中最为激烈的一场战斗，惨烈程度超过了"匹克特冲锋"。这个反复争夺的死角后来被称为斯波兹维尼亚"血角"。

格兰特看到强攻无果，死伤惨重，只好放弃进攻。米德第二天写信给妻子说："这次，就连格兰特也总算明白了，不再把自己的脑袋往墙上撞。"

斯波兹维尼亚之战，从5月8日打到19日，接连血战了十二天，北军损失了18000多人，其中12日一天就损失了13000多人，南军在这天也损失了10000多人。战场上尸横遍野，满目狼藉。一位名叫加洛维的北军士兵记录了当时掩埋尸体的场景：

> 数以百计的邦联士兵，有的已经死掉，有的奄奄一息，被堆在一条战壕里，足足叠了三、四层，周围都是散落的枪支、弹药、炮管、炮弹，还有被打断的树枝树叶。因为缺乏人手，联邦士兵就把敌人的一道护胸矮墙推倒，直接压在这些尸体上，战壕里满是泥浆水。我从来没有见过这么恐怖的场面。[23]

整个荒野之战从5月5日打到19日，格兰特在十四天里一共损失了26000多人，李将军损失了24000多人，双方合计超过了5万多人。其中，北军战死超过4900多人，南军超过2900多人。

这时，格兰特接到消息：5月15日，西格尔的西弗吉尼亚兵团在雪兰多山谷被布雷肯里奇将军击败。巴特勒的詹姆斯兵团在5月初出动后，一直行动迟缓，5月16日被理士满守将博雷加德将军击败。看来，这两人指望

自由的新生

斯波兹维尼亚战场上的邦联士兵尸体，摄于 1864 年 5 月 19 日

荒野之战中受伤的联邦士兵，摄于 1864 年 5 月

不了。

格兰特决定自己行动。5月20日，他让一部分兵力继续留在斯波兹维尼亚迷惑南军，自己率领大部队从东南方向再次包抄李将军后路。

李将军闻讯后，率领40000多人的北弗吉尼亚兵团转移阵地，于5月22日中午抵达北安纳河（North Anna River），在南岸修筑防守阵地，再次挡住北军进攻理士满的去路。

23日，北军强渡北安纳河，发起试探性进攻。

24日上午，北军再次强攻。由于南军准备充分，北军攻击受阻，付出很大代价。随后几日双方继续交战，北军损失了2100多人，南军损失了1200多人。

27日，李将军眼看捞不到什么好处，主动撤出战斗，继续向南退却。这次，他来到了一个名叫"冷港"（Cold Harbor）的交通十字路口。

五、冷港之役

1

"冷港"并没有港口，只是一个交通要道，位于理士满东北面10英里处，切卡洪米尼河附近，半岛战役的盖恩斯磨坊之战就发生在这里。此地已临近邦联首都大门，李将军退无可退，决心死守。南军在此修筑了一条7英里长的防线。

这段时间里，双方部队都得到了兵员补充，北军达到了10万人，南军也达到了6万人。格兰特重兵在手，他与米德商定，准备强攻冷港。

6月1日、2日，双方发生交火，互有胜负。

大战爆发于6月3日。早上4点30分，随着信号弹腾空而起，米德指挥北军第2军、第6军、第18军一共五万多人向冷港阵地发起进攻，沃伦第5军和伯恩赛德第9军作为预备队随时跟进。

前一天的大雨使道路异常泥泞，三个军的进攻方阵踏过水洼、沼泽和泥地，有时甚至要涉过齐胸深的水塘，朝着敌人阵地行进。米德事先曾要求各军侦察敌人的方位,但南军在阵地前方布下了不少散兵坑,北军很难接近侦察。汉考克将军的第2军走在右边,"秃头"史密斯将军的第18军走在中路,赖特将军的第6军走在左边。他们都对前方守军的状况一无所知。

堑壕后面的南军士兵看着一排排敌人越走越近,眼睁睁进入到步枪的射程之内,随着一声"开火"命令,各种枪炮齐鸣,一串串火舌喷向蓝色的人潮,成片成片的战士瞬间栽倒在地,北军两名准将、八名上校被当场打死,战场上乱作一团,枪炮声、喊叫声、马嘶声、呻吟声响成一片。

第2军第1师长在弗朗西斯·巴洛(Francis C. Barlow)准将率领下,战士们英勇无比,奋力冲上敌军阵地,夺下三门大炮,俘获数百名敌兵,但马上被第二道防线中的南军全部撂倒。

第6军被强大火力压制,士兵成排倒下,死伤枕藉,阿普顿准将恨得咬碎钢牙,怒骂上层指挥无能。

第18军遭到霰弹炮猛烈轰击,被炸得人仰马翻,由于旁边的第5军始终没有出动,中路守军把所有火力都集中第18军,"士兵就像一排排倒下去的砖头",一位军官形容道。

第9军也投入了战斗,伯恩赛德一度攻占了欧利的阵地,但最后还是没有守住。

打到了早上7点左右,枪声渐渐稀落下来,硝烟弥漫的冷港战场变成了一个真正的人间地狱。

冷港之战死伤多少人?一种通行的说法是,仅仅半小时之内,7000多名北军士兵倒在了阵地前沿,其中大部分是在最初8分钟内被打倒的。另有一种说法是,一个小时之内,大约有3500到5000名北军士兵倒下。[24]在历史学家比尔·福西特主编的《内战是如何失败的:州际战争的军事失误》一书中,多格·尼尔斯(Doug Niles)说,北军这次冲锋,"遭遇了所有军队在20世纪之前从未遇到的强大火网"。[25]

格兰特召集将领商议下一步行动,伯恩赛德认为可以继续进攻,汉考克和沃伦觉得希望渺茫,赖特和史密斯模棱两可。中午时分,格兰特取消了进攻计划,命令各部就地固守,防止南军乘机反攻。不过,李将军也已经没有力量发起反攻了。

双方就这样相互对峙了3天。在这3天里，大批北军伤兵躺在5公顷范围的战场上，痛苦无比。格兰特连续两次向李将军提出双方抢救伤员和掩埋尸体的要求，均被李将军拒绝。由于南军狙击手随时射杀出现在视线中的北军，北军伤员无人救治，白天日晒，晚上露侵，哀号声此起彼伏，惨绝人寰，有的伤员实在无法忍受，只好拔枪自杀。在六月骄阳的暴晒下，战场上散发出阵阵腐臭，许多尸体发黑变形。在冷港之战前夜，许多士兵把自己的名字缝在衣服上，以便死后辨认，看起来这真是十分必要的。

冷港之战是联邦军队在内战中最为惨烈的战役，从5月底到6月初的几天时间里，北军一共损失了10000多人，其中1700多人战死，6700多人受伤，1500多人失踪，失踪者大部分肯定是战死了。南军损失估计为1200人死伤，500人失踪。冷港之战南军取得了绝对的胜利，尽管这是李将军戎马生涯中的最后一场胜利。

2

从野林子之战到冷港之战，前后一个月时间，北军损失和减员的人数居然达到65000人，[26]另有一说是接近60000人，[27]还有一说是55000人，相当于当时整个联邦作战部队的10%，损失前所未有。[28]南军损失了30000人。

随着战争的进行，伤兵一批又一批送到了后方，每天有数以千计的伤兵被送进华盛顿，华盛顿的民众惊呆了！救护车在大街上排起了长龙，伤兵们可怜的哀嚎让市民们难以忍受。报纸上连篇累牍刊登死伤者名单，民众心惊肉跳地盯着一行行名字，"整个城市几乎变成了一个大医院"。从5月开始，华盛顿所有教堂的钟声不再响起，"以免在城市中回荡的钟声给伤病员带来更多的悲哀与痛苦"。[29]

在一些人看来，这再次证明了格兰特不折不扣的"屠夫"称号，就连林肯夫人也这么称呼他。许多人认为格兰特没有能力打赢这场战争。

格兰特并不这么认为。他觉得，冷港之战正是他打败李将军的重要步骤。荒原之战打到现在，北军的确损失惨重，但毕竟把李将军一步一步地逼退到老巢，理士满已经不足10英里。这是尽快结束战争的唯一办法！难道还有别的办法吗？

话虽如此，在格兰特晚年的回忆录中，还是对冷港之战作了检讨。他承认自己发起了一场无谓的进攻，后来还是感到后悔。[30]

客观地说，整个荒原之战使北军占据了从拉帕汉诺克河到詹姆斯河之间的所有地域，大量消耗了南军有生力量，极大压缩了敌人的防御空间，兵锋直指理士满城下，为最后胜利铺平了道路。

当然，格兰特这种打法，的确有点不把士兵当人的意味。他仗着北军人数占优，不惜与李将军死耗，每次都用大量的人员牺牲，消耗敌人的兵力，获得空间的前移。以人员换取空间，这就是格兰特的战争算术。历史学家柏文·亚历山大在《南方怎样才能赢得战争》一书中评论说："南军将领们都认为，格兰特不是一位战略家，他几乎全靠残忍的人数优势取得最后的胜利。"[31]

正面进攻冷港失败之后，格兰特继续采取迂回战术。6月5日，格兰特在给汉考克的手令中说，他不准备再为正面进攻付出高昂的代价，而是跨过詹姆斯河，迂回到李将军的后方去切断运输线，他的目标是弗吉尼亚军事重镇彼得斯堡（Petersburg）。

彼得斯堡位于理士满南边23英里，坐落在阿波马托克斯（Appomattox）河南岸，宛如理士满的后院。它是弗吉尼亚最重要的铁路枢纽，共有五条铁路交会，分别通向理士满、诺福克、林奇堡（Lynchburg）、维尔顿（Weldon）和城点（City Point）等战略要地。其中"城点"这个地方是阿波马托克斯河流进詹姆斯河的入口，距离彼得斯堡只有8英里。夺取彼得斯堡，就可切断理士满与南方各地的交通联系，攻陷只是时间问题。

至此，北军越界作战行动结束了荒原作战阶段，进入到围城攻坚阶段。

第十一章

战情与选情

一、目标亚特兰大

1

当格兰特与李将军血战荒原时，谢尔曼也在与约翰斯顿死磕。谢尔曼的目标是南方的心脏、佐治亚州首府——亚特兰大。

从恰特诺加到亚特兰大，大约 100 英里。距离不算长，但其间群山叠嶂，为南军提供了现成的防守屏障。

1864 年 5 月 5 日，佐治亚战役打响。

约翰斯顿毕竟是沙场老手，鉴于双方兵力相差一倍，他没有正面硬拼，而是且战且退，保存实力，希望在诱敌深入中寻找机会，给予谢尔曼致命一击。

谢尔曼也非等闲之辈，每次战斗都采取迂回侧击，由托马斯的坎伯兰兵团正面对峙，麦克福尔森的田纳西兵团包抄侧翼，逼迫约翰斯顿一次次放弃阵地，向后退却。

就这样，从 5 月中旬到 6 月初，约翰斯顿边打边撤，向亚特兰大方向退去；谢尔曼一路追赶，咬住不放。双方攻防战互有死伤，北军损失了 9000多人，南军损失了 5000 多人。

到了 6 月中旬，约翰斯顿退到了距离亚特兰大只有 20 英里的肯尼索山

（Kennesaw Mountain）一带。南军沿着肯尼索山、松树山（Pine Mountain）、劳斯特山（Lost Mountain）一线构筑起 10 英里长的防线，再次据险固守。

谢尔曼一路突进，长驱直入，开始有点头脑发热。他觉得，南军在肯尼索山防线较长，易于突破，狠狠打它一下，消灭一部分有生力量，为后面的亚特兰大围城战减少困难。于是，谢尔曼放弃迂回战术，准备展开一次强攻。

6 月 14 日，谢尔曼在阵前观察，看到 800 码之外的松树山脚下有一个炮兵阵地，一群人正在指手画脚。他立即命令奥利弗·霍华德将军予以炮击。霍华德的炮兵朝目标三个齐射，顿时炸得人仰马翻。后来了解到，南军西线第二号人物、田纳西兵团第 3 军军长浦克中将被 76 毫米炮弹炸成两半，当场死亡。这是南军的一个重大损失。斯泰华特（A. P. Stewart）中将接替浦克。

6 月 27 日上午 8 点，谢尔曼向肯尼索山防线的总攻击开始了，200 多门大炮一起轰鸣，北军在 10 英里长的战线上同时发起强攻，托马斯和麦克福尔森两个兵团的士兵蜂拥而上，被南军成批成批地扫倒在阵前。

年仅 30 岁的主攻旅旅长丹尼尔·麦克库克（Daniel McCook）准将率先冲上敌人阵地，他高举指挥刀，大声喊道："投降，叛军！"一颗子弹击中他的右胸，他当场倒下。接替指挥的奥斯卡·哈蒙（Oscar F. Harmon）上校也战死在阵地上，整个旅损失了三分之一。

打到上午 10 点半，北军不得不撤下阵地，损失了 3000 多人。南军只损失了不到 1000 人。肯尼索山之战成为谢尔曼南方进军中一大败笔。

谢尔曼碰了个头破血流，才知道硬攻真的不行，于是重新采取老办法，迂回包抄敌人。他还是派麦克福尔森向右包抄敌人后路，约翰斯顿见势不妙，只好放弃肯尼索山，继续后撤，退到亚特兰大城外 9 英里处设防。

7 月初，谢尔曼大军已经逼近了亚特兰大，他们一面切断周边的铁路线，一面对守敌形成围困之势。

约翰斯顿只知退守，未见反击，亚特兰大的官员和民众实在忍不住了，他们派出一个代表团直奔理士满，向戴维斯总统"请愿"，要求马上撤换主帅，派一位擅长进攻的将军主掌田纳西兵团。

约翰斯顿手下也出现了不同声音，挑头的是虎德将军，他向理士满抱怨约翰斯顿过于软弱，不敢硬碰硬。

戴维斯本来对约翰斯顿不满，看到"群众呼声"如此强烈，马上派自己的军事顾问布拉格将军赶到亚特兰大，紧急处理危机。

想当初，1862 年 11 月，布拉格在西线遇到麻烦，约翰斯顿过来取而代之；看今朝，1864 年 7 月，约翰斯顿在西线遭遇困境，布拉格赶来救火。这真叫"风水轮流转"。

"钦差大臣"布拉格对西线部队熟门熟路，他经过一番调查，在 7 月 15 日向戴维斯总统提交一份报告说：约翰斯顿对下一阶段反击作战缺乏计划。言下之意，约翰斯顿只知防守，不知进攻，应该撤换。

戴维斯还算开明，并没有轻易作出决定，而是让布拉格征询田纳西兵团三个军长的意见。第 1 军军长虎德和第 2 军军长斯泰华特都主张换帅，第 3 军军长哈德反对换帅。

布拉格暗自思忖，要换帅，得有替补人选。浦克将军倒很合适，可惜不幸阵亡。在剩下的将军中，虎德将军接任的可能性最大。虎德也算是一员虎将，曾经两次负伤，失去了一条腿和一条手臂，每次打仗就让士兵将自己绑在马上，咬牙指挥战斗。不过，在布拉格看来，虎德勇敢有余，智谋不足，"群众关系"也不太好。

戴维斯耐着性子，再一次询问约翰斯顿，到底有没有主动进攻的计划？约翰斯顿回答说，在目前敌众我寡的局势下，防守是保卫亚特兰大的最好策略。

7 月 17 日，戴维斯总统下令免去约翰斯顿的职务，任命 33 岁的虎德将军出任田纳西兵团总指挥。

历史学家克拉格·西蒙兹（Craig L. Symonds）在《约瑟夫·约翰斯顿：

一部内战传记》一书中说："其实，约翰斯顿此时正在制定反击计划，只是现在还不到反击的时候。战后，约翰斯顿多次重申，他当时确实准备在亚特兰大跟北军打一场硬仗，并没有不战而走的想法。"[1]

应该说，约翰斯顿的战略是正确的。原因有两个：第一，南军与北军的兵力对比是一比二，明显寡不敌众，防守是明智的选择；第二，更重要的是，现在联邦正面临大选，南军坚持采取拖延战术，只要不让北军夺取亚特兰大，林肯就很可能落选，后面的事情就好办了。

问题是，戴维斯并没有意识到这一点。作为一名军人总统，他更多地以军人的眼光来审视目前的局势。正如历史学家布鲁斯·凯顿在《美国内战》一书中所说："他用一名战士而不是政治家的目光来看待约翰斯顿。"[2]

不妨比较一下戴维斯总统与林肯总统。林肯是美国历史上唯一整个任期经历国内战争的总统。说他是"内战总统"，一点都不夸张。但是，林肯很清楚自己的定位：首先是总统，其次才是最高统帅。军人出身的戴维斯往往有意无意地首先把自己当成军人，其次才是总统。可以说，戴维斯是一名懂政治的军事家，林肯是一名懂军事的政治家。在历史上，许多事例证明，懂政治的军事家往往输给懂军事的政治家，如项羽输给刘邦，蒋介石输给毛泽东。这是因为，军事貌似强大，其实只是政治的末技而已。

18日，虎德将军正式上任。约翰斯顿在军中威信很高，而虎德为人暴烈，将士们闻讯后大为不满，士气受到了不小的影响，兵团参谋长威廉·马卡尔（William W. Mackall）准将愤然离开了部队。事后证明，戴维斯此举，是他担任邦联总统期间作出的最坏决定之一。

谢尔曼早在西点军校时就了解虎德，知道此人作风硬朗，打仗一往无前。谢尔曼闻知虎德挂帅，笑着对他的部下说："这意味着我们要打几场正面的恶战了。"停了一下，他又意味深长地说："这正是我们需要的。"

3

虎德将军不愧为一员虎将。7月20日，就在他正式接任后的第三天，南军的反攻就开始了。

虎德首先向亚特兰大北面的桃树溪（Peach Tree Creek）发起进攻。这个进攻计划事实上是约翰斯顿早先制定的，想要从北面突破包围。

虎克将军亲率第 20 军，在战斗中首当其冲。虎德大战虎克，真是一场两"虎"相争的激战。战斗打了 5 个多小时，北"虎"战胜南"虎"，南军丢盔卸甲，死伤将近 4800 人，虎德被迫退回到原来的阵地。北军只损失1700 多人，乘胜向前推进，兵临亚特兰大城下。

7 月 22 日，亚特兰大攻防战正式打响。麦克福尔森的田纳西兵团从东面进逼。一开始，北军以为南军准备弃城了，没有十分戒备。虎德看到有机可乘，留下一半部队坚守，亲率另一半人马，绕到北军侧翼发起突袭。

大约中午时分，南军包抄到北军阵地后面，突然出现在北军面前。南军士兵叫喊着蜂拥而上，北军尚未反应过来，已被三面包围，子弹雨点般扫射过来。好在北军士气高涨，奋力回击，双方展开激烈战斗。

此时，麦克福尔森正与谢尔曼坐在一处房子的台阶上说话，听到枪声大作，两人迅速行动，各自返回部队应对。

麦克福尔森快马加鞭返回前线，命令第 15 军部分战士赶紧去补防左翼，又组织起其他人马增援前方。布置停当后，麦克福尔森一个人纵马去赶自己的部队。当他骑行到一片树林时，突然前后蹿出一帮南军士兵，举枪对着他，高声喝令："举起手来！"原来，双方乱战中，麦克福尔森误入了敌人的防区。麦克福尔森把手放到军帽的帽檐上，假装要向敌军脱帽行礼，猛地一纵马，先前冲了出去。南军士兵们纷纷开枪射击，子弹从背后击中麦克福尔森，他当场落马而死。[3]

噩耗传来，谢尔曼悲痛万分，年轻的麦克福尔森将军是他最信赖的战友。此时，战场情势万分紧急，容不得谢尔曼过度伤神，他马上指定洛根少将暂时接替麦克福尔森指挥。

这时，两军战斗正打得昏天黑地。就在北军眼看不支的紧急关头，两个由狙击手组成的伊利诺伊步兵团及时赶到，这些神枪手啪啪啪一阵点射，把南军打得尸横遍地。一场恶战打下来，南军伤亡近 8500 人，北军伤亡 3600多人。

虎德真是杀红了眼，到了孤注一掷的地步。下午，他又组织新一轮攻击。南军一度攻破了北军阵地，撕开一个很大的口子，北军防线几乎崩溃。

千钧一发之际，洛根率领一彪人马冲到最前面，他振臂高呼，奋力反击，北军士兵勇气倍增，从南军手里夺回数门大炮，朝着敌人猛轰，硬是把敌人打退下去。北军趁势追击，抢回了麦克福尔森的遗体。林肯因任命不少民主党"政客将军"而受到诟病，不过人们一致认为洛根将军是一个例外。[4]

晚上6点左右，北军基本控制了局面。谢尔曼任命霍华德将军接替麦克福尔森担任田纳西兵团总指挥。北军团团包围了亚特兰大，外围只剩下几个铁路据点，继续由南军重兵磐守。

为了将亚特兰大变成一座孤城，7月28日，谢尔曼命令霍华德将军向亚特兰大城西外围据点发起进攻，切断亚特兰大与东点（East Point）之间的铁路线。两军在伊扎拉教堂（Ezra Church）附近激战，虎德又损失了4600多人，总算保住了铁路线。

从20日到28日，短短8天时间里，虎德不但丢失了约翰斯顿在城外的所有防御工事，而且损失了两万多人，占总兵力的三分之一。这就是戴维斯总统临阵换将的结果。亚特兰大民众将为错误的请愿付出沉重代价。不过，这还要等到一个月之后。

二、竞选提名

1

战争，不仅是战场上的金戈铁马，也是政治上的纵横捭阖。前方将士的浴血奋战与胜败利钝，直接影响着后方政治的风向标。

在联邦内部，政治生活激流暗涌、波澜起伏。在一个多党制的民主政体内，党派势力并不会因为战争而"一致对外"，大众媒体也不会因为战争而"同仇敌忾"，林肯总统更不会因为战争而"统一领导"。前方将士正打得不可开交，后方政治也闹得不亦乐乎。

在北方，废奴主义者、激进共和党人、保守共和党人、北方民主党人、和平主义者、反对解放奴隶者、铜头党势力等，在战争、和平、奴隶制、国家统一等问题上，观点不一，利益各异，相互倾轧，钩心斗角，一刻没有停过。

给林肯带来最大麻烦的是铜头党人，他们主要由北方民主党中的反战分子组成，首领是俄亥俄州人克莱门特·瓦兰丁汉姆（Clement L. Vallandigham）。此人以美国宪法《第一修正案》为依据，大肆攻击联邦政府，极力鼓动反战言行。在历史学家戴维·萨克斯曼（David B. Sachsman）等主编的《战争之语：内战中的美国新闻界》一书中，乔瓦娜·戴尔奥托（Giovanna Dell'Orto）这样描写瓦兰丁汉姆：

> 除了邦联军队之外，再没有人比克莱门特·瓦兰丁汉姆更对美国联邦构成威胁，这位身材矮小的俄亥俄州众议员就是铜头党人的象征。在北方政治派别中，铜头党人被林肯政府视为最危险的"后院之火"。[5]

铜头党人自称"和平民主党人"，以"和平反战"为口号，主张与南方和谈，反对使用军事手段解决问题，指责政府发动战争的根本目的是要解放黑奴，挑起民众反战情绪。

1863年3月，联邦国会通过了《征兵法》，铜头党人在民众中煽动抵制征兵，政府征兵官员受到攻击，甚至遭到暗杀。许多城市爆发了征兵骚乱，纽约爱尔兰裔工人在街道上疯狂袭击黑人，政府派出部队强行镇压，结果死了100多人。

《征兵法》规定花300美元可以"买"一个免于兵役的名额，林肯把刚刚从哈佛大学毕业的大儿子罗伯特·林肯（Robert Lincoln）送入部队，自己则花了300块钱找个"替身"，结果遭到铜头党人的强烈指责，弄得林肯颇为难堪。

随着战争的持续与惨烈，越来越多的民众站到铜头党一边。不少报纸连篇累牍地宣传反战言论。共和党人一开始尽量容忍，架不住铜头党人越来越嚣张，冲突终于爆发。

伯恩赛德将军离开波托马克兵团之后，林肯将他派到俄亥俄州主管军务。伯恩赛德是一名坚定的共和党人，他受不了铜头党人的张狂，在1863年5月下令逮捕瓦兰丁汉姆。随后，一个军事法庭作出判决：拘押瓦兰丁汉姆至战争结束。

这一举动立即引起轩然大波，北方民主党人强烈抗议，部分共和党人也感觉有违宪法。林肯虽对伯恩赛德的做法颇感惊讶，但在关键时刻，他还是坚定站在伯恩赛德一边。他发电报给伯恩赛德说，所有内阁成员都支持他的行动。但是，林肯也不得不顾及部分民众的激烈情绪，他作出了一个妥协的决定：释放瓦兰丁汉姆，将他递解出境，送到田纳西州交给南军。

风波暂时平息，但铜头党势力却有增无减。在一些地方，蓄意破坏战争的嫌疑人被法院陪审团宣布无罪释放；有些报刊公开鼓励前线士兵当逃兵。林肯忍无可忍，却又无可奈何。他愤愤地说："我必须将一个头脑简单的逃兵执行枪决，而居心叵测地煽动逃兵的人却毛发无损，这合理吗？"[6]

需要说明的是，在许多史家笔下，铜头党人形象拙劣，一副自私与冷漠的面孔。实际上，并不是所有的铜头党人与"和平主义者"都是面目可憎的。一些北方人原本不喜欢战争，国家观念淡薄，他们真心认为：南方人要脱离，就让他们脱离好了，完全不必牺牲那么多生命去阻止它。根据真实历史故事改编的美国电影《内战之痛》，就讲述了一个生活在纽约州北部小镇的铜头党人家庭的惨痛经历，主人公阿波内尔·比奇追求自由，反对战争，完全是正面人物的形象。

不错，林肯打的是一场正义的战争，但反对战争的人未必不正义。许多美国人出于宗教、道德、文化、习俗等原因反对战争，或者不支持战争，未必就是联邦的敌人。拍摄于1956年的美国电影《四海一家》，就讲述了内战时期信奉"和平主义"的贵格教徒反对战争却又不得不卷入战争的矛盾心理。

2

1864年，内战平添了一种新的政治色彩——美国第十七届总统大选。一方面，前线战事硝烟弥漫；另一方面，后方选举如火如荼。战局与选局、战情与选情相互交织、相互影响。

早在 1862 年国会中期选举，时值战事不利，共和党受到小挫，影响了林肯的施政力，林肯对此耿耿于怀，决意在总统大选中来一个绝地反击。

1864 选举年，各种势力摩拳擦掌、跃跃欲试，都想利用这个机会，抢占总统大位，从而掌控政治走势和内战走向。尽管许多政治势力钩心斗角，却有一个共同的目标：尽一切可能阻止林肯获得共和党提名，阻止林肯连任总统。

林肯心里清楚：自从 1832 年杰克逊总统竞选连任之后，三十年内还没有一位总统获得连任；除了马丁·范布伦总统，甚至没有一位在任总统获得竞选提名。眼下这场总统大选时值内战，各种变数难以预料。

尽管如此，林肯从未想要利用"战时"特殊情况，超越宪法约束，采取"盘外招"来保住总统大位。他宁肯自己败选，甚至宁肯败选对战局带来不良影响，也不想违反宪法或践踏民主。因为，在他看来，这场战争的目的本来是捍卫宪法，如果为了赢得战争而损害宪法，岂非自相矛盾、本末倒置？

林肯已经做好准备，迎接一场公平公正的竞选。这是一个难得的机会，来证明这个民主国家能够在宪法框架内解决所有问题——包括克服分裂、赢得战争、公平选举，从而为世界上所有孕育于自由和信奉民主原则的国家，树立一个永世长存的范例。

大选将至，共和党内部矛盾凸显。从总体上说，林肯属于共和党的温和派，他并不急于在全国范围内结束奴隶制，也不想将南方人置之死地而后快，更不想在战后重建中实行"清算政策"。林肯的最高目标是维护联邦统一，捍卫宪法尊严，其他问题都可以协商解决。

然而，共和党激进派不仅要打一场统一战争，更要打一场惩罚战争，他们要在战争中狠狠教训南方人，并且在战争结束后让南方人俯首帖耳，彻底改变南方人长期以来与联邦作梗的局面。

在激进派看来，在这场你死我活的斗争中，林肯是一个软弱无能的总统，对奴隶制过于容忍，对南方人过于宽容，无法担当打败南方和重建国家的重任。《纽约论坛报》主编格里雷公开宣称："林肯先生已经被打败了，他不可能再次当选，我们需要另外有人来拯救这个全面的危局。"[7] 他甚至开出了一份可以替代林肯出任下任总统的名单，分别是蔡斯、弗莱蒙特、巴特勒、格兰特。

1864年春天，共和党和民主党都启动了总统候选人提名，党内外大佬、新秀纷纷抛头露面、登台亮相。共和党激进派们为了对抗林肯，纷纷簇拥在财政部长萨尔蒙·蔡斯周围，准备提名他为共和党候选人。

蔡斯是一位老资格的共和党人、奴隶制的坚决反对者，担任过参议员、俄亥俄州长，上届大选就是林肯的强劲对手。蔡斯在林肯内阁干了三年多，在理财方面还算是一把好手，被认为是"本世纪最伟大的理财高手"，"自亚历山大·汉密尔顿之后最好的财政部长"。[8]的确，蔡斯主管财政，在发行政府债券、建立全国银行系统、发行全国货币、打击偷税漏税等方面成绩不小。但是，此人野心极大，一直瞄着1864年的大选，总觉得自己比林肯能干得多，一心想取而代之。蔡斯这种"狼子野心"，在华盛顿路人皆知，有人甚至说，蔡斯"的双眼中闪烁着总统的光芒"。[9]

蔡斯曾多次提出辞职，林肯一直没有同意。这次，借着激进派的拥护，蔡斯第五次提出辞职，想要给林肯来个难看。

没想到，林肯欣然同意了。他一面接受蔡斯辞去财政部长，一面任命他为最高法院首席大法官，接替即将退休的坦尼大法官。

林肯这一招实在"毒辣"："最高法院首席大法官"，对于这位达特茅斯学院的高材生、长期从事法律事务的蔡斯来说，是一个很难拒绝的诱惑。蔡斯心想，竞选总统也不一定会成功，"明天一只鸡，不如今天一个蛋"，蔡斯一咬牙退出了大选。

林肯通过这一妙招，用高官重位把竞争对手留在自己的政治圈内，既起到了安抚作用，又免于被人利用。

林肯对反复无常的格里雷也如法炮制，他故意放出风声说，格里雷先生很有当年本杰明·富兰克林的才能与气质，如果林肯成功当选下一任总统，将任命他为邮政部长。格里雷嘴巴上说，这是林肯编织一个谎言，但心底里还是喜滋滋的，他很快转而支持林肯竞选。

一波未平，一波又起。

5月31日，共和党全国代表大会即将召开之际，另一些激进派共和党人在俄亥俄州克利夫兰召开大会，推出了一位比蔡斯更激进的人物，作为总统候选人，他就是林肯的老冤家约翰·弗莱蒙特。

弗莱蒙特被林肯总统免去西线总指挥后，对林肯一直耿耿于怀。这次，他在激进派的极力怂恿下，一半出于政治理想，一半出于个人恩怨，接受了这项提名。

林肯与弗莱蒙特政治分歧主要集中在战后重建政策。早在1863年12月，林肯就提出了一个重建计划：第一，南方叛乱者，除邦联政府高官和军队高级将领外，在宣誓效忠联邦、承认黑奴自由的前提下，可以得到宽谅，重新获得公民身份；第二，叛乱州拥有选举权的白人中有百分之十的人宣誓效忠之后，该州可以重新回归联邦。这个计划被称为"百分之十计划"。

共和党激进派对此坚决反对。1864年2月，俄亥俄州参议员本杰明·瓦德（Benjamin F. Wade）和马里兰州众议员亨利·戴维斯（Henry W. Davis）针锋相对地提出了一个法案：叛乱州回归联邦的条件是绝大多数白人选民宣誓效忠联邦。

这个所谓的瓦德—戴维斯法案获得了国会批准，但被林肯总统断然否决，他决意要让愿意效忠的叛乱者更容易回归联邦大家庭。

现在，弗莱蒙特披挂上马，率领激进共和党人再次挑战林肯的战后重建计划，他们利用北方民众对叛乱者的憎恨心理，"扣帽子"、"打棍子"，煽动"极左"情绪，发起一场新的"反奴十字军"，打压林肯人气。

这一搅局，使共和党在大选关键时刻再次分裂。一时间，共和党内支持弗莱蒙特的激进派和支持林肯的温和派剑拔弩张，势不两立。

在巨大的压力下，林肯感到心力交瘁。历史学家尼尔·卡根在《见证内战》一书中这样写道：

> 随着共和党分为两派，以及无休无止的内部争斗，林肯几乎看不到

光明。"这场战争快把我吞噬了",他对友人说,"我有一种强烈感觉,我活不到战争结束"。[10]

看到双方矛盾难以调和,蔡斯等党内大佬想出了一个"丢卒保车"的馊主意:他们要抛弃"奄奄一息"的林肯,另请一位热门人物出来,团结所有共和党人,夺取大选胜利。这个人就是格兰特。[11]

林肯隐约听到了这个消息,他还真着急了:不是着急自己,而是担心影响战局——毕竟现在战场上少不了格兰特。

其实,华盛顿政客们"垂青"格兰特,并不始于今天。早在格兰特取得恰特诺加战役大捷时,就有一些报刊媒体提议,请格兰特出来竞选总统。先是民主党人向格兰特抛出橄榄枝,民主党在俄亥俄州的大佬巴纳伯斯·伯恩斯(Barnabas Burns)亲自写信给格兰特,邀请他在民主党全国大会上接受总统候选人提名。

当时,林肯正在考虑提名格兰特出任联邦军总指挥,如果格兰特有此"野心"的话,林肯就要考虑"刹车"了,他可不想任命一个民主党人出任联邦军队"总指挥"。

好在格兰特礼貌回绝了伯恩斯的邀请,林肯松了一口气。

现在,格兰特"出山"的传言再起,林肯确有几分紧张。他马上派了一个心腹去见格兰特,询问他的意见。格兰特一听就急了,他一边拍打椅子的扶手,一边大声说:"什么,竞选总统?我可不想去做这个,千万别逼我干这事。"格兰特让人转告林肯说:"对我而言,在战场上取胜非常重要;对林肯先生而言,竞选连任总统非常重要!"

格兰特是个聪明人,为了彻底让蔡斯等人死心,他公开表态,总统候选人"在他所期望的事情中排在最后一位",现在林肯总统竞选连任希望很大,他不会考虑出来竞选。林肯闻言,一颗悬着的心放了下来。

林肯也很聪明,他随后当众表态:"如果格兰特能够攻下理士满,我林肯愿意放弃总统竞选连任,全力支持格兰特竞选!"[12]两位心心相印的战友一唱一和,终于让蔡斯之流悻悻作罢了。

拥护林肯的共和党人与一部分主张相近的民主党人联合起来,推选林肯与民主党人安德鲁·约翰逊搭档。约翰逊是田纳西州民主党参议员，是北方民主党内的主战派。林肯与约翰逊搭档，能够最广泛争取大众的支持。

6月7日，共和党全国代表大会在巴尔的摩召开。林肯与约翰逊得到了绝大多数州共和党代表的支持，获得了总统、副总统候选人的提名。

共和党提出的竞选纲领是南方无条件投降，坚持捍卫联邦宪法和法律尊严，旗帜鲜明地反对奴隶制度。林肯欣然接受了提名，他幽默地引用一句谚语说："我猜想大会已经得出了一致意见：不要在过河的时候换马。"[13] 于是，"不要换马"便成为共和党的竞选口号。

此时，林肯非常需要一次重大的战场胜利来巩固"候选人"的地位。他知道，如果战事继续不利，共和党有可能重新召开大会，更换原来的候选提名人。

三、彼得斯堡郊外

1

林肯没有等到前线佳音，却传来了战场噩耗。

冷港战役之后，格兰特准备主动脱离战场，再次挥军南下，直扑彼得斯堡。

彼得斯堡是个小城，只有 18000 个居民，南军只有少量防守部队。格兰特相信，只要一次部署周密的突袭，就可以一举拿下彼得斯堡，切断理士满的后路。

就在格兰特盘算计划的时候，有一位南军将领"心有灵犀"，预感到北军可能会偷袭彼得斯堡。此人就是负责防守理士满的博雷加德将军。

荒原之战开始后，博雷加德留守后方。此人责任心强，警觉性高，判断力不同凡响。6月7日，他把自己的担心告诉了布拉格将军，请求加强彼得斯堡防务。布拉格反应迟钝，未置可否。

6月9日，博雷加德果然在彼得斯堡郊外发现北军侦察骑兵，更加确信自己的判断。于是，他当天就调派了本部兵马2200多人，在彼得斯堡一线加紧构筑工事。南军深挖沟壑，砍下树木，加固阵地，安置了许多炮位。

詹姆斯河上的渡桥，摄于 1864 年 6 月

6 月 12 日，格兰特命令"秃头"史密斯将军率领第 18 军在 15 日之前赶到彼得斯堡，以最快速度夺取该城。

6 月 13 日，格兰特大部队主动脱离冷港战场，向东南方向迂回。14 日，北军工程兵在距离南军阵地 35 英里的维尔考克斯渡口（Wilcox Landing）架桥，花了 10 个多小时，用了 92 条船只，在詹姆斯河上铺设了一条 2100 英尺长、13 英尺宽的渡桥。北军几万人顺利渡过詹姆斯河。

13 日傍晚，南军见对方阵地静悄悄的，忙派人过去一看，北军早已无影无踪，慌忙向李将军报告。

李将军判断，格兰特可能会直奔理士满，去端他的老窝。于是，他命令部队立即回撤理士满。直到 15 日中午，李将军才获知北军的真正动向，此时史密斯将军的 16000 人已经兵临彼得斯堡城下。

当时彼得斯堡只有守军 5400 人，如果北军立即发起猛攻，拿下彼得斯堡不成问题。不过，格兰特先犯了一个致命错误，他千不该、万不该，不该派"秃头"史密斯去完成如此重要的任务。

史密斯将军上午 10 点抵达城下，并没有大举进攻，而是小心翼翼地展开侦察。直到下午 5 点，兵力才部署完毕。当然，北军刚刚赶到，不知道守军深浅，稍加谨慎也无可厚非。但史密斯的表现似乎不是谨慎，而是拖拉。就在即将发起进攻时，有部下报告说，炮兵的驮马需要饮水，否则无法拉动大炮，史密斯居然为此又浪费了 2 个小时。

晚上 7 点，北军终于发起进攻，一开始进展顺利，攻入南军防线将近 1 英里。此时天色渐暗，到了 9 点左右，史密斯将军下令停止进攻——也许冷港惨败的阴影还在他心头萦绕。

这真是一个极大的错误，严重贻误了战机，给南军提供了宝贵的喘息时间。当夜，布拉格派出援兵赶赴彼得斯堡。

北军也没闲着，汉考克的第 2 军在 15 日晚上赶到了彼得斯堡。汉考克希望马上发起夜战，被史密斯将军拒绝了。

6 月 16 日上午，汉考克的部队投入战斗，但强攻无果，损失惨重。当天，格兰特、米德与第 4 军赶到彼得斯堡。遗憾的是，面对严阵以待的守军，再多的后续部队也无济于事。

17 日，北军继续强攻，从早上一直打到晚上，突破了南军防线，可惜后续部队没能及时跟进，又被赶了回来。

面对强敌的持续猛攻，博雷加德抵挡不住了，他决定放弃前沿阵地，收缩兵力，固守待援。当晚，博雷加德撤到第二道防线。

18 日，李将军率领大部队也赶到了，守军新增了 25000 人。就这样，原本计划的一场快速突袭战，因为北军战地指挥官的畏葸和犹豫，变成了一场围城战。谁都没想到，这一围，竟然长达 10 个月。

李将军并不这么乐观，他现在只有不足 55000 人，要防守应对格兰特的 90000 大军，谈何容易？

在 15 日到 18 日的攻城战中，北军损失严重，伤亡了 10000 多人，其中战死近 1300 人，受伤近 7500 人，失踪超过 1800 人。包括张伯伦在内的多名军官受伤。为了表彰张伯伦的功绩，格兰特将这位身负重伤的上校提升为准将。

6 月 21 日，林肯亲自来到彼得斯堡前线，查看战场形势。看到理士满与彼得斯堡之间长达 20 多英里的战线，林肯感到亦喜亦忧：喜的是自己从未离理士满如此之近，忧的是不知何时拿下彼得斯堡和理士满——眼看大选投票在即，时间不等人啊！

2

林肯正为前线揪心，想不到后院又着火了。

6月中旬，为了减轻防守压力，李将军再次祭出老办法，派欧利中将率领北弗吉尼亚兵团第2军快速北上，进攻雪兰多山谷，如有可能直接进攻华盛顿，迫使格兰特分兵北上"勤王"。

于是，欧利扮演起石墙杰克逊的角色，率领10000多人，孤军深入敌后，完全没有后勤支持，士兵缺衣短粮，不少人打着赤脚。但部队士气高昂，一路跨过了波托马克河，边打边走，破坏桥梁、切断铁路，搞得鸡飞狗跳。

西格尔将军负责驻防雪兰多谷地，他无法阻止欧利的进军。到7月初，南军兵锋直达马里兰，华盛顿风声鹤唳，不得不向格兰特发出"勤王"指令。

南军眼看华盛顿近在咫尺，悬军深入成功在即，士兵们摩拳擦掌，群情激奋，准备来一个"黑虎掏心"，奋力拿下联邦首都，毕其功于一役。

华盛顿军民团结，严阵以待。林肯总统镇定自若，与家人一起亲自备战。

8日，格兰特从彼得斯堡前线派出一个军赶来增援，其他"勤王"部队陆续赶到，华盛顿更加稳固了。

7月11日，在华盛顿郊外，一场首都保卫战打响。双方激战一整天，北军守住了大部分郊区阵地。在战斗中，林肯总统来到郊外第7街的史蒂文斯要塞（Fort Stevens），亲自登上前沿阵地观察敌情，这是内战中林肯仅有的一次暴露在枪林弹雨中，林肯也因此成为唯一亲临火线的美国总统。[14]

当时，林肯身旁一位军医被流弹击中腿部，"哎呀"一声，倒在地上。[15]一名北军上尉看到林肯头戴高帽子，身子暴露在外，上前一把拉下，喊道："快下来，你这个傻瓜，想吃子弹啊？"林肯笑了笑，顺从地蹲了下来。这位"粗鲁的"上尉后来成为美国最高法院大名鼎鼎的奥利弗·霍尔姆斯（Oliver Holmes）大法官。[16]

12 日晚上，欧利站在华盛顿郊外，最后眺望一眼刚刚建成的国会大厦穹顶，无奈地下令撤退，回到雪兰多山谷。撤退途中，欧利没忘自我安慰一下，他对一位军官说："少校，我们没有拿下华盛顿，但是我们把林肯吓了个半死。"

拍摄于 2006 年的美国电影《拯救华盛顿之战》，通过北军战士的视角叙述了这场华盛顿保卫战。

3

彼得斯堡这边，格兰特还是一筹莫展。一位南卡罗来纳的士兵在战壕里这样写道：

> 我不知道眼下这条防线会不会立即发生战斗，但大伙儿都觉得，敌人不会在这里进攻我们，因为我们的防线实在太坚固了，他们没有任何成功的可能。[17]

北军并非毫无动作，就在两军僵持的阵地上，正在酝酿一个惊天大阴谋。

原来，驻守在彼得斯堡前沿阵地的北军中，有一支宾夕法尼亚州第 48 步兵团的部队，该团 400 多名士兵中有不少人原来是宾夕法尼亚煤矿的矿工。团长亨利·普里桑茨（Henry Pleasants）中校本人也是一名煤矿工程师。早在 6 月中旬，该团士兵向普里桑茨中校献计说：如果在阵地下面挖一条地道，直达南军阵地底下，用炸药爆破，一定可以把敌军阵地炸个底朝天，后续部队乘势而上，可以一举突破南军防线。

这听上去是个很不错的建议，普里桑茨中校兴冲冲地向上司伯恩赛德将军报告，他信誓旦旦地说："我们保证把这个可恶的堡垒炸飞掉！"[18]

伯恩赛德听了之后也很兴奋，马上向米德将军报告。北军上层高度重视，专门开会研究。会上，米德将军表示反对，这种战法闻所未闻。北军总工程师唐纳（James C. Duane）少校也不赞成，因为巷道太长，通风也不畅，成功把握不大。不过，格兰特倒是觉得不妨一试，眼下确实没有其他办

自由的新生

彼得斯堡的移动迫击炮，摄于 1864 年 7 月 25 日

法。最后，格兰特拍板，实施巷道爆破行动！伯恩赛德立刻进行部署，挖掘工程于 6 月 25 日开始。

对于煤矿工人来说，开矿挖洞算是家常便饭了，尽管缺乏必要的工具和设备，特别是精确测量巷道角度的仪器。这帮人因陋就简，凭着丰富的经验，利用加热法排除洞内污浊空气，化了一个多月时间，硬是在两军阵地之间打出一条 510 英尺的地下隧道。

在进行巷道作业的同时，北军高层也在研究地面进攻计划。不幸的是，各方意见不一，行动计划一波三折。

第一，爆破应该安放多少炸药？普里桑茨中校建议安放 14000 磅炸药，米德将军却将炸药减少为 8000 磅。最后当然听米德的。

第二，爆破之后，步兵朝哪个方向进攻？伯恩赛德计划从两翼进攻，避开爆破面的阵地；米德将军却坚持要正面进攻，直接从炸塌的阵地前面发起进攻。最后，又是米德说了算。

第三，哪些部队参与进攻？一开始计划让黑人部队打头阵，并且进行了队形操练；后来，有人对黑人士兵的战斗力不放心，直到最后一刻又改为白人部队打头阵。

1864 年 7 月 30 日凌晨，"巨坑战役"开始了。

事情从一开始就不顺。3 点 15 分，北军点燃了导火索，预计炸药在 15 分钟之内爆炸。但是，等来等去一直没有爆炸。一个小时过去了，还是没见动静，只好派两名士兵爬回巷道检查，结果发现导火索连接有问题。于是又重新安装并点燃导火索。

4 点 45 分，只听"轰隆"一声巨响，震得地动山摇，一大块南军表面阵地被整个掀起，尘土、木料、枪械、肢体等夹杂着滚滚浓烟被抛上了半空。

等到尘埃落定，南军阵地出现了一个深 30 英尺、宽 60 英尺、长 170 英尺的巨大土坑，将南军一个步兵团和一个炮兵连的许多士兵埋入坑中，活着的士兵吓得目瞪口呆。

这真是一个大好时机，如果组织得好，本可以轻易在南军整条防线撕开一个口子。结果却事与愿违。

由于害怕爆炸伤及自己，北军在爆炸前将部队撤到己方阵地后面，爆炸后花了十分钟才重新进入阵地，又花了不少时间拆除阵地前的障碍物，等到北军发起进攻，已经快一个小时了，突袭变成了强攻。

随着一声令下，伯恩赛德麾下第 1 师士兵开始进攻，第 1 旅冲在最前面。士兵们蜂拥向前，冲到巨坑前面，犹豫了一下，有的直接冲了下去，有的站在边上观望，但是后面的人往前挤，把前面的人推向巨坑，士兵们就像一群没头没脑的鸭子，纷纷冲进巨大的坑底。

此时，南军已从震撼中清醒过来。看到敌人涌向巨坑，南军士兵站在坑边，直接向坑内敌军猛烈射击，大炮朝着人堆猛轰，雨点般的霰弹喷入乌压压的人群，北军士兵成了真正的活靶子，根本无法还击，成片成片地中弹倒下，汩汩的鲜血来不及渗入泥土，在坑内四处流淌。一支来自密歇根州的印第安人部队拼命射击，虽然撂倒了不少南军，还是遭到疯狂杀戮。

北军赶紧调整进攻方向，派出一个团向巨坑右侧猛攻，一度占据了表面阵地，并且成功打退了南军的反击，无奈后续部队跟不上，最后还是被打了回来。

自由的新生

南军乘北军一片混乱，发起了猛烈的反冲锋。两军士兵短兵相接，进行激烈肉搏。战斗持续到下午 1 点钟，双方都损失惨重，但南军还是成功地守住了阵地，并且俘虏了大量北军。

这一仗，南军仅损失了 1000 多人。北军参与进攻的 16500 人中，损失了近 3800 人，其中被俘 1000 人左右，许多黑人俘虏被当场枪杀。历史学家崔思·鲍威尔（J. Tracy Power）在《巨坑》一文中写道："许多李将军的士兵第一次在战场上与黑人交战，他们感到极大的耻辱和愤怒，纷纷用乱枪和刺刀猛杀猛砍，一些准备投降和已经投降的黑人士兵惨遭屠杀。"[19]

拍摄于 2002 年的美国电影《冷山》一开始就描述了巨坑之战的灾难性场景。

噩耗传来，林肯再次大失所望。华盛顿一个调查小组将失败归咎于伯恩赛德将军的指挥无方。8 月 14 日，伯恩赛德被免去军职，结束了他的军旅生涯。第 1 师师长詹姆斯·莱德利（James Ledlie）少将在整个战斗期间喝醉了酒，躲在防弹洞里，属于严重失职，也被免去职务。

事实上，米德将军从一开始就态度消极，指挥不当，影响了行动的效果，国会军事行为委员会对米德进行了调查，认为米德的表现颇有指摘之处。好在格兰特出面解释，米德才算躲过一劫。[20]

四、盲誓备忘录

1

8 月伊始，东、西战场都没有什么进展。

在亚特兰大郊外，北军进攻奥托依溪（Utoy Creek），试图切断铁路线，未获成功。8 月中旬，谢尔曼又在亚特兰大北部的戴尔顿（Dalton）之战中失利。随后的洛夫乔伊（Lovejoy）车站之战，北军破坏了南军的大量辎重，并且一度占领了车站，但两天后还是被南军夺回。

给林肯带来一线希望的反倒是海军。

8 月初，法拉格特将军率领 4 艘铁甲舰和 14 艘木质舰进攻阿拉巴马州的莫比尔湾。莫比尔湾位于墨西哥湾，莫比尔河与坦绍河（Tensaw River）在这里交汇入海，是邦联在墨西哥湾的最后一个重要港口。

南军在此修建了三个炮台，装备有88门大炮。一支阿拉巴马小舰队，包括战斗力很强的田纳西号铁甲舰，以及三艘小战舰，为南军提供水上支持。

8月5日，借着黎明的曙光，北军舰队开始进攻。南军在港口主航道布下了大量水雷，北军舰队如果要避开水雷，就得靠近岸边行驶，正好成为岸炮的活靶子。

北军舰队刚开进海湾，就有一艘铁甲舰触雷爆炸沉没。法拉格特临危不惧，说了一句流传后世的狠话："去他的水雷，全速前进！"[21]

于是，所有舰船开足马力，全速冲向主航道。说来也真是蹊跷，所有的舰船竟然都冲了过去，再无一艘触雷。原来，水雷发明还不久，质量不过关，泡在水里时间太长，许多水雷都生锈了。

舰队冲过之后，很快与南军舰队交火。南军田纳西号船坚炮利，火力很强，在北军舰船的围攻下，左冲右突，奋力苦战，无奈寡不敌众，被打得动弹不得，只好举旗投降。其他三艘南军舰船都被击沉。

随着莫比尔湾的丢失，南方人在墨西哥湾的海上大门被关闭了。

2

海军的胜利并不足以消解林肯的忧患。[22] 不久，一份伤亡统计表送到林肯案头，两组数据令林肯痛心不已：战争开始到1864年1月，北军士兵伤亡共计21万人；1864年1月到8月，北军伤亡人数达到了9万。

现在，华盛顿成了一个巨大的伤兵收容站，21所军队医院远远不够用，仓库、旅馆、学校、民房都在收容伤兵，连国会大厦也住进了伤员。各地志愿者赶到华盛顿的医院担任护理员，其中包括诗人沃尔特·惠特曼（Walt Whiteman）。整个城市沉浸在悲怆的氛围内，对选民心情产生很大影响。

巨大的压力让林肯喘不过气来。面对军人家属哀伤的眼神，面对报刊媒体反战的声浪，面对各地抵制征兵的骚乱，林肯心力交瘁，感到胜选渺茫。他对一位朋友说："除非发生什么重大变化，否则我会遭到惨败。"纽约州共和党报业大亨萨罗·韦德（Thurlow Weed）直言不讳地在报纸上说："林肯的连任是不可能的。"共和党全国执行委员会主席亨利·雷蒙德（Henry Raymond）也写信给林肯，表达了对林肯竞选连任的忧虑。[23]林肯倒不在乎自己能否当选总统，担忧的是如果民主党人当选，过去几年的努力很可能付诸东流。

共和党全国代表大会之后，民主党成为林肯的主要对手。这一次，民主党内部精诚团结，竞选目标明确，朝野人气颇旺。民主党利用1864年战事胶着的机会，大打"和平主义"牌，迎合了许多北方民众的厌战心理。

3

另一个影响选民心理的问题是被俘士兵。

1863年后，战俘营建立起来了，但战俘们的生活状况却十分糟糕，数以万计的俘虏被直接关在露天的牲畜围栏里，风餐露宿，缺衣少食。

南方佐治亚州安德森维尔（Andersonville）战俘营和理士满的利比（Libby）战俘营尤为糟糕。来自纽约的陶浦（C. N. Thorp）中士描述了他在安德森维尔战俘营的遭遇：

> 我们已经被关了8个月，尽管平时很小心，但衣服还是都破了。每次下大雨的时候，衣服全都湿透，那些没有毯子的人情况更惨，简直无遮无蔽。缺少蔬菜食物，又没有锻炼，许多人得了坏血病，嘴巴感染了，牙床肿胀，嘴唇都合不拢，根本无法咀嚼东西。我自己的牙床变得发黑、腐烂，我用指甲挖出散发着恶臭的腐肉。[24]

关押在安德森维尔战俘营的45000名北军战俘，一共死掉了13000人。拍摄于1996的美国电影《土牢地狱的战役》讲述了安德森维尔战俘营的悲惨故事。战后，安德森维尔监狱的典狱长亨利·维茨（Henry Wirz）少校被判处绞刑，这是战后唯一被处死的南方人。[25]

北方战俘营的情况也好不到哪里去，伊利诺伊州的道格拉斯（Douglas）

被俘的邦联士兵，摄于 1864 年

战俘营、特拉华州的特拉华堡（Fort Delaware）战俘营情况糟糕，不少南方士兵死在战俘营。为了不花钱又不死人，北方人释放了一位前南军准将，让他把南方的棉花贩运到纽约出售，然后给战俘购买食物、衣服、毯子等物品。[26]

这场战争双方一共抓到了大约 42 万名俘虏，其中邦联战俘 195000 多人，联邦战俘 215000 多人。按照历史学家布鲁斯·凯顿在《美国内战》一书中的说法，死于战俘营的北军有 26436 人，南军有 22576 人，合计 49000 多人。[27] 按照历史学家威廉·戴维斯（William C. Davis）在《内战中的战士》一书中说法，双方死在战俘营的人数达到了 56000 人，包括病死、饿死、冻死以及失去生存意愿的人。[28] 双方战俘死亡率达到 13%，超过了士兵在战场上死亡率的两倍多。

雪上加霜的是，交换战俘的机制在 1864 年突然中断了。原来，格兰特要求交换黑人战俘，李将军予以拒绝。格兰特勃然大怒，下令终止交换战俘。[29]

据历史学家分析，格兰特这样做，也有从纯粹军事角度的考虑：停止交换战俘，对北军不是什么坏事——南军的兵员需求远远大于北军，交换战俘显然对南军更加有利。[30]

这样一来，引起了被俘士兵家属的强烈不满，这些人手里掌握着不少选票，对林肯竞选连任颇有影响。但是，林肯明确支持格兰特的做法，为了黑人士兵与白人士兵的平等，林肯宁愿丢失一些选票。

4

民主党人看到"民心可用"，又借题发挥，主动发难，他们指责林肯过度干预军事，做了总统不该做的事，导致了战争的失利，应当追究责任。

林肯感到有口难辩，索性不予理睬。萨姆纳议员十分着急，请格兰特出来替林肯说句话，格兰特笑道："我觉得，让林肯总统去澄清所有对他的怀疑和指责，就像让一个处女去证明自己的纯洁。"[31] 幽默归幽默，格兰特还是帮了林肯的忙，他公布了林肯早先写给自己的一封信，信中明确提到，格兰特可以自主作出战场决定。民主党人的无端指责一下子不攻自破了。

尽管冲过一个个急流险滩，林肯还是对选情忧心忡忡。在一封给朋友的信件中，林肯写道："我不敢断言自己已经控制了局势，但可以坦率承认，局势已经控制了我。"[32]

8 月下旬，民主党全国代表大会即将召开，林肯有一种不祥之感：如果民主党胜选，新当选的民主党总统很可能马上宣布退出战争。这样一来，士兵们三年多的鲜血就白流，这个国家的前景不堪设想。

林肯辗转反侧，彻夜不眠，想来想去，终于想出一个"绝招"。

林肯暗想，总统大选将在今年 11 月揭晓，新总统宣誓就职要到次年 3 月，期间还有四个月的宝贵时间。如果民主党人入主白宫，作为四个月"跛鸭"总统的林肯还有什么办法呢？唯一的办法就是在四个月内赢得战争！

8 月 23 日，林肯总统把全体内阁成员召集到一起，掏出一张事先折叠好的纸，放在他们面前，神情严肃地说："诸位先生，此次总统选举胜负难卜。这张纸上写着我一旦落选情况下，准备采取的特殊手段，希望诸位到时候全力配合我的行动。如果你们信任我并且同意我的做法，请在这张纸上一一签上你们的名字。"

阁员们面面相觑，不知道葫芦里卖的什么药。要说林肯的政治威信和人格魅力，还真是十分了得——这些平日里的"刺儿头"，居然乖乖地在这张连内容都不知道的纸上签上了自己的名字。

事后，阁员们才知道，这张纸上写着这样一段话：

> 今晨，如同往昔数日，看似本届政府极有可能不再连任。故此，在大选与就职之间，我有责任与新选总统合作以挽救联邦，因为他为确保胜选所持立场表明其今后难成此举。[33]

这就是美国内战史上所谓的"盲誓备忘录"。这让人联想到古代周公的"金匮藏策"，以及康熙"正大光明"匾"密诏传位"的故事。

那么，林肯如此神秘兮兮，他到底想要怎么做呢？

说出来很简单，林肯后来告诉朋友，他其实只想做一件事——再次大规模征兵。

原来，在大选期间，战争部不敢大规模征兵，怕老百姓反感，丢失选票。林肯盘算：如果大选胜出，当然万事大吉；万一落选，他可以利用四个月"跛鸭"总统的权利，大量征召士兵，与南方决一死战，力争在新总统宣誓就任之前彻底制服南方，结束内战，把一个统一国家的交到新总统手里。

林肯真是用心良苦，他怕到时候内阁成员不支持他大规模征兵，所以特地搞了一个"盲誓备忘录"，让他们事先签字画押。

5

8月26日，民主党全国代表大会在芝加哥如期举行，大会以"和平主义"和"结束战争"为口号，推举乔治·麦克莱伦为总统候选人，来自俄亥俄州的众议员乔治·潘德莱顿（George Pendleton）为副总统候选人。他们的竞选宣言是这样说的：

> 在我们历经了长达四年的磨难，试图以武力方式重新统一联邦而无果的时候，正义、人性和自由都要求我们马上行动起来，竭尽全力让战

争尽快结束，或者以其他方式尽快求得和平，以便建立一个由所有州参加的议会，这是人民的意愿所在。[34]

对于饱受战争痛苦的民众，这种言论极具感染性和蛊惑性。

麦克莱伦以其在波托马克兵团的表现，在北方人民中依然拥有较高的声誉和影响力。历史学家伍德瓦德在《新美国历史》一书中说："后人可能难以置信，当时麦克莱伦在北方老百姓中的个人知名度，超过林肯很多。"[35]

这其实并不奇怪：第一，麦克莱伦在士兵中很有威望，在政府和社会也有许多朋友。第二，林肯是一个比较低调的人，而麦克莱伦则喜欢高调表现。第三，林肯在执政期间坚持原则得罪了不少人。第四，麦克莱伦团结了不喜欢林肯的所有党派势力。第五，麦克莱伦拥有《纽约先驱报》等一大批有影响报纸的支持。

在麦克莱伦的大旗下，民主党显现出前所未有的团结和坚定，一时间夺标呼声超过了矛盾重重的共和党。当时的选情很类似于1860年大选，只是民主党与共和党换了个儿。

林肯深知"攘外必先安内"的道理，他主动找弗莱蒙特协商，希望双方以大局为重，搁置争议，团结一致，共同对外，确保总统大位不落到民主党手里。

弗莱蒙特还算"识大体、顾大局"，他知道"鹬蚌相争，渔翁得利"的道理，如果他的"第三党"分散了共和党的选票，让民主党上台的话，他毕生致力于反对奴隶制的事业就可能付诸东流。

最后，弗莱蒙特与林肯达成了一个内部协议，双方各退一步：9月22日，弗莱蒙特宣布退出竞选；9月23日，林肯总统免去内阁中激进共和党人的"眼中钉"——邮政部长蒙哥马利·布莱尔（Montgomery Blair）。至此，共和党内部之争画上了句号。

对于民主党，林肯准备从媒体入手，进行政治分化。他与《纽约先驱报》主编戈登·伯内特（Gordon Bennett）原本关系不赖，也算是政见不同的朋友，林肯主动联系伯内特，愿意派他出任法国大使。伯内特婉言拒绝了，表示自己已经70岁了，不想到国外去。不过，伯内特的态度还是有所改变，他后来表示支持林肯竞选，称其为"两害取其轻"。

麦克莱伦也有天然软肋：民主党内部在"战"与"和"的问题上意见不一，左右摇摆。麦克莱伦头脑里不乏"联邦主义"观念，他虽然主张南北和解，但坚持认为南北议和须以南方回归联邦为条件——这是麦克莱伦颇为可爱的一面。麦克莱伦反对战争，不是认同南方独立，而是鉴于当前战争的徒劳无益。麦克莱伦主要通过渲染战争的"劳民伤财"、"流血牺牲"、"战场失利"、"逃兵现象"等问题，来凸显林肯政府的无能。

林肯讽刺民主党主和派，说他们所做的一切，一定会使戴维斯总统十分感激。确实如此，当理士满听说麦克莱伦被提名为总统候选人，许多人感到灰暗的天空中出现了一道彩霞。

南方人要做的是，尽量取得战场胜利，"配合"麦克莱伦的竞选。用朗斯崔特将军的话来说，"如果我们能够尽早击破敌人，将其打退，在总统大选之前难以恢复士气，我们接下来就能够面对一个新的总统"。[36]

<h1 style="text-align:center">6</h1>

为了配合北方民主党高分贝的"和平"呼声，戴维斯总统主动伸出橄榄枝，提出南北和谈的倡议。他派出一个代表团来到加拿大一侧的尼亚加拉瀑布，等待北方的回复。许多北方人感到机不可失，格里雷主编亲自赶赴尼亚加拉，去见南方使者。

戴维斯这一手很险恶：如果林肯拒绝和谈，正好给麦克莱伦一个攻击的口实，被扣上"和平破坏者"的帽子；如果林肯同意和谈，他将再次面临共和党激进派的猛烈攻击。林肯被戴维斯将了一军。

南方人的和平倡议，遭到激进共和党人的坚决拒绝。《哈泼斯周刊》在1864年9月3日刊登了托马斯·耐思特（Thomas Nast）的一幅漫画，题目就是《叛国者的和平》，漫画中一位失去右腿、拄着拐杖的北军士兵弯着腰、低着头，无奈而沮丧地与一位趾高气扬的南军军官握手言和，一位北方妇女跪在南军军官脚下的坟头哭泣，墓碑上写着："纪念死于一场无用战争的联邦战士"，南军军官身后隐约可见黑奴一家三口，男子戴着锁链跪在地上仰天长啸。这幅宣传画被大量印制、分发、张贴。[37]

林肯总统斟酌再三，作出了一个折中的姿态：他既没有断然拒绝和谈，也没有与南方使者坐下来谈，而是写了一封，信封上写着——"致可能感兴趣的人"，派人带到尼亚加拉，交给南方使者。[38]

林肯在信中坚定地指出，南北和谈必须在美利坚合众国的宪法框架内谈，南方必须无条件地回归联邦，只有满足这两个条件，和平才有可能实现。否则，还是战场上见分晓吧。

五、峰回路转

1

所幸的是，战场上很快见分晓了。

捷报来自亚特兰大。经过将近一个月的围困，8月25日，谢尔曼狠下决心，派出六个军攻击亚特兰大周边铁路线，只留下一个军防守，简直可以说倾巢出动了。

虎德将军知道，如果听任北军切断铁路，亚特兰大只能坐以待毙。于是，他派出哈德将军率领两个军出去迎战。8月31日，哈德将军在琼斯布鲁格（Jonesborough）以西向北军两个军发起进攻，但被北军打退。

9月1日，北军发起猛攻，突破了哈德将军的阵地，将其逼退到洛夫乔伊车站。当天晚上，虎德将军眼看守城无望，为了避免被北

战火蹂躏的亚特兰大铁路线，摄于1864年9月2日

谢尔曼的辎重马车通过亚特兰大，摄于1864年

军围歼，绝望地弃城而去，临走前一把火烧掉了辎重粮草，引发了亚特兰大城内一场大火。小说《飘》描述了具体的惨景。

1864 年 9 月 2 日，谢尔曼率领部队大摇大摆地进入亚特兰大——南部邦联仅次于理士满的第二重镇。第二天，谢尔曼给林肯发去电报说："亚特兰大已入我手，此乃完胜。"[39]

这个胜利对于林肯仿佛久旱逢甘雨。历史学家柏文·亚历山大说："这个消息让整个联邦兴奋不已，重新点燃了胜利的希望，并且使林肯的再次当选成为定局。"[40]

事实证明了戴维斯总统用虎德替代约翰斯顿是一个错误决策，虽说约翰斯顿也未必守得住亚特兰大，但可能会比虎德多坚持一两个月，而这点时间很可能影响到林肯的当选。历史学家克拉格·西蒙兹在《约瑟夫·约翰斯顿：一部内战传记》一书中写道：

> 事后，约翰斯顿的同情者认为，无论他用什么办法防守亚特兰大，都会比虎德守的时间更长。当时，北方大选正悬而未决，亚特兰大战事的僵局以及南军的顽强坚守，会使北方选民相信，林肯总统的战争决策已经失败了。[41]

这种说法，约翰斯顿本人当然是认同的，他后来在回忆录中就是这么说的，他甚至认为自己有能力在短时间内结束战争——一旦林肯落选，南北马上就会媾和。

虎德将军率领残部继续在佐治亚州和田纳西州一带兴风作浪。不过，面对谢尔曼十万大军，明眼人都知道，这只是困兽犹斗，西线战事已经接近尾声。

谢尔曼取得了如此辉煌的战绩，一时间成为华盛顿的"大红人"，声誉超过了格兰特。甚至有传言说，林肯总统准备用谢尔曼替换格兰特，出任联邦军总指挥。对此，格兰特与谢尔曼两位老朋友一笑置之。

2

8月7日，为了对付仍在雪兰多山谷游荡的欧利将军，格兰特派出得力大将谢里登率领雪兰多兵团，专门负责"清剿"欧利。

9月19日，谢里登率领3500名骑兵、22000名步兵，向退守在温切斯特的欧利部队20000多人发起强攻，抓获了一千多名俘虏。南军后撤途中，遭到了北军猛烈炮火轰击，旅长乔治·巴顿（George S. Patton）上校被大炮击中，身负重伤，不治身亡。乔治·巴顿是死于"匹克特冲锋"的沃勒·巴顿的哥哥，二战名将巴顿将军的祖父。

欧利被迫后撤到渔夫山（Fisher's Hill），谢里登乘胜追击，在22日进攻渔夫山，将南军赶进山区。

随着捷报频传，北方民众和华盛顿政客们又恢复了愉悦的心态，他们再次相信，只有林肯总统才能给这个国家带来真正的和平，林肯的支持率快速回升。

不过，林肯总统并没有掉以轻心，一个新的问题正在困扰着他：前线士兵如何参加大选投票？这是美国以往历次大选从未遇到的新问题！

战争之初，北军士兵对林肯印象并不好，有时候林肯去检阅部队，士兵们还当面取笑他。[42] 随着战争的持续进行，林肯逐渐取得了士兵们的信任。同时，越来越多的北军士兵憎恨南方挑起战争，破坏和平生活，导致流血牺牲。所以，大部分士兵在这次大选中倾向于支持林肯。

林肯非常感动，他对人说："这些年来，士兵们一直用鲜血和生命支持联邦。现在应该让他们有机会用选票来表达对联邦的支持。"

早在一年前，南方佐治亚州就通过法律，允许南军士兵在战场上投票。[43]
后来，一些共和党控制的北方州也"依样画葫芦"，通过立法允许北军士兵
在战场上投票。这是美国选举政治史无前例的创举。但是，有一些联邦州，
议会被民主党控制，没有出台相应的法律，士兵要想投票，必须从战场返回
家乡。

林肯内心很矛盾，他既希望战士留在战场杀敌，以便早日结束战争，但
也珍惜每一张士兵选票，希望部队在可能的情况下允许士兵回乡投票。

9月19日，林肯总统亲笔致信谢尔曼将军，委婉地表达了他的意见，
信中说：

> 谢尔曼少将：
>
> 　　印第安纳州选举将在10月11日举行。……
>
> 　　如果我们在11月的总统大选中失利，如果新当选的人是反战人士，
> 那么我们将面临巨大的风险。……
>
> 　　印第安纳州是10月份唯一重要的选举州，而士兵因为参战无法参
> 与投票。在没有安全隐患的前提下，如果你愿意让一些士兵回家投票，
> 我不反对。他们不必为了总统选举而留下，但可以为了你的需要而返
> 回。这绝对不是命令，而只是为了向你表示，在确保安全的情况下，你
> 可以做出判断和决定。
>
> 　　　　　　　　　　　　　　　　　　　　亚伯拉罕·林肯
>
> 　　　　　　　　　　　　　　　　　　　1864年9月19日
>
> 　　　　　　　　　　　　　　　　　　　华盛顿白宫[44]

事后表明，林肯的一片苦心没有白费，在11月的大选中，在十二个士
兵单独计票的联邦州中，78%的北军士兵把票投给了林肯——而非他们曾
经尊崇的主帅麦克莱伦将军。

3

选情警报稍稍解除一些，华盛顿周边的战争警报却再次拉响——欧利蠢蠢欲动，在雪兰多谷地伺机寻战，他联络了刚刚伤愈归队的朗斯崔特将军，准备夹击谢里登的部队。

10 月 15 日，正在华盛顿参加会议的谢里登将军收到部队报告：北军侦察兵发现，南军在附近三个山头发出旗语，内容是朗斯崔特与欧利约定时间，准备发起联合突袭。

谢里登闻讯，快马加鞭，迅速返回。18 日晚上，他回到了温切斯特，看看南军没有什么动静，就在那里过夜了，准备第二天一早赶回自己部队的驻防地——雪松溪。谢里登是一名优秀的将领，却有点"马大哈"，他不知道，南军此时已经集结完毕，正准备动手了。

19 日黎明前，欧利的部队在雪松溪发起偷袭。一阵剧烈的枪炮声，北军士兵从睡梦中惊醒，看到大量南军蜂拥而至，北军士兵连衣服都来不及穿，慌忙夺路而逃，整个营区一片混乱，一千多人当场做了俘虏，北军败退四英里才收住脚步。

早上 6 点多，谢里登将军被手下唤醒，报告说雪松溪方向传来枪炮声。谢里登一个鲤鱼打挺，跳下床来，赶紧穿上军装。手下的参谋人员也不知道是怎么回事，有人猜测是不是弹药库爆炸了。谢里登匆匆吃完早饭，带着几个人摔门而出，翻身骑上他的战马"凌志"，没走多远，就看到路上成群的败兵和马车正往后方撤退。

谢里登见此情景，心急如焚，迎着一路的败兵，策马向前飞奔，一边跑，一边大声喊叫："快回去，跟我回去战斗！"士兵看到谢里登将军，顿时信心大增，大家纷纷跟在主将后面，向枪声大作的地方跑去。谢里登骑行了一个小时，集结起不少人马，北军重新组织起队形，准备发起反攻。

南军攻占营地后，以为大获全胜，饥寒交迫的士兵们纷纷哄抢北军留下的食物和军需。

就在这时，谢里登一马当先，率领大批北军骑兵杀了过来，七连发的斯宾塞卡宾枪一阵狂扫，南军仓促抵抗，阵脚大乱。

不过，南军也真够顽强，他们很快重新组织起来，进行殊死战斗。

两军激战到下午，南军终于抵挡不住，向后败退。可怜的欧利还想拼命保护抢来的几车药品，眼看北军潮水般涌来，只好咬咬牙忍痛丢弃。南军一直败退了七英里才站住脚跟，一次"光荣胜利"瞬间变成了一场"完全溃败"。

谢里登高奏"得胜鼓"，士兵们欢呼雀跃，人高马大的骑兵准将乔治·卡斯特快步上前，凌空抱起身材矮小的上司谢里登，旋转着跳起舞来。[45]

谢里登关键时刻横刀跃马的大无畏举动，被称之为"谢里登跃马"。后来，这个英勇故事被一位作家写成一首诗歌，编入中小学课本，在美国孩子中传颂。

此时，距离美国总统选举只有不到半个月。林肯听到谢里登的壮举，兴奋地说："战争开始时，我一直以为一名骑兵需要有六英尺四高，现在我改变想法了，五英尺四就足够了。"[46]

临近大选的两个月，一次又一次战场捷报牢牢锁定了选情大势。共和党激进派看到林肯支持率越来越高，纷纷转变态度，包括蔡斯在内的许多共和党"大佬"乐不颠儿地为林肯助选。

林肯长长地吁出一口气。他深知，正是战场上众将士的不懈努力，才在最后的关键时刻迎来了一片黎明的曙光。正如历史学家布鲁斯·凯顿所说：

> 莫比尔湾、亚特兰大和谢里登的胜利犹如强心剂，扫除了厌战情绪，创造了一种新的乐观气氛。民主党再也无法利用民众的失败情绪开展选战。战争很明显正在走向胜利，尽管还需要付出很大的代价，但最后的危机已然过去。谢尔曼、法拉格特、谢里登为林肯赢得了大选。[47]

4

果然，在1864年11月8日举行的总统大选投票中，林肯赢得了超过54%的选票，以绝对优势击败麦克莱伦，再次当选美国总统。林肯在获胜后说：

（胜选）显示了人民维护联邦完整的决心，从来没有像现在这样坚定与一致。[48]

格兰特马上给林肯总统发去贺电，他说：

这场选举平静地过去了，大地上没有流血、没有喧闹，而这场胜利对于这个国家的价值超过了任何一次战役。[49]

此言出自一位战地统帅之口，显示了这个国家民主政治的熠熠光辉。

一些民主党人不甘心失败，指责共和党选举舞弊。在这关键时刻，麦克莱伦站出来说话了，他明确表示，林肯的再次当选是"公正无瑕的"，"人民是睁大眼睛作出决定的"。[50] 麦克莱伦在政治生命即将落幕之际，证明了自己是一个"有益于人民的人"。

林肯当选是一个风向标，表明大多数民众支持战争继续打下去，直到取得胜利。于是，战场上士兵们倍感鼓舞，士气为之大振。

很长一段时间，战局一直影响着选局。现在，到了选局影响战局的时候了。

第十二章

总体战

一、南方大进军

1

虎德离开亚特兰大之后，率领田纳西兵团残部40000多人北上田纳西州，在弗莱斯特骑兵部队的协助下，直奔纳什维尔，打算在这里东山再起。

虎德的计划是这样的：在田纳西州中东部一带"大闹天宫"，吸引谢尔曼的眼球，将其引入田纳西山区，然后一举击败。如果谢尔曼不过来接招，虎德索性拿下田纳西州，作为南军的反攻基地。

9月21日，虎德率部抵达佐治亚州北部的帕尔梅托（Palmetto）。25日，戴维斯总统亲自赶到帕尔梅托，与虎德商讨下一步行动。虎德将亚特兰大的失守一股脑归罪于哈德将军，怪他没有很好执行自己的计划。他还强烈要求戴维斯总统将哈德撤职，戴维斯总统居然答应了，将哈德调往佐治亚东海岸任职，帕特里克·克利伯恩少将接替哈德的职位。不过，戴维斯还是对虎德不放心，他任命博雷加德全面负责西线作战，虎德的田纳西兵团与阿拉巴马州的理查德·泰勒（Richard Taylor）将军归其指挥。

10月初，虎德开始行动，在佐治亚和田纳西边界一带放手一搏，不断攻城略地，大肆破坏铁路线，搞得这一带"老解放区"鸡犬不宁。

谢尔曼不得不出军征讨。两军从肯尼索山打到里沙卡（Risaca），从戴尔顿打到葛莱斯维尔（Gaylesville），北军一路追击，南军打打跑跑，消耗了不少时间。

谢尔曼明白虎德的意图：虎德并不想要决战，而是想拖死、困死北军。谢尔曼思忖，自己不能老跟着虎德的节拍起舞，必须按照自己的节奏行事。于是，谢尔曼当机立断，作出了四个决定：

第一，紧急告知联邦军总指挥格兰特，请他协调兵力，加强田纳西州特别是纳什维尔一线的防守。

第二，命令麾下托马斯将军率坎伯兰兵团急赴纳什维尔对付虎德。在谢尔曼看来，以托马斯的才能，对付虎德绰绰有余。

第三，命令亨利·斯勒卡姆少将率领第 20 军留守亚特兰大，确保亚特兰大安全，同时照应各处兵马。

第四，最重要的是，谢尔曼准备亲率大军横扫佐治亚，目标直指佐治亚州东南海滨城市萨凡纳。

格兰特一开始不同意谢尔曼横扫佐治亚的作战方案，林肯与哈莱克也持反对意见。他们主要担心三点：第一，谢尔曼孤军深入，战线会拉得太长，容易受到攻击；第二，谢尔曼长途进军，后勤给养供应很成问题；第三，万一虎德击败托马斯，就有可能一路北上，威胁密西西比流域，甚至直达俄亥俄河一带，西线战场的胜利可能会前功尽弃。

谢尔曼看到自己的宏大计划遭到怀疑，怎肯就此作罢？接下来几天，谢尔曼与格兰特不停电报来往，商讨作战方案。两个人都个性很强，各自坚持己见，差一点弄得不愉快。好在毕竟是多年的战友，大家都彼此理解，最后格兰特作了让步，同意了谢尔曼的计划，并且帮助谢尔曼说服了林肯与哈莱克。格兰特在最后一份电报中说："祝你一路好运！我相信你会取得巨大成功。最坏的结果是无功而返。"[1]

2

11 月 15 日，一切安排停当之后，谢尔曼撇下虎德，率军向南出发了。整支大军有四个步兵军，一个骑兵军，65 门野战炮，一共 62000 多人。军乐队吹奏着《约翰·布朗的灵魂一直在前进》，士兵们随着曲调高唱着"光荣，光荣，哈利路亚"！队伍士气激奋，斗志高昂，大踏步向东前进，很快将亚特兰大甩在了后面。

谢尔曼临行前给华盛顿发去电报说，自己将消失一个月。他说到做到，让手下切断了与华盛顿的电讯联系。有一天，参议员约翰·谢尔曼碰到林肯，向他打听兄弟的消息。林肯回答说："我也没有他的任何消息。我们知道他从哪个洞里钻了进去，但我们不知道他将从哪个洞里钻出来。"[2]

佐治亚州政府紧急征召 16 岁到 55 岁的白人男子入伍，组织起大约 7500 人的队伍，其中包括 3500 名骑兵，以及 4000 名缺少训练、装备陈旧的民兵。这点兵力要想挡住这部巨型压路机，简直是螳臂当车。

谢尔曼南征主要有三个目的：

第一，他要与格兰特来一个南北夹击，上下呼应，尽早结束战争。

如果谢尔曼从亚特兰大直奔理士满，中间相隔一千多英里，显然无法一口气直达。谢尔曼打算先横扫佐治亚腹地，拿下 300 英里之外的萨凡纳，作为一个后勤补充基地，这一步叫作"向大海进军"。然后，从萨凡纳北上，穿过南卡罗来那州，再进军北卡罗来那州，一直打到弗吉尼亚，与格兰特会师。

第二，谢尔曼要给南方人一个教训，摧毁他们的战争热情与信心。

经过这几年艰苦卓绝的战斗，谢尔曼深刻认识：邦联军队如此顽强的重要原因就是得到了南方人民的全力支持。南方人为"子弟兵"运送军粮，传递情报，甚至直接扛枪打游击，积极配合"主力部队"作战。谢尔曼要在"大进军"中充分展示战争的"残酷性"或者说"野蛮性"，让南方老百姓吃尽战乱的苦头，甚至达到"生不如死"的地步，不得不放弃对邦联军队的支持，盼望早日结束战争。只有抽干了南方人民的"水源"，叛军这条"大鱼"才会竭泽而亡。

谢尔曼痛恨这场战争，因此也痛恨佐治亚州和南卡罗来那州，它们是南方的腹地，更是南方叛乱的始作俑者，他要让这两个地方的老百姓饱尝战争的痛苦，摧毁他们的战斗意志。

南征途中，谢尔曼全面贯彻他的"休克与震慑"战术，一路上造成了满目疮痍、遍地哀鸿，用谢尔曼的话来说，"要让佐治亚发出哀嚎"，给他们一个血的教训：谁带来战争，谁就要强吞战争的苦果。这种痛苦，甚至在战争结束后很长一段时间，仍在南方人心中留下了难以愈合的创口。谢尔曼也因此成为南方人最为痛恨的"北方佬"。

历史学家詹姆斯·亚当斯在《美国悲剧》一书中说，美国内战期间，北方与南方正规部队都没有发生针对平民的大规模有组织犯罪行为，如屠杀、强奸、抢掠等。[3] 格雷·葛尔格在《美国内战》一书中说：最近一份缜密的调查报告指出，内战期间一共有83000名联邦士兵受到军事法庭指控，其中涉及针对平民的犯罪有5000人，包括558人的谋杀指控和225人的强奸指控。[4] 总体上说，谢尔曼的南方大进军没有超出军事伦理的底线，但针对平民百姓的破坏和掠夺确实有点铁石心肠。

第三，谢尔曼打算破坏南方人的战略大后方，通过烧毁工厂、破坏农场、屠杀牲畜、拆除铁路、炸掉桥梁等一系列破坏活动，彻底切断南方腹地对弗吉尼亚前线的物质供应、人员输送。

如果把邦联视为一幢房屋，弗吉尼亚就像一扇前门，李将军顶着前门不让格兰特进来；佐治亚就像一扇后门，如今被谢尔曼一脚端开，占领亚特兰大就仿佛闯进了后门；现在，谢尔曼准备杀入南、北卡罗来那州，犹如闯入卧室和储藏室，来一个翻箱倒柜、拆灶砸锅，协助格兰特砸开前门。

总之，对于谢尔曼来说，战争不仅仅是将士在战场上的兵火较量，也是交战双方经济基础和物质资源的实力比拼，更重要的还是民众心理意志的持续考验。这就是谢尔曼的总体战争。

3

谢尔曼向海洋进军，对南方人来说是一次大破坏、大浩劫。联邦军队行进在佐治亚州中心地带40至60英里宽的区域上，几乎可以用"烧杀抢掠"四个字来形容：

"烧"就是烧掉一切具有战略意义的物质，包括军事设施和民用设施，这简直就是一种焦土政策。在佐治亚州首府米利奇维尔（Milledgeville），一位南方妇女路遇几名北方士兵，忍不住厌恶之情，当众啐了一口，士兵们二话没说，一把火把她家烧了。[5]

"杀"就是消灭一切敢于抵抗的武装人员，无论军人还是民兵。为了阻止谢尔曼大军，南军在路上埋设了地雷。谢尔曼的应对很简单，让南军俘虏走在部队前面，用身体去趟雷，[6]类似于《地雷战》里日本鬼子的阴招。

"抢"就是抢夺一切可资利用的军需。谢尔曼大军沿途"自由地、不加限制地向居民征缴"各种物品，有些部队组织了"打劫"小分队，被南方人称为"无赖部队"，专门"没收"南方人的食物和牲畜，3000多头活牛一路跟着大部队行进。

对于拥有庄园和奴隶的大户人家，北军士兵尤其不客气，能拿的拿，拿不到就抢。一位佐治亚妇女在1864年11月19日给友人的一封信中写道：

> 我的院子里到处是洋基佬，在熏制室、乳品室、食品室、厨房、地窖窜进窜出，就像一群饥饿的狼。熏制室里的几千磅肉瞬间就不翼而飞了，面粉、肉、猪油、黄油、鸡蛋、各种腌菜、红酒，还有广口瓶、水壶等都被抢走。我的18只肥火鸡、鸡、小猪就在院子里被当场打死。他们在我的后院拆掉围栏，带着东西，扬长而去。他们故意干些本不必要干的事，把房子都烧掉了。谢尔曼的人一来，让我损失了3万多元财物，这些东西昨天还属于我的。[7]

当部队来到佐治亚州邦联议员、大庄园主豪威尔·库勃（Howell Cobb）的家乡，士兵们看到奴隶们悲惨的生活状况，不禁义愤填膺，把庄园洗劫一空。

"掠"就是"掠走"奴隶主们的"私有财产"——奴隶。为了帮助黑奴与北军战俘逃跑，谢尔曼下令杀死沿途所有犬类，使南方人无法放狗追人。

顺便说一句，正为解放黑奴而战的谢尔曼，却是一个严重的种族歧视者，他从心底里看不起黑人，认为他们低人一等，坚决反对黑人参军。谢尔曼一路解放黑奴，却又不让被解放的黑人跟着部队走，有机会就把他们甩掉。

12月10日，经过24天跋涉，行军225英里，谢尔曼大军终于从"地洞"里钻了出来，"洞口"就是萨凡纳。萨凡纳守将是谢尔曼的老对手哈德将军。

谢尔曼首先进攻萨凡纳附近的要塞麦克埃利斯特堡（Fort McAllister），在联邦海军协助下，13日夺取要塞。

哈德将军准备死守萨凡纳，谢尔曼为了避免伤亡，没有直接进攻，采取了围城战术，他不相信萨凡纳比亚特兰大还要坚固。

哈德眼看大势已去，于21日晚上乘着夜色悄悄率部溜出萨凡纳，北渡萨凡纳河，进入南卡罗来纳州，一溜烟往北遁去。谢尔曼大军随后进入该城，缴获了许多重炮。

22日，谢尔曼给林肯发去胜利电报，并专门派出一艘轮船，捎上一份圣诞节厚礼：

> 我请求将萨凡纳作为圣诞礼物献给你，同时附上150门大炮、大量弹药，还有25000包棉花。[8]

南方大进军证明了谢尔曼不同凡常的军事能力。历史学家柏文·亚历山大在《南方怎样才能赢得战争》一书中说："在整个南北战争中，只有三个人——杰克逊、格兰特、谢尔曼——真正懂得灵活机动的运动战，其他所有将领，包括李将军在内，都未能跳出传统军事的桎梏。"

柏文比较了三个人的特点：杰克逊率先实践了运动战，取得了优异的战绩；格兰特虽然在维克斯堡战役中成功地运用了运动战，但在荒原之战和彼得斯堡之战中依然执着于阵地战；谢尔曼在南方大进军中天才般地实践了运动战，并且以此赢得了南北战争的最后胜利。[9]

二、激战田纳西

1

此时，在田纳西东部一带，虎德将军与托马斯将军激战正酣。

虎德的战斗意志不能不令人敬佩，尽管他的智谋似乎还有待提高。不知是否受到谢尔曼的启发，虎德突然产生了一个类似的作战计划：先在田纳西击败托马斯，然后挥师北上，跨过群山，直奔弗吉尼亚前线，加入到李将军的战斗中，一起击败格兰特，誓死捍卫邦联的独立。

在内战的后期，当南军失去了石墙杰克逊、阿尔伯特·约翰斯顿、浦克等骁将之后，能有一个虎德跳出来血战到底，实属难能可贵。不过，形势已今非昔比，虎德将军要实现壮志，还得先过托马斯将军这一关。

托马斯将军岂是等闲之辈，他也是内战后期顶呱呱的北军骁将，更何况托马斯的兵力超过虎德一倍以上。

11月底，托马斯将军派出他的得力干将俄亥俄兵团总指挥约翰·斯格菲尔德（John M. Schofield）将军率领三万大军迎战虎德。

斯格菲尔德在田纳西州哥伦比亚（Golumbia）附近的杜克河一带建立防守阵地。虎德不敢正面进攻，派出两个步兵军和一支骑兵部队绕到斯格菲尔德阵地后面发起进攻。

斯格菲尔德侦察到敌人的动静，派出两个师固守春山（Spring Hill）高地，把住防守的要隘。两军在春山以及富兰克林（Franklin）、纳什维尔一带交战。此役异常激烈，打得昏天黑地，南军的十几次疯狂冲锋都被打退，死伤极其惨重，损失7000多人，其中包括54名团级军官，两个月前接替哈德的克利伯恩少将等六名将领当场战死。北军损失了2000多人，斯格菲尔德随后回到纳什维尔，与托马斯会合。

2

接下来，北军内部发生了一个不和谐的小插曲。

托马斯在富兰克林之战中重创虎德，但他仍没有小觑虎德，唯恐困兽犹斗，失之万一。为了迎接下一场战斗，托马斯需要在人力、物力等方面做好准备，尤其是目前骑兵装备不足，无法为部队提供侧翼保护。[10]

作为联邦军总指挥，格兰特要求托马斯赶紧乘胜追击，一举消灭虎德的力量，以免其北窜肯塔基州或俄亥俄州，给弗吉尼亚前线造成麻烦。所以，他严令托马斯将军立即进攻，不得任何延误。

托马斯秉性刚直，不愿被随便呼来唤去，他对格兰特一直不太买账，格兰特千里之外遥控指挥，托马斯不吃这一套！他回复格兰特说，他现在急需骑兵部队的支持，在没有充足准备的情况下，部队不能轻举妄动。

格兰特连下几道"金牌"没有效果，也有点惹毛了。他一不做，二不休，断然决定换将，并向哈莱克作了通报。哈莱克不敢怠慢，马上向林肯报告。林肯感到非常吃惊，他一直对托马斯印象很好：一者托马斯在数次战役中表现突出，二者托马斯本是弗吉尼亚人，能够如此效忠联邦，实属难能可贵。林肯表示尊重格兰特的意见，但希望他慎重考虑，作出正确决定。[11]

格兰特已经完全失去了耐心。12月9日，他发出一道命令，解除托马斯指挥权，任命斯格菲尔德将军接替指挥。

正凑巧，时值天寒地冻，纳什维尔一带冰雪封路，北军确实无法行动。格兰特考虑到情有可原，决定收回成命，再静观几天。

几天过后，托马斯依然不见动静，格兰特简直怒发冲冠。12月13日，他电告正在田纳西州指挥部的洛根少将，让他亲自赶到托马斯那里，传达自己的命令：如果托马斯将军现在还没有出发，就当场解除他的军职；如果托马斯将军已经开始行动，那就收回成命。

洛根快马加鞭，在14日见到了托马斯，传达了格兰特的军令。

托马斯还是一脸镇静的样子，不紧不慢地说："我明天正要发起进攻呢。"

洛根也是机灵人，他笑了笑说："那好吧，我明天再向格兰特将军复命。"

12月15日，纳什维尔战役打响了，托马斯将军指挥五万大军向南军阵地发起进攻。托马斯要么不打，打起来真是相当凶猛。

此时，虎德将军也到了破釜沉舟的地步，他率领三万多人拼死抵抗。南军苦战了一天，居然顶住了北军所有的进攻。

当晚，林肯穿着睡袍，举着蜡烛，兴奋地读着前线战报。他给托马斯发去电报，祝贺他开启了一场重要的战役，要求他"尽快结束工作"。[12]

第二天，北军继续进攻。在重炮支援下，到中午时分，南军左翼阵地被撕开一个缺口。托马斯迅速投入重兵，扩大战果。南军渐渐支撑不住，终于全线溃败，士兵们纷纷夺路而逃，虎德含泪看着自己的部队彻底崩溃。

虎德惊魂之余，还想收拾残兵，但他悲伤地发现，在北军一路追赶之下，这支当年能征惯战的军队居然作鸟兽散。直到 10 天之后，才勉勉强强收拾起不到二万残兵。这次，虎德还算自知之明，主动向博雷加德将军请求解除军权，将纳什维尔之战的完败归咎于自己。

这场战斗南军损失人数说法不一。虎德自己报告说，损失不超过一万人；托马斯将军估计，南军至少损失了 13000 多人。北军损失没有超过 3000 人。此次战役基本上消灭了田纳西兵团的有生力量，南军在西线战场失去了战斗力。内战的主要战场只剩下弗吉尼亚和南方腹地了。

三、长驱直入

1

拿下萨凡纳之后，谢尔曼准备继续向北进军，直扑南卡罗来那州，准备消灭驻守在北卡罗来纳州的博雷加德，然后从背后拊击理士满。

从萨凡纳到北卡罗来纳州首府罗利（Raleigh），直线距离 270 英里，实际路程超过 400 英里，谢尔曼有信心再次横扫一切阻挡。

但是，格兰特却给谢尔曼下达了不同的指示，要求他立即在萨凡纳集结部队，从海上直接运送到弗吉尼亚，参加彼得斯堡、理士满一线的攻坚战。

谢尔曼接到命令，心里非常不爽。他没有想到格兰特会下这样的命令，完全打乱了自己的计划。他耐着性子，说服格兰特，让他继续向北进军，穿越南、北卡罗来那，摧毁一切军事设施，同样起到支援格兰特的作用。

谢尔曼抗拒格兰特命令的一个重要原因是，进军南卡罗来那州乃是他的一个夙愿。因为，南卡罗来那州是棉花王国的核心地区，是南方分离主义的策源地，也是内战最初的爆发地，谢尔曼打算让这个州的民众深切感受到战争的痛楚，既为了早日结束战争，也为了予以应有惩罚。

格兰特一开始坚持原来的命令，但他很快发现，事实上找不到那么多船只来运送谢尔曼大军，只好改变主意。12 月 27 日，格兰特批准了谢尔曼的请求。

1865 年 2 月 1 日，谢尔曼大军出发了，军锋直逼南卡罗来那。一开始，南军西线总指挥博雷加德将军对于谢尔曼入侵南卡罗来那州并未十分经心，因为这一带的南方人都知道，横亘在北军面前的是一片他们称之为"低地"的区域，这里沼泽密布，水系纵横，而且天阴多雨，根本不适应行军作战。

但是，北军凭借着顽强的毅力，开路搭桥，艰难前行。先锋部队用大斧砍下大片大片的树木，在沼泽中铺出一条"木路"。大军一天只能走十英里，有些士兵晚上没法在湿地睡觉，干脆栖身树枝。

就在谢尔曼进入南卡不久，一种说法在华盛顿传开了：谢尔曼立下不世之功，想要晋升中将军衔，与格兰特平起平坐，甚至想取代格兰特出任联邦军总指挥。

消息也传到了谢尔曼耳朵里：一份提议晋升他为中将军衔的议案已经提交国会。谢尔曼连忙给弟弟约翰·谢尔曼参议员写信，请他帮忙立即终止讨论这项议案。谢尔曼还写信给格兰特，表示自己愿意一直在他麾下作战，毫无别的念想。格兰特回了一封非常真诚的信，信中说：

> 我收到了你充满善意的来信，你在信中说反对晋升军衔。事实上，没有人比我更为你的晋升而感到高兴。假如你取代我的职务，我甘居下位，绝对不会改变你我之间的个人友谊。我将尽其所能地支持你，就像你一直来尽其所能地支持我，并且全力以赴地赢得我们的胜利。[13]

谢尔曼读到这封信，感动得几乎掉泪，他为拥有这样的上司、同袍和朋友而庆幸——啥都不用说了，就看咱实际行动吧！

2

此时的戴维斯总统，日子越来越不好过了，南方人对他的批评和指责已经铺天盖地：懒惰、无能、低效、愚笨、指挥不当、用人不察等罪名，就像一桶桶脏水，一股脑泼过来。《查尔斯顿信使报》连篇累牍地攻击，成为批评戴维斯总统的急先锋，以至于戴维斯夫人恨恨地对人说："我憎恨《查尔斯顿信使报》主编，超过憎恨任何一个共和党人。"[14]

与林肯的阁僚相比，戴维斯的内阁成员在政治能力上似乎略逊一筹，这使得戴维斯总统常处在一个人唱独角戏的尴尬境地。现在，邦联事业已经岌岌可危，戴维斯总统必须采取最后的措施扭转败局。

2月6日，在戴维斯提议下，邦联国会任命李将军为全军总指挥，统一指挥"全国"战场。这算是戴维斯总统的最后一张王牌了。历史学家评论说：可惜的是，这个决定没能早点作出！

作为最高指挥官，李将军上任后首先要关心南方的战事，他指示博雷加德将军顶住谢尔曼的长驱直入。然而他却得到了一连串坏消息：谢尔曼正以一往无前的勇气贯穿南卡罗来那，并且再次祭出他在佐治亚的老办法，对南卡罗来那痛下毒手，极尽破坏和劫掠之能事。

2月17日，博雷加德被迫放弃南卡罗来那州首府哥伦比亚（Columbia），撤退到北部的切斯特维尔（Chesterville）。北军进城之后，堆积在城内街道上成捆成捆的棉花包被点燃，引发了城内的一场大火，烧掉了半个城市。至于这场大火究竟是谁点燃的，双方推来推去，谁也说不清楚。

20日，大军继续北上，留下了一个满目疮痍的废都。正如谢尔曼自己所说："哥伦比亚已被蹂躏至尽。"就在同一天，萨姆特堡向联邦海军投降了。查尔斯顿在被南军弃守数日后，也落入到北军手里。22日，更大的噩耗传来：北军兵锋已经进入北卡罗来那州，并且顺利拿下了港口重镇威尔明顿（Wilmingdon）。

李将军对博雷加德的不战而退感到震怒，下令免去其职务。谁来接替呢？还能有谁呢——只能是约瑟夫·约翰斯顿。23日，李将军任命约翰斯顿为南、北卡罗来那邦联军总指挥，要求他全力阻止谢尔曼北上。

自开战以来，约翰斯顿自己都数不清几起几落，被折腾得够呛。他感觉从未得到戴维斯总统的信任，一肚子的怨气。邦联国会的朋友也替他鸣不平，公开说："我们原以为这是一场为独立而战的斗争，现在却变成了总统与约瑟夫·约翰斯顿之间的战斗。"

大敌当前，约翰斯顿再次披挂上阵，准备作最后一搏。他从各地抽调兵力，组织起20000多人的部队，开始全力反扑。他暗中酝酿了一个计划：一面尽量拖住谢尔曼，消耗他的有生力量；一面悄悄约请李将军撤下格兰特，快速率部南下，合力围歼谢尔曼，再一同北上迎战格兰特。[15]

然而，要拖住谢尔曼谈何容易！ 3月3日，北军抵达北卡罗来那州的奇罗（Cheraw），缴获大量军需品，包括八车好酒。

3月10日，约翰斯顿指挥南军骑兵部队，突袭北军营地，结果先胜后败，损失了1500多人。

3月15日，两军又发生小规模交战，南军且战且退，北军一路跟进，很快抵达北卡罗来纳中部重镇戈尔兹伯勒（Goldsboro）。此时，约翰斯顿已经退无可退，只能组织一场绝地反击。

3

谢尔曼的八万大军是兵分两路、齐头并进的，分别由斯勒卡姆少将和霍华德少将率领，之间保持大约半天左右的路程。约翰斯顿想利用这一弱点，集中优势兵力，发起突然袭击，消灭其中一路。

3月19日，约翰斯顿将军在本顿维尔（Bentonville）一带组织起21000人的部队，策划了一次大规模的伏击战。这是西线南军的最后一次反扑，胜败在此一举。

斯勒卡姆少将的左路军进入南军伏击圈，遭到突然攻击。当下，两军展开激战厮杀。南军表现神勇，约翰斯顿、博雷加德、哈德、布拉格、D.H·希尔、汉普顿等倾巢出动，悉数上阵，有的正面迎敌，有的侧翼包抄，有的亲冒白刃，有的领军掩杀，双方苦战一天，难分胜负。

20日，霍华德的部分援兵赶来增援，双方继续展开恶战。一直打到21日上午，战况依然胶着。

这时，谢尔曼帐下闪出一员骁将，自告奋勇，愿亲率精壮敢死队突击敌阵。众人定睛一看，乃是第20军军长约瑟夫·毛维尔（Joseph Mower）少将。此人年方38岁，英勇善战，人称"斗士乔"，大有"虎克第二"之意，被谢尔曼称为"最无畏的战将"。谢尔曼见状大喜，马上命令炮兵部队配合行动。

21 日中午时分，毛维尔少将率军发起突击，经过激烈战斗，在南军阵地的最左端冲破一个口子。20 军将士蜂拥而上，杀入敌阵一英里，一直打到本顿维尔和密尔溪（Mill Creek）一线，在南军防线上打入一个深深的楔子。

约翰斯顿看到毛维尔勇猛突进，生怕被切断后路，形成合围，只好下令全线撤退。这一仗，南军损兵折将 2600 多人，哈德将军失去了年仅 16 岁的儿子维力（Willie Hardee）。北军损失了 1600 多人。

谢尔曼见好就收，主动将毛维尔少将召回，听任南军撤退。在后来的回忆录中，谢尔曼承认这是一个失误，失去了一次消灭约翰斯顿的机会。好在戈尔兹伯勒战役已经是约翰斯顿内战生涯的最后一次回光返照了。

3 月 25 日，谢尔曼把大军留在北卡罗来那，自己先乘火车、再搭汽船，径直北上弗吉尼亚，去见格兰特将军，向老朋友讲述这五十五天时间里，他在南方腹地长驱直入 425 英里的生动故事。

3 月 28 日，林肯总统与格兰特中将、谢尔曼少将、波特海军上将在弗吉尼亚州城点附近一艘名叫"水上女王"的汽船上见面，四个人促膝交谈，商量最后结束战争的事宜。

会谈中，林肯阐述了他对战后南北和解的基本想法，那就是结束仇视、相互宽容，让南方人尽快回归到联邦。谢尔曼后来回忆说，当时林肯明确表示，如果南方人放下武器，归顺联邦，就应该无条件地欢迎他们的回归。谢尔曼还写道："这是我最后一次见到林肯，在我遇到的所有人中，他比任何人拥有更多伟大、善良的品质。"[16]

这次会谈后仅仅半个月，林肯就遇刺身亡了。尽管林肯未能亲手实施他的南方重建计划，但他在这次会谈中表达的意愿，被两个最崇敬他的得力干将——格兰特与谢尔曼——较为妥善地贯彻在日后的重建实践中。

第十三章

通往胜利之路

一、春天的脚步

1

1865 年 3 月，北美大陆春天的脚步已经隐隐传来，原野上随处可见的各色花朵，透出了大地上的点点生机。

3 月 4 日，华盛顿天气晴朗，金色的阳光洒在新落成的国会大厦穹顶，顶上一手持利剑、一手持花环的自由女神像显得熠熠生辉。大厦前，人头攒动，群情激奋，等待着一个重要时刻的到来。

林肯衣着整齐，与夫人一起乘坐马车，穿过宾夕法尼亚大街，前往国会大厦出席自己的第二任总统就职仪式。

林肯坐在马车里，回想起这段时间发生的一件件事情，心情既放松，又愉悦。

就在前一天，他签署了一项法令，在战争部下设"自由民局"，职能是保护被解放的黑人自由民的权益，为他们提供生活、工作和教育保障。

现在，内战局势基本明朗，南方人感觉到大势已去，叛乱者失去了原先的斗志。一个多月前，邦联副总统亚历山大·斯蒂芬斯托人向林肯递信，愿意接受和谈。林肯来者不拒，派人到理士满去了解情况。他甚至还在 2 月 3 日亲自到弗吉尼亚，在一艘汽船上会见了南方派来的代表，尽管双方最后没有谈拢。

林肯现在最关注的是战争结束后南北和解、南方善后与重建的问题，这些工作困难重重，但他有信心与全国人民一起，共同创建一个获得自由新生的国度。

更让林肯高兴的是，在自己的全力推动下，经过数月努力，国会终于在1月31日通过了宪法《第十三修正案》，规定"苦役或强迫劳役，除用于惩罚依法判刑的罪犯之外，不得在合众国境内或合众国管辖之任何地方存在"。这是正式以宪法形式在全国范围内终结了奴隶制度。这项修正案将在年底前生效，届时美国将永远告别奴隶制。拍摄于2012年好莱坞电影《林肯》对《第十三修正案》的通过作了生动的描述。

为了使《第十三修正案》顺利通过，国务卿西沃德在部分议员中做了大量工作，甚至采取了行贿等不太光彩手段。林肯想到这里，脸上露出了狡黠的微笑。西沃德这样做，也是迫不得已，修正案的通过极大提升了这场内战的价值，让无数逝去的鲜血和生命彰显出更加深远的意义。当然，林肯自己问心无愧，他本人没有参与任何不太光彩的行为。[1]

林肯又回想起四年前，他第一次出席就职仪式的情形，时值国家烽火乍

林肯总统第二次就职演讲，摄于1865年3月4日

　　　　　　　　　　　　　　　　　　　　　　自由的新生

起，前途茫茫；自己临危受命，忐忑不安。为了安抚民心，为了表白心声，他不得不作了一个长篇大论。今天的境况可谓天壤之别，这次就职演说不必再滔滔不绝了。

林肯走下马车，穿过人群，来到国会大厦东门廊的前台，第十七届总统就职仪式正式开始，他的"老冤家"首席大法官蔡斯主持宣誓仪式。

2

林肯作了一个相当简短的演讲，如怨如慕，如泣如诉，以真诚情怀和感人话语，对这场内战的原因、性质和意义作了准确而生动的总结，对未来国家重建提出了自己的愿景。

首先，林肯毫不忌讳地指出，黑人奴隶问题是这场内战的原因，点破了以前大家心里明白却不愿公开承认的事实。

> 全国人口中有八分之一是黑人奴隶，……他们的存在有着特殊而巨大的利益。大家知道，这种权益是导致这场战争的原因。[2]

其次，林肯明确指出了这场战争的是非曲直：虽然双方都自称为自由而战，并祈求上帝的支持，但交战双方毕竟有正义与非正义之分。尽管林肯避免用激烈、显白的言辞刺激南方人，但他借助于基督教的神学原理，还是婉转而有力地阐明了孰是孰非的问题。他说：

> 双方读着同一部《圣经》，祈祷同一个上帝；每一方都祈求上帝帮助己方，反对他方。……全能的上帝有他自己的目标。……如果我们把美国的奴隶制当成是上帝必定要降给我们的灾祸，这灾祸已经到了上帝指定期限，他现在要免去这场灾祸了；他把这场可怕的战争降给南北双方，是要惩罚那些带来灾祸的人；我们这些与所有基督徒一样笃信上帝的人，难道从中看不出任何有悖于神性之处吗？[3]

第三，林肯再次表达了将战争进行到底的决心，战争毕竟还没有结束，林肯必须重申"不达目的誓不罢休"的坚定态度，不给南方人留下任何幻想。他说：

林肯总统任内的最后一张照片，摄于1865年2月

我们衷心地希望、热情地祈祷，这场可怕的战争灾祸很快结束。然而，如果上帝一定要让它继续下去，直到被奴役者通过250年无偿劳动所积累起来的财富化为乌有，直到用鞭子抽出的每一滴血都要用刀剑刺出的另一滴血来偿还，我们仍将如三千年前人们所说："主的审判是真实而公正的"。[4]

第四，林肯对当下和未来的事业提出了自己的希望和要求——那就是重新建立人与人之间的和平与安宁。他说：

我们对任何人不怀恶意，对所有人宽大为怀，坚定地行使上帝赋予我们判断正义的权利。让我们继续努力，完成我们正在进行的事业，包扎起国家的伤口，关心那些苦战沙场的人，照顾烈士的遗孀和孤儿，竭尽全力争取在我们自己之间，以及我们与各国之间公正而持久的和平。[5]

林肯的好朋友、著名的黑人民权斗士弗雷德里克·道格拉斯听完林肯的演讲，激动地对林肯说："总统先生，这是一篇神圣的杰作。"的确，这是一篇短小精悍的伟大杰作，文辞优美，意义深刻，至今为止还没有哪一位美国总统的就职演讲可与之媲美。

自由的新生

当和平大局已定、新的自由国度即将拉开序幕之际，林肯把他四年多来、乃至从政以来一直深藏内心，不敢说、不便说的话，用最优美、最动情、最简洁的词语，沛然如注地倾诉出来，把一个真诚、温润、博爱的亚伯拉罕·林肯最后一次展现在公众面前。这场就职演说，事实上就是林肯告别美国人民的政治遗言，也是林肯留给世界上曾经发生、正在发生、或将发生流血内战的人类同胞们的临终赠言。

二、最后一搏

1

此时，从弗吉尼亚山区吹来的寒风依然凛冽，继续考验着理士满郊外两军战士的意志力。

彼得斯堡围困战继续僵持着，似乎看不出马上结束的征兆。士兵们躲在一排排尖刺鹿砦后面的堑壕里，似乎在比拼谁的耐力更强。每天都有一批士兵"淘汰出局"，被抬到阵地后面，草草掩埋于荒岭杂草之间。

格兰特的战术就是不断增兵，南军被迫将理士满与彼得斯堡之间的防线不断延长，从彼得斯堡向西一直延绵了30英里，整条战线长达53英里。南军有限的兵力防守已非捉襟见肘，而是剜肉补疮了。李将军心里清楚，随着战线越拉越长，这条脆弱的细线迟早会断裂。但李将军依然没有放弃信心，他竭尽全力排兵布阵，把住整条战线的每个要隘。

此时，南方民众生活艰难，厌战情绪四处蔓延，许多人似乎要放弃最后的努力。通货膨胀、物价飞涨，让政府陷入绝境，百姓叫苦不迭。根据历史学家查尔斯·比尔德在《美国简史》一书中的说法，当时牛肉卖到6美元一磅，柴火5美元一捆。[6] 另据历史学家詹姆斯·亚当斯在《美国悲剧》一书中说，涨价最厉害的当属面粉，1864年新年之际是200美元一桶，6月涨到500美元，圣诞节时涨到700美元，几周后又涨到1000美元，到1865年3月居然涨到了1500美元，再到后来用邦联货币根本就买不到了。[7] 更夸张的是历史学家伍德瓦德在《新美国历史》一书中的说法，"邦联的货币在大街上被风吹着满地乱跑，都没有人弯腰去捡"。[8]

物资短缺成为南方人生活的常态。如果说生活在农村的人们还能勉强维持，生活在城里就难上加难了。家庭妇女们不得不想出各种招数维持生计，历史学家布鲁斯·凯顿感慨道："内战改变了美国妇女的性格，使她们从原来不辨菽麦的淑女，变成了独立自主的人。"小说《飘》、电影《冷山》的女主人公都是如此。一场战争改变了一个性别群体的社会性格，这在人类历史上还是不多见的。美国女权主义的发轫也与此不无关系。

前线与后方总是息息相关的。后方百姓的生活困苦直接影响到前线战士的士气，约翰斯顿将军无奈地抱怨说：

> 等到邦联货币变得一文不值时，那些结了婚的士兵就不得不在军队责任与家庭责任之间做出选择——他们对妻子和孩子都有很强烈的责任感。[9]

到谢尔曼大进军的时候，前线的南军士兵总是为家庭亲人牵肠挂肚，这仗还怎么打？在戴维·唐纳德主编的《北方为何赢得战争》一书中，历史学家理查德·克伦特认为，南方失败的第一位原因是后方的生活状况，而非前线的战事。

2

李将军深感局势危急，也理解人们的沮丧心情。然而，李将军毕竟是李将军，此时此刻，就在举国悲怆之际，他并没有绝望。

李将军心中正在酝酿一个重大的军事计划，如果运气好的话，这个计划有可能力挽狂澜，一扫眼下战局的乌云。

计划很简单：李将军率部设法从彼得斯堡、理士满一线悄然撤出，以最快的速度挥军南下，与约翰斯顿的部队会合，以迅雷不及掩耳之势，猛烈打击谢尔曼，争取一举击溃北军；然后两支部队合兵一处，再掉头北进，与格兰特的部队决一死战。如果一切顺利的话，有可能重创敌军，从而挽救整个战局。[10] 这就是绝境中的李将军正在盘算的偷天奇计。

李将军清楚，要实现这个计谋，至少需要四个条件。

首先，北弗吉尼亚兵团要顺利从理士满前线突围、后撤，不至于在撤退途中遭受重大打击。

第二，撤出前线之后，要尽快摆脱格兰特的追击，在最短时间内与约翰斯顿会师。

第三，两支会合的南军要确保尽快一战击败谢尔曼。

第四，击败谢尔曼之后，南军立马回师迎战格兰特，要保证战之能胜。

李将军深知，这些条件实际上很难具备，与其说是作战计划，还不如说是纸上谈兵。不过，除此之外还能做什么呢？李将军发誓要赌一把，就算是死马当作活马医吧。

应该说，李将军这一计划，本身还是可行的。问题是现在为时已晚了。如果在格兰特刚刚开始侵入弗吉尼亚之时，李将军就实施这样的计谋，不惜主动放弃理士满，率兵撤退到南方，集中力量先消灭谢尔曼，再回过头来迎战格兰特，鹿死谁手，真的尚未可知！

有人可能会说，这只是李将军的如意算盘，格兰特又不是傻瓜，难道不会跟踪追击，咬住不放吗？

历史学家柏文·亚历山大在《南方人如何才能取胜》一书中回答了这个疑问。他认为，如果李将军主动南撤，格兰特恐怕很难咬住不放。这是因为，格兰特大军深入南方腹地，需要依靠铁路运输线，李将军完全可以沿途破坏铁路线，同时坚壁清野，骚扰和阻断北军供应线，决不会让格兰特舒舒服服进入南方。

柏文又说，就算李将军消灭不了谢尔曼，而且格兰特成功地蹑足而至，李将军至少可以保存一支或几支数万人的机动部队，在佐治亚和南、北卡罗来纳一带与之周旋；必要的时候，还可以策应密西西比河西岸的邦联部队，打一场持久的游击战争，运气好的话重创一、两支联邦部队，逼迫南北议和，实现邦联独立。[11] 换句话说，李将军本可以学一学中国南明的朱由崧，跑到南方"打游击"，依靠南方人民的大力支持，继续坚持战斗。

格兰特最担心的正是这一招。历史学家查尔斯·富勒德在《格兰特与谢尔曼》一书中说，格兰特深知，李将军完全可以做自己在冷港之战后对李将军所做的事——一夜之间撤出战场，直奔南方与约翰斯顿会合。格兰特在1865年3月这样写道：

> 我每天早晨醒来，都担心李将军突然宵遁了，只留下空无一人的战壕。他们更加机动灵活，一旦挥军南下，我们不一定马上赶得上。这样，我们就不得不在南方与他们再次交战，战争的时间又会延长一年。[12]

看来，经过近一年的交手，格兰特与李将军已经知己知彼。

3

实现这个奇计，需要有足够的兵力。李将军现在最缺的就是兵源。南方人口一共900万左右，其中400万黑人被排除兵役之外，500万白人中，除了女的、老的、小的，能打仗的适龄男子差不多都上阵了。从1864年2月开始，邦联政府将征兵入伍的年龄放宽到17岁至50岁，但南军兵力依然不到北军的三分之一。

仗打到这个份上，南方军队也出现了不少逃兵。电影《冷山》讲的就是一个曾经勇敢作战的南军逃兵返回家乡的故事。内战期间，联邦士兵每七个人中有一个逃兵，邦联士兵每九个人中有一个逃兵，邦联士兵逃亡，主要集中在战争后期。[13]

眼下北军部队越打越多，如今东线部队已达到12万5千人；南军则越打越少，东线部队只剩下3万5千人。李将军想来想去，补充兵员只有一个办法——招收黑人士兵。

事实上，早在1863年12月，南军田纳西兵团的爱尔兰裔少将帕特里克·克利伯恩就提出了征召黑人士兵的建议书，有一位师长、四位旅长和十位团长在建议书上签了字。1864年1月，克利伯恩找到约翰斯顿和哈德将军，当场将建议书大声朗读了一遍。约翰斯顿迫于邦联战争部长的明确指令，驳

自由的新生

回了克利伯恩的建议书。当年 11 月，克利伯恩死于富兰克林战役，这事儿就被搁置了。[14]

1865 年 1 月，邦联议会专门为招收黑人士兵进行了讨论，大多数人表示反对，邦联议员豪威尔·库勃说了句很有代表性的话："如果奴隶能够成为好士兵，我们关于奴隶制的所有理论全都错了！"[15]

"理论"需要面对现实。为了邦联的大局，戴维斯总统同意了李将军的建议，在 3 月签署了《黑人士兵法》，同意征召黑奴入伍，黑奴的赎身费用由政府买单。当时南方的黑人征兵广告是这样说的："去战斗吧，你将获得自由！"

于是，在 1865 年春天将至的时候，一条爆炸性新闻在华盛顿传开了：南方军队开始招收黑人士兵，只要得到主人和州政府的同意，黑人一入伍即可获得自由。

对于一贯坚持奴隶制的邦联政府来说，这真是一个莫大的嘲讽。当然，嘲讽之余，更具有颠覆性的意义。

从政治角度讲，黑人一旦参军就拥有一定的自由，甚至是完全的自由。这就引出一个法理问题：如果有一部分黑奴可以通过某种方式获得自由，那么其他黑奴也应可以通过一定的方式获得自由。换句话说，黑奴获得自由并不是不可能的，南方的奴隶制也不是不能改变的。

另外，从种族的角度讲，南方白人一向认为黑人低人一等，不配做自由公民，然而军人是一种崇高的身份，一名出色的军人意味着合格的公民。所以，黑人参军就是对白人种族主义者一记响亮的耳光。

于是，在美国内战行将结束之际，南方人对于引起内战的重要问题——黑人的自由与平等——无意间作出了颠覆性的回答。

可惜的是，南方人此举为时已晚！如果南方人也像北方人一样，在 1863 年就开始征召黑人士兵，战局不一定是现在这个样子。如今战争已近尾声，再来做这件事，"黄花菜都凉了"。

人逼急了真是什么事都敢想敢做。这时，邦联国务卿朱达·本杰明（Judah Philip Benjamin）又提出了一个"惊世骇俗"的新点子：邦联主动废除奴隶制，换得英国和法国的承认，争取国际援助！这又是一个"迟到"的金点子，如果早两年实施，或许真能管用，现在邦联已经日薄西山、气息奄奄，哪个欧洲国家会替它"垫背"？

4

春风吹拂着弗吉尼亚大地，泥泞湿滑的道路逐渐坚实，李将军感到最后的时机来临了，他打算在北军阵地中央发起一次猛攻，摆出一副切断北军铁路线的姿态，诱使格兰特把部队拉出来，去防守后勤运输线，南军乘机向南突围，直奔北卡罗来那，与约翰斯顿会合。

3月25日夜间，北弗吉尼亚兵团发起了最后一次进攻。率队的是李将军麾下33岁的约翰·戈登将军。战争后期，李将军手下大将死的死、伤的伤、病的病，戈登就仿佛是年轻的"姜维"，唯一可以指望的大将。

"大漠风尘日色昏，红旗半卷出辕门"。戈登少将横眉瞋目，提刀上马，率领一彪人马杀出大营，直扑北军阵地。南军将士视死如归，勇往直前，经过激烈战斗，竟然攻下了异常坚固的斯特德曼堡垒（Stedman Fort）。戈登雄姿勃发，挥刀狂呼，又率领士兵杀向铁路线，攻占了大片北军阵地，还抓到了不少俘虏。可惜，这是南军最后一次耀眼夺目的回光返照。

就在此时，北军炮兵发威了，南军遭到强大炮火逆袭，血肉横飞，尸横遍野，不得不败退下来，2300多人当了俘虏。中午时分，戈登率领残兵退回己方阵地。李将军的计划落空，现在轮到格兰特还手了。

3月29日，格兰特派出两个军向南军西面阵地发起进攻，紧接着又有三个师投入战斗。

与此同时，谢里登率领12000名骑兵，朝西南方向实行快速包抄，准备攻占五岔口（Five Forks）的铁路枢纽，彻底切断守军交通线。格兰特判断，李将军为了保护铁路线，必定会抽调重兵支援，北军乘机全面攻取南军阵地。

果然，李将军不愿丢掉这个交通命脉，不惜血本，殊死一战。他命令匹克特将军指挥两个师及安德森将军的一个军，迅速赶往五岔口。李将军给匹克特的命令是"不惜一切代价守住五岔口"。

谢里登看到敌人重兵扑来，连忙向格兰特求援，格兰特又派出一个军驰援。

4月1日，两支大军在五岔口展开激战。匹克特这位葛底斯堡的败将，已然失去了早年的光彩，他惊慌失措，指挥无方，在谢里登优势兵力的冲击下，南军士兵们无心恋战，失去了斗志。

李将军知道，这一仗将决定最后胜负。他提心吊胆等了一整天，到傍晚时分，总算得到匹克特的消息：战斗结束了，南军人马四散溃逃，5000多人做了俘虏，邦联最后的希望破灭了。

五岔口之战将李将军整条防线的右翼掏空，仿佛被砍掉了半个身子。格兰特明白，趁热打铁的时候到了！他马上部署兵力，准备第二天发起总攻。

5

此时，A. P. 希尔将军正患重病。4月1日，获知匹克特在五岔口被击溃，A. P. 希尔知道大限到了，他硬撑着从床上爬起来，抱病骑马，亲临前线查看阵地，准备作最后决战。

当晚，A. P. 希尔又来到李将军的指挥部，他看到李将军和衣斜靠在床上，神情疲惫，两人没有多说什么。不一会儿，朗斯崔特也来了，他略显兴奋地告诉大家，他的后援部队正在赶来途中。三位并肩作战四年整的战友摊开军用地图，最后一次研究战情。

突然，李将军的一名参谋撞进门来，气喘吁吁地说，发现大量敌军正在朝彼得斯堡这边调动，看来敌人有重大行动。李将军赶紧摔门而出，跑到高处观察，果然看到北军阵地黑影攒动，人喊马嘶。李将军判断，北军即将发起全面进攻，他连忙回到自己的营帐，想与 A. P. 希尔和朗斯崔特商议对策，发现两人已经离去，赶回各自的防区了。

4月2日，星期天。4点45分，东方第一缕阳光刚刚出现，格兰特命令部队发起全线进攻。缺失了右翼的南军阵地就像断了翅膀的鸟儿，只能扑棱扑棱地挣扎，完全失去往日的雄姿，许多南军主动放弃了阵地，向南撤退。这场战斗真可用"摧枯拉朽"一词来形容，不到几个小时，南军整个防线几乎就土崩瓦解。

当然，也有一些南军士兵死守阵地。在马洪堡垒（Fort Mahone），北军士兵已经占据了全部表面阵地，南军士兵躲在地下掩体里殊死顽抗，直到被逐一消灭。在格里格堡垒（Fort Gregg），南军士兵一面叫喊"决不向该死的'洋基佬'投降"，一面相互射击，集体自杀。到中午时分，格里格堡垒被最后攻破。[16]

此时，李将军的大队人马都已经撤离。临行前，李将军电告戴维斯总统，他已经守不住理士满城郊，正率军撤退，希望戴维斯总统在今晚之前火速撤离。

A. P. 希尔的阵地不到一个小时就被攻破。A. P. 希尔身先士卒，亲自作战，乱战中还捉住了两名俘虏。无奈手下部队很快打散了，他与警卫员骑马撤退，来到一片树林。突然，迎面遇到两名北军步兵，他们端着步枪，惊异地看着 A. P. 希尔。

A. P. 希尔似乎还想抓一次俘虏，他纵马冲了过去，警卫员连忙拍马跟上，举着科尔特左轮手枪高声叫喊："不许动，你们敢开枪，就送你们进地狱！我们的人在这里，赶紧投降！"

A. P. 希尔也举枪喊道："投降！投降！"

这两个宾夕法尼亚州第 138 团的北军士兵根本不买账，同时举枪射击，只听"啪、啪"两声，第一颗子弹从前面的警卫员身边划过，第二颗子弹直接射中了 A. P. 希尔，先是打断了他的左手拇指，然后穿入头部，贯通而过。A. P. 希尔一下子从马上摔下来——应该不会感觉到任何痛楚——当场就死了。[17]

这成全了 A. P. 希尔的心愿：他早就说过，不想活着看到邦联的瓦解。

当李将军得到 A. P. 希尔被打死的消息，泪水从他的脸上流下。他沉默了一会儿，说："他现在解脱了，我们活着的还要继续承受。"[18]

是的，李将军还得承受最后的痛苦。当晚，南军放弃了彼得斯堡和理士满。晚上 11 点，戴维斯总统率领邦联内阁成员乘火车退往南方。他原打算继续坚持战斗，无奈手下的阁僚纷纷作鸟兽散，剩下他只身逃亡。

李将军把夫人留在理士满，自己率领 30000 多残兵败将南撤，他想去北卡罗来那州，与约翰斯顿的部队会合。

4月3日上午8点半，北军拿下理士满。根据罗伯特·罗德斯（Robert Hunt Rhodes）为曾祖父艾利沙·罗德斯（Elisha Hunt Rhodes）编辑的《一切为了联邦：艾利沙·罗德斯内战日记与信件》一书，艾利沙·罗德斯上校当天在日记中写道：

> 今天上午，爱德华将军命令马萨诸塞州第37步兵团进入彼得斯堡，发现敌人已在夜里弃城而走。多么令人高兴啊！市长向爱德华将军交出了彼得斯堡的钥匙。部队随后向林奇堡方向追击敌人。我们听说理士满也被放弃了，而且还在起火燃烧。烧吧，烧吧，我们不想要它！我们正在追赶李将军，我们马上就要抓到他了！[19]

林肯按捺不住心头的喜悦，这场为期九个月的彼得斯堡围困战终于画上句号，这场为期四年的美国内战也即将落下帷幕。

当日，林肯总统亲自来到彼得斯堡前线，会见格兰特将军，要求他"宜将剩勇追穷寇"，紧紧咬住李将军不放。随后，林肯乘坐军舰前往理士满，

邦联军队撤离彼得斯堡时破坏的军事装备，摄于1865年4月

他对波特海军上将说："感谢上帝，我能够活着看到这一切！我好像做了四年可怕的梦，现在噩梦即将过去，我终于可以看到理士满了。"[20]

三、阿波马托克斯会谈

1

格兰特命令谢里登率领精锐骑兵，马不停蹄地追击李将军。李将军本想撤向南方，但在北军围追堵截下，被逼向西撤退，退向阿波马托克斯河。

4月6日，在赛拉溪（Sayler Creek）附近，谢里登的骑兵终于撵上了南军殿后部队，经过激烈交战，再次重创南军，俘获了10000多名南军，包括六名将官，其中有李将军的大儿子卡斯蒂斯·李（Custis Lee）少将。

李将军拖着残部，还想渡过阿波马托克斯河，转到雪兰多山区，继续负隅顽抗。但是，格兰特抢先一步派了1200人赶到阿波马托克斯河边，摧毁了河上最重要的一座铁路桥梁——高桥（High Bridge），阻断了南军的唯一通路，迫使李将军止步于河边。

4月7日，就在李将军山穷水尽、走投无路的时候，他收到了格兰特送来的一封信，信上说：

> 过去一周的结果想必让你相信，抵抗已无希望。我深信这一点并且认为我有责任要求你率领北弗吉尼亚兵团所部投降，以避免更多的流血。[21]

李将军并不打算投降，对于这个具有强烈自尊心的弗吉尼亚军人来说，"投降"二字实在难以启齿。他对一名部下说："我宁愿死掉一百次，也不愿率部投降。"当然，李将军也知道，继续战斗已无意义。他希望能以一种停战议和而不是投降的方式结束这场战事。李将军脑子大概有点糊涂了，他忘记了面对的是"无条件投降将军"格兰特。

当天夜里，李将军把朗斯崔特、戈登、菲茨休·李请到军帐，研究最后的抉择。大家商量了一阵，还是不愿投降，决定冒险突围，时间定在9日早晨，骑兵在前，步兵在后，奋力杀出一条血路。

会议结束前，李将军补充了一句：如果突围不成功，就选择"和谈"。众将点头同意。

当晚，李将军提笔给格兰特回信。信中说，希望与格兰特在两军阵前举行一次面对面的和谈，讨论结束战斗的方式。[22]

格兰特读了信，不禁冷笑。仗打到这个份上，手下败将还在讨价还价，真叫执迷不悟。不过，格兰特还是很给面子，在回信中说，他没有权力与李将军和谈，只能接受无条件投降。[23]

李将军真想拼个鱼死网破，但顾念到手下20000多将士的性命，还是厚着脸皮再次写信，重申了和谈的要求。但他得到的回复是，格兰特已经离开军营了。

格兰特没有离开，他正在部署兵力——既然不肯投降，只有战场解决了。4月8日，北军各路人马已经排好战斗阵形，将南军团团围住，只等米德将军一声令下，向北弗吉尼亚兵团发起最后攻击。

双方士兵都在焦急地等待。

中午时分，从南军阵地跑来一名骑兵，手里举着一面白旗，他向北军传达了李将军投降的意愿，并希望与格兰特当面商议投降细节。格兰特欣然同意，地点由李将军挑选。

李将军把挑选地点的任务交给了副官查尔斯·马歇尔（Charles Marshall）上校。马歇尔纵马来到附近的阿波马托克斯场院（Appomattox Court House），探寻合适的场地。当他策马走在阿波马托克斯大街时，迎面碰到一个路人，马歇尔一磕马镫，上前欠身询问。

来人名叫威尔默·麦克林（Wilmer McLean），是当地居民。麦克林先生以前一直住在曼那萨斯，第一次公牛道战役中，几发炮弹炸毁了他家的后院，把全家吓了个半死。为了躲避战火，麦克林先生举家搬迁到阿波马托克斯场院来住。

麦克林先生听说两军和谈，爽快地答应马歇尔上校，可以借用他家的房子。马歇尔上校大喜，转身回去复命了。

不一会，李将军带着一队人马来到了麦克林的家。麦克林原本只想出借他的后屋，但李将军看了之后，认为后屋太狭小，不够庄重。麦克林只好带他们到前厅，李将军看了看，感觉挺满意。

2

自内战结束以来，美国人一直对李将军与格兰特的阿波马托克斯会谈津津乐道。许多美国内战史的书籍，都会描写这个历史性的场景。

有关阿波马托克斯会谈的资料主要有两个来源：一是贺拉斯·波特（Horace Porter）的内战回忆文章，波特上校是格兰特的军事助理，与格兰特一起来到阿波马托克斯，亲历了会谈的全过程，他详细记录了李将军与格兰特在这间屋子里的会谈情况，应该是比较靠谱的。[24] 二是格兰特本人的回忆录，描述得也比较详细。对比两种材料，总体上是一致的。

李将军到达半小时后，格兰特带着手下人马也来到麦克林的房前。格兰特下马后，看到李将军的战马"旅行者"系在门口树下。当他走进房间时，李将军马上站起来，迎上前去握手。格兰特与李将军坐下之后，两位墨西哥战争的战友彬彬有礼地寒暄起当年的往事。

格兰特先开口，他对李将军说："我以前曾见过您，李将军，那是在墨西哥战争期间，有一次您从司各特将军的司令部到卡尔兰德旅，我当时就在这个旅。我一直记得您当时的形象，我想我无论在哪儿都能认出您。"[25] 格兰特生于1822年，李将军生于1807年，格兰特比李将军小十五岁，特意表达出几分恭维与敬意。

"是的"，李将军回答说，"我记得我当时见过您，而且常常想起，试图回忆尊容，但我一点都想不起来了。"[26] 李将军这话略显傲慢，不过也是实话。在墨西哥战争期间，李上尉是司各特将军的"红人"，而格兰特只是一名普通的骑兵中尉。[27] 再说，李上尉出身名将世家，大概不会对草根的格兰特中尉特别关注。

格兰特对李将军过目不忘，还有一个重要原因：李将军是内战众将中形象最佳的人物。李将军身高六英尺，相貌堂堂，器宇轩昂，气质儒雅，风格秀整，整个就是"高富帅"，难怪格兰特印象深刻。

　　　　　　　　　　　　　　　　　　　　　　　自由的新生

再看格兰特，身材瘦小，神色严峻，不修边幅，邋里邋遢，难怪李将军搜肠刮肚也想不起了。

就说这次会面，李将军戎装笔挺，披挂整齐，腰下锃亮的镂花佩剑，神情肃穆端庄，一副南方高族的气质。

反观格兰特，穿着一件士兵衬衫，皱巴巴、脏兮兮，裤子和长筒靴沾满泥浆，腰间未带佩剑，显得空空落落，如果不是肩章上的三颗五角星，与一个普通的北方大兵没有区别。

从两人这架势上看，感觉投降的是格兰特，受降的是李将军。

其实，这两个人的外表装束，正好代表了两种不同的风格。在历史学家艾尔·米尔斯主编的《美国故事》一书中，布鲁斯·凯顿在《格兰特与李：对比研究》一文中说：李将军体现了美国南方上层社会的高贵传统，格兰特代表了美国北方平民社会的世俗风格。[28] 历史学家托马斯·彪尔在《战将：美国内战中的战斗领导力》一书中，直接用"贵族"与"自耕农"来称呼李将军与格兰特。格兰特战胜李将军，从一个侧面反映出美国社会正在从贵族传统走向平民社会。[29]

格兰特后来在《个人回忆录》中说，当时他一边谈话，一边仔细观察李将军，发现李将军神态庄重，从面部表情看不出任何心理起伏。格兰特不太清楚，此时的李将军究竟是因战争结束而高兴呢，还是为失败结局而哀伤。[30]

两人接着又谈了一会儿"老部队"的旧事。格兰特兴致很高，几乎忘记了会谈的主题。

李将军见他刹不住车，轻声提醒道："我想，格兰特将军，我们今天会谈的目的应该清楚吧？我与您见面，是想确认您接受我军投降的条件。"

格兰特回答说："我在昨天的信中已经讲清楚了：投降者都应该以口头形式宣誓效忠，交出武器，不再参与战争，到交换战俘时释放；所有的武器、弹药和军需物资一律视为缴获物。"[31]

李将军其实早知道这些条件，他需要亲自确认一下。听完格兰特的说明，李将军爽快地说："这些条件我认为是合适的。"

格兰特说："是的，我们此次会谈的意向很明确，就是结束敌意，避免牺牲更多的生命。"

格兰特突然想到什么，接着又说："说到避免更多牺牲，以你在军队中的权威，能不能请你将投降令扩大到北弗吉尼亚兵团之外的范围，结束所有战事？"

李将军一口拒绝了格兰特的请求，表示自己没有这样的权力，只有戴维斯总统才有权这样做。格兰特见李将军态度坚决，只好作罢。[32]

两人又聊了一会儿，李将军建议格兰特，是不是把刚才谈论的事以文字形式写下来，口说无凭，留字为据。格兰特欣然允诺。

格兰特拿出随身携带的作战命令本，就着麦克林先生的写字桌，开始写了起来。

格兰特很清楚这些内容，但真要落笔，不知从何写起。在李将军和南北军官们的注视下，格兰特感觉像是西点军校的考试。

好在格兰特一向举重若轻，一开始落笔，便一气呵成了。写到一半的时候，他抬起头，看了一眼李将军腰间的佩剑，心想这类军官私人物品还是让他们带走吧，免得伤了同袍的自尊心。于是，格兰特在文本中加了一句，"收缴武器和物品不包括军官的随身武器及个人马匹、行李"。

写完后，格兰特让副官艾利·帕克（Ely Parker）上校看一遍文稿，然后交给李将军过目。

李将军带上老花镜，仔仔细细地阅读。文本内容就是刚才所谈，李将军没有异议，只指出文中漏掉了一个单词。

李将军交还文稿，说了一句："我相信我的部队乐于接受这些条件。"

格兰特说："如果你没有其他意见的话，我打算用钢笔抄写一份，正式签字。"

这时，李将军突然想起了什么，急切地说："还有一件事我想说，我的骑兵和炮兵中有些马匹是士兵自己带来的，这一点与你们的部队不一样。我想问问，他们能不能保留自己的马匹？"

格兰特略显为难地说："你已经看到，刚才写的文本中并没有这样的条款。只有军官才能保留马匹和私人物品。"

李将军叹口气说："是的，的确没有写。"

此时，格兰特注意到，李将军的脸上泛出一缕淡淡的失望之情，让人看了不免产生几分怜悯。于是，格兰特又说："好吧，这事儿我还真是第一次碰到。考虑到我们之间已经打完最后一仗——当然我希望如此，而且你的部队投降后，其他部队也会相继投降，我想这些士兵大都是小农场主，他们需要马匹耕种，来养家糊口。那就这样吧，我不再改动刚才已经写好的文字，但我口头命令我手下受降的军官，允许你方所有声称拥有自己马匹和骡子的士兵，带走他们的牲口，以备农耕之用。"[33]

李将军脸上顿时露出了灿烂的笑容，说："这真是太好了！对我们的人是很大的安抚。"

这次会谈，"无条件投降将军"格兰特破天荒地给予南军部队最为宽大的投降条件，南军军官保住了随身武器，士兵保住了自家的骡马，更为关键的是他们都保住了自己的尊严！

格兰特让帕克上校用钢笔抄写一个正式的文本。帕克上校看起来十分紧张，手在不停地颤抖。格兰特接过抄写好的文本，在上面签了字。

李将军让马歇尔上校写一份收条。大致意思是：收到并接受有关北弗吉尼亚兵团投降条件的文本，将督促部下遵照执行。李将军也在收条上签了字。[34]

随后，两人交换了签字文本。

李将军向格兰特投降的正式谈判至此结束，但两人似乎并没有告别的意思。

李将军又对格兰特说，眼下有一千多名北军俘虏在我的部队中，他们现在没什么吃的，因为我们自己都不够吃。李将军希望格兰特尽快将这些人带回去。

格兰特表示，会尽快派人接收这些俘虏。他从李将军的话里听出来，南军正在饿肚子，于是又说："我愿意为你的部队提供食物，不知道你那里现在需要多少份口粮？"

李将军有点尴尬，他说由于这几天损失惨重，加上有一些掉队的、开溜的士兵，现在说不准到底有多少士兵。

格兰特表示愿意提供 25000 份口粮，问李将军够不够？

李将军一脸感激道："这绰绰有余了，对我们真是雪中送炭。"

最后，李将军提醒格兰特，别忘了及时告诉米德将军今天谈判的结果，以免两军阵前"擦枪走火"。事实上，就在李将军与格兰特交谈之际，外面两支大军正剑拔弩张，准备决一雌雄呢。

临别前，格兰特将自己带来的几位部下一一介绍给李将军。当介绍到帕克上校时，李将军愣了一下，印第安血统的帕克上校皮肤黝黑，李将军可能把他当成是黑人了。

李将军离开屋子，走到门外，天正下着雨。有人把他的"旅行者"牵了过来。

此时，格兰特也步出门外，他朝李将军挥了挥军帽。李将军向大家摆了摆手，翻身上马，朝自己的营地缓缓而去。

两位将军刚刚出门，格兰特手下的军官们就开始"抢劫"屋里的家具——凡是刚才动用过的桌子、椅子、沙发统统被他们卷走。可怜的麦克林先生只得到 20 美元，他真没想到，这些衣冠楚楚的军官们抢起"历史文物"

阿波马托克斯场院李将军与格兰特举行会谈的麦克林家，摄于 1865 年 4 月

　　　　　　　　　　　　　　　　　　　　　　自由的新生

来如此疯狂。不过麦克林先生也不吃亏，因为他家的整幢房子都成了"历史文物"，他还可以大言不惭地宣告：美国内战从他家的后院开打，在他家的前厅结束。

谢里登眼疾手快，"抢到"了格兰特与李将军签字的那张桌子。谢里登真是一位好上司，他把这件珍贵的纪念品，送给了手下最得力的骑兵师长卡斯特少将的妻子，并附上一封信，上面这样写道：

> 我荣幸地向你奉上这张小桌子，格兰特将军曾用它书写北弗吉尼亚兵团的投降条件——请允许我这样说：为了获得这一胜利成果，我们军队中很少有人比你英勇的丈夫作出更大的贡献。[35]

李将军回到自己的部队，焦急等待的士兵们顾不得队列整齐，纷纷围了上来，异口同声地问："将军，怎么样了？我们投降了吗？"李将军脱下帽子，眼泪在眼眶中打转，他克制住自己的情绪，轻声说道："孩子们，我们曾经在一起作战，我已经做了我所能做的一切。你们曾经是好士兵；从现在起，我希望你们做好公民。愿上帝保佑你们！再见，孩子们。"泪水从李将军饱经风霜的脸上流下来，他想再说几句，但已无法控制自己的情绪，咬紧牙关说了句"再见"，勒转马头离开了。[36]

南军士兵有的悲伤不已，有的咬牙切齿，但大部分人都庆幸战争终于结束了。

3

第二天，4月9日一早，在列队整齐的两军阵前，格兰特与李将军再次见面。

格兰特对李将军说，真希望这场战争早点结束。李将军说，这也是他的愿望，希望双方相互信任，尽快和解。李将军还说，他认为释放奴隶不会有太大的阻力，因为大多数南方人并不打算蓄奴。他希望南军其他部队能够效仿他，早点放下武器。

双方军官们也相互见了面，很多是老熟人，大家在一起开开玩笑，气氛相当活跃。

北军士兵看到敌人终于投降了，大家欢声雀跃，一时间枪炮齐鸣，庆贺胜利。

格兰特立刻下令制止。他告诉身边的将领，停止庆贺对手的失败，是我们表达胜利的最好方式。格兰特神情严肃地说："战争结束了，叛逆者又成了我们的同胞！"[37]

4月10日，李将军下达了内战中的最后一道命令，要求全体将士放下武器，向联邦政府宣誓效忠，然后各自解甲归田。

4月12日，投降仪式正式举行。南军方面由戈登将军负责交出武器和军旗。北军方面，格兰特特地派出两度负伤、战功卓著的张伯伦准将接受投降。一共有26000多名南军士兵集体放下武器。

一些南军士兵强忍内心痛苦，与曾经誓死捍卫的军旗告别。有的士兵从军旗上撕下一小片，偷偷揣在怀里；有的士兵索性将军旗烧掉，不愿交给北军。[38]

在美国内战中，大多数士兵英勇作战不是为了"吃粮当兵"，也不是为了"占地为王"，更不是为了"黄金万两"，而是基于一种争取自由的使命感。正如格兰特在《个人回忆录》中说：

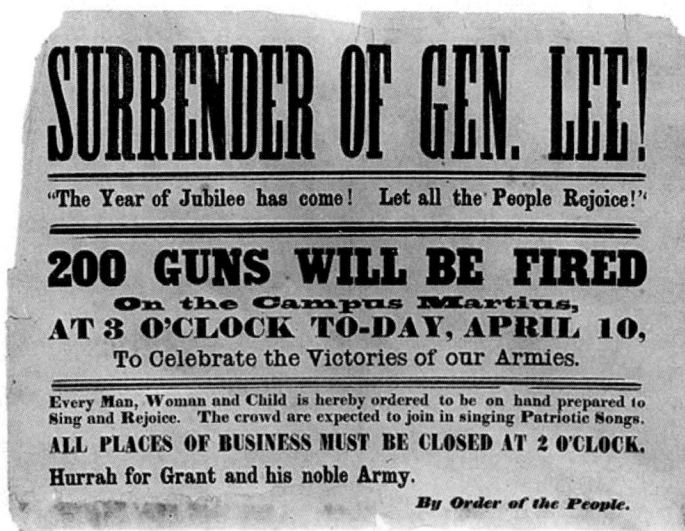

SURRENDER OF GEN. LEE!

"The Year of Jubilee has come! Let all the People Rejoice!"

200 GUNS WILL BE FIRED

On the Campus Martius,

AT 3 O'CLOCK TO-DAY, APRIL 10,

To Celebrate the Victories of our Armies.

Every Man, Woman and Child is hereby ordered to be on hand prepared to Sing and Rejoice. The crowd are expected to join in singing Patriotic Songs.

ALL PLACES OF BUSINESS MUST BE CLOSED AT 2 O'CLOCK.

Hurrah for Grant and his noble Army.

By Order of the People.

刊登李将军投降消息的报纸

自由的新生

欧洲的军队像是一部战争机器：士兵是勇敢的，军官是能干的，但欧洲大多数国家的士兵大都来源于没有文化的阶层，他们对自己参战的目的和动机不太清楚。我们的军队由那些断文识字的人组成，他们知道究竟在为什么而战，这些人不可能自动投入到战争中来，除非他们感觉到国家的安全遇到了危机，他们不同于那些仅仅因为勇敢或严格训练而战斗的士兵。[39]

受降现场，李将军没有露面，他与手下几名军官早早地骑马离开营地。他实在无法面对"宁愿死掉一百次"也不愿面对的场景。

当天，李将军给戴维斯总统写了最后一份报告，说明了最后几天战斗的情况，以及北弗吉尼亚兵团投降的原因和经过。

历史学家后来评论说，美国内战主要由四大"板块"构成：一是密西西比河流域战事，二是弗吉尼亚周边地区战事，三是谢尔曼挺进南方腹地战事，四是海上封锁战事。李将军本人只对输掉的其中四分之一"板块"负责。

第十四章

结局与开局

一、林肯的最后日子

1

1865 年 4 月 3 日，林肯总统带着小儿子塔德，搭乘波特海军上将的军舰，抵达理士满。

林肯在城里慢慢行走，眼见四处千疮百孔，遍地断垣残壁，不禁暗自伤怀。沿途，黑人们纷纷涌上前来，一路跟着林肯，呼喊着他的名字，有的还跪下来向他致敬。林肯微笑着不时停下来与民众打招呼，还对黑人们作了即兴演讲。

林肯一路途径州长官邸、邦联议会大厦，最后来到邦联总统府。林肯走进戴维斯总统的办公室，看到那把空荡荡的座椅，便上去坐了一会儿，心里百感交集。

离开总统府，林肯来到一家医院慰问伤员。随后，林肯开了一个"现场会"，商议善后事宜。一位联邦将领询问林肯："这些南方民众仍然深怀敌意，应该如何对待他们？"林肯回答说："如果我在你的位置，我会让他们好过一些的。"他凝思了一下，语气肯定地说："让他们好过一些吧！"[1]

4 月 8 日，林肯从理士满回到华盛顿，正好传来了李将军投降的消息，林肯终于长长地吁了一口气。

里士满被解放的黑奴，摄于 1865 年 4 月

战火蹂躏的里士满，摄于 1865 年

接下来几天，华盛顿成了欢乐的海洋。海军部长维尔斯写道："大炮齐鸣，钟声响彻，旗帜飘扬，人群欢笑，儿童兴奋，所有人都喜气洋洋。"民众纷纷上街庆祝胜利，许多人涌到白宫前的草坪上，向林肯总统欢呼庆贺。

4月11日，林肯在白宫阳台上，面对草坪上情绪高涨的民众，作了一次演讲。他当然不会想到，这是他人生中最后一次演讲。

演讲开始前，林肯提议乐队演奏乐曲《美国南方》。这首曾经激励南方人"叛乱"的曲子，现在听起来格外亲切。

在演讲中，林肯谈到了帮助南方尽快回归联邦的设想。他希望参加叛乱的南方州能够效仿路易斯安那州，通过承认联邦宪法、选举忠于联邦的州政府、保障黑人民权等一系列程序，重新纳入到联邦大家庭里来。

从1864年开始，随着北军节节胜利，林肯就在路易斯安那州、阿肯色州、田纳西州等"解放区"实行这样的政策措施，算是搞"试点"，人们把这三个州戏称为"林肯州"。现在，林肯站在白宫的阳台上，庄重地对外宣布，他将保证路易斯安那州所实施的一切政策都可适用于其他南方州。林肯信誓旦旦地承诺："我个人很愿意将投票权给予那些拥有一定文化的黑人，以及那些曾经为联邦作战的黑人。"尽管林肯没有说要将投票权赋予全体黑人，但这已经是美国总统历史上第一次承诺赋予部分黑人投票权。[2]

此时，在人群里，有一个人阴沉着脸，心里暗暗在想，"这不是要给黑鬼公民权吗"，他咬牙切齿地低声说道："以上帝的名义，我将制止这一切。这将是林肯最后一次演讲！"此人就是26岁的知名演员约翰·布思（John Booth）。

2

4月14日，星期五。林肯一大早起来，心情格外舒朗。昨天，他与斯坦顿部长商量决定，今天在南卡罗来纳州的萨姆特堡举行升旗仪式，安德森少将将亲手升起四年前降下的美国国旗。

林肯步履轻盈地来到餐厅，大儿子罗伯特·林肯上尉已经等在这里，父子俩共进早餐。刚从前线回来林肯上尉绘声绘色地向父亲描述了李将军投降

自由的新生

的情形，林肯听得津津有味。

早餐后，林肯总统来到办公室，与众议院议长舒依勒·考尔法克斯（Schuyler Colfax）商讨南方重建政策，两个人兴致勃勃地谈了一个小时。

11点钟，林肯总统来到会议室，主持召开内阁会议。阁僚们个个兴高采烈，相互开着玩笑。

此时，门卫领进一个人，戎装整齐，精神饱满，大家抬头一看，正是大英雄格兰特将军——林肯特地邀请他来参加会议。众人见到格兰特，纷纷上前与他握手，向他祝贺胜利。

林肯握着格兰特的手，问起谢尔曼的情况。格兰特告诉他，约翰斯顿将军得知李将军已经投降，已经派人约见谢尔曼，商量投降事宜，好消息很快就会到来。

林肯喜笑颜开地说，现在就剩下我们的戴维斯先生下落不明了。

平时小范围交谈，林肯喜欢讲讲笑话，说说段子。这时，林肯与往常一样，讲起昨晚做的一个梦：在梦中，林肯坐在一条船上，在清晨的薄雾中，朝着远处的彼岸驶去。

"彼岸"？什么"彼岸"？大家面面相觑。

看到众人一脸茫然的样子，林肯解释说，他以前也做过类似的梦，每次都会带来重要消息。林肯笑着说，这个梦大概预示着谢尔曼的胜利消息。众人听了一笑了之，并没有多在意。[3]

会议讨论了当前国家面临的两个主要问题：一是南方重建的方针与政策，二是如何对待南部邦联的前领导人。

林肯总统说，这场战争让南方人付出了沉重的代价：25万人失去生命，许多城市毁于战火，田地荒芜，满目疮痍，百姓生活窘迫，整个社会系统被摧毁。物质上的破坏尚可恢复，心灵上的阴影更难消除。所以，我们要尽最大努力加快推进南方重建工作。

会上，林肯提出了三点意见：

第一，除了南方邦联的高级官员之外，所有南方人通过一种简单的效忠宣誓，就可以重新获得联邦公民的身份。

第二，任何一个南方州，只要参加过1860年选举的选民中有十分之一进行了效忠宣誓，该州就可以重新建立州政府，纳入到联邦之中。

第三，所有重新纳入到联邦中的南方州，必须承认联邦宪法《第十三修正案》，即承认废止奴隶制度。

林肯诚恳地希望阁员们，努力推动这项工作，并说服国会的激进派议员们，接受林肯的意见，以宽容大度的胸怀处理南方重建事务。事实上，这是林肯留给内阁的最后政治遗嘱。

林肯的最后一次内阁会议开了三个小时，大家纷纷表示尽力支持林肯。

萨姆特堡举行升旗仪式，摄于 1865 年 4 月 14 日

林肯原本与格兰特约好，晚上一起去看话剧《我的美国表亲》。但是，格兰特接到夫人刚刚送来的一张小纸条，希望晚上与丈夫一起去费城看望儿子。格兰特平时很听夫人的话，所以抱歉地向林肯告假。

林肯见格兰特不能去，自己也想作罢，但他知道夫人玛丽很期待这场演出，决定不改计划。

吃过午饭后，林肯还要约见伊利诺伊州新任州长理查德·奥格尔斯比（Richard Oglesby）和几位参议员。林肯与来自家乡的朋友们谈笑风生，气氛十分欢快。林肯还邀请奥格尔斯比晚上与他一起去看戏，但奥格尔斯比还有其他安排，婉言谢绝了。

林肯送走了朋友，又去战争部了解西线战况，这时林肯突然显得情绪低落。

1907 年 8 月《哈泼斯杂志》发表了玛格里塔·塞里（Margarita S. Cerry）写的一篇文章《林肯的最后日子》，文章记载了林肯贴身警卫威廉·兑鲁克（William H. Crook）的回忆：

> 我很奇怪，在 14 日下午较晚的时候，我陪林肯先生去战争部，我看到总统从未这样忧郁过……林肯先生对我说："克鲁克，你知道吗？我相信有人想要我的命。"不一会，当他走出战争部时，我看到他完全恢复了正常，脸上没有丝毫忧郁。他对我说，晚上要与夫人及朋友去剧院看戏。[4]

此时，萨姆特堡的升旗仪式正在进行，在安德森少将主持下，亨利·沃德·比彻牧师正在慷慨演讲，众人兴高采烈，等待着即将到来的焰火庆典。

3

当晚 9 点 20 分，林肯总统携夫人出现在位于白宫与国会之间的福特剧院（Ford's Theatre），与林肯夫妇一起进场的还有纽约州参议员易拉·哈里斯（Ira Harris）的女儿克拉拉·哈里斯（Clara Harris）小姐与未婚夫亨利·拉斯邦尼（Henry Rathbone）少校，他们四人坐在同一个包厢里。

林肯带了一个贴身警卫，名叫约翰·帕克（John Parker），此人毫无责任心，居然跑到另一个包厢，找了个好位置，坐下来看戏，后来索性跑到剧场外面的酒吧喝酒聊天去了。[5]

10 点刚过，林肯的包厢里传来一声枪响，接着从包厢里跳下一个人，高呼一声："暴君应有下场！"然后一瘸一拐逃跑了。

人们看到林肯倒在座椅上，一颗子弹从他的左耳下方穿入脑中，使他失去了知觉。拉斯邦尼少校手上也被刺客划得鲜血直流。

医生很快赶来了，众人七手八脚把林肯抬到街对面一位裁缝威廉·彼德森（William Petersen）先生的家里，放在一楼卧室的小床上，林肯的两条长腿不得不伸在床外。

查尔斯·萨姆纳参议员带着林肯的长子罗伯特赶来了，罗伯特一边安慰着处于歇斯底里状态的林肯夫人，一边握着林肯的手，请求医生赶紧抢救。

福特剧院，摄于 1865 年 4 月

十几名医生围着林肯，试图救活这个垂死的人，但一切都已无济于事。

次日，1865 年 4 月 15 日早晨 7 点 22 分 10 秒，林肯与世长辞，终年 54 岁。[6]

守候在林肯身旁的人都挥泪痛哭，斯坦顿部长说："现在，他已属于这个时代了。"[7] 的确，林肯从此属于美国历史的一部分；不仅如此，他还属于追求自由、平等、民主的人类历史的一部分。

当天上午，在一家旅馆的房间里，首席大法官蔡斯主持了一个简短的仪式，副总统安德鲁·约翰逊宣誓就职美国联邦总统。

一辆火车将林肯的灵柩运回家乡伊利诺伊州斯普林菲尔德市安葬。参加林肯葬礼的人群中，有他的同事、朋友、战友和许多北军士兵，也有不少从前的黑人奴隶，还有刚刚脱下军装的南军士兵。

林肯遇刺的当晚，国务卿西沃德也在家中被布思同伙刺伤，所幸未及要害。在此之前，美国社会还没有发生过政治刺杀事件。联邦政府悬赏五万美元捉拿布思。

布思连夜逃到马里兰，并且继续向弗吉尼亚逃窜。他原以为会受到南方人英雄般的欢迎，但事实上人们唯恐避之不及。十一天之后，也就是 1865

　　　　　　　　　　　　　　　　　　　自由的新生

林肯总统的灵车，摄于 1865 年 4 月

谋杀林肯总统的罪犯在华盛顿被执行绞刑，摄于 1865 年 7 月 7 日

年 4 月 26 日，布思在弗吉尼亚乡间的一个烟叶棚里被士兵包围并乱枪打伤，不久后死去。布思的几个同伙随后也被判处绞刑和监禁。《林肯被刺日》、《刺杀林肯》等多部电影叙述了这个主题。

不少怀疑这起刺杀案与邦联残余势力有关，最大的嫌疑犯就是戴维斯。为此，联邦政府悬赏十万美元捉拿戴维斯。

事实上，这件事与邦联无关，而且大多数南方人都谴责这种无耻行径，李将军就说，这是"史无前例的罪行，必须受到每一个美国人的鄙视"。

二、未竟的事业

1

戴维斯一路南逃，途中与约翰斯顿见了一面。约翰斯顿劝戴维斯说："在目前情况下，政府唯一需要做的事就是媾和。"谁知，戴维斯毫无罢手之意，反要求约翰斯顿整顿兵马，继续战斗。约翰斯顿忍不住顶撞道："如果我们继续这场战争，那就是最大的人类犯罪。"[8] 戴维斯未予理睬，撇下约翰斯顿继续"战斗"去了。

4 月 17 日，约翰斯顿在杜汉姆车站（Durham Station）的一座小木屋里与谢尔曼会面，商议投降事宜。谢尔曼开出的条件与格兰特完全一样。

约翰斯顿不仅表示接受，还愿意与谢尔曼一起"安排永久和平的事宜"。谢尔曼明白他的意思，就是要签署一项南北双方全面结束战争的协议。这当然是一件好事，前几天格兰特希望李将军做的就是此事。但是，谢尔曼怀疑约翰斯顿作为一名战地指挥官而非邦联政府官员，有没有这样的权力。

约翰斯顿说，现任邦联战争部长约翰·布雷肯里奇就在军中，可以让他一起参与谈判。谢尔曼仍然犹豫，他觉得自己也无权商谈全面停战协议。

约翰斯顿脑筋转得快，他提醒谢尔曼，布雷肯里奇以前曾是邦联军少将，谢尔曼与他见一面，算是军人会见军人，并不违反规矩。谢尔曼同意了。

18 日，谢尔曼与约翰斯顿第二次会面，约翰斯顿带来了布雷肯里奇。

　　　　　　　　　　　　　　　　自由的新生

谢尔曼带来了一份协议草本，内容包括田纳西兵团及所有南方军队的投降条件，另外还有南方叛乱州新政府建立和确认的条件。

由于连日公务繁忙，为了消渴解乏，谢尔曼临行前喝了一些酒，稍显醉态。约翰斯顿惺惺相惜，毫不介意。布雷肯里奇却感觉到被侮辱，怒发冲冠，冲着约翰斯顿发飙："谢尔曼简直就是一头猪！是的，他就是一头猪，你看他喝成什么样了！"约翰斯顿苦苦相劝，双方还是签署了协议。

原本以为万事大吉，没想到林肯被刺一事在北方民众中掀起了一场复仇怒涛，报刊连篇累牍地声讨"叛乱者暴行"，发誓要给予"坚决有力的打击"。

谢尔曼预感事态不妙。果然，几天后，格兰特亲自赶到北卡罗来纳州，当面要求谢尔曼取消协议，叛军必须完全无条件投降，叛乱州政府的重建不应包含在谢尔曼与约翰斯顿的协议中。

无奈之下，谢尔曼一方面"公事公办"，正式电告约翰斯顿，协议作废，双方在 48 小时内恢复"敌对状态"；另一方面，谢尔曼私下里邀请约翰斯顿再次商讨协议。

26 日，约翰斯顿第三次与谢尔曼面谈，这次他们只谈军事，不谈政治，很快达成了投降协议。约翰斯顿当场向谢尔曼交出了自己的祖传佩刀。[9]

随后，约翰斯顿签署了命令：所有北卡罗来纳州、南卡罗来纳州、佐治亚州、佛罗里达州境内邦联部队缴械投降。这次集体放下武器的士兵一共有89270 名，是内战中南军最大的一次投降。

谢尔曼很感谢约翰斯顿的积极配合，主动向南军士兵与平民提供了大量粮食。尽管谢尔曼因此被北方报纸狠狠批评了一顿，但约翰斯顿却对他感激涕零，终身感恩。

2

戴维斯闻讯大怒，痛斥约翰斯顿屈膝变节——在部队未被包围情况下主动投降。的确，约翰斯顿的投降与李将军、彭伯顿不同，后者是在走投无路之下才放下武器。从顺应历史的角度看，约翰斯顿比李将军、彭伯顿更识时务。

1865 年 5 月 10 日，密歇根州第 4 骑兵团驻阿拉巴马州的士兵接到报告：邦联总统戴维斯就在佐治亚州的依文维尔（Irwinville），离开这里不远。这个骑兵团属于詹姆斯·威尔森将军的部队，士兵们闻风而动，第二天赶到现场，抓获了正准备逃跑的戴维斯。戴维斯没有抵抗就投降了，他只说了一句话："上帝自会做主。"[10]

当时有一种传说：戴维斯被抓时正在化装成女人。北方报纸对此大加渲染，刻意贬低戴维斯的人格。格兰特后来在回忆录中说，根据威尔森将军事后第一时间给他的报告，当联邦骑兵包围戴维斯住所的时候，他正穿着一件男性的睡衣。

戴维斯被捕一个月后，1865 年 5 月 26 日，最后一支南军部队——密西西比兵团在埃德蒙德·史密斯将军率领下，在德克萨斯州加尔文斯顿（Galvenston）向北军投降。6 月 2 日，德克萨斯州所有南军投降。各地陆续投降南军总数达到 174000 人。内战至此画上了一个句号。

6 月 19 日，联邦将军戈登·葛兰格（Gordon Granger）宣布，德克萨斯州二十五万黑奴获得解放。至此，林肯签署的《解放宣言》终于得到全部实施。

3

林肯之死，对美国内战已无甚影响，但对南方重建却影响巨大。

事实上，布思做了一件绝对有损于南方的大蠢事，因为没有人会比林肯更加宽容和仁慈。更重要的是，没有人具备林肯的威望，能够将这种宽容和仁慈转化为实实在在的重建政策。

据说，戴维斯在获知林肯遇刺后，说了这样一句话："除了邦联的毁灭之外，亚伯拉罕·林肯的死亡是南方所知道的最为黑暗的日子。"《纽约先驱报》主编伯内特也说："林肯之死使得南方人失去一位朋友。"

安德鲁·约翰逊总统是一个略显矛盾的人物。他反对南方脱离，但他并不反对奴隶制，战前自己还拥有五个奴隶。他憎恶南方大奴隶主，但他同情南方白人，他自己就是其中的一员。他支持林肯解放黑奴，但对黑人心怀蔑视，坚信白人高人一等。他公开声称："这是一个为白人而存在的国家，感谢上帝，只要我还在总统位置上，这个政府就是一个为了白人的政府。"[11]

在南方重建中，约翰逊主张惩罚有权有势"庄园主贵族"和前邦联高官，同时免除对普通叛乱者的惩罚，只要他们宣誓效忠，即可归还奴隶之外的所有财产，恢复公民身份。

然而，在实际操作中，约翰逊对大部分前邦联高官网开一面，不但赦免了他们的罪责，有些人还当选国会议员。这引起了激进共和党人的极大不满。

尤其在争取黑人权益方面，约翰逊态度消极，与共和党激进派主导的国会关系十分紧张。由于其个性的偏执和狭隘，国会破天荒地启动了弹劾总统程序，差一点将他拉下台。

4

尽管困难重重，经过各方的激烈斗争和反复较量，南方重建计划总算在不断推进，一些相关的宪法修正案和法律相继出台。

1865 年 12 月，美国宪法《第十三修正案》正式生效。至此，奴隶制度在美利坚合众国土地上正式终结。

1866 年 3 月，国会通过了《民权法案》，宣布黑人为美国公民，并且否决了南方州对黑人参与社会活动的多种限制。

1866 年 7 月，国会通过了《自由民局法案》，尽管被约翰逊总统否决，但国会再次通过。该法案强化了自由民局的功能，授权司法机构对侵犯黑人权利的案件进行军事审判。在奥利弗·霍华德局长领导下，自由民局成绩斐然，其中最大贡献是为黑人提供教育机会。到 1869 年，南方建立了 3000 所可为黑人提供教育的学校。到 1877 年，共有 60 万南方黑人进入学校学习。

战后南方黑人接受教育的另一个重要途径是各地雨后春笋般兴起的黑人教堂。过去，黑奴只能坐在白人教堂的后排，或者二楼的走廊里，参加宗教活动。现在，黑人建立了自己的教堂，选出了黑人牧师，黑人可以在教堂参与社区活动，接受知识教育。

1867 年 3 月，国会通过了《第一重建法案》，将前邦联地区的南方州划分为五个军事管制区，每个军区由一名少将担任司令，管辖范围包括"学校、银行、法院、铁路、选举"等事务，以军事手段保护"所有人"的公民权。这种"军管制"在美国历史上空前绝后。尽管约翰逊总统行使了否决权，但国会再次通过。

到 1868 年 3 月，国会先后通过了四个重建法案，标志着国会激进派争夺南方控制权的斗争取得了决定性胜利。

1868 年 7 月 28 日，美国宪法《第十四修正案》正式生效，该修正案规定："未经适当的法律程序，任何州都不得剥夺任何人的生命、自由或者财产；也不得对任何受其管辖之人，拒绝给予平等的法律保护。"这条修正案明确了联邦政府权力高于州权，保护了黑人在内的全体公民享有平等的公民权利。

1870 年 3 月，在格兰特总统任内，国会通过宪法《第十五修正案》，禁止"因种族、肤色或以前是奴隶"而不给予投票权，在法律上赋予了黑人男性投票权。美国妇女获得选举权要等到 1920 年的宪法《第十九修正案》生效。

5

南方重建在法律制度上涵育了平等自由的新生。但是，白人对黑人及有色人种的社会心理歧视却依然存在，南方种族隔离、种族歧视现象仍很普遍。

战前，南方虽然存在奴隶制，但不存在种族隔离，因为奴隶必须与奴隶主一起劳作与生活。战后，南方出现了严重的种族隔离，在一些白人看来，"隔离但平等"并不违反宪法原则，与黑人隔离开来，是白人自由的一部分。

单纯的种族歧视是一个心理问题，但种族隔离就上升为一个社会问题。就连共和党激进派参议员撒迪厄斯·史蒂文斯（Thaddeus Stevens）也说："平等并不意味着黑人将与白人坐在一张椅子或在同一张桌子上吃饭。这是一个有趣的问题，要有每个人自己决定。"当然，史蒂文斯选择了与黑人共同生活，他离世后安葬在一个多种族墓地里。不过，许多南方白人却选择了与黑人隔离开来生活。

美国法律层面的种族隔离一直要到 20 世纪中叶的黑人民权运动之后才基本消除。至于种族歧视的心理则延续了更长的时间，至今依然没有彻底消除。

三、胜负的原因

1

南北战争尘埃落定后，人们开始探讨胜败的具体原因。这种讨论持续了将近一个半世纪，直到今天仍有各种不同的意见。

大多数历史学家认为，下列因素对美国内战的胜负具有决定性的影响作用：

第一，南北双方的物质基础、人力资源与交通条件。

第二，南北生产技术与武器装备。

第三，联邦与邦联总统的能力与性格。

第四，南北主将的战略素养与指挥技巧。

第五，南北部队的士气与士兵军纪。

第六，联邦与邦联的政治体制。

第七，南北社会的党派势力与舆论环境。

第八，南北民众对战争的态度与社会心理。

第九，欧洲列强的态度。[12]

这些因素在北方与南方发挥着不同的作用，具体分析起来相当繁复。

2

就南方而言，詹姆斯·亚当斯在《美国悲剧》一书中认为，人员缺乏、物资不足、金融不良、出海封锁、棉花政策、对外政策、高级将领能力不够、南方人极端的"州权"意识、对战争真正目的的迷失、戴维斯总统与将领之间的矛盾、主要政治家之间的不和（如邦联总统与副总统长达两年多时间的疏离）、民众心理原因、后方家庭压力对前线士兵的影响等，是南方战败的原因。

以"州权"意识为例，可谓"成也萧何，败也萧何"。南方人强烈的州权意识，使邦联各州很难形成一种整合力量，各州把自己的利益置于邦联利益之上，削弱了邦联政府力量，使邦联政府缺乏"宏观调控能力"，成为邦联走向失败的重要原因之一。正如詹姆斯·亚当斯所说：

> 尽管不乏勇气和牺牲精神，但是南方人尤其是南方各州政府并没有给予邦联中央政府本应给予的支持。理由很简单：南方人脱离联邦的所有理论，以及他们的基本心理就是建立在这样的基础之上——各州民众应该首先忠诚于本州，而非各州的联合体。……邦联政府是新建的，本身还没有形成一种各方休戚与共的传统。……在宪法理论上邦联只是一个同盟而非国家。正如《理士满辉格党报》所说："我们很遗憾地看到，'国家的'一词有时候被用来指称邦联事务。我们认为它应该被禁止使用。这个邦联不是一个国家，而是多个国家之间的联盟。我们认为最好别再使用邦联这个词，代之以'国家联盟'，或者'共和国联盟'。"[13]

南方的内战亲历者从"当事人"的角度，也对邦联"失去的事业"进行了原因分析。

前邦联战争部长希尔·凯恩（Hill Kean）提出了邦联垮台的七个原因，包括财政破产、人口不足、物质短缺、将领无能、交通运输落后、征兵困难、奴隶逃亡。[14]

前邦联上校罗伯特·汤西尔斯（Robert Tansills）列举了南方失败的十三个因素，从"过度依赖外国的承认与支持"，到"有损于军纪和效率的邦联部队军官选举方式"等。[15]

就拿军官选举方式来说，虽然南北军队都有选举军官的做法，但南军做得更加彻底，除了高级军官，几乎都是选出来的。这对南军战斗力有没有负面影响？回答是肯定的。据说，有一个阿拉巴马连队数月作战效率低下，原

自由的新生

因就是选不出一个中尉军官。有一个班一共只有六个人，在选举下士时居然"涌现出"五个候选人。格雷·葛尔格在《美国内战》一书中写道：

> 在选举中，候选人的人缘常常比军事技能更重要，那些以能力见长的士兵都认为这种选举是绝对有害的。[16]

选出来的军官往往权威相对不足，战场上士兵不服从命令、自行其是、军纪散漫的情况时有发生。有一次，李将军向戴维斯总统报告说，士兵擅自离队情况严重，简直防不胜防，有时一个连队甚至减少了三分之一到一半人。[17]

另外，南北政府的管理能力也存在较大差距。联邦政府多年来拥有比较完备的组织结构；而邦联政府却是一个临时"草台班子"，政府驾驭复杂局面的能力相对较弱。

大多数历史学家都认为，邦联军队猛将如云，尤其拥有像李将军、杰克逊这样出色的高级将领，本应是南方的重要优势。但是，也有少数历史学家看法正好相反。历史学家弗兰克·范迪维尔（Frank E. Vandiver）认为，南方人"在军事指挥和后勤系统方面都显得能力不够"；格拉底·麦克维尼（Grady McWhiney）和佩里·杰米森（Perry D. Jamieson）则认为，南方将领在战场上坚持正面进攻是导致战败的主要原因。[18]

说到李将军，他被公认是出类拔萃的战地指挥官。但是，也有历史学家指出，李将军有一个致命弱点，就是缺乏灵活性，不善于在较大范围内机动作战，没有威胁和攻占北方重要城市和军事重镇，扼其咽喉，致其死命，一味按部就班地打阵地战，消耗宝贵的时间与兵力。

南方将领中只有杰克逊一开始就意识到，邦联成功的最大机会有赖于打击北方的战略要地和生命线。可惜，杰克逊只是一个将才而非帅才，并且死得太早。

不过，话又说回来，有一些历史学家并不认为游击战或机动灵活的战略战术就能够拯救邦联。他们指出，独立战争期间，华盛顿的确依靠运动战战胜了英军。但是，独立战争属于前工业化时代的战争，美国内战是工业化时代的战争，需要依靠巨大的经济实力和物资保障，机动作战不可能取得决定性胜利。举例来说，到战争结束之际，北军拥有 700 多艘舰船，许多是铁甲舰，而南军几乎一艘没有，这与机动不机动有什么关系？

3

就北方而言，大多数历史学家将获胜的主因归之于经济实力和人力资源。的确，在战争期间，北方的生产能力不减反增，与南方正好形成鲜明对比。以农业为例，北方尽管减少了三分之一的农业劳动力，农业依然创纪录地增产，这得益于收割机、刈草机的大规模使用，以及妇女与儿童参与劳作。

不过，也有历史学家指出，除了经济实力之外，人为的因素也很重要。其中，林肯总统的领导才能是北方获胜的重要原因。林肯的传记作家詹姆斯·罗德斯（James Ford Rhodes）写道："北方的最大财富被证明就是林肯。"在戴维·唐纳德主编的《北方为何赢得内战》一书中，历史学家戴维·波特（David M. Potter）撰文《杰弗逊·戴维斯与邦联失败的政治因素》说："如下假设并非毫无根据：如果邦联与联邦交换一下总统，邦联有可能赢得独立。"[19] 这种看法虽有"英雄史观"之嫌，却从一个侧面说明了林肯在内战中的特殊作用。

历史不能假设，但历史学研究不妨假设。有的历史学家提出了一种独特的思考方法：如果抽调某个因素，北方还会赢吗？以格兰特为例，有的历史学家为了说明格兰特的重要性，提出了这样的问题：如果没有格兰特，北方还会赢吗？换句话说，假如格兰特在战争中突然死亡，内战的结局会怎样？麦金雷·肯托（MacKinlay Kantor）在 1960 年写了一本书，题目是《如果南方赢得了战争》，书中假设格兰特在 1863 年 5 月意外坠马，头部磕在石头上，不幸死亡。于是，一切都发生了变化。按照麦金雷·肯托"替换历史学"（alternate history）的演绎，格兰特的意外死亡导致了北军维克斯堡之战失利，随后的葛底斯堡战役北军再次失利，最后邦联取得了内战的胜利，联邦丢失了华盛顿和马里兰州大部，只得定都于俄亥俄州的哥伦比亚市。从此，美国联邦与美国邦联两个主权国家并存于北美大地之上。[20]

四、将军的归宿

1

内战结束后，联邦政府马上着手裁减兵员。一年后，原本超过一百万人的联邦军队仅剩下八万人。复员军人回到各自的家乡，重新开始平民的生活。

曾经碧血黄沙的战场，很快长满了青草，将无数长眠于此的战士们湮没在岁月的风尘中，只有一排排白色的墓碑，仿佛在提醒后人，这里曾经是硝烟弥漫、血流成河的战场。

古人云，"一将成名万骨枯"，中外皆然也。在内战结束前后，美国大地上到处都是"将军"——当时南北双方一共有十几个军、二三十个师、几十个旅，这些指挥官都是将级军官。

当然，真正名扬天下的将军只是少数几个，他们的名字已然成为战争记忆中的历史符号，他们的塑像巍然矗立在各地的广场上和山坡旁。

中国古人有一句话，叫作"花开花落终有时，缘尽缘散随风逝"。当年水泊梁山一百零八将叱咤风云、风光无限，到头来也只能花开花谢、凋零散尽。

出于天生的好奇心，人们总是对英雄归途、豪杰末路兴趣盎然。如果一个故事的最后没有交代主要人物的结局，总有一种"花落人亡两不知"的遗憾。所以，交代一下联邦和邦联主要将帅们的战后生活和最终归宿，是理所当然的。

2

先来看邦联方面。

戴维斯被捕后，以叛国罪和谋杀罪投入监狱，关押在弗吉尼亚州莫罗堡的单人牢房里。不过，审判并没有举行。作家彼得·本诺伊特（Peter Benoit）在《美国内战》一书中说，历史学家们认为，没有进行审判是因为美国政府担心戴维斯会在法庭上胜讼。[21]1867 年，戴维斯被转交民事法庭，后被保释出狱，回归平民生活。由于戴维斯一直没有宣誓效忠，他生前再未获得美国公民身份。

在林肯遇刺之前，当有人向林肯总统建议，抓到戴维斯之后应该举行审判。林肯引用了他在第二次就职演说中的一句话说："让我们不要审判，以免我们受到审判。"戴维斯的这个结局也算符合林肯的初衷。

作为一位失败的政治家，戴维斯一直受到各种非议。历史学家考马克·奥伯林在《美国内战的秘密生活》一书中直截了当地说："他知道自己不是做邦联总统的合适人选，当时所有人也都知道这一点。"[22]

历史学家戴维·波特认为，戴维斯至少在三个方面是失败的：一是没有处理好与邦联其他政客和重要将领之间的关系，二是没有处理好与民众之间的关系，三是对于总统如何履行职责缺乏基本的概念。[23]

不过，也有历史学家为他抱不平，亨利·康马格就认为戴维斯"已经是邦联当时能够选出的最好的总统"。[24]布鲁斯·凯顿也持相同观点，他在《美国内战》一书中对戴维斯作了这样一番评价：

> 他在一项无法完成的工作中已经做得最好了。我们很清楚，他犯下了那些严重错误；然而，我们并不清楚，换了其他任何人在他的位置上会不会做得更好。他富有勇气、为人正直、不屈不挠、热爱事业，但就像《圣经·旧约》中迦南人的领袖西塞拉（Sisera）一样，命运之星与其相背。[25]

戴维斯后来写了一部两卷本的回忆录《邦联政府的兴亡》，对自己的政治对手进行了批评和指责，却没有分析邦联失败的原因。在《美国内战主题》一书中，历史学家马丁·克劳福德（Martin Crawford）评论说，在这本"长达 1500 页的书中，几乎看不出作者对战败教训的任何汲取"。[26]

在战后的 22 年时间里，戴维斯一直住在密西西比州，生活艰难，身体

自由的新生

多病，生意连遭挫折，在充满不幸中度过了余生，终年82岁。[27]

无论对戴维斯作何评价，有一点应该充分肯定：他把罗伯特·李放在关键岗位上，并且基本做到用人不疑，放手使用，这可能是戴维斯对邦联的最大贡献。

1978年10月17日，美国国会作出决定，恢复杰弗逊·戴维斯美国公民身份，吉米·卡特在文件上签了字，生效日期为1868年10月25日。戴维斯九泉之下可以安息了。

3

罗伯特·李将军在战争中的卓越才能和失败后的大将风度，受到了南北双方的一致赞许乃至景仰。

战后，李将军向政府提出了恢复公民身份的请求，一开始未获批准。1865年10月2日，李将军举行了宣誓效忠联邦的仪式。令人难以置信的是，当时李将军的这份宣誓文件居然丢失了，从此在联邦政府档案中石沉大海。所以，李将军直到离世都没有恢复公民身份。历史学家考马克·奥伯林认为，这很可能是一个阴谋，目的就是不想给李将军恢复公民权。据说，安德鲁·约翰逊总统曾想以叛国罪起诉李将军，被格兰特拒绝了。

李将军对奴隶制本来就不抱太多同情，所以他支持战后重建计划，支持赋予黑人投票权之外的公民权，赞同公立学校接纳黑人入学。但是，李将军反对北方激进派对南方的惩罚性政策。在战后六年多的短暂生命历程中，李将军为南北和解而奔波，劝说他以前的部下配合联邦政府的重建工作。

李将军再也没有回到原来在波托马克河边的李家老宅子，这块地方经美国国会批准于1864年建成了联邦政府阿灵顿公墓。时任联邦军队总军需官梅杰斯将军决定了这一选址，不乏侮辱"叛军首领"的意味。

在李将军生命的最后时间里，他推掉许多公司的高薪聘请，选择了属于自己的生活方式。

1865年10月，李将军接受了位于弗吉尼亚州列克星敦的华盛顿学院院长职位，他在这所规模不大的文理学院一直任职到去世。李将军按照西点军

阿灵顿公墓，摄于 1864 年

校的模式，在这所学院建立了"荣誉制度"，致力于培养学生的高尚品质。李将军提出的唯一校训，就是"每一个学生都是绅士"。为了促进南北和解，他招收了北方青年入学。在这所学校里，李将军有一次告诉他的同事，他这辈子最大的失误就是选择读了军校。

1870 年 9 月 28 日，李将军得了中风，后来又患上了肺炎。10 月 12 日，他在列克星敦平静去世，享年 63 岁。李将军离世的消息让整个南方陷入哀痛之中。可以说，自从华盛顿总统以来，还没有人像李将军这样，获得如此广泛的崇敬。[28]

李将军被就地安葬在华盛顿学院——后来更名为"华盛顿与李大学"。他的大儿子卡斯蒂斯·李接任校长。

在李将军即将离世之前，他写下了这样一段话：

> 事实是，天意步履如此沉重，而我等心意却如此急切；承担使命如

此艰巨，而我等资源却如此匮乏；人类生活如此久远，而个体生命却如此短暂；故此我们经常只看到潮水的退落，往往感到失望。历史教导我们，一定要坚守希望。[29]

历史学家柏文·亚历山大在《南方人如何才能取胜》一书中写道：

李将军作为军事指挥官，没能帮助邦联获得独立，但他却度越前人和时贤，使南方与北方重新合二为一，创建了一个历史上最伟大、最繁荣的国家。[30]

1877 年，卡斯蒂斯·李起诉美国政府，要求归还李家在阿灵顿的房屋和宅基地。1882 年，法院判决卡斯蒂斯·李胜诉。第二年，李家以 15 万美元的价格将阿灵顿房产出售给政府。

惊人的一幕发生在李将军去世一百年之后。1970 年，李将军宣誓效忠的文件意外地重见天日。1975 年 8 月 5 日，时任美国总统杰拉尔德·福特签署了一份国会决定，重新恢复罗伯特·李美国公民身份，溯及既往至 1865 年 6 月 13 日——北弗吉尼亚兵团投降仪式的第二天。

4

约瑟夫·约翰斯顿在 1865 年 5 月 2 日宣誓效忠后获得释放。他后来在铁路公司和保险公司工作，住在佐治亚州的萨凡纳。1877 年，约翰斯顿移居理士满。1885 年，约翰斯顿成功当选国会议员。[31] 后来，他撰写并出版了自己的回忆录《军事行动叙事》，在回忆录中当然少不了对戴维斯的负面评价。

在投降之时，谢尔曼给约翰斯顿饥饿的士兵和马匹提供了食物粮草，约翰斯顿深受感动，他后来一直与谢尔曼保持良好的友谊。尽管许多南方人对约翰斯顿的军事才能和主动投降颇有微词，但格兰特和谢尔曼都对约翰斯顿在战争期间的能力和人品予以高度评价。

对于过去的敌手，约翰斯顿捐弃前嫌，相逢一笑泯恩仇。他先后参加了格兰特与麦克莱伦的葬礼。1891 年 2 月 19 日，谢尔曼在纽约去世，他的葬礼上出现了一位步履蹒跚的老人。那是一个风雨交加的冬日，老人在葬礼上自始至终把礼帽拿在手里，别人提醒他戴上帽子，小心别着凉，他回答说："如果此时此刻躺在下面的是我，站在地上的是他，他也一定会脱下帽子。"就在当天，老人得了感冒；几周后，这位 84 岁的老人——约瑟夫·约翰斯顿——死于肺炎。[32]

詹姆斯·朗斯崔特战后定居于新奥尔良，在保险公司工作。他曾向好朋友格兰特求情，希望能得到联邦政府的宽宥，但约翰逊总统拒绝了，并且说：在这个国家有三个人不能得到宽宥——戴维斯、李将军，还有朗斯崔特。直到 1868 年，朗斯崔特才重新获得公民权。

在重建时期，朗斯崔特是唯一加入共和党的前邦联高级将领。[33] 他在格兰特竞选总统期间参与助选，为此受到南方保守势力的敌视。1872 年，路易斯安那州长委任他为州民兵总指挥，后来又兼任新奥尔良警察局长。1874 年 7 月新奥尔良发生白人种族大骚乱，朗斯崔特率领警察维持秩序，不幸被暴徒射伤。事后，家人出于安全考虑，举家搬回到佐治亚州。1880 年，朗斯崔特被派出担任美国驻奥特曼帝国大使，离任后回到佐治亚农庄安度晚年。不幸的是，1889 年家里着火，几乎夷为平地，朗斯崔特失去了他的军装、军刀，最可惜的是失去了他的许多战时文件。

1896 年，朗斯崔特出版了回忆录《从曼那萨斯到阿波马托克斯》，为自己在内战中的表现辩护。1897 年，76 岁的朗斯崔特与 34 岁的海伦·多琪（Helen Dortch）结婚，这是他的第二次婚姻。随后的日子里，朗斯崔特深受病魔折磨，直到 1904 年 1 月死于肺炎，离他 83 岁只差 6 天。朗斯崔特在生命的最后时刻说了这样一句话："我希望看到我昔日的战友们与联邦退伍军人一起，肩并肩行走在大街上。"[34]

皮埃尔·博雷加德随约翰斯顿一起在 4 月 26 日向谢尔曼投降，被关押到 5 月 2 日，随后回到了他自己的家乡新奥尔良。他一开始不太愿意向联邦政府宣誓效忠，后来在李将军与约翰斯顿的劝说下，于 9 月 16 日向新奥尔良市长宣誓效忠。

不久，博雷加德受到巴西政府的邀请，让他出任军职，被他拒绝了。他还拒绝了埃及、罗马尼亚等国的同样邀请。博雷加德后来在一家铁路公司工作，并且升任总裁，直到1870年退休。

布拉克斯顿·布拉格在1865年5月1日与戴维斯总统相遇在南卡罗来纳州，他试图说服戴维斯总统放弃抵抗，但被拒绝。随后，布拉格向西逃奔，于5月9日在佐治亚州被抓获，后来在那里宣誓效忠。

布拉格的战后生活相当不顺利，连续换了几种工作，都不能让他满意，生活十分窘迫。59岁那年，布拉格突然晕倒在路边，很快撒手人寰。

约翰·虎德在密西西比州被俘后，于1865年5月31日宣誓效忠。战后他在一家保险公司工作。1868年，他在新奥尔良结婚，婚后11年中一共生了十一个孩子，包括三对双胞胎。他的棉花公司生意不好，后来进入一家保险公司工作。他也撰写了自己的回忆录《前进与后撤》，在回忆录中依然对约瑟夫·约翰斯顿耿耿于怀。

虎德晚景凄凉。1879年，由于手头拮据，他来到华盛顿，想把手头的一些战时文件和材料卖给战争部，换取一点现金。尽管谢尔曼亲自出面帮助，还是无果而返，他离开华盛顿时把这些资料留给了谢尔曼。[35] 那两年新奥尔良爆发流行病，虎德与妻子以及长子在1879年同时去世，留下的十个孩子分别被五个州的家庭收养。

加贝尔·欧利在雪兰多谷地被谢里登打败后，损兵折将，几乎空着手回到理士满。他被李将军免去了军职，后在4月9日随李将军投降。但是，欧利很不安分，他在投降后趁看守不备，居然骑马逃走，一路向西狂奔，一直跑到墨西哥，再到古巴，最后到了加拿大，在多伦多定居下来，撰写了回忆录。1868年，欧利被美国总统特赦，次年回到弗吉尼亚故乡。1894年5月，他不幸从邮局的楼梯上摔下来，就此结束了生命，终年77岁。

理查德·伊维尔带着他的人马在撤离理士满之后不久被抓获，关押在波士顿，直到1865年7月。他后来与妻子一起在田纳西州一个农庄种植棉花，经营相当成功。1872年1月，伊维尔与妻子在前后三天内同时去世。他的书稿《成为一名战士》由后人在1935年整理出版。

约翰·戈登是战后南方重建的坚定反对者，在一定程度上成为南方人对抗联邦重建的急先锋。[36] 他主张白人主导社会，支持使用暴力，涉嫌参与佐治亚州三K党活动。1868年，他竞选佐治亚州长失败。1873年，戈登成功当选联邦参议员。随后，戈登又连任参议员，并于1879年成为参议院议长。1886年，戈登被选为佐治亚州长。1891年再次当选联邦参议员。他在1903年出版了内战回忆录《内战追忆》。次年，戈登死于佛罗里达州迈阿密，终年71岁。一座戈登将军的骑马塑像至今矗立在亚特兰大州议会大厦前。

内森·贝德福德·弗莱斯特

内森·贝德福德·弗莱斯特在内战中心狠手辣，勇气惊人，是北军部队最不想遇到的一个南军将领。他自称在两军阵前亲手杀死了三十名联邦军人，胯下战马前后死伤了二十五匹。[37]1865年5月，这个凶神恶煞终于在阿拉巴马州的盖恩斯维尔（Gainesville）投降了。

战后，弗莱斯特回到家乡田纳西州孟菲斯经营农场，后来做过保险代理，又到铁路公司干过一阵子，但这些显然都不是他的专长。1866年，一些邦联退伍老兵在田纳西州普拉斯基（Pulaski）成立三K党，弗莱斯特在次年成为三K党成员，参与了若干三K党活动，尽管他本人矢口否认与之有关。1877年10月，弗莱斯特死于孟菲斯。

传记作家杰克·赫斯特（Jack Hurst）在《内森·贝德福德·弗莱斯特》一书中写道："他究竟是一个什么样的人？一般有两种不同的回答：一位言辞不多、性情平和的绅士，一个气焰嚣张、杀人如麻的恶棍。"[38] 这样的人物，在当时北军和南军将领中都不多见。考马克·奥伯林说："毫不奇怪，弗莱斯特的所作所为，使这位毫不妥协的斗士成为美国历史上最有争议、引

　　　　　　　　　　　　　　　　　　　　　自由的新生

起争端的人物之一。"[39]

尽管如此，南方人似乎并不想忘记他。多所学校以弗莱斯特名字命名，田纳西州一所大学用他的名字命名了一座大楼；阿肯色州还有一个弗莱斯特市。一座弗莱斯特将军的塑像矗立在孟菲斯的弗莱斯特公园，直到 2012 年被"偷走"，重塑工作正在筹备中。2007 年，田纳西州议会决定 7 月 13 日为"内森·贝德福德·弗莱斯特日"——这一天是他的生日。

5

再来看联邦将领。

乔舒亚·张伯伦战后一直受到旧伤折磨，但他还是顽强地工作与生活，连续担任了四届缅因州州长，然后又出任保德英学院院长，在学院讲授除数学之外的所有课程。1914 年，张伯伦死于旧伤复发。[40]

本杰明·巴特勒在 1867 年到 1879 年期间，先后两度担任美国众议院议员，他是重建时期众议院中激进议员的代表人物，起草了针对三 K 党的《1871 年民权法案》，尽管他的议案遭到否决，但在此基础上起草的另一个内容相同的议案随后获得了通过，并于 1871 年 4 月 20 日由格兰特总统签署实施。巴特勒后来还成为众议院弹劾约翰逊总统的主要组织者。巴特勒对格兰特总统影响很大，被认为是格兰特总统在众议院的代言人。1883 年到 1884 年，巴特勒担任马萨诸塞州州长，在任期内任命了该州第一位黑人法官。1884 年，巴特勒参加总统竞选，没有成功。[41] 他于 1893 年在华盛顿去世。在他的墓志铭上，镌刻着这样一句话：

> 民权自由的真正试金石，并不是"人人平等"，而是"人人有权获得平等"，如果他有能力的话。

唐·彪尔战后先后生活在印第安纳州和肯塔基州，担任一家钢铁和煤矿公司的总裁。1885 年到 1889 年，彪尔在政府养老基金会工作。他在 1898 年终老于家，享年 80 岁。

约翰·波普参与了战后重建工作，1867年被任命为第三军事管制区司令，司令部设在亚特兰大。由于他的一些做法过于激进，同年被约翰逊总统免职，由米德接任。他随后被派到西部负责印第安人事务管理，他在那里对待印第安人相当严酷，受到了广泛的指责。波普于1886年退休，1892年在俄亥俄州去世，享年70岁。

安布罗斯·伯恩赛德于1865年退役，在铁路公司工作一年后，于1866年至1869年担任罗德岛州长。1871年，他出任全国步枪协会第一任会长。1874年，他被选为美国参议员。1880年再次当选参议员，次年在罗德岛州布里斯托逝世，享年57岁。

约瑟夫·虎克参与安排了林肯总统的葬礼。1868年10月，虎克离开军队，1879年死于纽约，终年64岁。虎克在内战中获得了鲁莽和酗酒名气，据说由于虎克经常行为不检点，他的名字与"妓女"（hooker）一词联系在一起。对此虎克一直耿耿于怀。有的历史学家认为，这种传闻有点言过其实了。在马萨诸塞州波士顿议会前，矗立着一座虎克骑在战马上的塑像，在内布拉斯加州有一个县以其名字命名。

乔治·米德在战后被他的家乡费城任命为费厄蒙特公园管理委员会主席。战后重建时期，他曾担任第三军事管制区司令职务。米德1872年去世，享年56岁。哈佛大学曾授予米德法学荣誉博士学位。在宾州有多座米德的塑像，包括葛底斯堡国家军事公园、费城费厄蒙特公园等。马里兰州有一座以其名字命名的军事基地，堪萨斯州和南达科他州分别有一个县以米德命名。

乔治·托马斯在战后继续留在西部，担任坎伯兰兵团和田纳西兵团总指挥，后来还负责西弗吉尼亚、佐治亚、密西西比和阿拉巴马各州军事管理。重建时期，托马斯利用手中的武装力量，尽力保护恢复自由的黑人，与三K党开展斗争。约翰逊总统出于民主党政治利益考虑，提名授予托马斯中将军衔，准备让他取代格兰特"联邦军队总司令"的位置。托马斯主动请求国会撤回这一提名，因为他不想卷入政治漩涡，更不愿陷入党派利益之争。他甚至销毁了所有个人的战时文件，也没有留下任何个人回忆录。[42]

托马斯是弗吉尼亚人，内战爆发之际，托马斯少校的三位上司——阿尔伯特·约翰斯顿、罗伯特·李、威廉·哈德——都投向了南方，托马斯

　　　　　　　　　　　　　　　　　　　　自由的新生

却选择了留在联邦。为此，他的弗吉尼亚家人将他挂在墙上的照片翻转过来，从此不再理睬这个家庭成员。战后，托马斯多次试图恢复与他姐姐的关系，在南方经济困难时期还主动寄钱给她，但都遭到断然拒绝，他的姐姐公开宣布不存在这个兄弟。

1870年，托马斯死于旧金山，享年53岁。在托马斯的葬礼上，没有出现一位他的血缘亲戚。聊感欣慰的是，格兰特对刚刚去世的托马斯将军作了这样的评价："我们历史上最伟大的名字之一，我们战争中最伟大的英雄之一。"[43]

温菲尔德·汉考克在战后所做的第一件事，就是参与林肯谋杀案的调查与审判。随后，他出任中部军区司令，总部设在巴尔的摩。1866年，汉考克转任密苏里军区司令，他在那里参与了协调印第安人的纠纷，但表现不太成功。他的政治态度倾向于民主党，所以约翰逊总统把他与谢里登相互调换，由汉考克主管相对敏感的南部军区，驻守新奥尔良。

汉考克在1868年大选中试图争取民主党总统候选人提名，但是没有成功。格兰特当选总统之后，汉考克被调离了南部地区，转任达科他军区司令，汉考克不得不继续面临棘手的印第安事务。汉考克在那里最重要的一项贡献，就是利用他的军队资源，勘探并建立了黄石国家公园。1872年米德去世之后，汉考克成为资格最老的少将，被调任亚特兰大军区司令，他的军队参与了对1877年铁路大罢工的弹压。1880年大选时，汉考克终于如愿以偿地获得民主党总统候选人提名，他与共和党候选人加尔菲德角逐总统大位，以微弱差距惜败。在加尔菲德总统期间，汉考克继续担任亚特兰大军区司令，并且出任全国步枪协会主席。1885年，汉考克担任格兰特治丧委员会主席。次年，汉考克死于糖尿病引起的皮肤感染，终年61岁。

谢里登战后一直在军队服役。内战结束后不久，联邦政府命令谢里登率领50000人马，来到德克萨斯州，应对法国派兵侵占墨西哥。看到美军陈兵边界，拿破仑三世不得不在1865年8月宣布从墨西哥撤兵。[44]1867年5月，谢里登成为第五军区司令，负责路易斯安那州和德克萨斯州；同年8月调到密苏里军区，负责印第安事务。格兰特当选总统后，谢里登于1869年3月晋升为中将。1883年，谢里登接替谢尔曼出任联邦军队总司令。谢里登生前也撰写了两卷本的《个人回忆录》。1888 年 8 月，谢里登死于心脏病，被安葬在阿灵顿公墓，享年 57 岁。

亨利·哈莱克战后继续在军队工作。他在加利福尼亚期间，踏上了刚从俄罗斯购买的新土地，并与参议员查尔斯·萨姆纳一起，将其命名为"阿拉斯加"。1872 年，哈莱克死于肯塔基州路易斯维尔，享年 56 岁。他被安葬在纽约市布鲁克林区格林伍德公墓。旧金山有一条路以哈莱克名字命名，在金门公园有一座他的塑像。

麦克莱伦在 1864 年总统大选中失败后，到国外生活了三年。回国后，民主党还想提名他作为总统候选人，与格兰特竞争。麦克莱伦看到格兰特几乎胜定，选择了主动放弃。1870 年，麦克莱伦担任纽约港码头部门总工程师。1873 年至 1875 年，麦克莱伦再次携家人赴欧洲生活。1878 年至 1881 年，麦克莱伦出任新泽西州州长。1885 年，在生命的最后一年，麦克莱伦撰写了自己的回忆录《麦克莱伦自己的故事》，为自己在内战中受到的指责辩护。该书于 1887 年正式出版，此时他已经离世两年了。尽管麦克莱伦在内战期间的表现不尽如人意，李将军却认为他是内战中交手过的最优秀将领。[45]

6

威廉·谢尔曼在 1865 年 6 月出任西部军区司令，管辖地区东起密西西比河，西至洛基山脉。1866 年，谢尔曼升为中将。1869 年，格兰特当选美国总统之后，谢尔曼接替格兰特担任美国联邦军队总司令。

谢尔曼一生回避政治，他不想让自己成为党派争斗的工具。1874 年，他将自己的司令部从华盛顿迁到圣路易斯，就是为了避免陷在政治圈内。他在任内做的一项主要工作，就是保护东西铁路线的修建与畅通，防止印第安人的破坏和袭击。1875 年，谢尔曼出版了两卷本的《谢尔曼回忆录》。

谢尔曼虽然戎马一生，但他从骨子里反对战争。他在 1880 年说过一句名言："许多男孩把战争看作十足的荣耀，但战争是十足的地狱。"[46]1884年，谢尔曼从军队退休，其后一直定居在纽约。在 1884 年总统大选中，共和党想要提名谢尔曼为候选人，但谢尔曼断然拒绝了。他非常干脆地说：

"提名不接受，选上也不干！"这句话，在日后的美国政治竞选中被称为"谢尔曼宣言"。1891年，谢尔曼在纽约去世，享年71岁。

尤利西斯·格兰特在战后的声望如日中天，他被视为战争英雄、联邦的拯救者。美国国会专门为他设置了一个新的职位：美国联邦军队总司令。在南部重建时期，约翰逊总统派格兰特到南方去做一次调研，格兰特在调研报告中提出了一系列相当中肯的意见建议。在如何开展重建工作的问题上，作为全军总司令的格兰特，夹在总统与国会之间的激烈争斗中，处境相当尴尬。作为军人，他应该听命于联邦军队统帅约翰逊总统；作为共和党人，他又不能得罪国会的激进派势力，再说他本人也是这场战争主要参与者，在政治态度上比较倾向于激进派。

格兰特尽量采取"两面不得罪"的办法，但要做到这一点谈何容易。例如，国会决定在南方设立五大军区，军区司令拥有很大的权力，可以干预南方州的行政事务，保障南方黑人的权益，各军区司令由格兰特任命，这对格兰特是一个很大的挑战，他必须为每位军区司令的任命和行为负责，弄得不好两面得罪。又如，1867年8月，约翰逊总统为了打击共和党激进派的势力，在国会休会期间免了战争部长斯坦顿的职务，临时任命格兰特为战争部长。这给格兰特出了一个大难题：激进的共和党人斯坦顿为内战胜利作出了重大贡献，约翰逊总统让格兰特去接替他，明摆着让格兰特坐到火炉上去烤。不过，格兰特还是暂时接受了这一任命，这算是给了约翰逊一个面子；但在次年2月，国会重新任命斯坦顿为战争部长，约翰逊却要求格兰特坚持留任，由最高法院来做最后裁决；这次，格兰特不再买账，主动辞去了战争部长，把这个职位让给了斯坦顿。这样一来，大大惹怒了约翰逊总统，两人的关系出现了不小的裂缝。盛怒之下的约翰逊总统于当月21日再次罢免斯坦顿，任命托马斯为战争部长。托马斯婉言拒绝了。三天后，国会投票决定对约翰逊总统进行弹劾。

格兰特倾向于共和党激进派的态度，以及他与总统关系的日趋疏远，使得他在党内的知名度和影响力不断上升。[47]1868年5月，共和党全国代表大会一致提名格兰特为下届总统候选人。对此，共和党的激进派、温和派、保守派居然意见相当一致。格兰特提出的竞选口号是"让我们和平共处"，[48]

颇能打动南北民众。1868 年 11 月，格兰特当选美国第十八任总统，时年 46 岁，成为当时美国历史上最年轻的总统。在这次大选中，三十七个州中有十六个州的黑人参加了投票。四年之后，在 1872 年大选中，格兰特连任总统。

格兰特总统继续推进南方重建工作。在他任内，国会通过了宪法《第十五修正案》，赋予一百多万获得自由的黑人投票权。1875 年，格兰特签署了《民权法案》，赋予黑人参与公共事务和公共活动的权利。格兰特还签署了《三 K 党法案》，致力于弹压三 K 党，数百名三 K 党成员被捕。格兰特还动用联邦军队维护南方社会秩序。格兰特实施了宽松的印第安人政策，保障印第安人的权利，在他的任期内，美国政府与印第安部落之间的冲突明显减少。

总的说来，格兰特是一位优秀的将军，却不被认为是一名优秀的总统。事实上，格兰特对政治算是一个外行，他似乎在用战争年代管理军队的方式管理白宫事务，在八年总统任期内留下了许多话柄和口实。人们指责他任人唯亲，未能有效处理政府腐败问题。在他的两个任期内，至少与十一个影响较大的贪腐案存在直接关涉。在美国战后工业经济快速发展和西部大扩展的背景下，经济界的舞弊和贪腐现象相当普遍。很遗憾，格兰特在这样的环境里未能加强管理，本人也未做到洁身自好。

格兰特离任后，携妻子周游列国，先后到了英国、爱尔兰、德国、意大利、印度等国。1879 年 5 月，格兰特来到中国，访问了上海、天津，会见了直隶总督兼北洋大臣李鸿章。李鸿章在总督府设宴款待格兰特，两人所谈详情已不得而知，有可能交流了各自在内战中的体会——就在格兰特与李将军展开殊死战斗的时候，李鸿章也在剿杀太平天国的部队，他的主要对手也姓李，只不过下场与李将军完全不同，最后以被俘斩首结局，他就是李秀成。当时，正值中日关系紧张，据说席间李鸿章请格兰特访问下一站日本时，能够帮中国说说话。这对于一个已经卸任的总统来说，估计也不会有什么效果。

在 1880 年的总统大选中，共和党又有人提出，要提名格兰特为候选人，这说明格兰特的政治影响力依然不减。据说，格兰特本人也颇有此愿，但共和党最后还是放弃了这位"过气"的名人，选择了格兰特当年在恰特诺加战役中的参谋长詹姆斯·加菲尔德（James A. Garfield），这多少让格兰特感到几分落寞。[49]

由于海外旅行和公司经营不利，格兰特欠下了一大笔债务，不得不抱病撰写回忆录，以挣钱还债，养家活口。格兰特的写作得到了马克·吐温的指点，他的两卷本《个人回忆录》杀青之际，格兰特已经因喉癌无法说话了。该书文笔优美，销路很好，为他的家人赚得了四十五万美元，并且跻身于美国文学名著之列。[50]

1885年7月23日，格兰特离开人世，享年63岁。他的墓碑上镌刻着一行字：

让我们拥有和平。

值得欣慰的是，在纽约举行的格兰特葬礼上，有150万人参加，这对于生前曾遭受污名的格兰特来说，也许是一种安慰吧。[51]

7

青山依旧在，几度夕阳红。

1958年11月，一群历史学家来到葛底斯堡学院，参加一个南北战争的学术研讨会。会上，有一位名叫哈利·威廉姆斯（T. Harry Williams）的学者递交了一篇论文，题目是《南方与北方的军事领导》。在这篇文章中，威廉姆斯从军事理论的角度，结合具体战争历程，对南北战争中的主要将领做了一番评点，大有金圣叹评点《水浒传》或毛宗岗评点《三国演义》之风，饶有趣味。为了方便阅读，现将句子分拆开来，直译如下：

麦克莱伦缺乏总指挥的气质。

伯恩赛德精神状态不佳。

虎克是一个不错的战略家，但缺乏钢铁意志，以及头脑中掌控部队的想象力。

米德是一个按部就班的好战士，不过也就仅此而已，他备受防御心理综合征的折磨。

彪尔是麦克莱伦一个复制品，比他更加单调。

哈莱克是一个缺乏原创性的学者，一个优秀的参谋人员，在战场上派不上用场。

罗斯克兰斯具有一定的战略能力，但是缺乏平衡能力，他在切卡莫加的折戟就是一个很好的例子。

阿尔伯特·约翰斯顿死得太早，未能证明他的能力，但他生前的表现足以让我们相信，他是一个英勇的将军。

博雷加德在夏洛之战中本应成为一个出色的指挥官，但他未能赢得这场战役，加上他的个性缺陷，使他在余下战争中只能成为一个相对次要的角色。

布拉格，这位丧失机遇的将军，很像另一个虎克，他创造了很好的机会，但缺乏贯彻自己目标的决心，他没有愿望去克服战争的常规惰性。

埃德蒙德·史密斯一开始在东线战场颇为抢眼，不过后来就消逝在密西西比流域战场上了。

约瑟夫·约翰斯顿是一个内战迷们永远津津乐道的争议人物，他在战场上尤其在佐治亚之战中连续后撤，我们感觉，一位出色的将领应该主动发起进攻，约翰斯顿本来也是准备这样做的，他无疑有这样的能力，但他从未很好地发挥出来。

朗斯崔特与石墙将军是出色的军团指挥官，很可能是整个战争中最出色的。但他俩都没有迹象表明会上升到更高的位置。朗斯崔特作为独立指挥官算是失败的，石墙将军率领一支小部队时的确表现出色，但是可能缺乏指挥大部队的管理能力。

托马斯和汉考克在联邦将领中出类拔萃，托马斯独立指挥过兵团，他应对特定形势的军事能力较强，尤其擅长硬碰硬的对攻。

斯图尔特、谢里登、弗莱斯特、威尔森都是优秀的骑兵将领，但我们很难说他们还有其他的特殊能力。谢里登有一次战斗中显示出指挥步兵、骑兵、炮兵协同作战的出色能力，但那是在双方力量对比占优的情况之下。他也从未摆脱战争的常规惰性。

最后的分析是，内战将领中真正能够称得上"伟大"的，南方只有李将军，北方只有格兰特与谢尔曼。[52]

结语

一个国家的诞生

1

美国内战是一场浩劫。

整个内战期间，双方士兵死亡人数达到 62 万。其中，北军战死 14 万多人，另有 22 万多人病死，总共死亡 36 万人，死亡率为 23%，加上受伤人数 28 万以上，每四名战士就有一人非死即伤。

南军战死人数超过 7.5 万人，加上病死人数，总共死亡接近 28 万人，死亡率为 24%。20 岁到 40 岁之间的南方男性白人中有五分之二死于非命，只有四分之一的南军士兵侥幸逃过伤亡。

战争消耗了 200 亿美元经费，是 1860 年联邦财政收入的 31 倍。战争造成了巨大的破坏，南方人三分之二的财产化为乌有。历史学家格雷·葛尔格在《失败的遗产》一文中写道：

> 大多数南方城市毁于战火。摄影师乔治·伯纳德（George N. Barnard）跟随着谢尔曼大军从佐治亚州一直到南、北卡罗来纳州，沿途拍摄了被战火蹂躏的亚特兰大、哥伦比亚、查尔斯顿，到处是被毁坏的房屋、烧毁的铁路车站，曾经的政府大楼变成了残垣断壁。在理士满，邦联撤退时焚烧了政府设施，摄影师拍摄了城市的惨景，詹姆斯河沿岸的许多工厂化为灰烬。……摄影师约翰·琼斯（John B. Jones）后

　　　　　　　　　　　　　　　　　　自由的新生

来写道："从主街到运河的 700 多幢房屋被彻底摧毁了，其中包括最有名的商店、最好的商业大楼，詹姆斯河上的所有桥梁全被毁坏了。可以说，破坏工作近乎完美！"[1]

事实上，这场战争对南方的破坏如此之大，以至于直到六十年之后，南方农业产值才重新达到战前的水平。

2

那么，美国内战有没有积极的意义呢？回答是肯定的。

就国家前途、民族未来、政治发展、制度更新、社会进步而言，美国内战不但是积极的，而且积极意义远远大于负面影响。在格雷·葛尔格《美国内战》一书的序言中，詹姆斯·麦克福尔森这样写道：

> 战争的结果对于这个国家整体而言利大于弊。北方的胜利解决了自建国以来一直折磨美国的两个难题：这个民主共和国的脆弱实验，能否在一个大多数共和国都已被扔进历史垃圾箱的世界上继续生存下去？一半自由、一半奴隶的分裂房子能否持久存在下去？……自从 1865 年以来，美国再没有一个州或地区严肃威胁过要脱离联邦。[2]

中国曾经有一句话叫作"天下大乱达到天下大治"。美国内战给这句话提供了一个生动的注脚。

四年后，经过一场血雨腥风的战事，呈现在人们面前，既不是新的邦联，也不再是旧的联邦，而是一个崭新的国家。

大卫·格里菲斯（David W. Griffith）导演的美国早期无声电影《一个国家的诞生》，叙述了美国内战与重建期间两个南北家庭的悲欢离合，被威尔逊总统称为"犹如用光电撰写历史"。在 1915 年的美国社会背景下，这部电影带有一定的种族主义色彩，这并不奇怪。撇开电影内容不说，它的片名——一个国家的诞生——倒是十分准确地道出了美国内战的历史意义。

美国内战的意义在于，在铁与火的锤炼下，在血与泪的浇灌下，在北美大地上建立起一个新的国家，诞生了一个新的民族。同时，在内战中，美国人民在一场人类多种族共同生活的伟大试验中，经受住最为严峻的考验，移除了一座难以撼动的千仞之山，开启了一条不同肤色的人种自由、平等生活在一起的未来道路。

3

在内战之前，大多数美国人头脑里存在着强烈的州权意识："州"（State）是一个主权实体，是自己的母国（Home State）；"合众国"（the United States）只不过是各州主权实体的自愿联合体，离合聚散，权在各州。历史学家伍德瓦德在《新美国历史》一书中说：

> 在南方宣布脱离联邦之际，这个国家存在着一种普遍的观念：任何一个州，都有权利脱离联邦。这种观念既包括南方人，也包括北方人……在此之前，几乎所有的州，都曾经对外威胁过，要与其他姐妹州说"再见"，另起炉灶过日子。事实上，北方人还是最早提出"脱离"的，他们在1814年就差一点离开联邦。即使在1857年，新英格兰地区也专门开会，讨论决定是否"脱离"，当然他们是想要从蓄奴者那里脱离出来。[3]

经过一场内战，大多数美国人都明白了，联邦国家是一个不可分割的实体，联邦宪法权力高于州权。至此，"合众国"真正成为一个统一的整体，成为一个"由各州组成的国家"，而非"由各国组成的联盟"。

最能说明这一点的是：在内战之前，"美国"是一个复数名词，是由多个State组成的联合体。内战之后，"美国"变成了一个单数名词。正如历史学家乔伊·哈克姆（Joy Hakim）在《自由的历程》一书中所说：

> "美利坚合众国"这个名词，在华盛顿等开国元勋那里，还是一个

复数名词，但是到了内战之后，具体说到了葛底斯堡战役之后，就变成了一个单数名词。[4]

国名从复数到单数的变化，从一个角度标志着一个国家的新生。考马克·奥伯林在《美国内战的秘密生活》一书中也说：

> 内战开始打造一个前所未有的统一国家，"各州联合体"增加了"联合"的性质，减少了"各州"的色彩。开国元勋们的未竟事业最终被完成了。[5]

当然，也有历史学家不同意这样的观点，在《美国内战主题》一书中，收录了牛津大学历史学家唐纳德·拉特克里夫（Donald Ratcliffe）的论文《州际联盟：1776—1860》，其中就说：

> 美国内战史的历史学家经常试图夸大联邦在 1860 年之前的虚弱性。……许多现代历史学家赞同史诗电影导演 D.W. 格里菲斯的说法：1860 年的一系列事件导致了"一个国家的诞生"。……然而，这种观点基本上是误导性的。首先，它低估了 1770 年代到 1820 年代联邦的力量。……其次，美国在 1887—1888 年采用的联邦政府体系，组成了拥有许多实权的中央政府，比 19 世纪中叶历史学家所承认的更多。[6]

就算拉特克里夫说得不无道理，不能否认的事实是，时至 19 世纪中叶，南方州与联邦政府公然摊牌的最主要底气和霸气，来自于强烈的州权意识。

不管怎么说，要使这个国家获得"自由的新生"（A New Birth of Freedom），这是林肯亲口说过的话；格里菲斯将它改为"一个国家的诞生"（The Birth of A Nation），不但言之有据，而且意境深远，耐人寻味。

内战造就了一个新的国家。同时，内战也成就了一个新的民族。经过内战的陶冶，美国朝着民族"大熔炉"的方向迈出了实质性的一步。

美国人民对国家意识的强化，是19世纪世界范围内广泛出现的"民族国家"（Nation）构建运动的一部分。几乎与美国内战同一时期，欧洲新兴民族国家风起云涌，有人因此把林肯与意大利的马志尼、德意志的俾斯麦相提并论，虽不甚恰当，从形成民族国家的角度，并非毫无道理。

需要指出的是，美国与欧洲民族国家之间有一个重要的差别：欧洲民族国家大都基于同一种族、血统、语言及文化，而美国人民则由世界上不同种族和民族的人组成，是一个多民族、多文化融合而成的民族。

内战期间，25%的联邦士兵、9%邦联士兵出生在国外，联邦军队中德裔士兵达到20万人，爱尔兰裔士兵也有15万人。在弗莱德里克斯堡的玛丽高地之战中，托马斯·麦格赫（Thomas Meagher）准将率领的北军第1师第1旅清一色由爱尔兰人组成，而隔着石墙向他们猛烈射击的，正是南军的爱尔兰步兵团。当然，更具历史意义的是，美国内战将黑人与白人纳入同一个熔炉里锤炼。

内战熔炉的熊熊烈焰，铸造出一个新的民族——美利坚民族。在这个过程中，美国也由一个Union，变成了一个Nation。

林肯是最早认识到这一历史性转变的人，并且竭尽全力推动这一转变。美国历史学家埃里克·方纳说：

> 内战创造出一种新的国家自我意识。"Nation"（民族国家）——即一个统一的政治联合体——一词取代了由分离的州组成的"Union"（联邦）而不断为人频繁地使用。1861年，在他的就职演说中，林肯使用了20次"Union"一词，一次也没有使用"Nation"。1863年，在他的269字的葛底斯堡演说中，"Union"一词一次也没有出现，而林肯提到"Nation"的地方有5次。[7]

1990 年，怀俄明大学詹姆斯·韦斯特·戴维森（James West Davidson）教授与几位历史学家一起撰写了一部厚达 1300 多页的美国通史，题目叫 Nation of Nations，可以翻译为《众族之族》。这个书名极其深刻，是对美国历史特质的点睛之笔。

经过内战的洗礼，不同肤色、不同语言、不同民族、不同文化背景的人们，在北美大地的这片疆域中，开始形成一个共同的国家意识，也开始形成一种共同的民族意识。正如苏珊－玛丽·格兰特在《从联邦到民族国家》一文中所说：

> 继美国革命之后，美国内战有力地推动了美利坚民族的形成。因此，与其说美国内战是一场残酷而血腥的战争，毋宁说它是一个自我救赎的过程：战争保存了这个民族，使之前所未有地更加美好而强大。[8]

美国内战锻造了这个世界范围内独特无二的"众族之族"，并由此开始了它的历史新进程。

5

从一定意义上说，美国内战是一场源于人类种族与肤色差异的大规模现代战争。

在这个世界上，人与人之间，唯有一种东西，是千秋万代永远不可改变的——那就是人类的肤色。中国古语说，"物以类聚，人以群分"。历史上，许许多多种族与民族，习惯于将相同肤色的人视为同类，将不同肤色的人视为蛮夷、另类、异己乃至禽兽。轻者，保持一定的陌生感和距离感；重者，深藏强烈的轻蔑感和敌对感。由此引发了古往今来一幕幕种族欺压、种族战争、种族屠杀的悲剧。

消除这种悲剧的唯一途径，就是让不同种族的人们尝试着共同生活在一起。但是，这种"共同生活"既不能操之过急，也无法一蹴而就。只能在一个局部的范围内，进行先期的试验。让这个试验区内的不同种族率先学会平等、和睦相处，便于各国人民积累正面经验，汲取反面教训。

环视五洲大地，几乎所有地方都已人满为患，唯一人烟稀少、可资利用的"空地"就是北美大陆。于是，便有了哥伦布"发现"新大陆，有了欧洲移民浪潮，有了华人远渡重洋，甚至有了非洲黑奴买卖。这一切，似乎都为了凑成一个称之为"美利坚合众国"的试验场，来开展一场人类有史以来规模浩瀚、历时弥久、风险极高、意义深远的种族共居大试验。

这场试验从1607年弗吉尼亚的詹姆斯敦开始，一直延续到19世纪中叶，扩充到了美国全境。美国内战将这场试验推到了一个成败利钝的十字路口。

林肯对于这个国家的认知，体现了一种强烈的"试验意识"，他在葛底斯堡演讲中明确说："我们正在进行一场伟大的内战，以考验这个国家，或者任何一个孕育自自由和信奉上述原则的国家，能否长久存在下去。"格兰特也是如此，他在《个人回忆录》中写道：

> 从叛乱开始之日起，我们的共和国被认为是一种实验，欧洲的君主国都相信我们的共和国就像一根纱线，任何拉力就可以将它扯断。现在，这个国家自我证明了有能力经受住一场有史以来最伟大战争的考验，我们的人民也自我证明了乃是这个世界上最伟大的民族。[9]

当然，他们所说的"考验"和"实验"，主要是指对于民主共和国的试验。其实，在这个"国家"的试验中，同时蕴含了一种人类"种族共居"的试验。

万幸的是，这场试验经受住了严峻挑战，在1865年春天结出了一个成功的果实——既是"国家"试验的成功，也是人类试验的成功。

内战之后，这个试验仍在持续下去。今天的美国，当年马丁·路德·金梦想的情景——"在佐治亚的红山上，昔日奴隶的儿子能够和昔日奴隶主的儿子坐在一起，共叙兄弟情谊"——已然实现；他所说的愿景——"梦想有一天，幽谷上升，高山下降，坎坷曲折之路成坦途，圣光披露，满照人间"——消除所有种族偏见的人类美好社会，在世界各种族和民族的共同努力下，终将成为现实。

这，就是美国内战之于人类的意义。

6

美国内战，既是一个结局，又是一个开局——它是旧制度与旧联邦的结局，也是新国家与新民族的开局。

在内战爆发之前，能够预见这个"结局"与"开局"的人并不多，林肯是其中之一。林肯奉献了自己的全部智慧和生命，给"结局"画上句号，为"开局"奠定基础。

许多人将林肯与华盛顿相提并论。事实是，从1948年开始，在美国历次总统排名中，林肯每次都被排在第一位。[10] 原因何在？历史学家詹姆斯·麦克福尔森在《总统的力量》一书中精辟指出：

> 华盛顿建立了一个或许可以分割的国家，给某些人带来了自由；林肯则建立了一个不容分割的国家，给所有人带来了自由。[11]

内战四年，林肯经常不被理解，遭受了数不清的批评、讽刺、辱骂甚至生命威胁，莱文（J. G. Lewin）等在《战线与争辩》一书中，收集了大量内战时期的政治卡通画，林肯被丑化为各式各样的野兽、鬼怪、小丑、病人。[12] 面对各种压力，林肯感到心力交瘁，朋友劝他注意休息，林肯回答说："我想，休息或许对身体有好处，但我感到疲倦的是内心，那个接触不到的地方。"把林肯担任总统之初的照片与遇害前夕的照片作一对比，可以明显看出林肯在四年的煎熬中，苍老了许多。正如当时纽约一份报纸的评论所说：

> 现在，认识林肯的人们终于明白，他那总是带着浓浓悲伤表情的、布满皱纹的脸，预示了他的悲惨命运。……林肯活着的时候已经看到了漫漫长夜之后的第一缕曙光。同摩西一样，他指引着我们穿过荒蛮之地，他满怀爱国情怀，看到未来国家是一片充满和平的富足乐土。他深情地凝视着这一切。[13]

的确，这是一种类似犹太"先知"的精神疲惫，一种"弥赛亚"式的悲剧情怀。

林肯去世后，格里雷在《纽约论坛报》撰文道：

> （林肯）不是一位国王，而是一位人民的孩子，他让自己成为一个伟大的说服者，从而成为一个伟大的领导者，靠着坚定的决心、耐心的努力、顽强的毅力。[14]

在生命的最后一天，林肯似乎预感到大难的降临，布思的子弹使林肯得以用一种现代十字架的方式，来唤醒"罪人们"的自我救赎，从而将这个国家引入到一条"自由的新生"之路。也许，这正是林肯被美国人称为"自基督以来最伟大人物"的原因。

注释

序言 不平等的自由

[1] Reid Mitchell, *Civil War Soldiers*, Penguin Books, New York, 1988, p.1.

[2] Delia Ray, *Behind the Blue and Grey*：*The Soldiers's Life in the Civil War*, Puffin Books, New York, 1996, p.6.

[3] Joseph G. Bilby, *Civil War Firearms: Their Historical Background, Tactical Use and Modern Collecting and Shooting*, Combined Books, Pennsylvania, 1996, p.11.

[4] Neil Kagan and Stephen G. Hyslop, *Eyewitness To The Civil War, National Geographic Society*, Washington D.C., 2006, p.342.

[5] Bruce Catton, *The Civil War*, The Fairfax Press, New York, 1980, p.156—157.

[6] James Truslow Adams, *American Tragedy*, Charles Scribner's Son, New York, 1935, p.192—193.

[7] David Herbert Donald, *Why the North Won the Civil War*, Simon&Schuster Paperbacks, New York, 1996, p.41—42.

[8] Tom Carhart, *Sacred Ties: From West Point Brothers to Battlefield Rivals*, Penguin Group Inc., New York, 2010, p.4.

[9] Bruce Catton, *The Civil War*, The Fairfax Press, New York, 1980, p.27.

[10] Margaret E. Wagner, *The American Civil War 365 Days*, Harry N. Abrams, Inc., New York, 2006, October 23.

[11] Bob Blaisdell, *Famous Documents and Speeches of the Civil War*, Dover Publications, Inc., New York, 2006, p.127.

[12] Earl Schenck Miers, *The American Story*, Broadcast Music Inc. New York, 1956,

p.169.

[13] William B. Russell Ⅲ, *Civil War Films For Teachers and Historians*, University Press of America, Inc., New York, 2008, p.15.

[14] William G. Thomas and Alice E. Carter, *The Civil War on the Web: A Guide to the Very Best Sites*, Scholarly Resources Inc., Wilmington, 2001.

第一章　南方与北方

[1] Ruth Hoover Seitz, *Gettysburg: Civil War Memories*, RB Books, Harrisbury, PA, 1996, p.37.

[2] Tom Carhart, *Sacred Ties: From West Point Brothers to Battlefield Rivals*, Penguin Group Inc., New York, 2010, p.27.

[3] [美] 加里·纳什:《美国人民》, 北京大学出版社, 2008 年版, 第 354 页。

[4] 张友伦:《美国通史》第 2 卷, 人民出版社, 2002 年版, 第 334 页。

[5] Bruce Catton, *The Civil War*, The Fairfax Press, New York, 1980, p.5.

[6] [美] 乔伊·哈克姆:《自由的历程: 美利坚图史》, 复旦大学出版社, 2006 年版, 第 100 页。

[7] Bruce Catton, *The Civil War*, The Fairfax Press, New York, 1980, p.5.

[8] [美] 加里·纳什:《美国人民》, 北京大学出版社, 2008 年版, 第 355 页。

[9] James M. McPherson, *Battle Cry of Freedom*, The Penguin Books, London, 1990, p.3.

[10] James M. McPherson, *Battle Cry of Freedom*, The Penguin Books, London, 1990, p.5.

[11] James West Davidson, William Gienapp, Christine Leigh Heyrman, Mark H. Lytle and Michael B. Stoff, *Nation of Nations*, McGraw-Hill Publishing Company, New York, 1990,p.518.

[12] 张友伦:《美国通史》第 2 卷, 人民出版社, 2002 年版, 第 348 页。

[13] James M. McPherson, *Battle Cry of Freedom*, The Penguin Books, London, 1990, p.8.

[14] James Truslow Adams, *American Tragedy*, Charles Scribner's Son, New York,1935, p.72.

[15] [美] 玛格丽特·米切尔:《飘》, 译林出版社, 2008 年版, 第 36 页。

[16] *Nextext Historical Readers: The Civil War*, McDougal Littell, Evanston, Illinois, 2000, p.19—20.

[17] Bruce Catton, *The Civil War*, Tess Press, New York, 1996, p.17.

[18] Margaret E. Wagner, *The American Civil War 365 Days*, Harry N. Abrams, Inc., New York, 2006，January 7.

[19] Jemima Dunne and Paula Regan, *The American Civil War: A Visual History*, Dorling Kindersley Limited, London, 2011, p.27.

[20] Lori McManus, *Key People of the Civil War*, Heinemann Library, Chicago, 2011, p.13.

[21] [美]威廉·J.本内特：《美国通史》，江西人民出版社，2009 年版，第 232 页。

[22] James M. McPherson, *Battle Cry of Freedom*, The Penguin Books, London, 1990，p.121—123.

[23] [美]艾伦·布林克利：《美国史》，海南出版社，2009 年版，第 377 页。

[24] Jemima Dunne, Paula Regan, *The American Civil War: A Visual History*, Dorling Kindersley Limited, London, 2011, p.30.

[25] James M. McPherson, *Battle Cry of Freedom*, The Penguin Books, London, 1990, p.153.

[26] James West Davidson, William Gienapp, Christine Leigh Heyrman, Mark H. Lytle, Michael B. Stoff, *Nation of Nations*, McGraw-Hill Publishing Company, New York, 1990, p.540—541.

[27] [美]查尔斯·A.比尔德、玛丽·比尔德：《美国文明的兴起》，商务印书馆，2010 年版，第 890—891 页。

[28] Harry Hansen, *The Civil War*, Signel Classics, New York, 2002，p.16.

[29] Jemima Dunne and Paula Regan, *The American Civil War: A Visual History*, Dorling Kindersley Limited, London, 2011，p.35.

[30] [美]马克·C.卡恩斯、约翰·A.加勒迪：《美国通史》，山东画报出版社，2008 年版，第 329 页。

[31] James Truslow Adams, *American Tragedy*, Charles Scribner's Son, New York, 1935, p.139.

[32] Bruce Catton, *The Civil War*, The Fairfax Press, New York, 1980, p.6.

[33] James M. McPherson, *Battle Cry of Freedom*, The Penguin Books, London, 1990, p.162.

[34] Earl Schenck Miers, *The American Story*, Broadcast Music Inc. New York, 1956, p.186.

[35] [美]查尔斯·A.比尔德、玛丽·比尔德：《美国文明的兴起》，商务印书馆，2010 年版，第 895 页。

[36] [美]萨丽·森泽尔·艾萨克斯：《美国历史》，山西人民出版社，2008 年版，第

181 页。

[37] [美] 罗伊·P.巴斯勒：《林肯集》，生活·读书·新知三联书店，1993 年版，第 759 页。

[38] [美] 罗伊·P.巴斯勒：《林肯集》，生活·读书·新知三联书店，1993 年版，第 626 页。

[39] [美] 罗伊·P.巴斯勒：《林肯集》，生活·读书·新知三联书店，1993 年版，第 657 页。

[40] [美] 罗伊·P.巴斯勒：《林肯集》，生活·读书·新知三联书店，1993 年版，第 530 页。

[41] Shelby Foote, *The Civil War*, Vol. one, First Vintage Books Edition, London, 1986，p.33.

[42] Harry Hansen, *The Civil War*, Signel Classics, New York, 2002, p.23—24.

[43] Margaret E. Wagner, *The American Civil War 365 Days*, Harry N. Abrams, Inc., New York, 2006, January 19.

[44] James M. McPherson, *Battle Cry of Freedom*, The Penguin Books, London, 1990, p.40.

[45] 《马克思恩格斯全集》，第 15 卷，人民出版社，1963 年版，第 365 页。

第二章　厉兵秣马

[1] [美] 威廉·J.本内特：《美国通史》，江西人民出版社，2009 年版，第 265 页。

[2] Gerald J. Prokopowicz, *Did Lincoln Own Slaves*, Vintage Books, New York, 2008, p.177.

[3] John and Alice Durant, *Pictorial History of American Presidents*, A. S. Barnes and Company, New York, 1955, p.121.

[4] [美] 詹姆斯·M.麦克菲尔森：《总统的力量》，中国友谊出公司，2007 年版，第 116 页。

[5] Andrew Delbanco, *The Abolitionist Imagination*, Harvard University Press, Cambridge, 2012, p.77.

[6] Bob Blaisdell, *Famous Documents and Speeches of the Civil War*, Dover Publications, Inc., New York, 2006, p.18.

[7] Margaret E. Wagner, *The American Civil War 365 Days*, Harry N. Abrams, Inc., New York, 2006, April 2.

[8] Margaret E. Wagner, *The American Civil War 365 Days*, Harry N. Abrams, Inc., New York, 2006, April 22.

[9]   James M. McPherson, *Tried By War: Abraham Lincoln As Commander In Chief*, The Penguin Group(USA) Inc., New York, 1990, p.9—10.

[10] Bob Blaisdell, *Famous Documents and Speeches of the Civil War*, Dover Publications, Inc., New York, 2006, p.114.

[11] James M. McPherson, *Tried By War: Abraham Lincoln As Commander In Chief*, The Penguin Group(USA) Inc., New York, 1990, p.13.

[12] James M. McPherson, *Battle Cry of Freedom*, The Penguin Books, London, 1990, p.272.

[13] James Truslow Adams, *American Tragedy*, Charles Scribner's Son, New York, 1935, p.181.

[14] Neil Kagan and Stephen G. Hyslop, Eyewitness To The Civil War, National Geographic Society, Washington D.C., 2006, p.57.

[15] Shelby Foote, *The Civil War*, Vol. one, First Vintage Books Edition, London, 1986, p.49.

[16] James Truslow Adams, *American Tragedy*, Charles Scribner's Son, New York, 1935, p.183.

[17] [美]查尔斯·A.比尔德、玛丽·比尔德:《美国文明的兴起》,商务印书馆,2010年版,第925页。

[18] James Truslow Adams, *American Tragedy*, Charles Scribner's Son, New York, 1935, p.175.

[19] James Truslow Adams, *American Tragedy*, Charles Scribner's Son, New York, 1935, p.195—196.

[20] Robert Hunt Rhodes, *All For The Union: the Civil War Diary and Letters of Elisha Hunt Rhodes*, Vintage Books, New York, 1992, p.12.

[21] W. E. Woodward, *A New American History*, Farrar & Rinehart, Inc., New York, 1936, p.524.

[22] Geoffrey Ward, *The Civil War: An Illustrated History*, Alfred A. Knopf Inc., New York, 1990, p.42.

[23] Bruce Catton, *The Civil War*, The Fairfax Press, New York, 1980, p.150.

[24] Delia Ray, *Behind the Blue and Grey*, Puffin Books, New York, 1996, p.6.

[25] W. E. Woodward, *A New American History*, Farrar & Rinehart, Inc., New York, 1936, p.526.

[26] [美]查尔斯·A.比尔德、玛丽·比尔德:《美国文明的兴起》,商务印书馆,2010年版,第917页。

[27] John and Alice Durant, *Pictorial History of American Presidents*, A. S. Barnes and Company, New York, 1955, p.124—125.

[28] Margaret E. Wagner, *The American Civil War 365 Days*, Harry N. Abrams, Inc., New York, 2006, April 7.

[29] [美] 威廉·J. 本内特：《美国通史》，江西人民出版社，2009 年版，第 22 页。

[30] 黄安年：《美国的崛起》，中国社会科学出版社，1992 年版，第 302 页。

[31] Jemima Dunne, Paula Regan, *The American Civil War: A Visual History*, Dorling Kindersley Limited, London, 2011, p.143.

[32] [美] 威廉·J. 本内特：《美国通史》，江西人民出版社，2009 年版，第 276 页。

[33] James M. McPherson, *Battle Cry of Freedom*, The Penguin Books, London, 1990, p.287.

[34] [美] 戴维·沃伦钦斯基、欧文·华莱士：《总统外传——美国历任总统简介》，商务印书馆，1983 年版，第 64 页。

[35] James M. McPherson, *Tried By War: Abraham Lincoln As Commander In Chief*, The Penguin Group(USA) Inc., New York, 1990, p.30.

[36] James M. McPherson, *Battle Cry of Freedom*, The Penguin Books, London, 1990, p.355.

[37] James M. McPherson, *Battle Cry of Freedom*, The Penguin Books, London, 1990, p.284.

[38] James West Davidson, William Gienapp, Christine Leigh Heyrman, Mark H. Lytle, Michael B. Stoff, *Nation of Nations*, McGraw-Hill Publishing Company, New York, 1990, p.562.

[39] James West Davidson, William Gienapp, Christine Leigh Heyrman, Mark H. Lytle, Michael B. Stoff, Nation of Nations, McGraw-Hill Publishing Company, New York, 1990, p.562.

[40] David Herbert Donald, *Why the North Won the Civil War*, Simon&Schuster Paperbacks, New York, 1996, p.21.

[41] John Keegan, *The American Civil War*, Hutchinson, London, 2009, p.344.

[42] David Herbert Donald, *Why the North Won the Civil War*, Simon&Schuster Paperbacks, New York, 1996, p.15.

[43] Bevin Alexander, *How the South Could Have Won the Civil War*, Three River Press, New York, 2007, p.1.

[44] Reid Mitchell, *Civil War Soldiers*, Penguin Books, New York, 1988, p.2.

[45] Susan-Mary Grant and Brian Holden Reid, *Themes of the American Civil War*,

Routledge, New York, 2000, p.66.

[46] Bruce Catton, *The Civil War*, The Fairfax Press, New York, 1980, p.101.

[47] [美] 玛格丽特·米切尔：《飘》，译林出版社，2008 年版，第 23 页。

[48] Warren Wilkinson and Steven E. Woodworth, *A Scythe of Fire: Through the Civil War with One of Lee's Most Legendary Regiments*, Perennial An Imprint of HarperCollins Publishers, New York, 2002, p.5.

[49] David Herbert Donald, *Why the North Won the Civil War*, Simon&Schuster Paperbacks, New York, 1996, p.35.

[50] [美] 查尔斯·A. 比尔德、玛丽·比尔德：《美国文明的兴起》，商务印书馆，2010 年版，第 871 页。

[51] [美] 加里·纳什：《美国人民》，北京大学出版社，2008 年版，第 350 页。

[52] Earl Schenck Miers, *The American Story*, Broadcast Music Inc. New York, 1956, p.198.

[53] James Truslow Adams, *American Tragedy*, Charles Scribner's Son, New York,1935，p.67.

[54] *Nextext Historical Readers: The Civil War*, McDougal Littell, Evanston, Illinois, 2000, p.48.

[55] James M. McPherson, *Battle Cry of Freedom*, The Penguin Books, London, 1990, p.243.

[56] *Nextext Historical Readers: The Civil War*, McDougal Littell, Evanston, Illinois, 2000, p.10.

[57] Reid Mitchell, *Civil War Soldiers*, Penguin Books, New York, 1988, p.5—6.

[58] Gary W. Gallagher and Stephen D. Engle, Robert K. Krick, Joseph T. Glatthaar, *The American Civil War*, Osprey Publishing, New York, 2003，p.80.

[59] Earl Schenck Miers, *The American Story*, Broadcast Music Inc. New York, 1956, p.201.

[60] James M. McPherson, *Tried By War: Abraham Lincoln As Commander In Chief*, The Penguin Group(USA) Inc., New York, 1990, p.42.

[61] T. Harry Williams, *Lincoln and His Generals*, Vintage Books, New York, 2011, p.7.

[62] Gerald J. Prokopowicz, *Did Lincoln Own Slaves*, Vintage Books, New York, 2008, p.127.

[63] Tom Carhart, *Sacred Ties: From West Point Brothers to Battlefield Rivals*, Penguin Group Inc., New York, 2010, p.100.

[64] James Truslow Adams, *American Tragedy*, Charles Scribner's Son, New York,

1935, p.155—156.

[65] Cormac O'Brien, *Secret Lives of the Civil War*, Quirk Productions, Ins., Philadelphia, 2007, p.189.

[66] James M. McPherson, *Battle Cry of Freedom*, The Penguin Books, London, 1990, p.281.

[67] Benson Bobrick, *Testament: A Soldier's Story of the Civil War*, Simon Schuster Paperbacks, New York, 2003, p.35.

[68] Gary W. Gallagher and Stephen D. Engle, Robert K. Krick, Joseph T. Glatthaar, *The American Civil War*, Osprey Publishing, New York, 2003, p.81.

[69] Bruce Catton, *The Civil War*, The Fairfax Press, New York, 1980, p.25.

第三章　进军理士满

[1] James M. McPherson, T*ried By War: Abraham Lincoln As Commander In Chief*, The Penguin Group(USA) Inc., New York, 1990, p.37—38.

[2] James M. McPherson, *Tried By War: Abraham Lincoln As Commander In Chief*, The Penguin Group(USA) Inc., New York, 1990, p.38.

[3] T. Harry Williams, *Lincoln and His Generals*, Vintage Books, New York, 2011, p.17—18.

[4] T. Harry Williams, *Lincoln and His Generals*, Vintage Books, New York, 2011, p.21.

[5] James West Davidson, William Gienapp, Christine Leigh Heyrman, Mark H. Lytle, Michael B. Stoff, *Nation of Nations*, McGraw-Hill Publishing Company, New York, 1990, p.567.

[6] [美]萨丽·森泽尔·艾萨克斯:《美国历史》，山西人民出版社，2008年版，第190页。

[7] Craig L. Symonds, *Joseph E. Johnston: A Civil War Biography*, W. W.Norton&Company, New York, p.111.

[8] James I. Robertson, Jr., *Geneal A. P. Hill: The Story of A Confederate Warrior*, Vintage Books, New York, p.42.

[9] Gary W. Gallagher and Stephen D. Engle, Robert K. Krick, Joseph T. Glatthaar, *The American Civil War*, Osprey Publishing, New York, 2003, p.40.

[10] Neil Kagan and Stephen G. Hyslop, *Eyewitness To The Civil War, National Geographic Society*, Washington D.C., 2006, p.76.

[11] Jemima Dunne, Paula Regan, *The American Civil War: A Visual History*, Dorling Kindersley Limited, London, 2011, p.113.

[12] Harry Hansen, *The Civil War*, Signel Classics, New York, 2002, p.67—68.

[13] Bruce Catton, *The Civil War*, Tess Press, New York, 1996, p.91.

[14] James Truslow Adams, *American Tragedy*, Charles Scribner's Son, New York, 1935, p.210.

[15] James M. McPherson, *Tried By War: Abraham Lincoln As Commander In Chief*, The Penguin Group(USA) Inc., New York, 1990, p.40.

[16] Bill Fawcett, *How to Lost the Civil War: Military Mistakes of the War between the States*, HarperCollins Publishers, New York, 2011, p.3.

[17] James Truslow Adams, *American Tragedy*, Charles Scribner's Son, New York, 1935, p.212.

[18] Tom Carhart, *Sacred Ties: From West Point Brothers to Battlefield Rivals*, Penguin Group Inc., New York, 2010, p.115.

[19] Susan-Mary Grant and Brian Holden Reid, *Themes of the American Civil War*, Routledge, New York, 2000, p.107.

[20] James Truslow Adams, *American Tragedy, Charles Scribner's Son*, New York, 1935, p.196.

[21] T. Harry Williams, *Lincoln and His Generals*, Vintage Books, New York, 2011, p.32.

[22] 《马克思恩格斯全集》，第 15 卷，人民出版社，1963 年版，第 345 页。

[23] James M. McPherson, *Tried By War: Abraham Lincoln As Commander In Chief*, The Penguin Group(USA) Inc., New York, 1990, p.51.

[24] T. Harry Williams, *Lincoln and His Generals*, Vintage Books, New York, 2011, p.44.

[25] James M. McPherson, *Tried By War: Abraham Lincoln As Commander In Chief*, The Penguin Group(USA) Inc., New York, 1990, p.52—53.

第四章　西线有战事

[1] Thomas B. Buell, *The Warrior Generals: Combat Leadership in the Civil War*, Introduction, Three Rivers Press, New York, 1997.

[2] Benson Bobrick, *Testament: A Soldier's Story of the Civil War*, Simon Schuster Paperbacks, New York, 2003, p.36.

[3] Benson Bobrick, *Testament: A Soldier's Story of the Civil War*, Simon Schuster Paperbacks, New York, 2003, p.50.

[4] Harry Hansen, *The Civil War*, Signel Classics, New York, 2002, p.90.

[5] Benson Bobrick, *Testament: A Soldier's Story of the Civil War*, Simon Schuster Paperbacks, New York, 2003, p.39.

[6] Harry Hansen, *The Civil War*, Signel Classics, New York, 2002，p.92-93.

[7] Bruce Catton, *The Civil War*, Tess Press, New York, 1996, p.54.

[8] Ulysses S. Grant, *Personal Memoirs*, Rarnes & Noble, New York, 2003, p.140—141.

[9] Ulysses S. Grant, *Personal Memoirs*, Rarnes & Noble, New York, 2003, p.159—162.

[10] Thomas B. Buell, *The Warrior Generals: Combat Leadership in the Civil War*, Three Rivers Press, New York, 1997, p.147.

[11] Joseph T. Glatthaar, *Partners in Command: The Relationships between Leaders in the Civil War*, The Free Press, New York, 1994; p.139.

[12] James M. McPherson, *Battle Cry of Freedom*, The Penguin Books, London, 1990，p.401.

[13] James M. McPherson, *Battle Cry of Freedom*, The Penguin Books, London, 1990，p.402.

[14] Charles Bracelen Flood, *Grant and Sherman: The Friendship that Won the Civil War*, Harper Perennial, New York, 2005, p.87.

[15] Charles Bracelen Flood, *Grant and Sherman: The Friendship that Won the Civil War*, Harper Perennial, New York, 2005, p.87.

[16] Ulysses S. Grant, *Personal Memoirs*, Rarnes & Noble, New York, 2003, p.198.

[17] Benson Bobrick, *Testament: A Soldier's Story of the Civil War*, Simon Schuster Paperbacks, New York, 2003, p.65.

[18] Margaret E. Wagner, *The American Civil War 365 Days*, Harry N. Abrams, Inc., New York, 2006, September 2.

[19] Charles Bracelen Flood, *Grant and Sherman: The Friendship that Won the Civil War*, Harper Perennial, New York, 2005, p.87.

[20] Ulysses S. Grant, *Personal Memoies*, Barnes&Noble, New York, 2003, p.190.

[21] Charles Bracelen Flood, *Grant and Sherman: The Friendship that Won the Civil War: The Friendship that Won the Civil War*, Harper Perennial, New York, 2005, p.104.

[22] Charles Bracelen Flood, *Grant and Sherman: The Friendship that Won the Civil War: The Friendship that Won the Civil War*, Harper Perennial, New York, 2005, p.106.

[23] Harry Hansen, The Civil War, Signel Classics, New York, 2002, p.125.

[24] Shelby Foote, *The Civil War*, Vol. one, First Vintage Books Edition, London, 1986, p.339.

[25] Ulysses S. Grant, Personal Memoirs, Rarnes & Noble, New York, 2003, p.206.

[26] Charles Bracelen Flood, *Grant and Sherman: The Friendship that Won the Civil War*, Harper Perennial, New York, 2005, p.114.

[27] Joseph T. Glatthaar, *Partners in Command: The Relationships between Leaders in the Civil War*, The Free Press, New York, 1994, p.135.

[28] Steven E. Woodworth, *Sherman*, Palgrave Macmillan, New York, 2009, Foreword.

[29] Shelby Foote, *The Civil War*, Vol. one, First Vintage Books Edition, London, 1986, p.374.

[30] Jack Hurst, *Nathan Bedford Forrest*, Vintage Books, New York, 1994, p.93.

[31] Bob Blaisdell, *Famous Documents and Speeches of the Civil War*, Dover Publications, Inc., New York, 2006, p.73—74.

[32] Ulysses S. Grant, *Personal Memoirs*, Rarnes & Noble, New York, 2003, p.215.

[33] Shelby Foote, *The Civil War*, Vol. one, First Vintage Books Edition, London, 1986, p.350.

[34] T. Harry Williams, *Lincoln and His Generals*, Vintage Books, New York, 2011, p.85.

[35] Ulysses S. Grant, *Personal Memoirs*, Rarnes & Noble, New York, 2003, p.225.

[36] Charles Bracelen Flood, *Grant and Sherman: The Friendship that Won the Civil War*, Harper Perennial, New York, 2005, p.125—126.

[37] T. Harry Williams, *Lincoln and His Generals*, Vintage Books, New York, 2011, p.86.

[38] James M. McPherson, *Tried By War: Abraham Lincoln As Commander In Chief*, The Penguin Group(USA) Inc., New York, 1990, p.85.

[39] Bob Blaisdell, *Famous Documents and Speeches of the Civil War*, Dover Publications, Inc., New York, 2006, p.70.

[40] Charles Bracelen Flood, *Grant and Sherman: The Friendship that Won the Civil War*, Harper Perennial, New York, 2005, p.130.

[41] Benson Bobrick, *Testament: A Soldier's Story of the Civil War*, Simon Schuster Paperbacks, New York, 2003, p.31.

[42] Margaret E. Wagner, *The American Civil War 365 Days*, Harry N. Abrams, Inc.,

New York, 2006, May 2.

[43] David Herbert Donald, *Why the North Won the Civil War*, Simon&Schuster Paperbacks, New York, 1996, p.62.

[44] David Herbert Donald, *Why the North Won the Civil War*, Simon&Schuster Paperbacks, New York, 1996, p.63.

[45] [美] 查尔斯·A. 比尔德、玛丽·比尔德:《美国文明的兴起》,商务印书馆,2010 年版,第 951—952 页。

[46] Margaret E. Wagner, *The American Civil War 365 Days*, Harry N. Abrams, Inc., New York, 2006, May 10.

[47] Geoffrey Ward, *The Civil War*, Vintage Books Inc., New York, 1990, p.93.

[48] James M. McPherson, *Tried By War: Abraham Lincoln As Commander In Chief*, The Penguin Group(USA) Inc., New York, 1990, p.89.

[49] Bruce Catton, *The Civil War*, The Fairfax Press, New York, 1980, p.80.

[50] Geoffrey Ward, *The Civil War: An Illustrated History*, Alfred A. Knopf Inc., New York, 1990, p.126.

第五章　兵临城下

[1] James M. McPherson, *Tried By War: Abraham Lincoln As Commander In Chief*, The Penguin Group(USA) Inc., New York, 1990, p.66.

[2] [美] 乔伊·哈克姆:《自由的历程:美利坚图史》,复旦大学出版社,2006 年版,第 134 页。

[3] Bruce Catton, *The Civil War*, The Fairfax Press, New York, 1980, p.60.

[4] James M. McPherson, *Tried By War: Abraham Lincoln As Commander In Chief*, The Penguin Group(USA) Inc., New York, 1990, p.77.

[5] Shelby Foote, *The Civil War*, Vol. one, First Vintage Books Edition, London, 1986, p.248.

[6] T. Harry Williams, *Lincoln and His Generals*, Vintage Books, New York, 2011, p.76.

[7] Craig L. Symonds, *Joseph E. Johnston, A Civil War Biography*, W. W. Norton & Company, New York, 1992, p.127.

[8] Craig L. Symonds, *Joseph E. Johnston, A Civil War Biography*, W. W. Norton & Company, New York, 1992, p.127.

[9] James M. McPherson, *Battle Cry of Freedom*, The Penguin Books, London, 1990,p.366.

[10] Geoffrey Ward, *The Civil War*, Vintage Books Inc., New York, 1990, p.128.

[11] Tom Carhart, *Sacred Ties: From West Point Brothers to Battlefield Rivals*, Penguin Group Inc., New York, 2010, p.119.

[12] James M. McPherson, *Tried By War: Abraham Lincoln As Commander In Chief*, The Penguin Group(USA) Inc., New York, 1990, p.90.

[13] James M. McPherson, *Tried By War: Abraham Lincoln As Commander In Chief*, The Penguin Group(USA) Inc., New York, 1990, p.92.

[14] T. Harry Williams, *Lincoln and His Generals*, Vintage Books, New York, 2011, p.102—103.

[15] Tom Carhart, *Sacred Ties: From West Point Brothers to Battlefield Rivals*, Penguin Group Inc., New York, 2010, p.114.

[16] James M. McPherson, *Tried By War: Abraham Lincoln As Commander In Chief*, The Penguin Group(USA) Inc., New York, 1990, p.92—93.

[17] T. Harry Williams, *Lincoln and His Generals*, Vintage Books, New York, 2011, p.8.

[18] T. Harry Williams, *Lincoln and His Generals*, Vintage Books, New York, 2011, p.8.

[19] T. Harry Williams, *Lincoln and His Generals*, Vintage Books, New York, 2011, p.8—9.

[20] T. Harry Williams, *Lincoln and His Generals*, Vintage Books, New York, 2011, p.9.

[21] Bob Blaisdell, *Famous Documents and Speeches of the Civil War*, Dover Publications, Inc., New York, 2006, p.86.

[22] Craig L. Symonds, Joseph E. Johnston, *A Civil War Biography*, W. W. Norton & Company, New York, 1992, p.172.

[23] Neil Kagan and Stephen G. Hyslop, *Eyewitness To The Civil War*, National Geographic Society, Washington D.C., 2006, p.142.

[24] Craig L. Symonds, *Joseph E. Johnston, A Civil War Biography*, W. W. Norton & Company, New York, 1992, p.172.

[25] Tom Carhart, *Sacred Ties: From West Point Brothers to Battlefield Rivals*, Penguin Group Inc., New York, 2010, p.122.

[26] G. F. R. Henderson, *Stonewall Jackson And The American Civil War*, Barnes & Noble, New York, 2006, p.387.

[27] Tom Carhart, *Sacred Ties: From West Point Brothers to Battlefield Rivals*, Penguin Group Inc., New York, 2010, p.125.

[28] Tom Carhart, *Sacred Ties: From West Point Brothers to Battlefield Rivals*, Penguin Group Inc., New York, 2010, p.126.

[29] James I. Robertson, Jr, *General A. P. Hill: The Story of a Confederate Warrior*,

Vintage Books, New York, 1987, p.71.

[30] G. F. R. Henderson, *Stonewall Jackson And The American Civil War*, Barnes & Noble, New York, 2006, p.392.

[31] T. Harry Williams, *Lincoln and His Generals*, Vintage Books, New York, 2011, p.118.

[32] Margaret E. Wagner, *The American Civil War 365 Days*, Harry N. Abrams, Inc., New York, 2006, November 4.

[33] Gary W. Gallagher and Stephen D. Engle, Robert K. Krick, Joseph T. Glatthaar, *The American Civil War*, Osprey Publishing, New York, 2003, p.84.

[34] James I. Robertson, Jr, *General A. P. Hill: The Story of a Confederate Warrior*, Vintage Books, New York, 1987, p.86.

[35] G. F. R. Henderson, *Stonewall Jackson And the American Civil War*, Barnes & Noble, New York, 2006, p.416.

[36] Harry Hansen, *The Civil War*, Signel Classics, New York, 2002, p.193.

[37] G. F. R. Henderson, *Stonewall Jackson And the American Civil War*, Barnes & Noble, New York, 2006, p.419.

[38] William C. Davis, *Battlefields of the Civil War*, Salamander Books Ltd, London, 1989, p.69.

[39] Bruce Catton, *The Civil War*, Tess Press, New York, 1996, p.150.

[40] Warren Wilkinson and Steven E. Woodworth, *A Scythe of Fire: Through the Civil War with One of Lee's Most Legendary Regiments*, Perennial An Imprint of HarperCollins Publishers, New York, 2002, p.148.

[41] Margaret E. Wagner, *The American Civil War 365 Days*, Harry N. Abrams, Inc., New York, 2006, May 14.

[42] *Nextext Historical Readers: The Civil War*, McDougal Littell, Evanston, Illinois, 2000, p.99—100.

[43] James M. McPherson, *Tried By War: Abraham Lincoln As Commander In Chief*, The Penguin Group(USA) Inc., New York, 1990, p.98.

[44] James M. McPherson, *Tried By War: Abraham Lincoln As Commander In Chief*, The Penguin Group(USA) Inc., New York, 1990, p.99.

[45] James M. McPherson, *Tried By War: Abraham Lincoln As Commander In Chief*, The Penguin Group(USA) Inc., New York, 1990, p.102.

[46] James M. McPherson, *Tried By War: Abraham Lincoln As Commander In Chief*, The Penguin Group(USA) Inc., New York, 1990, p.111.

[47] James M. McPherson, *Tried By War: Abraham Lincoln As Commander In Chief*, The Penguin Group(USA) Inc., New York, 1990, p.111.

[48] T. Harry Williams, *Lincoln and His Generals*, Vintage Books, New York, 2011, p.137—138.

[49] James M. McPherson, *Tried By War: Abraham Lincoln As Commander In Chief*, The Penguin Group(USA) Inc., New York, 1990, p.113.

[50] Tom Carhart, *Sacred Ties: From West Point Brothers to Battlefield Rivals*, Penguin Group Inc., New York, 2010, p.114—115.

[51] James M. McPherson, *Tried By War: Abraham Lincoln As Commander In Chief*, The Penguin Group(USA) Inc., New York, 1990, p.90.

[52] James M. McPherson, *Tried By War: Abraham Lincoln As Commander In Chief*, The Penguin Group(USA) Inc., New York, 1990, p.105.

[53] W. E. Woodward, *A New American History*, Farrar & Rinehart, Inc., New York, 1936, p.534.

[54] G. F. R. Henderson, *Stonewall Jackson And the American Civil War*, Barnes & Noble, New York, 2006, p.510-511.

[55] James I. Robertson, Jr, *General A. P. Hill: The Story of a Confederate Warrior*, Vintage Books, New York, 1987, p.124.

[56] T. Harry Williams, *Lincoln and His Generals*, Vintage Books, New York, 2011, p.162.

[57] James M. McPherson, *Tried By War: Abraham Lincoln As Commander In Chief*, The Penguin Group(USA) Inc., New York, 1990, p.121.

第六章　林肯的决心

[1] Bob Blaisdell, *Famous Documents and Speeches of the Civil War*, Dover Publications, Inc., New York, 2006, p.93—94.

[2] Mort Künstler, *The Civil War*, Cumberland House, Nashville,2007, p.24.

[3] T. Harry Williams, *Lincoln and His Generals*, Vintage Books, New York, 2011, p.166.

[4] James I. Robertson, Jr, *General A. P. Hill: The Story of a Confederate Warrior*, Vintage Books, New York, 1987, p.137—138.

[5] G. F. R. Henderson, *Stonewall Jackson And the American Civil War*, Barnes & Noble, New York, 2006, p.567.

[6] G. F. R. Henderson, *Stonewall Jackson And the American Civil War*, Barnes &

Noble, New York, 2006, p.583-584.

[7] G. F. R. Henderson, *Stonewall Jackson And the American Civil War*, Barnes & Noble, New York, 2006, p.585.

[8] Geoffrey Ward, *The Civil War*, Vintage Books Inc., New York, 1990, p.129.

[9] Neil Kagan and Stephen G. Hyslop, *Eyewitness To The Civil War*, National Geographic Society, Washington D.C., 2006，p.163.

[10] James I. Robertson, Jr, *General A. P. Hill: The Story of a Confederate Warrior*, Vintage Books, New York, 1987, p.143.

[11] James I. Robertson, Jr, *General A. P. Hill: The Story of a Confederate Warrior*, Vintage Books, New York, 1987, p.143.

[12] Harry Hansen, *The Civil War*, Signel Classics, New York, 2002, p.252.

[13] James West Davidson, William Gienapp, Christine Leigh Heyrman, Mark H. Lytle, Michael B. Stoff, *Nation of Nations*, McGraw-Hill Publishing Company, New York, 1990, p.591.

[14] Margaret E. Wagner, *The American Civil War 365 Days*, Harry N. Abrams, Inc., New York, 2006, October 24.

[15] Jemima Dunne, Paula Regan, *The American Civil War: A Visual History*, Dorling Kindersley Limited, London, 2011, p.245.

[16] [美] 威廉·J. 本内特：《美国通史》，江西人民出版社，2009 年版，第 294 页。

[17] T. Harry Williams, *Lincoln and His Generals*, Vintage Books, New York, 2011, p.173.

[18] Thomas B. Buell, *The Warrior Generals: Combat Leadership in the Civil War*, Three Rivers Press, New York, 1997, p.127.

[19] Peter F. Copeland, *A Soldier's Life In The Civil War*, Dover Publications, Inc. New York, 2001, p.12.

[20] John Keegan, *The American Civil War*, Hutchinson, London, 2009, p.314.

[21] Neil Kagan and Stephen G. Hyslop, *Eyewitness To The Civil War*, National Geographic Society, Washington D.C., 2006, p.342.

[22] Geoffrey Ward, *The Civil War: An Illustrated History*, Alfred A. Knopf Inc., New York, 1990, p.296.

[23] Neil Kagan and Stephen G. Hyslop, *Eyewitness To The Civil War*, National Geographic Society, Washington D.C., 2006, p.343—344.

[24] [美] 艾伦·布林克利：《美国史》，海南出版社，2009 年版，第 398 页。

[25] Charles A. Beard and Mary R. Beard, *A Basic History of the United States*,

Doubleday, Doran & Company, New York, 1944, p.273.

[26] [美] 马克·C. 卡恩斯、约翰·A. 加勒迪：《美国通史》，山东画报出版社，2008 年版，第 339 页。

[27] James M. McPherson, *Tried By War: Abraham Lincoln As Commander In Chief*, The Penguin Group(USA) Inc., New York, 1990, p.103.

[28] James M. McPherson, *Tried By War: Abraham Lincoln As Commander In Chief*, The Penguin Group(USA) Inc., New York, 1990, p.104.

[29] James M. McPherson, *Tried By War: Abraham Lincoln As Commander In Chief*, The Penguin Group(USA) Inc., New York, 1990, p.87.

[30] James M. McPherson, *Tried By War: Abraham Lincoln As Commander In Chief*, The Penguin Group(USA) Inc., New York, 1990, p.85.

[31] Earl Schenck Miers, *The American Story*, Broadcast Music Inc. New York, 1956, p.189.

[32] Charles Bracelen Flood, *1864: Lincoln at the Gates of History*, Simon & Schuster Paperbacks, Inc., New York, 2009, p.248.

[33] James M. McPherson, *Tried By War: Abraham Lincoln As Commander In Chief*, The Penguin Group(USA) Inc., New York, 1990, p.128.

[34] James M. McPherson, *Tried By War: Abraham Lincoln As Commander In Chief*, The Penguin Group(USA) Inc., New York, 1990, p.128—129.

[35] Margaret E. Wagner, *The American Civil War 365 Days*, Harry N. Abrams, Inc., New York, 2006, April 15.

[36] James M. McPherson, *Tried By War: Abraham Lincoln As Commander In Chief*, The Penguin Group(USA) Inc., New York, 1990, p.129.

[37] James M. McPherson, *Tried By War: Abraham Lincoln As Commander In Chief*, The Penguin Group(USA) Inc., New York, 1990, p.131.

[38] Abraham Lincoln, *Lincoln On the Civil War: Selected Speeches*, Penguin Books, New York, 2011, p.103.

[39] [美] 乔伊·哈克姆：《自由的历程：美利坚图史》，复旦大学出版社，2006 年版，第 137 页。

[40] James M. McPherson, *Tried By War: Abraham Lincoln As Commander In Chief*, The Penguin Group(USA) Inc., New York, 1990, p.160.

[41] Bruce Catton, *The Civil War*, Tess Press, New York, 1996, p.250.

[42] *Nextext Historical Readers: The Civil War*, McDougal Littell, Evanston, Illinois, 2000, p.121.

[43] Margaret E. Wagner, *The American Civil War 365 Days*, Harry N. Abrams, Inc., New York, 2006, April 18.

[44] Bob Blaisdell, *Famous Documents and Speeches of the Civil War*, Dover Publications, Inc., New York, 2006, p.163—171.

[45] Margaret E. Wagner, *The American Civil War 365 Days*, Harry N. Abrams, Inc., New York, 2006, June 12.

[46] Margaret E. Wagner, *The American Civil War 365 Days*, Harry N. Abrams, Inc., New York, 2006, June 19.

[47] [美] 乔伊·哈克姆：《自由的历程：美利坚图史》，复旦大学出版社，2006年版，第141页。

[48] James M. McPherson, *Tried By War: Abraham Lincoln As Commander In Chief*, The Penguin Group(USA) Inc., New York, 1990, p.202.

[49] Margaret E. Wagner, *The American Civil War 365 Days*, Harry N. Abrams, Inc., New York, 2006, June 19.

第七章　战火连绵

[1] Ulysses S. Grant, *Personal Memoirs*, Rarnes & Noble, New York, 2003, p.257.

[2] James M. McPherson, *Tried By War: Abraham Lincoln As Commander In Chief*, The Penguin Group(USA) Inc., New York, 1990, p.142.

[3] Bob Blaisdell, *Famous Documents and Speeches of the Civil War*, Dover Publications, Inc., New York, 2006, p.105.

[4] Jemima Dunne, Paula Regan, *The American Civil War: A Visual History*, Dorling Kindersley Limited, London, 2011, p.117.

[5] James M. McPherson, *Battle Cry of Freedom*, The Penguin Books, London, 1990, p.272.

[6] W. E. Woodward, *A New American History*, Farrar & Rinehart, Inc., New York, 1936, p.546.

[7] Bruce Catton, *The Civil War*, The Fairfax Press, New York, 1980, p.115—116.

[8] Mort Künstler, *The Civil War*, Cumberland House, Nashville, 2007, p.163.

[9] James I. Robertson, Jr, *General A. P. Hill: The Story of a Confederate Warrior*, Vintage Books, New York, 1987, p.166.

[10] William C. Davis, *Battlefields of the Civil War*, Salamander Books Ltd, London, 1989, p.100-103.

[11] Margaret E. Wagner, *The American Civil War 365 Days*, Harry N. Abrams, Inc.,

New York, 2006, March 17.

[12] Jemima Dunne, Paula Regan, *The American Civil War: A Visual History*, Dorling Kindersley Limited, London, 2011, p.137.

[13] James M. McPherson, *Tried By War: Abraham Lincoln As Commander In Chief*, The Penguin Group(USA) Inc., New York, 1990, p.146—147.

[14] Gerald J. Prokopowicz, *Did Lincoln Own Slaves*, Vintage Books, New York, 2008, p.137.

[15] James M. McPherson, *Tried By War: Abraham Lincoln As Commander In Chief*, The Penguin Group(USA) Inc., New York, 1990, p.163—164.

[16] T. Harry Williams, *Lincoln and His Generals*, Vintage Books, New York, 2011, p.234.

[17] Joseph T. Glatthaar, *Partners in Command: The Relationships between Leaders in the Civil War*, The Free Press, New York, 1994, p.8.

[18] G. F. R. Henderson, *Stonewall Jackson And the American Civil War*, Barnes & Noble, New York, 2006, p.748.

[19] Warren Wilkinson and Steven E. Woodworth, *A Scythe of Fire: Through the Civil War with One of Lee's Most Legendary Regiments*, Perennial An Imprint of HarperCollins Publishers, New York, 2002, p.125.

[20] G. F. R. Henderson, *Stonewall Jackson And the American Civil War*, Barnes & Noble, New York, 2006, p.753—754.

[21] G. F. R. Henderson, *Stonewall Jackson And the American Civil War*, Barnes & Noble, New York, 2006, p.759—760.

[22] James I. Robertson, Jr, *General A. P. Hill: The Story of a Confederate Warrior*, Vintage Books, New York, 1987, p.189.

[23] Joseph T. Glatthaar, *Partners in Command: The Relationships between Leaders in the Civil War*, The Free Press, New York, 1994, p.49.

[24] Geoffrey Ward, *The Civil War: An Illustrated History*, Alfred A. Knopf Inc., New York, 1990, p.210.

[25] Harry Hansen, *The Civil War*, Signel Classics, New York, 2002, p.308.

[26] Cormac O'Brien, *Secret Lives of the Civil War*, Quirk Productions, Ins., Philadelphia, 2007, p.220.

[27] Bevin Alexander, *How the South Could Have Won the Civil War*, Three River Press, New York, 2007, p.33.

[28] Bevin Alexander, *How the South Could Have Won the Civil War*, Three River

Press, New York, 2007, p.3.

[29] Margaret E. Wagner, *The American Civil War 365 Days*, Harry N. Abrams, Inc., New York, 2006, March 23.

第八章　葛底斯堡

[1] Bruce Catton, *Gettysburg*, Vintage Books, New York, 2013, p.7.

[2] Thomas B. Buell, *The Warrior Generals: Combat Leadership in the Civil War*, Three Rivers Press, New York, 1997, p.221.

[3] Shelby Foote, *The Civil War*, Vol. two, First Vintage Books Edition, London, 1986, p.435.

[4] Bob Blaisdell, *Famous Documents and Speeches of the Civil War*, Dover Publications, Inc., New York, 2006, p.124—125.

[5] Mort Künstler, *The Civil War*, Cumberland House, Nashville,2007, p.189.

[6] Bruce Catton, *The Civil War*, The Fairfax Press, New York, 1980, p.159—160.

[7] T. Harry Williams, *Lincoln and His Generals*, Vintage Books, New York, 2011, p.260.

[8] William C. Davis, *Battlefields of the Civil War*, Salamander Books Ltd, London, 1989, p.163.

[9] Bevin Alexander, *How the South Could Have Won the Civil War*, Three River Press, New York, 2007, p.220.

[10] Thomas B. Buell, *The Warrior Generals: Combat Leadership in the Civil War*, Three Rivers Press, New York, 1997, p.128.

[11] Mort Künstler, *The Civil War*, Cumberland House, Nashville,2007, p.34.

[12] John Keegan, *The American Civil War*, Hutchinson, London, 2009, p.191—192.

[13] Harry Hansen, *The Civil War*, Signel Classics, New York, 2002, p.364.

[14] Bruce Catton, *Gettysburg*, Vintage Books, New York, 2013, p.29-30.

[15] James I. Robertson, Jr, *General A. P. Hill: The Story of a Confederate Warrior*, Vintage Books, New York, 1987, p.214.

[16] Bruce Catton, *Gettysburg*, Vintage Books, New York, 2013, p.32.

[17] Bruce Catton, *Gettysburg*, Vintage Books, New York, 2013, p.37.

[18] Bevin Alexander, *How the South Could Have Won the Civil War*, Three River Press, New York, 2007, p.229.

[19] Bevin Alexander, *How the South Could Have Won the Civil War*, Three River Press, New York, 2007, p.221.

[20] Bruce Catton, *Gettysburg*, Vintage Books, New York, 2013，p.41.

[21] Neil Kagan and Stephen G. Hyslop, *Eyewitness To The Civil War*, National Geographic Society, Washington D.C., 2006, p.238.

[22] Harry Hansen, *The Civil War*, Signel Classics, New York, 2002, p.370.

[23] Jemima Dunne and Paula Regan, *The American Civil War: A Visual History*, Dorling Kindersley Limited, London, 2011, p.184

[24] John Keegan, *The American Civil War*, Hutchinson, London, 2009, p.195.

[25] Bevin Alexander, *How the South Could Have Won the Civil War*, Three River Press, New York, 2007, p.237.

[26] Harry Hansen, *The Civil War*, Signel Classics, New York, 2002, p.381.

[27] John Keegan, *The American Civil War*, Hutchinson, London, 2009, p.199.

[28] James I. Robertson, Jr, *General A. P. Hill: The Story of a Confederate Warrior*, Vintage Books, New York, 1987, p.224.

[29] Bruce Catton, *Gettysburg*, Vintage Books, New York, 2013, p.81.

[30] Harry Hansen, *The Civil War*, Signel Classics, New York, 2002, p.382.

[31] Geoffrey Ward, *The Civil War: An Illustrated History*, Alfred A. Knopf Inc., New York, 1990, p.400.

[32] James West Davidson, William Gienapp, Christine Leigh Heyrman, Mark H. Lytle, Michael B. Stoff, *Nation of Nations*, McGraw-Hill Publishing Company, New York, 1990, p.589.

[33] Margaret E. Wagner, *The American Civil War 365 Days*, Harry N. Abrams, Inc., New York, 2006, July 11.

[34] T. Harry Williams, *Lincoln and His Generals*, Vintage Books, New York, 2011, p.263—237.

[35] John Keegan, *The American Civil War*, Hutchinson, London, 2009, p.196.

[36] Thomas B. Buell, *The Warrior Generals: Combat Leadership in the Civil War*, Three Rivers Press, New York, 1997, p.91.

[37] Warren Wilkinson and Steven E. Woodworth, *A Scythe of Fire: Through the Civil War with One of Lee's Most Legendary Regiments*, Perennial An Imprint of HarperCollins Publishers, New York, 2002, p.93—94.

[38] T. Harry Williams, *Lincoln and His Generals*, Vintage Books, New York, 2011, p.265.

[39] James M. McPherson, *Tried By War: Abraham Lincoln As Commander In Chief*, The Penguin Group(USA) Inc., New York, 1990, p.182.

[40] T. Harry Williams, *Lincoln and His Generals*, Vintage Books, New York, 2011, p.261.

[41] T. Harry Williams, *Lincoln and His Generals*, Vintage Books, New York, 2011, p.267.

[42] James M. McPherson, *Tried By War: Abraham Lincoln As Commander In Chief*, The Penguin Group(USA) Inc., New York, 1990, p.184.

[43] Warren Wilkinson and Steven E. Woodworth, *A Scythe of Fire: Through the Civil War with One of Lee's Most Legendary Regiments*, Perennial An Imprint of HarperCollins Publishers, New York, 2002, p.260.

[44] James M. McPherson, *Tried By War: Abraham Lincoln As Commander In Chief*, The Penguin Group(USA) Inc., New York, 1990, p.184.

[45] T. Harry Williams, *Lincoln and His Generals*, Vintage Books, New York, 2011, p.269.

[46] [美] 威廉·J. 本内特：《美国通史》，江西人民出版社，2009 年版，第 309—310 页。

[47] James M. McPherson, *Tried By War: Abraham Lincoln As Commander In Chief*, The Penguin Group(USA) Inc., New York, 1990, p.186.

[48] Margaret E. Wagner, *The American Civil War 365 Days*, Harry N. Abrams, Inc., New York, 2006, July 18.

[49] Gerald J. Prokopowicz, *Did Lincoln Own Slaves*, Vintage Books, New York, 2008, p.152.

[50] Bob Blaisdell, *Famous Documents and Speeches of the Civil War*, Dover Publications, Inc., New York, 2006, p.157.

[51] John Keegan, *The American Civil War*, Hutchinson, London, 2009, p.357.

[52] James M. McPherson, *Battle Cry of Freedom*, The Penguin Books, London, 1990, Preface.

[53] John Keegan, *The American Civil War*, Hutchinson, London, 2009, p.203.

[54] Gerald J. Prokopowicz, *Did Lincoln Own Slaves*, Vintage Books, New York, 2008, p.151.

[55] John Keegan, *The American Civil War*, Hutchinson, London, 2009, p.203.

第九章　维克斯堡

[1] Benson Bobrick, *Testament: A Soldier's Story of the Civil War*, Simon Schuster Paperbacks, New York, 2003, p.127.

[2] Margaret E. Wagner, *The American Civil War 365 Days*, Harry N. Abrams, Inc., New York, 2006, September 9.

[3] James M. McPherson, *Tried By War: Abraham Lincoln As Commander In Chief*, The Penguin Group(USA) Inc., New York, 1990, p.156.

[4] Bruce Catton, *The Civil War*, The Fairfax Press, New York, 1980, p.121.

[5] T. Harry Williams, *Lincoln and His Generals*, Vintage Books, New York, 2011, p.45.

[6] T. Harry Williams, *Lincoln and His Generals*, Vintage Books, New York, 2011, p.193.

[7] James M. McPherson, *Tried By War: Abraham Lincoln As Commander In Chief*, The Penguin Group(USA) Inc., New York, 1990, p.153.

[8] Charles Bracelen Flood, *Grant and Sherman: The Friendship that Won the Civil War*, Harper Perennial, New York, 2005, p.148.

[9] T. Harry Williams, *Lincoln and His Generals*, Vintage Books, New York, 2011, p.226.

[10] James M. McPherson, *Tried By War: Abraham Lincoln As Commander In Chief*, The Penguin Group(USA) Inc., New York, 1990, p.167.

[11] W. E. Woodward, *A New American History*, Farrar & Rinehart, Inc., New York, 1936, p.552.

[12] James M. McPherson, *Tried By War: Abraham Lincoln As Commander In Chief*, The Penguin Group(USA) Inc., New York, 1990, p.168.

[13] Jemima Dunne, Paula Regan, *The American Civil War: A Visual History*, Dorling Kindersley Limited, London, 2011, p.237.

[14] Charles Bracelen Flood, *Grant and Sherman: The Friendship that Won the Civil War*, Harper Perennial, New York, 2005, p.154.

[15] Charles Bracelen Flood, *Grant and Sherman: The Friendship that Won the Civil War*, Harper Perennial, New York, 2005, p.155.

[16] Joseph T. Glatthaar, *Partners in Command: The Relationships between Leaders in the Civil War*, The Free Press, New York, 1994, p.167.

[17] Joseph T. Glatthaar, *Partners in Command: The Relationships between Leaders in the Civil War*, The Free Press, New York, 1994, p.178.

[18] Charles Bracelen Flood, *Grant and Sherman: The Friendship that Won the Civil War*, Harper Perennial, New York, 2005, p.162.

[19] Ulysses S. Grant, *Personal Memoirs*, Rarnes & Noble, New York, 2003, p.311.

[20] Ulysses S. Grant, *Personal Memoirs*, Rarnes & Noble, New York, 2003, p.319.

[21] James M. McPherson, *Tried By War: Abraham Lincoln As Commander In Chief*, The Penguin Group(USA) Inc., New York, 1990 ,p.170.

[22] Bob Rees, *The Civil War*, Heinemann Library, Chicago, 2012, p.31.

[23] Charles Bracelen Flood, *Grant and Sherman: The Friendship that Won the Civil War*, Harper Perennial, New York, 2005, p.177—178.

[24] Margaret E. Wagner, *The American Civil War 365 Days*, Harry N. Abrams, Inc., New York, 2006, July 21.

[25] Ulysses S. Grant, *Personal Memoirs*, Rarnes & Noble, New York, 2003, p.356.

[26] Charles Bracelen Flood, *Grant and Sherman: The Friendship that Won the Civil War*, Harper Perennial, New York, 2005, p.183.

[27] Charles Bracelen Flood, *Grant and Sherman: The Friendship that Won the Civil War*, Harper Perennial, New York, 2005, p.188.

[28] Harry Hansen, *The Civil War*, Signel Classics, New York, 2002，p.458.

[29] Bob Rees, *The Civil War*, Heinemann Library, Chicago, 2012, p.36.

[30] Stephen Berry, *House of Abraham*, First Mariner Books Edition, New York, 2009，Introduction.

[31] Bob Blaisdell, *Famous Documents and Speeches of the Civil War*, Dover Publications, Inc., New York, 2006, p.106.

[32] Charles Bracelen Flood, *Grant and Sherman: The Friendship that Won the Civil War*, Harper Perennial, New York, 2005, p.210.

[33] Charles Bracelen Flood, *Grant and Sherman: The Friendship that Won the Civil War*, Harper Perennial, New York, 2005, p.216.

[34] Charles Bracelen Flood, *Grant and Sherman: The Friendship that Won the Civil War*, Harper Perennial, New York, 2005, p.216.

[35] Geoffrey Ward, *The Civil War*, Vintage Books Inc., New York, 1990, p.212.

[36] Delia Ray, *Behind the Blue and Grey*, Puffin Books, New York, 1996, p.46

[37] Warren Wilkinson and Steven E. Woodworth, *A Scythe of Fire: Through the Civil War with One of Lee's Most Legendary Regiments*, Perennial An Imprint of HarperCollins Publishers, New York, 2002, p.281—282.

[38] Bruce Catton, *The Civil War*, The Fairfax Press, New York, 1980, p.203.

第十章　越界作战

[1] Charles Bracelen Flood, *1864: Lincoln at the Gates of History*, Simon & Schuster Paperbacks, Inc., New York, 2009, p.61.

[2] Charles Bracelen Flood, *1864: Lincoln at the Gates of History*, Simon & Schuster Paperbacks, Inc., New York, 2009, p.61.

[3] Tom Carhart, *Sacred Ties: From West Point Brothers to Battlefield Rivals*, Penguin Group Inc., New York, 2010, p.223.

[4] T. Harry Williams, *Lincoln and His Generals*, Vintage Books, New York, 2011, p.305.

[5] Charles Bracelen Flood, *1864: Lincoln at the Gates of History*, Simon & Schuster Paperbacks, Inc., New York, 2009, p.73.

[6] Bevin Alexander, *How the South Could Have Won the Civil War*, Three River Press, New York, 2007, p.255.

[7] Margaret E. Wagner, *The American Civil War 365 Days*, Harry N. Abrams, Inc., New York, 2006, March 25.

[8] James I. Robertson, Jr, *General A. P. Hill: The Story of a Confederate Warrior*, Vintage Books, New York, 1987, p.260.

[9] Harry Hansen, *The Civil War*, Signel Classics, New York, 2002, p.502.

[10] James M. McPherson, *Battle Cry of Freedom*, The Penguin Books, London, 1990, p.725—726.

[11] Charles Bracelen Flood, *Grant and Sherman: The Friendship that Won the Civil War*, Harper Perennial, New York, 2005, p.243.

[12] Tom Carhart, *Sacred Ties: From West Point Brothers to Battlefield Rivals*, Penguin Group Inc., New York, 2010, p.228.

[13] Charles Bracelen Flood, *Grant and Sherman: The Friendship that Won the Civil War*, Harper Perennial, New York, 2005, p.245—246.

[14] Ford Risley, *Civil War Journalism*, Praeger, Santa Barbara, CA, 2012, p.1.

[15] Bruce Catton, *The Civil War*, Tess Press, New York, 1996, p.460.

[16] Charles Bracelen Flood, *1864: Lincoln at the Gates of History*, Simon & Schuster Paperbacks, Inc., New York, 2009, p.82—85.

[17] Charles Bracelen Flood, *1864: Lincoln at the Gates of History*, Simon & Schuster Paperbacks, Inc., New York, 2009, p.89.

[18] Charles Bracelen Flood, *1864: Lincoln at the Gates of History*, Simon & Schuster Paperbacks, Inc., New York, 2009, p.85—86.

[19] Charles Bracelen Flood, *1864: Lincoln at the Gates of History*, Simon & Schuster Paperbacks, Inc., New York, 2009, p.90.

[20] Harry Hansen, *The Civil War*, Signel Classics, New York, 2002, p.510.

[21] Ulysses S. Grant, *Personal Memoirs*, Rarnes & Noble, New York, 2003, p.495.

[22] Tom Carhart, *Sacred Ties: From West Point Brothers to Battlefield Rivals*, Penguin Group Inc., New York, 2010, p.234.

[23] Bob Rees, *The Civil War*, Heinemann Library, Chicago, 2012, p.39.

[24] Harry Hansen, *The Civil War*, Signel Classics, New York, 2002，p.527.

[25] Bill Fawcett, *How to Lost the Civil War: Military Mistakes of the War between the States*, HarperCollins Publishers, New York, 2011, p.257.

[26] John Keegan, *The American Civil War*, Hutchinson, London, 2009, p.251.

[27] Bruce Catton, *The Civil War*, The Fairfax Press, New York, 1980, p.213.

[28] Charles Bracelen Flood, *Grant and Sherman: The Friendship that Won the Civil War*, Harper Perennial, New York, 2005, p.249.

[29] Charles Bracelen Flood, *1864: Lincoln at the Gates of History*, Simon & Schuster Paperbacks, Inc., New York, 2009, p.101.

[30] Ulysses S. Grant, *Personal Memoirs*, Rarnes & Noble, New York, 2003, p.524.

[31] Bevin Alexander, *How the South Could Have Won the Civil War*, Three River Press, New York, 2007, p.257.

第十一章　战情与选情

[1] Craig L. Symonds, *Joseph E. Johnston, A Civil War Biography*, W. W. Norton & Company, New York, 1992, p.327.

[2] Bruce Catton, *The Civil War*, The Fairfax Press, New York, 1980, p.238.

[3] John Keegan, *The American Civil War*, Hutchinson, London, 2009，p.266.

[4] James M. McPherson, *Battle Cry of Freedom*, The Penguin Books, London, 1990，p.326.

[5] David B. Sachsman and S. Kittrell Rushing, Roy Morris Jr., *Words at War: The Civil War and American Journalism*, Purdue University Press, West Lafayette, Indiana, 2008，p.189.

[6] James M. McPherson, *Tried By War: Abraham Lincoln As Commander In Chief*, The Penguin Group(USA) Inc., New York, 1990, p.174.

[7] John and Alice Durant, *Pictorial History of American Presidents*, A. S. Barnes and Company, New York, 1955, p.128.

[8] Charles Bracelen Flood, *1864: Lincoln at the Gates of History*, Simon & Schuster Paperbacks, Inc., New York, 2009, p.167.

[9] Charles Bracelen Flood, *1864: Lincoln at the Gates of History*, Simon & Schuster

Paperbacks, Inc., New York, 2009, p.35.

[10] Neil Kagan and Stephen G. Hyslop, *Eyewitness To The Civil War*, National Geographic Society, Washington D.C., 2006, p.330.

[11] James M. McPherson, *Tried By War: Abraham Lincoln As Commander In Chief*, The Penguin Group(USA) Inc., New York, 1990, p.211.

[12] [美]埃米尔·路德维希:《林肯时代》,东方出版社,2006年版, 第424—425页。

[13] John and Alice Durant, *Pictorial History of American Presidents*, A. S. Barnes and Company, New York, 1955, p.128.

[14] James M. McPherson, *Tried By War: Abraham Lincoln As Commander In Chief*, The Penguin Group(USA) Inc., New York, 1990, p.273.

[15] Gerald J. Prokopowicz, *Did Lincoln Own Slaves*, Vintage Books, New York, 2008, p.135.

[16] Margaret E. Wagner, *The American Civil War 365 Days*, Harry N. Abrams, Inc., New York, 2006, November 23.

[17] *Nextext Historical Readers: The Civil War*, McDougal Littell, Evanston, Illinois, 2000. p.123—124.

[18] Neil Kagan and Stephen G. Hyslop, *Eyewitness To The Civil War*, National Geographic Society, Washington D.C., 2006, p.312.

[19] *Nextext Historical Readers: The Civil War*, McDougal Littell, Evanston, Illinois, 2000, p.125.

[20] Charles Bracelen Flood, *1864: Lincoln at the Gates of History*, Simon & Schuster Paperbacks, Inc., New York, 2009, p.241—243.

[21] Margaret E. Wagner, *The American Civil War 365 Days*, Harry N. Abrams, Inc., New York, 2006, May 29.

[22] James M. McPherson, *Battle Cry of Freedom*, The Penguin Books, London, 1990, p.761.

[23] Charles Bracelen Flood, *Grant and Sherman: The Friendship that Won the Civil War*, Harper Perennial, New York, 2005, p.252.

[24] Bob Rees, *The Civil War*, Heinemann Library, Chicago, 2012, p.48—49.

[25] Geoffrey Ward, *The Civil War: An Illustrated History*, Alfred A. Knopf Inc., New York, 1990, p.49.

[26] Margaret E. Wagner, *The American Civil War 365 Days*, Harry N. Abrams, Inc., New York, 2006, March 31.

[27] Bruce Catton, *The Civil War*, The Fairfax Press, New York, 1980, p.233.

[28] William C. Davis, *Fighting Men of the Civil War*, Salamander Books Ltd, London, 1989, p.183.

[29] James M. McPherson, *Tried By War: Abraham Lincoln As Commander In Chief*, The Penguin Group(USA) Inc., New York, 1990, p.248.

[30] Bruce Catton, *The Civil War*, The Fairfax Press, New York, 1980, p.232—233.

[31] T. Harry Williams, *Lincoln and His Generals*, Vintage Books, New York, 2011, p.340.

[32] [美] 詹姆斯·M. 麦克菲尔森：《总统的力量》，中国友谊出公司，2007 年版，第 122 页。

[33] Harry Hansen, *The Civil War*, Signel Classics, New York, 2002，p.411.

[34] James M. McPherson, *Battle Cry of Freedom*, The Penguin Books, London, 1990，p.772.

[35] W. E. Woodward, *A New American History*, Farrar & Rinehart, Inc., New York, 1936, p.568.

[36] James M. McPherson, *Tried By War: Abraham Lincoln As Commander In Chief*, The Penguin Group(USA) Inc., New York, 1990, p.233.

[37] J. G. Lewin P. J. Huff, *Lines of Contention: Political Cartoons of The Civil War*, HarperCollins Publishers, New York, 2007, p.160—161.

[38] James M. McPherson, *Tried By War: Abraham Lincoln As Commander In Chief*, The Penguin Group(USA) Inc., New York, 1990, p.235.

[39] Charles Bracelen Flood, *Grant and Sherman: The Friendship that Won the Civil War*, Harper Perennial, New York, 2005, p.258.

[40] Bevin Alexander, *How the South Could Have Won the Civil War*, Three River Press, New York, 2007, p.255.

[41] Craig L. Symonds, *Joseph E. Johnston, A Civil War Biography*, W. W. Norton & Company, New York, 1992, p.328.

[42] Gerald J. Prokopowicz, *Did Lincoln Own Slaves*, Vintage Books, New York, 2008, p.142.

[43] Warren Wilkinson and Steven E. Woodworth, *A Scythe of Fire: Through the Civil War with One of Lee's Most Legendary Regiments*, Perennial An Imprint of HarperCollins Publishers, New York, 2002, p.270.

[44] [美] 威廉·H. 赫恩登、杰西·W. 魏克：《亲历林肯》，商务印书馆，2012 年版，第 336 页。

[45] Bruce Catton, *The Civil War*, Tess Press, New York, 1996, p.511.

[46] Geoffrey Ward, *The Civil War*, Vintage Books Inc., New York, 1990, p.272.

[47] Bruce Catton, *The Civil War*, The Fairfax Press, New York, 1980, p.248.

[48] James M. McPherson, *Tried By War: Abraham Lincoln As Commander In Chief*, The Penguin Group(USA) Inc., New York, 1990, p.250.

[49] Harry Hansen, *The Civil War*, Signel Classics, New York, 2002, p.413.

[50] [美] 西德尼·M. 米尔奇斯、迈克尔·尼尔森:《美国总统制: 起源与发展》, 华东师范大学出版社, 2008 年版, 第 170 页。

第十二章　总体战

[1] Charles Bracelen Flood, *Grant and Sherman: The Friendship that Won the Civil War*, Harper Perennial, New York, 2005, p.266.

[2] Charles Bracelen Flood, *Grant and Sherman: The Friendship that Won the Civil War*, Harper Perennial, New York, 2005, p.267.

[3] James Truslow Adams, *American Tragedy*, Charles Scribner's Son, New York, 1935, p.338—339.

[4] Gary W. Gallagher and Stephen D. Engle, Robert K. Krick, Joseph T. Glatthaar, *The American Civil War*, Osprey Publishing, New York, 2003, p.229.

[5] Charles Bracelen Flood, *Grant and Sherman: The Friendship that Won the Civil War*, Harper Perennial, New York, 2005, p.271.

[6] Charles Bracelen Flood, *Grant and Sherman: The Friendship that Won the Civil War*, Harper Perennial, New York, 2005, p.271.

[7] Bob Rees, *The Civil War*, Heinemann Library, Chicago, 2012, p.59.

[8] James M. McPherson, *Tried By War: Abraham Lincoln As Commander In Chief*, The Penguin Group(USA) Inc., New York, 1990, p.254.

[9] Bevin Alexander, *How the South Could Have Won the Civil War*, Three River Press, New York, 2007, p.252.

[10] James M. McPherson, *Tried By War: Abraham Lincoln As Commander In Chief*, The Penguin Group(USA) Inc., New York, 1990, p.252.

[11] T. Harry Williams, *Lincoln and His Generals*, Vintage Books, New York, 2011, p.342.

[12] James M. McPherson, *Tried By War: Abraham Lincoln As Commander In Chief*, The Penguin Group(USA) Inc., New York, 1990, p.253.

[13] Charles Bracelen Flood, *Grant and Sherman: The Friendship that Won the Civil War*, Harper Perennial, New York, 2005, p.285.

[14] Margaret E. Wagner, *The American Civil War 365 Days*, Harry N. Abrams, Inc., New York, 2006, October 18.

[15] Craig L. Symonds, *Joseph E. Johnston, A Civil War Biography*, W. W. Norton & Company, New York, 1992, p.351—352.

[16] Geoffrey Ward, *The Civil War: An Illustrated History*, Alfred A. Knopf Inc., New York, 1990, p.364.

第十三章　通往胜利之路

[1] Gerald J. Prokopowicz, *Did Lincoln Own Slaves*, Vintage Books, New York, 2008, p.176.

[2] Bob Blaisdell, *Famous Documents and Speeches of the Civil War*, Dover Publications, Inc., New York, 2006, p.191.

[3] Bob Blaisdell, *Famous Documents and Speeches of the Civil War*, Dover Publications, Inc., New York, 2006, p.191.

[4] Bob Blaisdell, *Famous Documents and Speeches of the Civil War*, Dover Publications, Inc., New York, 2006, p.191.

[5] Bob Blaisdell, *Famous Documents and Speeches of the Civil War*, Dover Publications, Inc., New York, 2006, p.191.

[6] Charles A. Beard and Mary R. Beard, *A Basic History of the United States*, Doubleday, Doran & Company, New York, 1944, p.273.

[7] James Truslow Adams, *American Tragedy*, Charles Scribner's Son, New York, 1935, p.326.

[8] W. E. Woodward, *A New American History*, Farrar & Rinehart, Inc., New York, 1936, p.572.

[9] David Herbert Donald, *Why the North Won the Civil War*, Simon &Schuster Paperbacks, New York, 1996, p.34.

[10] Bruce Catton, *The Civil War*, The Fairfax Press, New York, 1980, p.272.

[11] Bevin Alexander, *How the South Could Have Won the Civil War*, Three River Press, New York, 2007, p.258—259.

[12] Charles Bracelen Flood, *Grant and Sherman: The Friendship that Won the Civil War*, Harper Perennial, New York, 2005, p.286.

[13] [美] 加里·纳什:《美国人民》,北京大学出版社,2008 年版,第 496 页。

[14] Bruce Catton, *The Civil War*, The Fairfax Press, New York, 1980, p.269.

[15] Margaret E. Wagner, *The American Civil War 365 Days*, Harry N. Abrams, Inc.,

　　　　　　　　　　　　　　　　　　　　　　　自由的新生

New York, 2006, April 27.

[16] Neil Kagan and Stephen G. Hyslop, *Eyewitness To The Civil War*, National Geographic Society, Washington D.C., 2006, p.366-367.

[17] James I. Robertson, Jr, *General A. P. Hill: The Story of a Confederate Warrior*, Vintage Books, New York, 1987, p.317—318.

[18] James I. Robertson, Jr, *General A. P. Hill: The Story of a Confederate Warrior*, Vintage Books, New York, 1987, p.318.

[19] Robert Hunt Rhodes, *All For The Union: the Civil War Diary and Letters of Elisha Hunt Rhodes*, Vintage Books, New York, 1992, p.219.

[20] James M. McPherson, *Tried By War: Abraham Lincoln As Commander In Chief*, The Penguin Group(USA) Inc., New York, 1990, p.261.

[21] Ulysses S. Grant, *Personal Memoirs*, Rarnes & Noble, New York, 2003, p.774.

[22] Ulysses S. Grant, *Personal Memoirs*, Rarnes & Noble, New York, 2003, p.774—775.

[23] Ulysses S. Grant, *Personal Memoirs*, Rarnes & Noble, New York, 2003, p.775.

[24] Harry Hansen, *The Civil War*, Signel Classics, New York, 2002, p.634.

[25] John Keegan, *The American Civil War*, Hutchinson, London, 2009, p.349.

[26] John Keegan, *The American Civil War*, Hutchinson, London, 2009, p.349.

[27] Ulysses S. Grant, *Personal Memoirs*, Rarnes & Noble, New York, 2003, p.657.

[28] Earl Schenck Miers, *The American Story*, Broadcast Music Inc. New York, 1956, p.202—203.

[29] Thomas B. Buell, *The Warrior Generals: Combat Leadership in the Civil War*, Three Rivers Press, New York, 1997, Introduction.

[30] Ulysses S. Grant, *Personal Memoirs*, Rarnes & Noble, New York, 2003, p.657.

[31] John Keegan, *The American Civil War*, Hutchinson, London, 2009, p.349.

[32] Charles Bracelen Flood, *Grant and Sherman: The Friendship that Won the Civil War*, Harper Perennial, New York, 2005, p.312.

[33] Ulysses S. Grant, *Personal Memoirs*, Rarnes & Noble, New York, 2003, p.660.

[34] Ulysses S. Grant, *Personal Memoirs*, Rarnes & Noble, New York, 2003, p.660.

[35] Tom Carhart, *Sacred Ties: From West Point Brothers to Battlefield Rivals*, Penguin Group Inc., New York, 2010, p.364.

[36] Bevin Alexander, *How the South Could Have Won the Civil War*, Three River Press, New York, 2007, p.265.

[37] Ulysses S. Grant, *Personal Memoirs*, Rarnes & Noble, New York, 2003, p.662.

[38] Bruce Catton, *The Civil War*, Tess Press, New York, 1996, p.578.

[39] Ulysses S. Grant, *Personal Memoirs*, Rarnes & Noble, New York, 2003, p.684—685.

第十四章　结局与开局

[1] John and Alice Durant, *Pictorial History of American Presidents*, A. S. Barnes and Company, New York, 1955, p.129.

[2] Abraham Lincoln, *Lincoln On the Civil War: Selected Speeches*, Penguin Books, New York, 2011, p.126.

[3] Charles Bracelen Flood, *Grant and Sherman: The Friendship that Won the Civil War*, Harper Perennial, New York, 2005, p.326.

[4] Margaret E. Wagner, *The American Civil War 365 Days*, Harry N. Abrams, Inc., New York, 2006, November 30.

[5] Bob Rees, *The Civil War*, Heinemann Library, Chicago, 2012, p.62.

[6] James D. Ristine, *Abraham Lincoln*, Schiffer Publishing Ltd, Atglen PA, 2008, p.65.

[7] John and Alice Durant, *Pictorial History of American Presidents*, A. S. Barnes and Company, New York, 1955, p.131.

[8] Charles Bracelen Flood, *Grant and Sherman: The Friendship that Won the Civil War*, Harper Perennial, New York, 2005, p.317.

[9] Craig L. Symonds, *Joseph E. Johnston, A Civil War Biography*, W. W. Norton & Company, New York, 1992, p.355—357.

[10] Margaret E. Wagner, *The American Civil War 365 Days*, Harry N. Abrams, Inc., New York, 2006, September 30.

[11] Stephanie Fitzgerald, *Reconstruction*, Compass Point Books, Mankato, MN, 2011, p.21.

[12] Earl Schenck Miers, *The American Story*, Broadcast Music Inc. New York, 1956, p.167.

[13] James Truslow Adams, *American Tragedy*, Charles Scribner's Son, New York, 1935, p.237—238.

[14] David Herbert Donald, *Why the North Won the Civil War*, Simon&Schuster Paperbacks, New York, 1996, p.7—8.

[15] David Herbert Donald, *Why the North Won the Civil War*, Simon&Schuster Paperbacks, New York, 1996, p.7.

[16] Gary W. Gallagher and Stephen D. Engle, Robert K. Krick, Joseph T. Glatthaar,

The American Civil War, Osprey Publishing, New York, 2003，p.81.

[17] David Herbert Donald, *Why the North Won the Civil War*, Simon&Schuster Paperbacks, New York, 1996, p.83.

[18] David Herbert Donald, *Why the North Won the Civil War*, Simon&Schuster Paperbacks, New York, 1996, p.8.

[19] David Herbert Donald, *Why the North Won the Civil War*, Simon&Schuster Paperbacks, New York, 1996, p.10.

[20] MacKinlay Kantor, *If the South Had Won the Civil War*, A Tom Doherty Associates Books, New York, 2001, p.71.

[21] Peter Benoit, *The Civil War*, Scholastic, Inc. New York, 2012, p.37.

[22] Cormac O'Brien, *Secret Lives of the Civil War*, Quirk Productions, Ins., Philadelphia, 2007, p.168.

[23] David Herbert Donald, *Why the North Won the Civil War*, Simon&Schuster Paperbacks, New York, 1996, p.102.

[24] David Herbert Donald, *Why the North Won the Civil War*, Simon&Schuster Paperbacks, New York, 1996, p.19.

[25] Bruce Catton, *The Civil War*, The Fairfax Press, New York, 1980, p.279.

[26] Susan-Mary Grant and Brian Holden Reid, *Themes of the American Civil War*, Routledge, New York, 2000, p.165.

[27] Neil Kagan and Stephen G. Hyslop, *Eyewitness To The Civil War*, National Geographic Society, Washington D.C., 2006, p.392.

[28] Neil Kagan and Stephen G. Hyslop, *Eyewitness To The Civil War*, National Geographic Society, Washington D.C., 2006, p.393.

[29] Margaret E. Wagner, *The American Civil War 365 Days*, Harry N. Abrams, Inc., New York, 2006, December 6.

[30] Bevin Alexander, *How the South Could Have Won the Civil War*, Three River Press, New York, 2007, p.266.

[31] Neil Kagan and Stephen G. Hyslop, *Eyewitness To The Civil War*, National Geographic Society, Washington D.C., 2006, p.392.

[32] Craig L. Symonds, *Joseph E. Johnston, A Civil War Biography*, W. W. Norton & Company, New York, 1992, p.380.

[33] Neil Kagan and Stephen G. Hyslop, *Eyewitness To The Civil War*, National Geographic Society, Washington D.C., 2006, p.393.

[34] Jemima Dunne, Paula Regan, *The American Civil War: A Visual History*, Dorling

Kindersley Limited, London, 2011, p.186.

[35] Thomas B. Buell, *The Warrior Generals: Combat Leadership in the Civil War*, Three Rivers Press, New York, 1997, p.424—425.

[36] Thomas B. Buell, *The Warrior Generals: Combat Leadership in the Civil War*, Three Rivers Press, New York, 1997, p.425.

[37] David B. Sachsman and S. Kittrell Rushing, Roy Morris Jr., *Words at War: The Civil War and American Journalism*, Purdue University Press, West Lafayette, Indiana, 2008, p.319.

[38] Jack Hurst, *Nathan Bedford Forrest*, Vintage Books, New York, 1994, Prologue.

[39] Cormac O'Brien, *Secret Lives of the Civil War*, Quirk Productions, Ins., Philadelphia, 2007, p.289.

[40] Geoffrey Ward, *The Civil War: An Illustrated History*, Alfred A. Knopf Inc., New York, 1990, p.406.

[41] Neil Kagan and Stephen G. Hyslop, *Eyewitness To The Civil War*, National Geographic Society, Washington D.C., 2006, p.392.

[42] Thomas B. Buell, *The Warrior Generals: Combat Leadership in the Civil War*, Three Rivers Press, New York, 1997, p.424.

[43] Jemima Dunne, Paula Regan, *The American Civil War: A Visual History*, Dorling Kindersley Limited, London, 2011, p.216.

[44] Tom Carhart, *Sacred Ties: From West Point Brothers to Battlefield Rivals*, Penguin Group Inc., New York, 2010, p.366.

[45] Neil Kagan and Stephen G. Hyslop, *Eyewitness To The Civil War*, National Geographic Society, Washington D.C., 2006, p.393.

[46] Jemima Dunne, Paula Regan, *The American Civil War: A Visual History*, Dorling Kindersley Limited, London, 2011, p.299.

[47] Thomas B. Buell, *The Warrior Generals: Combat Leadership in the Civil War*, Three Rivers Press, New York, 1997, p.422.

[48] [美] 威廉·A. 德格雷戈里奥：《美国总统全书》，社会科学文献出版社，2007年版，第285页。

[49] Thomas B. Buell, *The Warrior Generals: Combat Leadership in the Civil War*, Three Rivers Press, New York, 1997, p.423.

[50] Thomas B. Buell, *The Warrior Generals: Combat Leadership in the Civil War*, Three Rivers Press, New York, 1997, p.423.

[51] Neil Kagan and Stephen G. Hyslop, *Eyewitness To The Civil War*, National

Geographic Society, Washington D.C., 2006, p.392.

[52] David Herbert Donald, *Why the North Won the Civil War*, Simon&Schuster Paperbacks, New York, 1996, p.46—78.

结语　一个国家的诞生

[1] *Nextext Historical Readers: The Civil War*, McDougal Littell, Evanston, Illinois, 2000, p.207.

[2] Gary W. Gallagher and Stephen D. Engle, Robert K. Krick, Joseph T. Glatthaar, *The American Civil War*, Osprey Publishing, New York, 2003, Foreword.

[3] W. E. Woodward, *A New American History*, Farrar & Rinehart, Inc., New York, 1936, p.513—514.

[4] [美]乔伊·哈克姆：《自由的历程：美利坚图史》，复旦大学出版社，2006 年版，第 147 页。

[5] Cormac O'Brien, *Secret Lives of the Civil War*, Quirk Productions, Ins., Philadelphia, 2007, p.19.

[6] Susan-Mary Grant and Brian Holden Reid, *Themes of the American Civil War*, Routledge, New York, 2000, p.3—4.

[7] [美]埃里克·方纳：《给我自由：一部美国的历史》，商务印书馆，2010 年版，第 669 页。

[8] Susan-Mary Grant and Brian Holden Reid, *Themes of the American Civil War*, Routledge, New York, 2000, p.313.

[9] Ulysses S. Grant, *Personal Memoirs*, Rarnes & Noble, New York, 2003, p.691.

[10] Gerald J. Prokopowicz, *Did Lincoln Own Slaves*, Vintage Books, New York, 2008, p.232.

[11] [美]詹姆斯·M.麦克菲尔森：《总统的力量》，中国友谊出版公司，2007 年版，第 118 页。

[12] J. G. Lewin and P. J. Huff, *Lines of Contention: Political Cartoons of The Civil War*, HarperCollins Publishers, New York, 2007.

[13] [美]威廉·H.赫恩登、杰西·W.魏克：《亲历林肯》，商务印书馆，2012 年版，第 344 页。

[14] David B. Sachsman and S. Kittrell Rushing, Roy Morris Jr., *Words at War: The Civil War and American Journalism*, Purdue University Press, West Lafayette, Indiana, 2008, p.278.

主要参考书目

Adams, James Truslow, *American Tragedy*, Charles Scribner's Son, New York, 1935

Alexander, Bevin, *How the South Could Have Won the Civil War*, Three River Press, New York, 2007

Beard, Charles A. and Mary R. Beard, *A Basic History of the United States*, Doubleday, Doran & Company, New York, 1944

Berry, Stephen, *House of Abraham*, First Mariner Books Edition, New York, 2009

Bilby, Joseph G., *Civil War Firearms: Their Historical Background, Tactical Use and Modern Collecting and Shooting*, Combined Books, Pennsylvania, 1996

Blaisdell, Bob, *Famous Documents and Speeches of the Civil War*, Dover Publications, Inc., New York, 2006

Bobrick, Benson, *Testament: A Soldier's Story of the Civil War*, Simon Schuster Paperbacks, New York, 2003

Brien, O'Cormac, *Secret Lives of the Civil War*, Quirk Productions, Ins., Philadelphia, 2007

Burgan, Michael, *North Over South*, Compass Point Books, Mankato, MN, 2011

Buell, Thomas B., *The Warrior Generals: Combat Leadership in the Civil War*, Three Rivers Press, New York, 1997

Carhart, Tom, *Sacred Ties: From West Point Brothers to Battlefield Rivals*, Penguin Group Inc., New York, 2010

Catton, Bruce, *The Civil War*, Tess Press, New York, 1996

Catton, Bruce, *Gettysburg*, Vintage Books, New York, 2013

Copeland, Peter F., *A Soldier's Life In the Civil War*, Dover Publications, Inc. New York, 2001

Davidson, James West, et al., *Nation of Nations*, McGraw-Hill Publishing Company, New York, 1990

Davis, William C., *Battlefields of the Civil War*, Salamander Books Ltd, London, 1989

Davis, William C., *Fighting Men of the Civil War*, Salamander Books Ltd, London, 1989

Delbanco, Andrew, *The Abolitionist Imagination*, Harvard University Press, Cambridge, 2012

Donald, David Herbert, *Why the North Won the Civil War*, Simon&Schuster Paperbacks, New York, 1996

Donlan, Leni, *Mathew Brady*, Raintree, Chicago, 2008

Dunne, Jemima and Paula Regan, *The American Civil War: A Visual History*, Dorling Kindersley Limited, London, 2011

Durant, John and Alice, *Pictorial History of American Presidents*, A. S. Barnes and Company, New York, 1955

Fawcett, Bill, *How to Lost the Civil War: Military Mistakes of the War between the States*, HarperCollins Publishers, New York, 2011

Fitzgerald, Stephanie, *Reconstruction*, Compass Point Books, Mankato, MN, 2011

Flood, Charles Bracelen, *Grant and Sherman*, Harper Perennial, New York, 2005

Flood, Charles Bracelen, *1864: Lincoln at the Gates of History*, Simon & Schuster Paperbacks, Inc., New York, 2009

Foote, Shelby, *The Civil War*, Vol. one, First Vintage Books Edition, London, 1986

Foote, Shelby, *The Civil War*, Vol. two, First Vintage Books Edition, London, 1986

Foote, Shelby, *The Civil War*, Vol. three, First Vintage Books Edition, London, 1986

Gallagher, Gary W. and Stephen D. Engle, Robert K. Krick, Joseph T. Glatthaar, *The American Civil War*, Osprey Publishing, New York, 2003

Gallagher, Gary W., *Causes Won, Lost, and Forgotten: How Hollywood and Popular art Shape What We Know About the Civil War*, The University of North Carolina Press, Quadraat, 2008

Glatthaar, Joseph T., *Partners in Command: The Relationships between Leaders in the Civil War*, The Free Press, New York, 1994

Grant, Ulysses S., *Personal Memoirs*, Rarnes & Noble, New York, 2003

Grant, Susan-Mary and Brian Holden Reid, *Themes of the American Civil War*, Routledge, New York, 2000

Hansen, Harry, *The Civil War*, Signel Classics, New York, 2002

Henderson, G. F. R., *Stonewall Jackson And the American Civil War*, Barnes & Noble, New York, 2006

Hurst, Jack, *Nathan Bedford Forrest*, Vintage Books, New York, 1994

Kagan, Neil and Stephen G. Hyslop, *Atlas of the Civil War*, National Geographic Society, Washington D.C., 2009

Kagan, Neil and Stephen G. Hyslop, *Eyewitness to the Civil War*, National Geographic Society, Washington D.C., 2006

Kantor, MacKinlay, *If the South Had Won the Civil War*, A Tom Doherty Associates Books, New York, 2001

Keegan, John, *The American Civil War*, Hutchinson, London, 2009

Künstler, Mort, *The Civil War*, Cumberland House, Nashville,2007

Lewin, J. G. and P. J. Huff, *Lines of Contention: Political Cartoons of The Civil War*, HarperCollins Publishers, New York, 2007

Lincoln, Abraham, *Lincoln On the Civil War: Selected Speeches*, Penguin Books, New York, 2011

McManus, Lori, *Key People of the Civil War*, Heinemann Library, Chicago, 2011

McPherson, James M., *Battle Cry of Freedom*, The Penguin Books, London, 1990

McPherson, James M., *Tried By War: Abraham Lincoln As Commander In Chief*, The Penguin Group(USA) Inc., New York, 1990

Miers, Earl Schenck, *The American Story*, Broadcast Music Inc. New York, 1956

Mitchell, Reid, *Civil War Soldiers*, Penguin Books, New York, 1988

Nextext Historical Readers: The Civil War, McDougal Littell, Evanston, Illinois, 2000

Ray, Delia, *Behind the Blue and Grey*, Puffin Books, New York, 1996

Rees, Bob, *The Civil War*, Heinemann Library, Chicago, 2012

Rhodes, Robert Hunt, *All For the Union: the Civil War Diary and Letters of Elisha Hunt Rhodes*, Vintage Books, New York, 1992

Risley, Ford, *Civil War Journalism*, Praeger, Santa Barbara, CA, 2012

Ristine, James D., *Abraham Lincoln*, Schiffer Publishing Ltd, Atglen PA, 2008

Robertson Jr,James I., *General A. P. Hill: The Story of a Confederate Warrior*, Vintage Books, New York, 1987

Russell Ⅲ, William B., *Civil War Films For Teachers and Historians*, University Press of America, Inc., New York, 2008

Prokopowicz, Gerald J., *Did Lincoln Own Slaves*, Vintage Books, New York, 2008

后记

我对美国内战的兴趣，缘于 2002 年在美国做访问学者的时候，参加了一个学期的美国内战研讨班。从那时起，我从国外书店、台湾诚品书店以及亚马逊网上书店，陆续购买了近百部相关书籍，闲暇时细细品读，趣味无穷。

我常想一个问题：世界上许多国家打过内战，有的还打过多次，为什么偏偏美国只打了一次内战？

也许有人会说，美国本身建国时间不长，内战次数当然不会多。

其实不然，从 1861 年至今的一百五十多年里，打过多次内战的国家有多多少少？中国从 1949 年至今，没有打过内战，这是一个了不起的奇迹。但是，在此之前的一百年里，经历的内战还少吗？

我想，美国只打一次内战，有一个重要原因，就是美国人对这次战争进行了痛定思痛的反思，从中获得了全面深刻的经验教训，正如《内战传奇》的作者罗伯特·沃伦（Robert Penn Warren）所说，内战已成为"一种永存于国家记忆中的历史"。看到美国大学图书馆里成排成排的内战书籍，看到大量内战网站上汗牛充栋的内战资料，看到遍布各地的内战雕塑、纪念碑、纪念馆、主题公园，看到视角各异的内战历史、文学、影视作品，看到内战纪念日美国民众们热情高涨的"内战重演"，我部分明白了为什么美国至今只打一场内战的原因。

美国人民在一场艰苦卓绝的内战中认识了自身的弱点、制度的缺陷和国家的偏见，逐渐学会以更加平等、理性和多元的态度面对社会问题和内部冲突。正如托克维尔在《论美国的民主》中所说：

美国人的伟大不在于比别的民族更聪明，而在于更善于修补它的错误。

也许，这正是这场发生在大洋彼岸、与我们"毫不相干"的内战留给国人的深刻启示，也是我用三年多时间撰写本书的目的所在。

本书从宏观布局到细部刻画、从历史叙事到人物评析、从选材用料到行文遣字，都下了一番苦功。当然，欠缺和不当之处肯定不少。我衷心期待各位专家和读者给予批评与指教。我的电子邮箱是：junli@zju.edu.cn。

李 军
2014 年 1 月 29 日
于杭州紫金港

图书在版编目（CIP）数据

自由的新生：美国内战风云录/李军著.—杭州：
浙江大学出版社，2014.12
ISBN 978-7-308-14005-8

Ⅰ.①自… Ⅱ.①李… Ⅲ.①美国南北战争－研究
Ⅳ.①K712.43

中国版本图书馆CIP数据核字（2014）第248416号

自由的新生：美国内战风云录
李 军 著

责任编辑	王志毅
营销编辑	李嘉慧
装帧设计	罗 洪
出版发行	浙江大学出版社
	（杭州天目山路148号 邮政编码310007）
	（网址：http://www.zjupress.com）
制 版	北京大观世纪文化传媒有限公司
印 刷	北京中科印刷有限公司
开 本	710mm×1000mm 1/16
印 张	30
字 数	459千
版 印 次	2014年12月第1版 2014年12月第1次印刷
书 号	ISBN 978-7-308-14005-8
定 价	56.00元